SOFT SKILLS

ジョン・ソンメズ 著

まつもとゆきひろ 解説

長尾高弘 翻訳

SKILLS

The software developer's life manual By John Sonmez

ソフトウェア開発者の
人生マニュアル

フリーで身を立てる方法から、恋人の作り方まで

日経BP社

SOFT SKILLS
The software developer's life manual
by John Z. Sonmez

Original English language edition published by Manning Publications, Copyright
© 2015 by Manning Publications
Japanese-language edition copyright
© 2016 by Nikkei Business Publications, Inc.
All rights reserved.

Japanese translation rights arranged with
Waterside Productions, Inc.
through Japan UNI Agency, Inc., Tokyo

contents

序文　ロバート・C・マーティン（アンクル・ボブ）……………………… vi

序文　スコット・ハンセルマン ………………………………………………… ix

はじめに ……………………………………………………………………………… x

第 1 章　あなたが読んだどの本とも「この本」が違う理由 ……………… 1

第 1 部　キャリアを築こう …… 7

第 2 章　スタートから派手にいこう！：誰もがするようなことはするな …… 8

第 3 章　未来について考える：あなたの目標は何？ ……………… 12

第 4 章　社交術：考えている以上のものが必要だ ……………… 16

第 5 章　面接をハッキングするコツ …………………………… 21

第 6 章　雇用形態：三つの選択肢を理解する ………………… 27

第 7 章　あなたはどのタイプのソフトウェア開発者か ……… 33

第 8 章　「どの会社も同じ」ではない ………………………… 39

第 9 章　出世階段の上り方 …………………………………… 45

第 10 章　プロであること ……………………………………… 51

第 11 章　自由を得る：仕事の辞め方 ………………………… 57

第 12 章　フリーランサー：外に出て独立する ……………… 65

第 13 章　初めての製品開発 …………………………………… 73

第 14 章　スタートアップを起業したい場合 ………………… 79

第 15 章　遠隔勤務サバイバル戦略 …………………………… 85

第 16 章　うまくやり遂げるまではできたふりをしよう …… 90

第 17 章　ダメな履歴書をよくする方法 ……………………… 94

第 18 章　テクノロジーに対して頑なな態度を取るな ……… 99

第 2 部　自分を売り込め！ …… 103

第 19 章　コードモンキーのためのマーケティング基礎講座 …… 104

第 20 章　自分だと気づいてもらえるブランドを確立しよう …… 109

第 21 章　大成功するブログの作り方 ………………………… 115

第 22 章　最大の目標：他人のために価値を生み出せ！ …… 124

第 23 章　ソーシャルメディアの使い方 ……………………… 128

第 24 章　講演、プレゼンテーション、講師：しゃべるギーク …… 133

第 25 章　フォロワーを引きつけるような本や記事を書く …… 139

第 26 章　バカにされるのを恐れるな …………………………… 144

iii

第 3 部 学ぶことを学ぼう 149

第27章	学び方を学ぶ：独学の方法	150
第28章	私の10ステッププロセス	154
第29章	ステップ1〜6：1度限りのステップ	158
第30章	ステップ7〜10：繰り返すステップ	166
第31章	メンターを探す：あなたのヨーダを見つける	172
第32章	弟子をとる：ヨーダになる	178
第33章	教える：学びたいなら教えよう	182
第34章	学位は必要か、なしで済ませられるか	187
第35章	知識のなかの隙間を見つける	192

第 4 部 生産性を高めよう 197

第36章	すべては集中から始まる	198
第37章	私の生産性向上策を明かそう	203
第38章	ポモドーロテクニック	210
第39章	以前よりも安定して多くの仕事ができるワケ	217
第40章	自分自身に対して責任を取る	222
第41章	マルチタスク、やっていいこと、悪いこと	226
第42章	燃え尽き症候群の治し方	231
第43章	時間を浪費するメカニズム	237
第44章	ルーチンを持つことの重要性	243
第45章	習慣を作る：コードを磨こう	248
第46章	ブレイクダウン：先延ばしを克服する方法	254
第47章	ハードワーク：その価値とできないワケ	260
第48章	どんなことでも、しないよりした方がまし	265

第 5 部 お金に強くなろう 271

第49章	給料をどのように運用するか	273
第50章	給与交渉の方法	280
第51章	オプション取引：どこが面白いのか	289
第52章	不動産投資の基礎	297
第53章	引退計画を本当に理解できているか	305
第54章	借金の危険性	313
第55章	打ち明け話：私が33歳で引退できた理由	318

第 6 部 やっぱり、体が大事 333
　第 56 章 なぜ健康をハックする必要があるのか 335
　第 57 章 フィットネスの目標の設定 340
　第 58 章 熱力学、カロリーと人間 345
　第 59 章 モチベーションを高める 351
　第 60 章 筋肉のつけ方：オタクでも膨らむ上腕二頭筋 356
　第 61 章 ハッシュテーブル型腹筋のつけ方 364
　第 62 章 ランニングプログラムの実行法 368
　第 63 章 立ち机などの数々の小技 372
　第 64 章 フィットネスのためのオタク向けテクニカル製品 377

第 7 部 負けない心を鍛えよう 383
　第 65 章 心は身体にどのようにして影響を与えるか 384
　第 66 章 正しい心構えを持つ：リブートしよう 389
　第 67 章 プラスの自己イメージを築く：脳をプログラミングする 395
　第 68 章 恋愛と人間関係：コンピューターはあなたの手を握れない 401
　第 69 章 私の成功本リスト 406
　第 70 章 失敗に正面からぶつかれ 412
　第 71 章 別れの言葉 418

　付録 A コードを書けるなら金融は理解できる 421
　付録 B 株式市場の仕組み 429
　付録 C 食事と栄養の基礎：ガラクタを入れればガラクタが出てくる 436
　付録 D 健康な食事の方法：ピザは食品群ではない 441

　謝辞 447
　訳者あとがき 450
　解説　まつもと ゆきひろ（Matz） 452

序 文

　2014 年 12 月 5 日金曜日（私の 62 歳の誕生日）の夜遅く、私は本書の著者、ジョン・ソンメズからのメールを受け取った。彼は、月曜の 12 月 8 日までに序文を書いてくれと言ってきた。ジョンのメールには、数十個の Word ファイルを入れた ZIP ファイルが添付されていた。原稿をこのように示されても不便で煩わしいと思った。そして、私には本全体の PDF ファイルを作る時間はなかった。

　そんなリクエストは迷惑な話だった。妻は両膝の置換手術を受けたばかりで、リハビリをしていた。土曜の午前は飛行レッスンで、そのあとは妻と過ごすつもりだった。そして、土曜の夜にロンドン行きの飛行機に乗り、月曜から金曜までは講座で教えることになっていた。だから、序文を書く時間などない。月曜までなんてとても無理だった。私には十分な時間が与えられていない。ジョンにはそのように言った。

　車で空港に出かける直前に、ジョンからチーズとハムのクリスマスパッケージが届いた。箱のなかにはカードが含まれており、私が序文を書くことを検討したことについての感謝の言葉が書かれていた。ジョンからは別にメールが届き、出版社と掛け合ってもう 1 日時間を確保したので、火曜まででいいと書かれていた。ほかにも彼は序文執筆を懇願するメールを送ってきたが、私は合理的な可能性はない、私の序文を期待しないでくれと返事をした。

　空港について飛行機に搭乗すると、フライトの間はぐっすり眠り、タクシーでロンドンの定宿に向かった。私は旅に疲れ、ぼんやりしながら寝るまでマインクラフトで遊んでいた。月曜は 1 日授業で、それからはクリーンコードビデオシリーズ（http://cleancoders.com）の第 30 回のために SMC コンパイラーの仕事をしなければならなかった。

　そして今日は 12 月 9 日火曜日である。今日は私の授業の 2 日目で、学生たちは 2 時間かかる試験を始めたところだ。メールをチェックすると、ジョンから本全体をまとめた PDF ファイルが添付されたメールが届いていた。これでずいぶん楽になる。ファイルを開いてスクロールアップ、ダウンするだけだ。すばらしい。

　読者は、私が言っていることにぜひ、注目していただきたい。ジョンは必要なことをしたのである。彼は私が必要とし、ほしいと思っているものは何

かを考えたのだ。彼は最初のリクエストのあと、その気になるように私に働きかけ、私のために役立つ援助をしてきたのである。彼は私の序文執筆を実現させるかすかな望みのために、明らかにかなりの時間と労力を割いて、私の仕事を楽にするための作業をしたのである。私が辞退し、ほとんど不可能だと返事しても、私をその気にさせ、私を手助けするための方法を探し続けた。彼は諦めなかった。彼は手を引かなかった。チャンスがある限り、方法を探し続けたのである。

これこそ、まさにこの本に書かれていることだ。本書は、成功を手にするための本である。成功に近づくために使える習慣と戦略、手順とマインドセット、テクニックとハックについて書かれた本だ。最初のリクエスト以降の彼の私に対するアクションは、彼がこの本に書いたことのいい例であり、彼自身がいい手本になっている。

そこで、学生たちが試験を受けている2時間を潰すために、私はPDFファイルを開いて読み始めてみた。驚いた。テーマを見てみよう。身体の健康の話がある。オプション取引の話がある。不動産の話がある。心のバランスの話がある。会社の辞め方、コンサルタント業の始め方、スタートアップへの参加、製品の構築、企業の出世街道の上り方、自分自身のマーケティング……、こういったテーマがまだいくつも続くのである。

2時間で全部読むことはできないことはわかっていたし、いずれにしても序文を書くつもりはなかったが、私は拾い読みを始めた。あっちを読み、こっちを読みしているうちに、ジョンにはあるメッセージがあり、それはとてもいいものだと思い始めた。それは大きなメッセージであり、すべてのソフトウェア開発者（この点に関しては、ソフトウェア開発者以外のすべての人にも当てはまるが）が耳を傾けるべきものだ。

あなたは履歴書の書き方を知っているか。あなたは給与交渉のやり方を知っているか。独立コンサルタントとしての料金設定の方法を知っているか。定職を捨てて契約プログラマーになるリスクの測り方を知っているか。起業するための資金集めの方法を理解できているか。テレビを見ることのコストがわかっているか（この部分、文字通りのことが書かれている）。

この本が話題にして読者に教えようとしているのは、こういったことだ。

これらはあなたがぜひ知らなければならないことである。私はまだ全部を読み終えていないが、かなりの部分を拾い読みした。結局、私がこのように序文を書いているのだからそれで十分だろう。私の結論は、あなたがこの複雑な産業で活路を開こうとしている若いソフトウェア開発者なら、今手にしているこの本は、多くの知恵と優れたアドバイスを与えてくれるはずだ。

　ジョンは、私にこの序文を書かせるための方法を切り開いた。不可能なスケジュール、様々な悪条件を乗り越えたのである。彼はこの本に書いた原則を応用し、またも成功をつかんだのだ。

ロバート・C・マーティン（アンクル・ボブ）
アンクルボブコンサルティング LLC

序文

　私はずっと前からソフトスキルを主張してきた。コーディングは厳しく冷たい。すべてのものがコードの厳しい世界では簡単に計測・評価されてしまう。何行のコードが書けるか。どれくらい生産性を上げられるか。テストに合格したか。計測値にがんじがらめになって、テクノロジーの人間的な側面は簡単に見失われてしまう。

　あなたは好かれているか。友好的だろうか。親切で温かいか。前向きで協力的な態度の持ち主だと考えられているか、それとも容赦のない能力の持ち主だと考えられているか。背中、尻、脳、そして自分自身の手入れをしているか。25年以上コーディングをしている私に言わせれば、手入れしていないものは壊れるものである。

　あなたは自分の資産管理をしているだろうか。お金は、いくら望んでも、コードと同じようにはコンパイルされない（集まらない）。こうしたスキルにさらに多くのスキルも加えて、いわゆるソフトスキルが構成される。ジョンが私たちのためにこの本でしてくれたことは、多才なソフトウェアプロフェッショナルになるために必要なすべての要素を集めてくるということだ。ジョンは、早い段階で頻繁に失敗することを何年も繰り返した結果、機能するものとそうでないものについての広い範囲での経験に基づいて話をしている。本書は、成功を収めたエンジニアの頭脳のほぼ完全なダンプ（ありのままの記録）であり、広い範囲のテーマに対して、役に立ち、実践的で行動に移せるようなアドバイスを提供する。

　あなたは、私のフリービデオドキュメンタリ、「Get Involved in Tech」（http://www.getinvolvedintech.com）も見るとよい。ジョンが本書第2部で話しているのと同じように、ソーシャルデベロッパーになるとはどういう意味かをビデオで議論している。ジョンと私はこれらのことについては同じような考え方をしており、だからこそ私はこの序文を書いていてぞくぞくしているのだ。

　本書を楽しんでいただきたい。1度に少しずつ読み、実践して吸収してから続きに戻ろう。継続的インテグレーションや継続的な改善は、ソフトウェアだけでなく、ウェットウェア（頭脳）でもうまく機能するのだ。

スコット・ハンセルマン

ソフトウェアアーキテクト、エンジニア、作家、教師

はじめに

　本書を手に取ってくれてうれしいが、これは一体何の本なのだろうと、あなたは思われているのではないだろうか。「ソフトウェア開発者の人生マニュアル」とは一体何なのだろうか。すばらしい質問だ。ここで簡単に答えておこう。

　次のように考えていただきたい。より良いコードの書き方や新技術について教えてくれる良書はたくさんある（本書の第 69 章でも紹介している）。チーム作業やソフトウェアプロジェクトの運営についての本もある。キャリアおよびその伸ばし方を教えてくれる本や、面接の切り抜け方を説明する本さえある。

　しかし、すでにソフトウェア開発者になっているあなたのために「より良い開発者になる方法をまとめて教えてくれる本」に出合ったことはあるだろうか。

　もっといい職を手に入れたりお金を儲けたりする方法だけでなく、そのお金をどうするか、あるいは最終的にその仕事を辞めて起業家になるためにはどうすればいいかまでを教えてくれる本に出合ったことはあるだろうか。

　ソフトウェア開発業界で評価を築くための手順を教えるのと同時に、肉体的、知的、精神的により強力で健康になるための方法を教えてくれる本に出合ったことはあるだろうか。

　私は出会ったことがない。そこで、それらすべてについて、さらにそれ以上のことも含む本を、自分で書くことにしたのである。

　あなたが誰であれ、この本はあなたのために書かれている。これは軽い気持ちで言っているのではない。この本には、面接をハックし、最高の履歴書を書くための方法から、大成功を収めるブログの作成方法、個人ブランドの構築方法、さらには学習能力や生産性を大幅に引き上げるとともに燃え尽き症候群に対処する方法、そして不動産投資のやり方や体重の減らし方まで、ありとあらゆることをテーマとする章が含まれている。

　あなたが誰であれ、ソフトウェア開発のキャリアがどれくらいのものであれ、この本にはあなたのために役立つ部分が何かしら含まれている。特別な人との出会いのための章さえある。どういう意味かはもちろんおわかりだろう。

私がこの本を書いたのは、以上で示したような「より良い開発者になる方法をまとめて教えてくれる本」を作りたかったからである。私の個人的な経験や、これまで直接会ったりやり取りしたりした人々、具体的には成功しているソフトウェア開発者、金融のエキスパート、フィットネスの指導者、モチベーショナルスピーカーといった人々の経験から私が学んだことをできる限り伝えたいと思ったからだ。私がこの本を書いたのは、私が学んだことや経験したことをシェアしなければ、もったいないと思ったからである。

　私がこの本を書いたのは、ソフトウェア開発者としての
　あなたの旅路を少しは楽にできるように、
　あなたがより良いバージョンになることを支援できるように、
　そして何より、あなたが人生を通じて孤独だと感じなくて済むように、
　するためだ。
　ここまでの部分を読んでやる気が出てきただろうか。
　すばらしい。それでは旅に出かけよう。

・本文中の※は訳注を示します。

・著者が挙げた文献に邦訳がある場合はその旨を補記しましたが、本書で用いた訳文はすべて訳者による私訳です。

・アイコンの意味は以下のとおりです。

ヒント　　メモ　　注意！

第 1 章
あなたが読んだどの本とも「この本」が違う理由

「ソフトウェア開発」について書かれた本のほとんどは、もちろんソフトウェア開発について書かれている。しかし、この本は違う。いいコードの書き方や様々なテクノロジーの使い方を説明した本は世の中にたくさんあるが、いいソフトウェア開発者になるための方法を教えてくれる本を見つけようとすると、とても苦労する。

私が言う「いいソフトウェア開発者」は、コードの書き方、問題の解き方、ユニットテストの作り方がうまい人ではない。そうではなくて、キャリアのマネジメント、目標の達成、人生の楽しみ方という意味で、いいソフトウェア開発者ということだ。確かに、今言ったようなスキルはどれも重要だろう。しかし、ソフトウェア開発者には、C++ での優れたソートアルゴリズムの書き方とか、隣のメンテナンスプログラマーがあなたを車でひき殺してやりたいと思ったりしないコードの書き方といったこと以外にも、することはあるはずだと言いたいのである。

この本は、「あなたに何ができるか」についての本ではない。この本は、「あなた」についての本だ。そう、あなたのキャリア、あなたの生活、あなたの心と身体、そして、もしそういうものがあるとすれば、あなたの魂についての本である。と言っても、私のことをちょっとおかしなやつだとは思わないでいただきたい。私は、あなたの意識をより高い次元に引き上げようとして、ペヨーテの葉を吸いながら床に座って瞑想している超越論者の僧侶などではない。本書を読み進めればその反対、つまり「ソフトウェア開発者であるということは、コードを書くことよりもはるかに大きなことだ」ということに気づいた地に足の着いた人間であることをわかっていただけるだろう。

私はソフトウェア開発に対する「総合的な」アプローチを支持する。つまり、より良いソフトウェア開発者になりたいなら、人生におけるひとつ、ふたつの領域だけでなく、「ひとりの人間として全体を捉える」必要があると考えているのだ。

とはいえ、この本だけで人生について取り上げるべき事柄をすべて扱うこ

とはとてもできない。それに、私にはそんな大それたテーマを述べるほど経験や知恵があるわけでもない。そこで、私にいくらかの経験と専門知識のある「ソフトウェア開発者の生活」の主要領域に話を絞ろう。おそらくその方が、読者のためになるはずだ。

　この本のページを開くと、一見無関係なテーマが複雑に絡み合っているように感じるかもしれない。でも、この混乱のなかにも秩序はある。本書は、ソフトウェア開発者の生活の様々な側面にひとつずつ注目していくために全7部で構成されている。具体的には、キャリア、マーケティング、学習、生産性、お金、健康、精神である。

　まず、あなたのキャリアの話から始める。キャリアはほとんどのソフトウェア開発者にとって、じっくり取り上げるべき最重要領域のひとつだからだ。しかし、自分のキャリアを積極的にマネジメントするために頭を使っている開発者はほとんどいないらしい。第1部「キャリアを築こう」では、(1) 会社の出世街道を行く、(2) 独立してコンサルタントとして生計を立てる、さらには (3) アントレプレナー（起業家）になって自分の製品を作るなど、あなたが求めている結果に合わせて、キャリアを積極的にマネジメントするにはどうすればいいかについて知恵を伝授し、この問題（少なくとも読者が抱えている問題）の解決に一役買いたいと思っている。私はこれら三つをすべてやってきた。そして、同じように生きてきた無数のソフトウェア開発者たちにインタビューをしている。私たちの集合痴（私たちの失敗全体）から学べば、私たちがキャリアの過程で味わってきた悲惨さから身を避けることができるはずだ。ここでは、見栄えのいい履歴書の書き方、面接の克服方法、遠隔勤務の方法、さらには、今話題になっている古きよき人々の様々なスキルなど、目標とするキャリアの違いによらない重要なスキルについても取り上げる。

　第2部「自分を売り込め！」では、私自身がとても大切に思っていること、つまり自分の売り込み方、マーケティングを取り上げる。マーケティングという言葉を聞いてどんな感想を持つだろうか。ほとんどのソフトウェア開発者たちは、私がこの言葉を持ち出したときに落ち着かない気分になり、おそらく少し吐き気まで催しただろう。しかし、この章の最後まで読み終わる頃には、この単語に対してまったく新しい価値を見いだし、なぜそれが重要な

2

のかを理解するはずだ。すべての人は、セールスパーソンである。ソフトウェア開発者のなかには、売り込み方がうまくない人がいる。第2部では、もっといいセールスパーソンになる方法を学び、自分が売っているものが何かを正確に知ろう。セールスパーソンになるといっても、卑屈な戦術を弄したり、一攫千金の儲け話を書いたスパムメールを送ったりするわけではない。パーソナルブランドを築く方法、ブログを成功させる方法、講演、指導、執筆などを通じて名前を売る方法、そして、あなたがおそらく今まで考えたことないだろうと思われるその他の方法について、実践的なアドバイスを送るつもりだ。これらのスキルを身に付ければ、第1部で学んだことと掛け合わせることによってさらに大きな成果が得られるはずである。

　キャリアの問題が片付いたら、知識の領域に入ろう。第3部は「学ぶことを学ぼう」である。学習は、あらゆるソフトウェア開発者にとって生活の重要な部分だ。ソフトウェア開発者やITプロフェッショナルがもっともよくしていることのひとつが学習であることは、いちいち言うまでもないことだろう。独学のスキルが身に付いているということは、想像できることなら何でもできるようになるスキルがあるということだ。だから学び方を知っている、独学の方法がわかっているというスキルは、身に付けられるスキルのなかでももっとも価値のあるもののひとつである。しかし、私たちが大人になる過程で強制的に受けてきたほとんどの教育のシステムには欠陥がある。学ぶためには教師が必要であり、学習は一方通行だという誤った前提に立っているのだ。私は教師やメンターが大切ではないと言うつもりはない。しかし、この第3部では、自分自身の能力と常識にほんの少しの勇気と好奇心をミックスしたものを頼りにして、退屈な講義を聞きながらせわしなくノートを書くよりもずっと大きな成果が得られる方法を示したい。ここでは、私が自分のキャリアを通じて開発した「10ステップの独学プロセス」を紹介する。これは、オンライン教育サービス会社のプルーラルサイトのために50種類ものオンラインデベロッパー教育講座をわずか2年ほどで製作するために、記録的なスピードで学ばなければならなかった私自身が使った手法である。第3部ではまた、優れたメンターの見つけ方、メンターになること、成功するために伝統的な教育や学位が必要かどうかといったテーマについても触れる。

第1章　あなたが読んだどの本とも「この本」が違う理由　　**3**

引き続き、頭脳に関する領域を取り上げる第4部「生産性を高めよう」では、あなたの予想通り、ひたすら生産性を上げる方法を見ていく。ここは、あなたを後ろから蹴り上げて気合を入れるつもりで書かれている。多くのソフトウェア開発者にとって、生産性は非常に大きな課題であり、本当なら勝ち取れるはずの成功を取り逃がしてしまう最大の要因である。人生のほかのあらゆることにはきちんと準備できていても、先延ばし、無秩序、ただの怠け癖というハードルを乗り越える方法を知らなければ、歯車が噛み合わずに苦労することになるだろう。そういう私もそれ相応に苦労したものの、ついに「トップスピードでハイウェイに突っ込んでいけるシステム」を編み出した。第4部ではそのシステムを紹介する。また、燃え尽き症候群、テレビの見過ぎ、掘り下げるためのモチベーションの見つけ方、昔ながらのハードワークのやり方といった難しいテーマにも取り組もう。

　第5部「お金に強くなろう」でも、もうひとつ、頭脳を駆使するテーマを取り上げる。それは、資産管理という完全に無視されがちなテーマである。ソフトウェア開発者として世界一の成功を収めることができても、稼いだお金を上手に管理できなければ、いずれ「コードを書くから食べ物をくれ」というサインボードを持って街角に立つような事態になりかねない。第5部では、経済の世界と資産管理、投資について駆け足で説明した上で、投資上の判断を下し、将来のための資産運用を立案するために知っておかなければならない基礎を身に付けてもらおう。私は金融プランナーやプロの株式トレーダーではないが、18歳のときから、ソフトウェア開発者として仕事をする傍ら、不動産取引をしてきた。そのため、自分が何を言っているのか、わかっているつもりだ。お金については、本にして何冊分にもなる深遠な世界なので、あまり深入りするつもりはない。それでも、収入を管理する方法の基礎、株式市場の本当の仕組み、不動産投資のやり方、借金の防ぎ方をお教えしよう。おまけとして、私が第5部で説明した原則に従って、スタートアップを高く売り抜けたわけでもないのに33歳で引退できた実体験をお聞かせするつもりだ（この体験はそれほど大変ではなく、誰でもできることである）。

　続く第6部では、楽しく体を動かそう。ブートキャンプに入って体を鍛える準備はできているだろうか。第6部「やっぱり、体が大事」では、脂肪を落として筋肉をつけ、丈夫になるために必要な事柄をすべて取り上げる。私

が知っているほとんどのソフトウェア開発者は、太り過ぎで不健康、何をするにも体力が足りないようだ。しかし、体に関する知識も力の一部である。ボディビル大会に出場したことがあり、プログラマーのフィットネスについてのポッドキャストでホストを務めているソフトウェア開発者として、生活をコントロールするために必要な知識を伝授しよう。第6部では、食事と栄養の基礎、食事が身体に及ぼす影響について説明する。体重を落とし、筋肉をつけ、あるいはその両方を手に入れるためのフィットネスプランとダイエットへの取り組み方も示そう。さらに、立ち机やギークのためのフィットネスギアといった、開発者向けのテーマも取り上げる。

　最後に、第7部「負けない心を鍛えよう」では、精神状態や態度に影響を与えるテーマについて、現実的で実践的なアドバイスをお伝えしよう。第7部では、成功をつかむために必要なプラスの態度を作り出すための頭の切り替え方を主として取り上げる。技術的に優れている多くの人々が苦手としている愛や人間関係についても簡単に触れる。また、個人的に気に入っている「成功をつかむためのブックリスト」も紹介しよう。これは、私が会ったことのある著名人や成功者に頼んで「すべての人々に薦められる1冊」を教えてもらったものだ。

　準備はできただろうか。それではリラックスして、ソフトウェア開発についての（これまでの本とは）まったく異質な世界に飛び込もう。

第 1 部

キャリアを築こう

自分が働いているのは他人のためと思い込むのは、
あらゆる過ちのなかでももっとも大きな過ちだ。
そんなことを考えていたら、ポストが危うい。
キャリア構築の原動力は、本人のものでなければならない。
ポストは会社が持っているが、キャリアは本人のものだ。

―アール・ナイチンゲール

　自分のキャリアを積極的にマネジメントしているソフトウェア開発者
はほとんどいない。しかし、成功する開発者の大半は、偶然成功にたど
り着くわけではない。彼らは頭のなかに目標を思い描き、その目標を達
成するために考え抜かれたしっかりとしたプランを持っている。ソフト
ウェア開発という競争の激しい世界で本当に成功したいのなら、単に履
歴書を磨いてたまたま手に入れた仕事をする以上のことをしなければな
らない。物事をよく考え、どのような行動をとるべきか、その行動を起
こすべきはいつか、その行動を通じてどのように前進すべきかを判断す
る必要がある。

　第 1 部では、ソフトウェア開発のキャリアで頭角を現すためには何を
望むべきか、どのようにしてそれを手に入れるかを判断するプロセスを
お見せしよう。

第 2 章

スタートから派手にいこう！
：誰もがするようなことはするな

　真夏の花火大会を見に来たとしよう。打ち上げ花火が赤、青、黄、紫に破裂して、"ドン！"と鳴ると、まわりの誰もがわーっと声を上げる。ところが、ある花火だけは空高く上っていったのに……何も起きない。破裂せず、ドン！とも鳴らず、シュルシュルシュルと消えていく。あなたは、自らのソフトウェア開発のキャリアを、どちらの花火のようにしたいだろうか。空高く大きな音を立てて爆発する花火だろうか、それとも、高いところまでは達するものの静かに地面に落ちていく花火だろうか。

事業者のマインドセット

　キャリアの出発点に立ったソフトウェア開発者の大半は、いくつかの大きな誤りを犯している。そのなかで群を抜いて大きい最大の誤りは、ソフトウェア開発のキャリアを事業（ビジネス）として扱っていないことだ。騙されてはいけない。生計を立てるためにコードを書くという世界に踏み出したときのあなたは、中世の街で店を準備している鍛冶屋と同じだ。時代は変わり、ほとんどのソフトウェア開発者は会社に属しているものの、私たちのスキルや取引は私たちのものであり、いつでもどこか別の場所に店を出すことができる。

　このようなマインドセットは、キャリアマネジメントのためにきわめて重要だ。自分のことを事業者だと考えるようになると、自分という事業のために優れた判断を下せるようになる。自分自身の業績とはあまり関係のない「いつもの給料」をもらうことに慣れてしまうと、自分は会社の従業員に過ぎないというマインドセットに簡単に染まってしまう。一時的なキャリアとして、あなたが特定の会社の従業員であることに間違いはないかもしれないが、そのときの肩書が自分や自分のキャリアを表していると考えないことが大切だ。

　それよりも、ソフトウェア開発というあなたの事業の顧客として、雇用主を考えた方がいい。確かに、あなたの顧客は1件しかなく、あなたの収益は

8

すべてその1件の顧客によるものかもしれない。しかし、あなたと会社の関係をこのように捉えると、あなたは会社に依存する力のない存在から自律的で自由な存在に変わる（実際、「本物の」会社でも、巨大なクライアントを抱えていて、収益の大半をそこに依存しているところは多い）。

💡　会社との関係を捉え直すこと。これがキャリアの最初にすべきことだ。マインドセットを、雇用契約で縛られた奴隷から、自分自身の事業を経営している事業者に切り替えるのである。キャリアの最初の時点でこのマインドセットを持っているだけで、自分のキャリアについての考え方が変わり、キャリアを積極的にマネジメントするという意識が持てるようになる。

どのようにして自分を事業と考えるか

　単に自分自身を「事業」だと考えただけでは、大した意味はない。何か利益を引き出したいなら、そのように考えることの意味を理解する必要がある。どのようにして自分を事業と考えるか、それにどのような意味があるのかについて話そう。

　まず、事業を構成するものは何かについて考えるところから始めよう。ほとんどの事業は成功するために、これから説明する「多くのもの」を必要とする。第1に、製品あるいはサービスが必要だ。売るものがないビジネスは成り立たない。では、あなたは売るべきものとして何を持っているのか。あなたの製品なりサービスなりは何なのか。

　あなたがソフトウェア開発者としてハードウェア製品に関与している場合もあるだろう。それについては第13章で話す。しかし、ほとんどのソフトウェア開発者は、ソフトウェア開発というサービスを売っている。ソフトウェア開発は、様々な活動や各種サービスを包み込む広い意味の言葉だが、一般にソフトウェア開発者は、アイデアを受け取ってそれをデジタル化された現実に変身させる能力を売っている。

✏️　あなたが提供しているサービスは、ソフトウェアを作れる能力だ。

　事業として提供しているものについてこのように考えるだけで、自分のキャリアに対する見方に深い影響が及ぶ。事業者は、絶えず自分の製品を改定

第2章　スタートから派手にいこう！：誰もがするようなことはするな　　**9**

し、改良している。あなたもそうでなければならない。あなたがソフトウェア開発者として提供するサービスには、明らかな価値がある。そして、あなたは、その価値がどのようなものかということだけでなく、ゴマンといるそこらのソフトウェア開発者とあなたの価値がどのように違うのかということも伝えられなければならない。

　ここまでくると、マーケティングの領域に入ってくるがそれは第2部で詳しく説明しよう。大切なのは、少なくとも製品やサービスを持っているだけでは不十分だということを認識していることである。お金を稼ぎたいなら、顧客になる可能性のある人々に、その製品やサービスの価値を伝えられなければならない。それだからこそ、世界中の企業はマーケティングのために多くの資金と労力を費やしているのだ。サービスを提供しているソフトウェア開発者として、あなたもマーケティングを意識する必要がある。提供しているサービスのマーケティングがうまければうまいほど、そのサービスの料金を高くすることができ、多くの顧客を惹きつけられるようになる。

　駆け出しのソフトウェア開発者の大半が自分のキャリアをこのように考えていないことは十分に想像できるだろう。彼らと同じではダメだ。

　同じにならないために、何をやったらよいのか。

- 自分が提供するサービスに全力を集中し、そのサービスの売り方を考える。
- 提供するサービスを向上させる方法を考える。
- 特定のクライアントや産業ニーズに応えられるようにサービスを専門化する方法を考える。
- 特別なクライアントを対象に専門的なサービスを提供するスペシャリストになることに力を注ぐ（いい仕事を探すソフトウェア開発者は、1クライアントを確保するだけでいいことを忘れないように）。

　また、あなたのサービスを広く知ってもらい顧客を見つける方法についても考えよう。ほとんどのソフトウェア開発者は、履歴書を作って会社やリクルーターにばらまいているが、自分のキャリアを事業として考えるなら、それがクライアントになるかもしれない会社を探す唯一最良の方法だと本気で思えるだろうか。成功を収めているほとんどの企業は、自分の製品やサービスを顧客に買いに来てもらうようにする方法を知っている。顧客を1件ずつ追いかけたりはしない。

　この第2部で説明する様々なテクニックを使い、もっと高く売れるソフト

ウェア開発者になれれば、顧客の方から来てもらえる。ただし、テクニックの詳細に踏み込まなくても、ポイントは明確だ。会社の枠を越えて、事業主のように考えることである。顧客を惹きつけるためにもっともいい方法は何か。自分が提供できるサービスについて顧客にどのような話をすることができるか。この単純な問いに答えられるなら、あなたはキャリアのスタートを一気に切ることができる。

やってみよう

□ 提供する製品やサービスを持っている会社について考えよう。そのような会社は、製品、サービスをどのように差異化し、宣伝しているだろうか。

□ 自分が提供できるサービスを雇用主やクライアントにひとつの文章で説明しなければならない場合、その一文はどのようになるだろうか。

□ キャリアを事業のように扱うと、次の事柄にどのような影響を及ぼすだろうか。

　・仕事

　・資産運用

　・所属する会社や新しいクライアントの探し方

第2章　スタートから派手にいこう！：誰もがするようなことはするな　11

第 | 3 | 章

未来について考える：
あなたの目標は何?

　自分のソフトウェア開発のキャリアを事業として考えるようになったら、今度はそのビジネスの目標をはっきりさせる番だ。

　全員が同じ目標ではないだろう。あなたのキャリアの目標は、私のものとは大きく異なるかもしれない。しかし、それらの目標のどれかひとつでも達成しようとするのなら、それが何なのかを知っていなければならない。もちろん、これは言うは易く行うは難しだ。ソフトウェア開発者を含む多くの人々は、自らの目標が何か、人生で何を達成しようと思っているのかを具体的に認識せずに、ただずるずると流されているようだ。ほとんどの人はそうなのだろう。私たちは、何に力を注ぐべきかを十分に考えず、その結果、目的や方向がはっきりしないまま動いてしまう傾向があるようだ。

　帆船で大海原を横断するときのことを考えてみよう。ほとんどの人がするように、船に乗って帆を上げてもいい。しかし、目的地を明確に定めた上でその方向に進む手順を踏まなければ、目的もなく海に滑り出していってしまう。おそらく、どこかの島か大陸に偶然にもたどり着くだろうが、どこに行きたいのかを決めるまで、しっかりと前進することはできない。しかし、ひとたび目的地を明確に決めたら、あらゆる手段を思うがままに使い、その方向に船を積極的に動かすことができる。そうすれば、きっと目的地に着けるだろう。

　このことは当たり前のようにも感じられる。それなのに、キャリアの目標を決めているソフトウェア開発者はほとんどいない。なぜだろう。推測することしかできないが、ほとんどのソフトウェア開発者は、キャリアの長期的なビジョンに踏み込むことを恐れているのではないだろうか。どれかひとつの道を選んでその道をずんずん進むのが恐いため、あらゆるオプションを選べるように残しておきたいのだ。選んだ道が間違っていたら、どうしよう。行った先が気に入らなかったら、どうしよう。実際、これは恐ろしい問いではある。

　そういったことをまったく考えたことのない開発者もいる。自分で道を切

り開いていくのははるかに困難を伴うので、そんなことはしないのだ。代わりに与えられた最初のポストに飛びつき、もっといいチャンスが転がり込んでくるか、解雇される（つまり、クビになる）まで、そのポストにしがみつくのである。

自分のキャリアの目標を決めない理由が何であれ、今こそ目標を決めなければならない。明日ではなく、ましてや来週ではなく、今すぐ決めるのだ。はっきりとした目標を決めずに踏み出した一歩一歩は、すべて無駄足である。キャリアの目標を決めずに、ランダムに人生を歩んでいってはならない。

目標の設定方法

そろそろ読者にも、自分の目標を設定する必要があると思っていただけた頃だろう。それでは、どうやって目標を設定したらいいのだろうか。もっとも簡単なのは、心のなかに大きな目標を描くところから始め、その大きな目標に到達するために役に立つ小さな目標を途中に設けていく方法だ。ずっと遠くにあるかもしれないものを明確に定義するのは難しいので、大きな目標はあまり細かく決まらないことが多い。しかし、それでいい。遠くにある大きな目標を決めるときには、細かいところまで決めなくてOKだ。船のたとえ話に戻ると、たとえば中国に行きたい場合、目的となる港の正確な緯度、経度を今すぐ知っている必要はない。船に乗り、中国の方向に向かって進めばいい。そして、中国に近づいたら、もっと細かく決める。船出するときに知らなければならないことは、中国に近づくか遠ざかるかだ。

大きな目標は細かく決まっていなくてもいいが、そちらに向かっているのか遠ざかっているのかは明確にわかっている必要がある。自分のキャリアで最終的に何がしたいのかを考えよう。会社の管理職や重役になりたいのか。いずれ社外に飛び出し、自分のソフトウェア開発会社を立ち上げたいのか。それとも、自社製品を作って市場に送り込むアントレプレナー（起業家）になりたいのか。私の場合、目標はいつも、いずれは自らの責任で社外に出て、自分のために仕事をすることだった。

大きな目標が何かを決めるのは、ひとえに本人の問題だ。自分のキャリアから何を手に入れたいのか。5〜10年後の自分をどうしたいのか。少し時間をかけて、そのことについて考えてみよう。これは非常に大切なことだ。

遠くにある自分の大きな目標が何かがはっきりしたら、次のステップは、

第3章　未来について考える：あなたの目標は何？　**13**

途中に小さな目標を作りながら、そこに達するまでの道筋を描いてみることである。そのためには、大きな目標の方から現在の状況までをたどってみるとよいだろう。何かしら大きな目標を達成したことがあるなら、その過程のマイルストーンはどうだったかを思い起こしてみよう。大きな目標から現況を逆にたどると、どのような道筋が想像できるだろうか。

　私は以前、体重を100ポンド（約45kg）落とすことを大きな目標にしていた。体型を崩れるままにしていたので、まともな状態に戻したいと思ったのである。私は、2週間ごとに5ポンド（約2.3kg）ずつ落とすという小さな目標を設定した。その小さな目標を達成し続けることで、私は大きな目標に向かって突き進むことができたのだ。

　大きな目標に向かって少しずつ移動できるような小さな目標を適切に設定できれば、あなたはいずれ最終目的地に到達できるだろう。たとえば、膨大な数の技術書を読むとか、新しいプログラミング言語を身に付けるといった年間目標があったとする。その年間目標は、上級レベルの開発者になるというもっと大きい目標に向かって進むための小さな目標かもしれない。しかし、その年間目標も、毎月1冊の本を読むとか、毎日何かしら決めた分だけ言語を学ぶといった小さな目標に分割できる。

目標設定のステップ

　小さな目標がはっきりしていると、あなたはモチベーションを維持し、大きな目標に向かって軌道を外れずに進むことができる。大きな目標を実現するために前進し始めても、途中に小さな目標を設けていなければ、軌道から外れたときに修正する時間がなくなってしまうだろう。小さな目標があると、頻繁に達成感が得られるので、モチベーションの維持にも役立つ。毎日、毎週、小さな勝利があると、自分は前進して目標を達成しつつあるという気持ちになる。こうした前向きな気持ちは、前進し続けるために効果がある。また、小さな目標には、大きな目標のような威圧感はない。

　この本を書くということについて考えてみよう。私は現在、毎日そして毎

週、本書のかなりの分量を書くという目標を持っている。日々小さな目標に目を向けるようにし、1冊の本を書き上げるという大きな目標を直接は意識していない。それは、毎日すべきことをしていれば、最終的には1冊の本を書き上げるという大きな目標に到達できることがわかっているからだ。

まだ自分の未来について考える時間があまりなく、明確な目標がないのなら、この本をひとまず置いて、自分の目標を決めよう。簡単ではないが、目標を決めたことをあとから感謝することになるだろう。目的もなく大海原に向けて船を漕ぎ出してはいけない。出航する前に航路を書いておこう。

目標の再設定

目標については、定期的に見直して更新するようにしよう。誤りに気づくまでに何kmもコースから外れてしまうようなことは避けたい。また、間違っていることがわかっている道を遠くまで進んでしまうようなことも避けたいものだ。

目標を再設定する期間は決めておくことをお勧めする。定期的に見直すことで、必要に応じて更新でき、自信を持ってその道を進むことができる。週末、翌週のプランを練る前に、その週に対して設定した目標をレビューするようにしよう。各月、各季節、各年にも、同じことが当てはまる。

正しく前進できているか、それとも何らかの調整が必要かどうかを把握するために、短期間と長期間のそれぞれで達成できたことを振り返ろう。

やってみよう

☐ 椅子に座り、自分のキャリアの大きな目標を少なくともひとつ書き出そう。

☐ 大きな目標を分割し、以下に対応する小さな目標を設定しよう。

　・月

　・週

　・日

☐ 毎日見えるところに大きな目標を書いて貼り出し、自分がどこに向かってがんばっているかを思い出そう。

第3章　未来について考える：あなたの目標は何？　15

第 4 章

社交術:
考えている以上のものが必要だ

　この本は、ある程度までは、社交術、言い換えれば「ソフトスキル」について書かれたものだとも言えるだろう。本書を読んでいるくらいなので、あなたは自分の人生とキャリアにおける社交術の重要性をいくらかは意識しているはずだ。この章では、少し深いところまで踏み込んで、社交術が重要な理由と社交術を身に付けるためにできることをお伝えしよう。

放っといてくれ、私はただコードが書きたいだけなんだ！

　以前の私は、ソフトウェア開発者の仕事は、ただコードを書くことだと思っていた。そのような考え方をしてしまっている人は私だけではないだろう。

　しかし、実際には、ソフトウェア開発者の時間の大部分は、コンピューターではなく、人を相手にするために使われている。私たちが書いているコードでさえ、第一義的には人に理解してもらうために書くのであり、コンピューターに理解させることには二義的な意味しかない。もしそうでなければ、私たちは1と0のマシン語でコードを直接書いていただろう。優れたソフトウェア開発者になりたければ、人とうまく接することを学ばなければならない（仕事のなかでもっとも楽しい部分がコーディングだとしても）。

　職場での時間のうち、どれだけの部分を人間とのやり取りのために使っているかを考えれば、人との接し方をもっと上手にすることの意味はすぐに理解できるだろう。朝、仕事をするために自分の席に座るとき、最初にすることは何だろうか。その通り、メールチェックである。そして、あなたにメールを送ってくるのは誰だろう。コンピューターだろうか。あなたのコードが、自分を完成させてくれとか、もっとよくしてくれというメールを送ってくるだろうか。違う。メールを送ってくるのは人間だ。

　1日のあいだに会議に出ることもあるだろう。自分が抱えている問題やその問題を解決するための戦略について同僚と話すこともあるだろう。そして、ようやくコードを書くために席に着いたら、何をコーディングするのだろう

16

か。コードの要件はどこからやってくるのだろうか。

　自分の仕事はコードを書くことだと思っているなら、考え直すべきだ。ソフトウェア開発者としてのあなたの仕事は、ほかのあらゆる職種と同様、人と接することである。

人との接し方を学ぼう

　人との接し方というテーマでは、多くの優れた本が書かれている。私がもっとも優れていると思う本のリストは第7部でお見せするつもりだ。だから、この短い章では、人との接し方について知るべきすべての事柄を取り上げるつもりはない。おそらくもっとも大きな効果が得られる基本概念の一部だけを紹介しておきたい。なお、このテーマに関しては、私がずっと愛読しているデール・カーネギーの『人を動かす』（創元社文庫、2016 年[*1]）から多くのヒントを得ている。

「大切にされている」と誰もが感じたい

　おそらく、人と接するときに意識すべきもっとも重要なことは、どんな人でも、その根っこの部分では、大切だと思われたがっているということだ。これは、人類のもっとも深く、もっとも切実な望みのひとつであり、社会や人生で達成された優れた業績の大半を生み出した主要な動機である。

　ほかの人と接するときには、いつもこのもっとも基本的な欲求を意識し、この欲求に対して自分がどのような影響を及ぼしているかを意識しなければならない。何らかの形で人を見くびったり、その存在や達成を貶められたと感じさせたりすると、まるで酸素の供給を止められたかのように相手は捨て鉢で凶暴な反応を返してくると肝に銘じておこう。

　人は、同僚のアイデアをはねつけ、自分のアイデアを押し出すという過ちを簡単に犯してしまう。この残念な判断ミスを犯すと、同僚はあなたのアイデアを無視するようになりがちだ。あなたが彼らを軽んじたと思わせたからである。人に自分のアイデアを認めさせ、価値があると思わせたいなら、先にその礼を尽くさなければならない。彼らのプライドを傷つけないようにしなければ、人の心をつかむことは決してできない。

第4章　社交術：考えている以上のものが必要だ　　**17**

決して批判しない

　最初に述べたことから考えれば、批判が目的の結果を生み出す助けにはならないことはすぐに理解できるだろう。以前の私は、批判が多いことで目立った存在だった。褒めるよりも罰することの方がはるかに効果的にモチベーションを生み出せると思っていた。私は完全に間違っていたのである。

　いい行動を褒めることの方が悪い行動を懲らしめることよりもはるかに効果的だということは、数々の研究が繰り返し示していることだ。あなたが経営のリーダーという立場にいるのなら、これは特に守るべき重要な原則である。ベストの力を出してもらうために人を刺激したいとか変化を引き起こしたいと思うなら、余計なことを言わずに励ましの言葉だけを口にすることを学ばなければならない。

　おそらくあなたは、この原則を理解しない上司のもとで働いた経験があるだろう。ミスが起きるとすぐに激しい叱責を返すような上司に、あなたはどう感じただろうか。もっといい仕事をしようという意欲を感じただろうか。あなたとは大きく異なる反応を他人が返すと思ってはいけない。モチベーションを与え、やる気を出してもらいたいなら、批判せずに褒めることだ。

他人が望んでいることを考えよう

　人とうまく接するためのポイントは、自分の立場から考えるのを止めて、相手にとって大切なこと、その人が望んでいることという観点から考えるようにすることである。マインドセットをこのように切り替えると、その人が軽んじられていると感じてしまうことを避けたり、その人を批判しそうになることを減らせるだろう。そして、その人はあなたに対して好意的になりやすくなり、あなたのアイデアを尊重するようになるだろう。

　同僚や上司と初めて対話するときには、話題の中心を自分ではなく相手に持っていくようにしよう。相手の視点から物事を考えるように努めるのである。この対話から相手が得ようと思っていることは何だろうか。彼らにとって大切なことは何だろうか。相手が言うことを熱心に聞き、自分が話す番になったら、相手の気持ちに触れるような話し方をしよう（それだけではなく、このシナリオをあらかじめリハーサルしておくべきだ。対話がどのように進むか、事前に準備しておくのである）。

自分がある機能をある特定の方法で実装したいと思っている理由を上司に言ってもいいことはない。自分が提案する方法でその機能を実装すると、上司にとってどう有用なのかを提案をする方がはるかにいい。この方法ならソフトウェアが安定したり、期限内に出荷できる可能性が高くなったりするというような具合である。

なんとしても議論を避ける

　ソフトウェア開発者である私たちは、すべての人が論理的な視点から物事を考えると思ってしまいがちだ。そのため、しっかりとした論理があれば、他人はあなたの考え方を否応なく受け入れるという間違った思考に陥りやすい。

　しかし、人は非常に感情的な生き物である。スーツとネクタイで歩き回って大人になったつもりでいる小さな子供と同じだ。冷たくされたり傷つけられたりすると、泣き出したりかんしゃくをぶつけたりしそうになるが、自分をコントロールしてそのような感情を外に出さないようにすることを覚えているだけである。

　そういうわけで、議論はなんとしても避けなければならない。泣き叫ぶ幼児の論理と純粋理性に訴えてもムダなように、あなたに冷たくされた同僚はあなたのやり方がベストだとは思わないものだ。

> 　私は、議論に打ち勝つことのできる方法はこの世界にたったひとつしかないという結論に達した。それは議論を避けることだ。ガラガラヘビや地震を避けるのと同じように、議論は避けよ。
>
> デール・カーネギー『人を動かす』

　何かのやり方について賛成できないとき、たいていの場合はまずそれが命を賭けるに値するほどのものかどうかを判断しよう。特に、他人が関わっているときはそれが大切である。自分にとっては大した意味はなくても他人にとっては大きな意味を持つ小さな問題で自分の誤りを認め、自分の意見を諦める機会を設ければ、あなたは相手を計り知れないほど尊重したという実績を作れる。それを蓄積していけば、立場が逆転したときに相手が考えてくれるかもしれない。

　社交術のために時間を使ったことがなければ、今すぐ始めた方がいい。他

人と気持よく接する方法を学んだら、自分の人生がずっと楽しくなる。社交術を学ぶことから得た利益は、一生ものであり、値段を付けられないほどの価値がある。

「毒」のある人の扱い方

時々どんなにがんばってもうまくやっていけない人と出会うことがある。他人を蹴落とすチャンスだけを狙っていて、人生のすべてに対して悪い見方しかできない人はいるものだ。私は、この手の人々を「腐食剤」と呼んでおり、接触を避けるに越したことはない。

このような腐食剤と出くわしたときには、相手の人間性を変えよう、うまく付き合っていこう、などとは思わないことだ。できる限り彼らがいる場所を避け、接触を防ぐようにしよう。通ったあとにできる廃墟を見れば、こういう人の気配はわかるものだ。いつも何かのドラマに出ているかのように悪いことを引き寄せる人もいる。こういう人々は、わざわざ自分が犠牲者になるように持っていっているのだ。このパターンを見かけたら、できる限り早く逃げるに越したことはない。

しかし、このような人がいつも接しなければならない上司や同僚だったらどうすればいいのだろうか。大したことではない。こういう連中のご機嫌を取らなければならなくなるか、新しい部門、あるいは新しい会社に移ることを考えるかだ。何をするにしても、彼らの罠に落ちないようにだけは気を付けよう。どうしても接しなければならない場合には、最小限の範囲で感情的にならないように付き合うことである。

やってみよう

- 一日じゅう仕事という日に、出会った人を記録してみよう。1日が終わったら、その日に接触した人数を計算する。メールや電話を受けた人も数に入れること。
- デール・カーネギーの『人を動かす』を入手しよう。この本はパブリックドメインなので、非常に安く入手できる。そして何回も読もう。[※2]
- 次に論争に巻き込まれたとき、議論をひっくり返す方法について考えてみよう。また、議論から下りてみるのも、面白いテストになる。ただ下りるだけではなく、相手方に強い賛同を送ってみよう。そのときの結果にきっと驚くだろう。

※1 "How to Win Friends and Influence People", Gallery Books, Reprint, 1998。オリジナルは Simon & Schuster, 1936

※2 英語版のみ。

第 5 章

面接をハッキングするコツ

　履歴書作成は誰かほかの人に任せられるスキルだが、面接はあなただけしかできないものであり、マスターすることがきわめて大切なスキルだ。面接は、新しいポストを探しているときにもっとも威圧感を受けるできごとのひとつでもある。面接は予測不能だ。どんな質問が飛んでくるかを事前に知ることはできないし、その場でコードを書いてくれと言われる場合もある。これは、多くの開発者にとって恐ろしい状況だ。しかし、面接を「ハック」する方法があり、そのコツさえつかめば、面接は基本的に型通りのものとして扱えるとしたらどうだろうか。

　読者は、私がこの章で技術面接に合格するための戦略を深く掘り下げることを期待しているかもしれない。しかし、私はそれよりももっと大切なことに話題を絞りたい。面接に臨む前に好きなカードを引けるような感じの特典を手に入れやすくしておこう。信じられないだろうか。読み続けてみていただきたい。

面接で「合格」するための手っ取り早い方法

　次のようなシナリオを想像してみよう。あなたは面接会場に入っていく。面接官と握手すると、面接官があなたを見たあと、一瞬、間をおいてあなたを認識し、顔をほころばせる。「ああ、あなたのことは知っていますよ。ブログで写真を見てますからね。あなたのブログポストはずいぶん読んでいますよ」

　面接中にそういうことが起きたら、合格の可能性はどうだろう。あなたは今、次のように考えているはずだ。「そりゃあ、そうなればいいけど、私は人気ブログをやっていないし、面接官が私の名前を知っているなんてありえないよ」。ポイントは、一般に考えられていることとは裏腹に、ほとんどの面接官は、技術以外のあらゆる要素に基づいて人を採用するということである（有名ブログを持つための具体的な方法については第 2 部で説明する）。

私は、技術的にはもっとも優秀なものの傲慢で親しみにくい人が、スキルはかなり低くても好感の持てる人に負けて、不合格になるところを見てきている。

誤解しないでほしい。単に有名だったり親しみやすかったりするからといって、スキルのない人が雇われるわけではない。言いたいのは、一人だけの募集に対し、技術的に優秀な開発者が多数応募しているなかで、合格者の決め手となる要因は技術的能力ではないということである。

単純に言えば、面接に合格するためのもっとも手っ取り早い方法は、面接官に気に入ってもらうことだ。そのための方法はたくさんあり、その大半は、面接が始まる前にできることである。

私が最後の職を得たいきさつ

独立する前に就いていた仕事は、事前にここで働きたいと思っていた会社の仕事だった。そう思ったのは、とてもよさそうな会社に見えたのと、開発者は在宅勤務できたことによる。私は少し時間を割いてこの会社のことを調べ、数人の開発者がブログを書いていることを知った。私はその会社で働いている開発者のすべてのブログをフォローし、多くのブログポストによく考えて意味のあるコメントを残していった。

時間とともに、その会社で働く開発者の多くは、彼らのブログのコメントから私の名前を覚え、私がどのような人間かを知るようになった。何人かは、私のブログを読み始めるようにさえなった。

その会社が次に開発者を採用することになって私が応募したとき、その仕事を射止めるのがどれくらい大変だったと思われるだろうか。面接は残っていたものの、そこで大失敗をしない限り、合格するのは間違いないと私は確信していた（結果として、公募での仕事よりもずっと高いポストを射止めたのである）。

常識に囚われずに親密な関係を築く

面接を「ハッキング」するコツは、面接が始まる前に面接のための戦略に

ついて考えておくことだ。確かに、面接でとてつもなく魅力的に振る舞って、面接官の心を奪うことも可能だが、私たちの大半は、そのような魅力を持ち合わせていないという前提で話を進める。あなたにそのような魅力があるなら、この章を読む必要はまったくない。

採用の大多数は、個人推薦を受けた人に決まる。募集に応募するときには、必ず推薦をもらって応募するようにしたいところだ。推薦を受けて面接に向かうと、推薦してくれた人の社会的信用を借りることになるので、面接官は自動的にあなたのことを高く評価する。面接官が推薦者に対して持っている評価や親密さが、面接を受けるあなたにも部分的に及ぶのだ。あなたは面接官が好感を持ち、信頼している人の推薦を受けているので、面接官があなたに対して好意的なバイアスを持っている状態で面接を受けることになる。

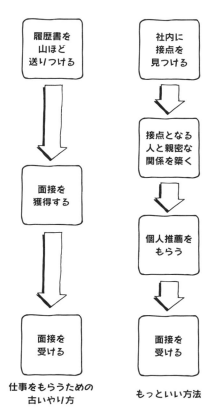

昔ながらの求職の方法とそれよりもいい方法

しかし、応募しようとしている会社に知人がいなければどうすればいいのだろうか。どうすれば推薦を受けられるのだろうか。私の場合、その会社ですでに働いている開発者のブログを見つけ、そこで彼らと関係を築いた。そのため、募集が始まると、個人推薦をもらうのは簡単なことだった。

必要なのは、常識に囚われない考え方を持ち、社内の接点となるべき人との間に関係を築く方法を作り出すことだ。私が知っているある開発者は、求職のために採用マネージャーのことを調べ、毎週会合を開く地元クラブに所属していることを知った。そこで、この開発者は抜け目なくそのクラブに参加し、採用マネージャーと友だちになった。その会社の職を提示されたとき、彼は正式な面接さえ受けていなかったのではないだろうか。

ソーシャルメディアとインターネットが登場して以来、会社についての情

第5章 面接をハッキングするコツ　23

報を調べ、すでにその会社で働いている社員と関係を築くのは簡単になっている。事前に多少の汗をかく気になればいいだけだ。

一度にたくさんの知り合いを作りたいなら、地元のユーザーグループに参加しよう。毎週あるいは毎月ごとに会合を開いている、開発者向けのユーザーグループは多数ある。常連の参加者になり、特に何度か発表などをすれば、地元の多くの会社の開発者や採用マネージャーとすぐに知り合いになれる。

今すぐ職が必要ならどうすればいい？

あなたはおそらく、私が言っていることはもっともだけれど、ひとつだけ問題があると思っている。— 時すでに遅し。ちょうどレイオフされてしまったばかりで、新しい仕事を探さなければならない。オンラインでつながりや評価を築いたり、雇ってくれそうな人を追いかけ回したりしている時間はない —。では、そのような場合はどうすればいいのだろう。

可能ならあらかじめ面接官に連絡を取り、そのあともできる限りフォローアップをしてみることだ。実際の面接で話をする前に、会社についてお話したいとか、いくつか質問させていただきたいことがあるなどと言って、プレ面接を手に入れられたらどうだろうか。連絡を取るための電話で5分間割いてくださいと頼むのである。採用の決定に影響を及ぼす多くの人々に、あらかじめできる限り、自分のことを売り込もう。

ちょっとそれはやり過ぎなんじゃないかと思われることはわかっている。確かに時間をかけられたら、その方がいいに決まっている。しかし、ピンチのときにはこれが役に立つ。私の親友でヘルスヒーローというスタートアップ企業を経営している人物は、まさにこの方法を使って、3種類の異なるスタートアップアクセラレータープログラムで自分の会社を受け付けてもらうことに成功した。スタートアップアクセラレーターは、採用されるのが難しいことで知られたプログラムだ。彼は主要な意思決定者全員とプレ面接を設定した。そして、本物の面接に出かけるころには、面接官全員が彼のことを知っていて好感を持っていたのである。

本物の面接ではどうすればいいのか？

面接会場に入る前に面接官がすでにあなたの人となりを知っているようにしておくにしても、面接の場でどう振る舞えばいいのかは知っておく必要がある。言うまでもなく、技術面接で合格するためには、技術的に優れていなければならない。しかし、採用されても不思議ではないだけのスキルを持っ

ているとすれば、次に注意すべきは、「求められていることへの理解」と「それを実行できることに対する自信」を示すことだ。

雇い主の視点から考えてみよう。従業員を雇うのは投資である。従業員を雇うためには、時間とお金がかかる。投資するからには、大きな見返りを手にしたい。いちいち命令しなくても、やるべきことをやる自律的な従業員は、会社の業績に貢献できる従業員だ。しかも、彼らは雇い主が持っている管理のためのリソースをほとんど必要としないため、そうでない従業員よりも頭痛の種になることが少ない。

私なら、スキルは非常に高くても、いつも手をかけてやらないと生産的になれない開発者より、知っていることはいくらか少なくても、何をすべきか、それをどのようにしてすればいいかを突き止める方法がわかっている開発者を雇うだろう。面接を受けるときには、自分が制御できる範囲内で、頼まれなくても仕事を終わらせられるタイプの開発者だということを具体的に示すことに注力しよう。

技術的に優秀であることを示した上で、何でも進んで実行し、障害をものともしない開発者であると面接官に思わせることができれば、好感とともにあなたを雇う可能性が高まるだろう。

今すぐできることは何か？

今まさに積極的に職探しをしているのであれ、選択肢を広げておこうと思っているだけであれ、次の面接の準備を始めるのに今よりいいときはない。

最初にしなければならないのは、技術的なスキルを磨いておくことだ。世界中のどんな面接テクニックを集めてきても、合格するだけの力がなければ何の役にも立たない。技術書やブログ記事を読み、スキル開発のために時間を費やすようにしよう。

必要になる前に、人脈づくりにも着手しておこう。様々な地元企業の社員との間に接点を作り、あとで力になるコネクションを設けるのである。ブログを読んでコメントを書き、地域のほかの開発者、さらにはリクルーターと知り合いになっておこう。

そして、これらの実践を忘れてはならない。今すぐ新しい職を手に入れたいわけではなくても、面接の練習のために面接を受けておくといい。練習の回数が増えれば増えるほど、重要な面接で落ち着いて振る舞えるようになる。

第5章　面接をハッキングするコツ　**25**

自分の売り込みに力を入れることからは大きなメリットが得られるが、それについては次の第2部で取り上げる。

やってみよう

- □ 今すぐ職を積極的に探すのではなくても、働いてみたいと思う会社とその会社にいる知り合いのリストを作ろう。
- □ 働いてみたいと思う会社のリストのなかに、知り合いのいない会社がある場合、少なくともそのなかのひとつで働いている誰かと会う計画を立て、その人との間に人間関係を作ろう。
- □ 少なくともひとつの地域のユーザーグループを見つけて会合に出席しよう。そして、できる限り多くの人々に自己紹介をしよう。

第 | 6 | 章

雇用形態:
三つの選択肢を理解する

　他人がしていることを同じようにやって、目の前に敷かれたレールに乗ってしまう罠には、簡単にはまってしまうものだ。ほとんどのソフトウェア開発者がキャリアの大半を会社の従業員として働くのは事実だが、それだけがあなたの選択肢ではない。あなたのプログラミングスキルを活用して利益を生み出す方法はたくさんある。

　就職という伝統的な方法以外の選択肢があることに気づいてさえいない開発者が多いのではないか。実は、私がそうだった。この章では、選択肢をきちんと示して、あなたが将来どのような方向を目指すかについてより良い判断を下せるようにしたい。第1部の後半では、選択肢を一つひとつ取り上げ、それぞれの道で成功するために必要なことを学んでいこう。

オプション1：会社の従業員

　これは、ソフトウェア開発者の多数派が選んでいるデフォルトで自明の選択肢である。私自身、ソフトウェア開発者としてのキャリアの大半を従業員として過ごした。それは、ほかの選択肢を知らなかったからであり、ほかの方法よりも簡単に進めるルートだったからでもある。たぶん、会社員であるということはどういうことかを定義する必要はないだろう。しかし、この選択肢を選ぶことの利害得失については見ておく意味がある。

　会社員でいることの最大の利点は、安定していることだ。ここで安定といっているのは、特定のポスト、特定の会社のことではない。生活を立てるための確立された方法という意味で安定といっている。会社員としてポストがある限り、給料はもらえる。将来にそのポストを失い、新しい仕事を探さなければいけないかもしれないが、少なくとも一定期間に渡って毎月決まった水準の収入に依存できるという相対的な安定は確保できる。

　会社員という道は責任が限られ、道筋がはっきりしているため、ほかの選択肢より選びやすいのも事実である。仕事を見つけて応募すればよく、採用

第6章　雇用形態：三つの選択肢を理解する　　**27**

されれば収入を得るためにしなければならないことを自分で考える必要はない。

　会社員になると、有給休暇があり、少なくともアメリカの場合は、医療保険で有利になる。[*1]

　会社員という選択肢のマイナス面は、主として自由の有無だ。会社員になると、時間の大半を雇用主のための労働に費やさなければならない。自分がどのような仕事をするかについても選べず、楽しめるタイプの仕事が与えられるとは限らない。また、一週間あたりの労働時間数や出勤する必要のある日などを決める何らかのスケジュールに従わなければならないのが普通だ。

　また、会社員になるということは、収入があらかじめ決まっているということであり、一定水準で「頭打ち」になるということでもある。会社員でいるかぎり、いずれ収入の面でも昇進昇格の機会でも「ガラスの天井」にぶち当たる。どこかでキャリアパスを切り替えない限り、大きく収入を上げられず、地位を上げられないという地点に到達するということだ。

　会社員であることの利点と欠点をまとめると、**表6.1** のようになる。

表6.1　会社の従業員の利点、欠点

利点	欠点
安定している	自由がない
ほかの方法よりも簡単に追求できる	収入が頭打ちになる
有給休暇	
医療保険補助の可能性	

オプション2：独立系コンサルタント

　独立系コンサルタントになって生計を立てているソフトウェア開発者も多い。独立系コンサルタントとは、特定の雇用主のためではなく、1件以上のクライアントのために仕事をしているソフトウェア開発者のことである。副業としてどこかのクライアントのためにプログラミングの仕事をしたことがある人なら、コンサルタントがどのようなものかよくご存知だろう。

　私は、独立系コンサルタントとは、この種の仕事をして収入の多くを稼いでいる人々のことだと思っている。これは、ひとつのクライアントのために働き、時間給しか払われない契約プログラマーとは大きく異なる。契約プログラマーは、会社員に近い。独立系コンサルタントは、通常自分の会社を持

っており、この会社とクライアントとで仕事の契約を結ぶが、特定のクライアントに縛られたりはしない。

　私は、キャリアのなかの数年を独立系コンサルタントとして過ごしており、今でも多少はその仕事をしている。私はずっと独立して自分のために働くことを夢見ていたのだが、独立系コンサルタントになればその夢がかなえられると思ったのである。誰かほかの人のために働くのではなく、自分が自分の上司になれたらどんなにいいだろうと思ったのだが、まさか独立系コンサルタントになっても上司が一人からたくさんになるだけだとは思いもしなかった。

　だからといって、独立系コンサルタントになって悪いことばかりではない。服従しなければならない唯一絶対の雇い主を持たなくていいということには、はっきりとした特典がある。独立系コンサルタントになれば、自分の時間の使い方をほとんど自由に決められるし、どの仕事をするかを選択する自由もある（それを選べるほど仕事があればの話だが）。いつでも好きなように仕事を始めたり止めたりすることができ、柔軟に日程を組める。しかし、クライアントはあなたと連絡を取れるようにしておくことを望むだろうし、適切なタイミングで仕事が終わることを望むだろう。

　もっとも大きな利点は、おそらく高い収入が得られる可能性があることだ。独立系コンサルタントになると、誰かほかの人のために働くときと比べて、ずっと高い時給を得られる可能性がある。現在の私は、クライアントのために１時間仕事をするごとに300ドルを請求しているが、私が知っているだけでも、もっと高い料金を取っている独立系コンサルタントがいる。

　しかし、独立系コンサルタントになったからといって、必ずしもひと財産作れるわけではない。最初から１時間あたり300ドルを請求するわけにはいかないだろう（第２部では、時間給を上げるための実践的な方法を伝授しよう）。また、毎週40時間分の仕事を必ず確保できるわけでもないだろう。独立系コンサルタントになれば、ばかばかしくなるほどの額の収入が得られるような感じがするかもしれないが、労働時間のかなりの部分はクライアント探しなどに費やされる。独立系コンサルタントになると、あなたは文字通り会社の経営者になる（マインドセットだけでなく）。納税、法律顧問の確保、営業、健康維持といった事業経営に関連するあらゆることを自分でしなければならない。

　独立系コンサルタントの利点と欠点をまとめると、**表6.2**のようになる。

第6章　雇用形態：三つの選択肢を理解する　　**29**

表6.2　独立系コンサルタントの利点、欠点

利点	欠点
自由度が増える（自分で時間を決められる）	自分で仕事を探さなければならない
いつも新しいプロジェクトに取り組める	クライアント探しなどの負担がかかる
収入が増える可能性がある	上司がひとりから多数になるだけかもしれない

オプション３：アントレプレナー

　アントレプレナーは、ソフトウェア開発者が選べるキャリアとしては、おそらくもっとも難しく、もっとも不定形で、もっとも高い収入が得られる可能性があるルートである。形容詞がずいぶん多い感じがするかもしれないが、それには理由がある。私は、アントレプレナーになるということは、プロのギャンブラーになるのと同じことだと思っている。アントレプレナーに安定性はほとんどなく、大当たりを引けば、「とてつもなく」大きな当たりになることがある。

　では、アントレプレナーになるというのは、本当のところ、どういう意味なのだろうか。これはもっともな疑問だ。アントレプレナーの定義は非常に曖昧模糊としており、多くの異なる意味を持ち得る。しかし、ソフトウェア開発者のアントレプレナーは、ほとんどの場合、ソフトウェアのスキルを活用して独自の事業か製品を開発する人だといっていいのではないか。会社員と独立系コンサルタントは時間とお金を交換するが、アントレプレナーは時間と将来の莫大な払い戻しのチャンスを交換している。そのため、最初のうちは無償で働いているわけだ。

　私の今の状態はアントレプレナーの部類に入るのではないかと思っている。教材や製品の開発に時間の大半を使って生計を立てているからだ。作ったものは直接売ったり、パートナーを介して売ったりする。今でもコードを書いてはいるものの、特定のクライアントのために書いたりすることはほとんどない。自分が作っている製品やサービスのためにコードを書いているか、自分が知っていることを他人に教えるための教材を作っているかだ。

　この本はまさにアントレプレナーとしての仕事の例である。本書を書くために膨大な時間を費やしているのは、私にとって大きな賭けだ。出版社からは少額のアドバンスをもらうものの、本書を書くために使った膨大な時間を考えると、それではとても割に合わない。十分な部数が売れて労力に見合っただけの印税が入ってくるか、私の仕事のほかの分野で顧客を引き付けるた

めの宣材として役立ってくれるか、いずれかを期待している。この本が失敗して、まったくの労力の無駄になる可能性も十分にある（あなたが今本書を読んでいることを考えれば、そうなる可能性は若干下がるかもしれないが）。

ほかのソフトウェア開発者出身のアントレプレナーたちは、私とはまったく異なる形で営業している。スタートアップ企業を作り、大規模な出資をしてくれる VC、すなわちベンチャー資本と呼ばれる外部の投資家を探している人々もいるし、SaaS（Software as a Service）会社を作って、サービスに対する契約を販売して収益を上げている人々もいる。たとえば、人気の高いオンライン教育サービス会社のプルーラルサイトの創設者たちは、教室での授業からスタートしている。しかし、その後、オンラインサービスにはるかに大きなチャンスを見いだし、さらにサブスクリプション（定期購読契約）に基づくサービスを始めて SaaS モデルに移った。

すでにおわかりのように、アントレプレナーの2大利点は、完全な自由と、完全に天井なしの収入の可能性である。アントレプレナーに自分以外の上司はいない。もっとも、あなた自身が誰よりも厳しい上司になる場合もある。仕事をするかどうかは好きなように決められ、あなたの未来も完全にあなた次第である。大成功を収める製品やサービスを作れば、数百万ドル以上の収入が得られるかもしれない。時間を使った分、製品の収益が指数的に増える場合だってある。

しかし、アントレプレナーになればリムジンとパーティーが待っているというわけではない。おそらく、ソフトウェア開発者が選べるなかでも、もっとも厳しく、もっともリスキーなキャリア選択である。収入の保証はまったくなく、すばらしいアイデアを追い求めた結果、借金で首が回らなくなる場合もある。アントレプレナーの生活は、ジェットコースターのようなものだ。製品を買ってくれる顧客がいるときには、世界の頂点に君臨するかもしれないが、翌日にプロジェクトが失敗すれば、家賃をどうやって払ったらいいかわからなくなる可能性がある。

また、アントレプレナーになるためには、所属企業やクライアントのために仕事をするソフトウェア開発者なら考えなくてもいいようなスキルを手に入れるために、かなりの投資をする必要がある。アントレプレナーは、営業やマーケティング、金融など、ビジネス全般について多くのことを学ばなければならない。成功するためには、それらがきわめて重要なのである（これらテーマの一部は、本書でも取り上げる。第2部では、自分自身の売り込み方を

第6章　雇用形態：三つの選択肢を理解する　　31

取り上げる。これは製品のマーケティングとよく似ている。第5部では、金融を取り上げる。これはアントレプレナーになるつもりがなくても役立つだろう）。

アントレプレナーの利点と欠点をまとめると、**表6.3**のようになる。

表6.3　アントレプレナーの利点、欠点

利点	欠点
完全な自由	とてもリスキー
大儲けの可能性	完全に自己責任
やりたい仕事ができる	ソフトウェア開発以外に非常に多くのスキルが必要
上司がいない	仕事に非常に多くの時間を取られる可能性がある

どれを選ぶべきか

ほとんどのソフトウェア開発者、特に初めて仕事をする場合は、会社の従業員になることには十分意味がある。この選択肢はリスクがもっとも低く、多くの専門能力を備えている必要もない。会社員になるのは徒弟になることと似ていると考えることもできる。自力で成功をつかみたいと思っている場合でも、技術を身に付け、スキルを磨くために、会社員になるのはいい出発点になる。

とは言え、駆け出しながら独立系コンサルタントやアントレプレナーになるチャンスがあり、そのためのリスクに耐えられるというなら、早い段階で経験する失敗やミスは、すばらしいキャリアを築くための準備作業になるだろう。

どれを選ぶかはひとえにあなた次第だ。また、いつでも路線を切り替えることはできる。第11章では、会社員が独立するための方法を説明する。それは簡単なことではないが、やってできないことではない。

やってみよう

□ 本章で述べた三つの分類に当てはまる知人、または名前を聞いたことがあるソフトウェア開発者のリストを作ってみよう。

□ 独立系コンサルタントやアントレプレナーになりたいと思う場合、すでにそのキャリアパスに乗っている知人に会って話を聞く機会を作ろう（自分がどのような世界に入ろうとしているのかを知らずに仕事を選んでしまう開発者があまりにも多い）。

※1　日本でも、健保、年金で有利になる。

第 7 章

あなたはどのタイプの
ソフトウェア開発者か

　今までに弁護士を雇わなければならなかったことがあるだろうか。そのとき、最初に何をしただろうか。逆に、弁護士を雇ったことがない場合、最初に行うことは何だろうか。

　「必要とされる弁護士がどのようなタイプなのかを調べなければならない」と答えた人は、それが正解だ。どんな弁護士でも呼んでくればいいというものではない。問題を抱えている分野を扱っている弁護士に声をかけるようにしたい。弁護士は専門分野を持っており、最初からその専門分野が何なのかをわかるようにしている。刑事弁護士、事故弁護士、不動産弁護士などだ。

　税や不動産の問題で、離婚弁護士に代理人になってもらうのは避けたいものである。だから、専門性は重要だ。弁護士はロースクールを出たときに、単なる「弁護士」になろうとは思っていない。しかし、ほとんどのソフトウェア開発者は、自分の職業のこととなると、それに等しいことをしている。

専門性はとても大事

　専門を持たないソフトウェア開発者は、山ほどいる。ほとんどのソフトウェア開発者は、どのプログラミング言語を使うかによって、それぞれの専門分野を定義している。「私は C# プログラマーです」とか「私は Java プログラマーです」という言い方を聞くことがあるだろう。この種の専門の表し方は広すぎる。これでは、あなたができるソフトウェア開発の種類を十分に表現できていない。プログラミング言語では、あなたがどのようなタイプの開発者か、あなたが実際に何をしているのかはわからない。あなたが仕事をするときに使うツールが何かということがわかるだけだ。

　特定分野を専門にすると、その専門に押し込まれて多くの就職口やチャンスから排除されてしまうのではないかとの考えから、専門を持つことに恐怖心があるかもしれない。専門を持つことによって一部のチャンスが閉ざされるのは事実だが、専門を持つことにより、もっと多くのチャンスが目の前に

第 7 章　あなたはどのタイプのソフトウェア開発者か　　**33**

開かれるはずだ。

もう1度、弁護士の場合について考えてみよう。弁護士になっても専門を持たなければ、弁護士を必要とするあらゆる人がクライアントになる可能性がある。しかし、問題はそのようなジェネラリストの弁護士を雇いたいと思う人がほとんどいないことだ。クライアントになる可能性のあるほとんどの人は、スペシャリストを雇おうとするだろう。

ジェネラリストになれば、クライアントの枠が大きくなるように見えるかもしれない。しかし、実際には、スペシャリストが必要だということを知らないくらい事情にうとい人々しか、クライアントにならないのである。

スペシャリストになると、所属先やクライアントになる可能性のある会社や人々の枠が小さくなるが、あなたはそれらの人々にとってはるかに魅力的な開発者になる。専門分野が十分大きな市場を持っていて人口過多になっていない限り、単なるソフトウェア開発者に過ぎない状態よりも、はるかに簡単に就職口を見つけたりクライアントを獲得したりすることができる。

専門性をどこまで上げるべきか

C# 開発者とか Java 開発者といってみたところで専門性が足りないのなら、どこまで専門的になればいいのだろうか。この問いには簡単に答えられない。というのも、本当の答えは「場合による」からだ。何を達成しようとしているのか、その領域の市場がどれくらい大きいかによって、答えが決まる。

具体例で考えてみよう。以前、私はプリンターおよびプリンター言語を専門とするソフトウェア開発者と自称していたことがある。これはかなり専門領域を絞った言い方だった。職探しの対象にできる大手企業はほんのひと握りしかなかった。しかし、プリンターメーカーにとって、プリンターとプリンター言語を専門とするソフトウェア開発者を見つけるのがいかに大変かわかるだろうか。

私は、専門領域を非常に絞り込んだおかげで、ごく少数の就職先候補にとってはきわめて価値の高い人間になった。そういった会社はほとんどの都市にはないが、市場を世界全体に広げれば、いやアメリカだけに絞ったとしても、自分の専門分野が非常に役立つ市場はかなり大きい。しかし、今住んでいるところから離れたくなければ、私の専門分野が抱えている市場は小さす

ぎる（地元企業のなかでプリンターを専門とするソフトウェア開発者を必要
とする会社がどれくらいあるだろうか）。幸い、当時の私はアメリカ国内な
らどこで仕事をしてもよかったので、私にとってこの専門分野は役に立った。

✏️　専門特化の法則：専門性が高ければ高いほど、チャンスの数は減る。
その半面、チャンスを獲得する可能性は高くなる。

　あなたの状況に話を戻そう。地元で仕事を探していて、あなたは Java 開
発者だとする。ほとんどの大都市圏では、Java 開発者には大きな需要があり、
手に入れられる可能性のある就職口は無数にある。しかし、その就職口がす
べて必要なわけではない。ひとつあれば十分だ。
　たとえば、その時点であなたの地元地域に 500 件の Java 開発者の求人が
あったとする。そして、専門性に基づいて市場を狭め、500 件の就職口のど
れかを実際に獲得できる可能性を上げようと考えたとしよう。あなたは、自
分を Java のウェブ開発者と言うことにする。おそらく、これによって 250
の就職口は候補から消えるだろうが、獲得する可能性のある就職口はまだ
250 も残っている。まだ多いのではないだろうか。就職口はひとつあればい
いということを忘れてはならない。

　そこで、さらに専門性を少し上
げる。専門は Java ウェブ開発ス
タックだと言ってみよう。おそら
く、これで就職口の規模は 50 件
に絞られるはずだ。これでもまだ
選択肢はたくさんあるものの、タ
ーゲットがより明確になっている
ため、50 件のなかのどれかを手
に入れる可能性は高くなっている。

> **500 件の Java 開発者の求人**
>
> **250 件の Java ウェブ
> 開発者の求人**
>
> **50 件の
> 特定のウェブ
> 開発スタック
> の求人**

専門性を上げると、可能性のある就職口は狭まるが、
雇ってもらえる可能性は高くなる

ソフトウェア開発者の専門分野

　ソフトウェア開発者の専門分野はたくさんある。言語、プラットフォーム
に関する専門分野に加えて、方法論、特定技術、業界別といった専門分野も
ある。

しかし、最初にはっきりさせておくべきは、どんなタイプのソフトウェア開発をしたいかである。ユーザーインターフェイスの作成／プログラミングといったアプリケーションのフロントエンドの仕事をしたいのか、ビジネスルール、ビジネスロジックを実装するアプリケーションのミドルウェアの仕事をしたいのか。それとも、データベースや低水準処理を相手にするアプリケーションのバックエンドの仕事をしたいのか。これら三つをすべてカバーするフルスタックの開発者になることもできる。ただし、その場合は、特定の開発スタックを専門にしなければならない（たとえば、フルスタックのウェブ開発者なら、C# と SQL Server を使った ASP.NET MVC ウェブサイトの開発を専門とする）。

組み込みシステムの開発のような分野を専門とすることもできる。この場合、ハードウェアデバイスと近い領域の仕事をすることになり、デバイス内部のコンピューターで実行されるコードを書くことになる。組み込みシステムの開発者は、ウェブ開発者とはまったく異なる種類の問題を相手にしなければならない。

オペレーティングシステムは、これらともまた異なる専門領域になるが、ウェブ開発ではあまり重要ではない。多くの開発者は、Windows、UNIX、Mac など、特定のオペレーティングシステムで動作するアプリケーションの開発に専門分化している。

モバイルアプリケーション開発、さらには特定のモバイルオペレーティングシステムについても、専門領域になり得る。iOS あるいは Android プラットフォームで動作するモバイルアプリケーションの開発を専門とする開発者の需要は高い。

開発者のなかには、専門分野を非常に深く掘り下げ、ごく限定されたプラットフォームやフレームワークの専門家になっている人々もいる。このような開発者の場合、クライアントになる可能性のある人（会社）は非常に少ないが、専門性の高さにより、非常に高い時間給を要求できる。非常に高価なソフトウェアスイーツやフレームワークの周辺には、よく低水準の専門家がいる。ドイツの大規模なソフトウェア企業、SAP について考えてみよう。一部の非常に高給の開発者は、この高価なパッケージソフトウェア上での顧客ソリューションの開発を専門としている。

専門領域

- ウェブ開発スタック
- 組み込みシステム
- 特定のオペレーティングシステム
- モバイル開発
- フレームワーク
- パッケージソフトウェア

専門分野の選択方法

　専門性について話をしたことのあるほとんどのソフトウェア開発者は、私の考えに賛成してくれた上で、どのようにして自分の専門を選ぶのかについてよく聞いてくる。彼らは専門分野の選択を困難に感じているようだ。

　そこで、専門分野を選択するためのヒントを少しまとめておこう。

- 現在、過去の会社で感じた大きな「ペインポイント」（苦痛に感じること）は何か。あなたは、そのペインポイントを解決することを専門とする人間になれるか。
- 誰もやりたがらない仕事やスキルのある人がいない仕事はあるか。その分野を専門とする人になれば、仕事はたくさんある。
- カンファレンスやユーザーグループでよく話題になるテーマはどのようなものか。
- 同僚相手に、あるいは「Stack Overflow」（http://stackoverflow.com）などの開発者向けサイトであなたがよく答える質問はどのようなものか。

　何をするにしても、何らかの専門性のあるものを選ぶようにしよう。どこまで限定するかは市場規模によって決まるが、できる限り絞り込むようにしたい。そうすれば、限定的な市場でのあなたの需要はとても高くなる。心配することはない。専門は、必要に応じて、あとでいつでも変えられる。私はもうプリンター用のソフトウェア開発を専門にしてはいないし、キャリアを通じて様々な専門領域を渡り歩いて大成功を収めている知り合いの開発者は何人もいる。たとえば、親友のジョン・パパは、以前は Microsoft Silverlight を専門にしていたが、Silverlight の開発が終了してからは、SPA（Single

Page Application）を専門にしている。

多言語プログラマーはどうか

　専門性の話題を持ち出すたびにいつも、ある程度の抵抗を受ける。専門分野を持つことを勧めているからといって、私が様々なスキルを持つべきではないと思っているわけではないことは、はっきりさせておきたい。

　このふたつは矛盾するように思えるかもしれないが、そうではない。多彩で柔軟なソフトウェア開発者は偉大な存在だ。複数のテクノロジーとプログラム、多くのプログラミング言語を使えるようにしておくと、キャリアの上で役立つだけでなく、ひとつの限られたテクノロジー、ひとつのプログラミング言語しか知らない人々よりも、はるかに貴重なソフトウェア開発者になることができる。しかし、何でも屋として自分を売り込むのはとても難しいということなのだ。

　チームに何でもできる開発者がいればとてもいいのに、企業やクライアントは、そのようなタイプを探しに行こうとはまずしない。あなたがあらゆる種類のテクノロジーで優れた能力を持ち、50種類のプログラミング言語を知っていたとしても、何か専門分野を選んだ方が得になる。たとえ専門分野をたびたび取り替えていてもだ。

　できる限り多くのことを学び、できる限り柔軟な開発者になろう。同時に、専門分野を持って自分をユニークな存在として目立たせることも大切だ。このふたつからどちらかを選ばなければならないときには、まず専門特化に取りかかり、あとで多才になればいい。

やってみよう

- ☐ ソフトウェア開発者の専門分野を思い付く限りリストアップしてみよう。広い範囲から狭い範囲へ進み、どこまで限定的になれたかを確かめよう。

- ☐ あなたの今の専門分野は何か。そのようなものを持っていないというなら、ソフトウェア開発のどの分野なら専門にできるかを考えてみよう。

- ☐ 人気の高い職探しサイトに行き、あなたの市場であなたの専門が必要とされる就職口を探してみよう。そして、さらに細かいところに専門特化した方が有利になるか、限定し過ぎになってしまうかを探ってみよう。

38

第 | 8 | 章

「どの会社も同じ」ではない

　ソフトウェア開発者の経験は、どのようなタイプの会社で働くかによって
大きく違ってくる。起業したばかりの小さな会社で働くか、多くの予算が与
えられ、多くの株主が支えている大企業で働くか、あるいは、その中間のど
こかで働くかを自分で決めることが大切だ。

　経験に大きな影響を与えるのは会社の規模だけではない。すべての会社に
はそれぞれの文化があり、それがあなたの幸福度、今いる場所へのフィット
感、帰属感の度合いに、きわめて大きな影響を与える。

　就職するかどうかを決めるときには、これらを考慮に入れることが大切だ。
確かに給与と利点だけで就職するかどうかを評価できれば話は簡単だが、長
い目で見ると、職場環境はあなたにとってはるかに重要な意味を持つだろう。

　この章では、会社のタイプ（小、中、大）の長所、短所を検討し、どのタ
イプの企業で働くかを決める方法を示そう。

小さな会社とスタートアップ

　小さな会社の大半はスタートアップだ。そうした会社はスタートアップ独
特の気質を持っている。急成長することに全力をかけ、利益を上げられる状態
にするなどの差し迫った目標を達成するためなら何でもしようとするのである。

　このような会社でソフトウェア開発者として働く場合、様々な役割を演じ
なければならなくなることが多い。ただコードを書いていればいいというわ
けにはいかない。社員の数が少なく、職務の定義がほかのタイプの会社より
も緩やかなので、あなたはほかの環境よりも柔軟になる必要がある。デスク
の前に座ってひたすらコードを書いていたいのなら、ビルドサーバーのセッ
トアップやテストの応援などはしたくないだろう。しかし、エネルギーを発
散し、テンションの高い生活を望み、いつも新しい課題に挑戦していたいタ
イプなら、この手の環境はとても気に入るかもしれない。

　小さな会社では、あなたがすることは、もっと大きな会社にいるときと比

第 8 章　「どの会社も同じ」ではない　　**39**

べて大きな影響を及ぼすことが多い。これは、良くも悪くも作用する。群衆に溶け込み、ただ自分の仕事だけをしたいタイプなら、小さな会社での働き方にはおそらくなじめないだろう。この環境では、気づかれずにいることはとても難しい。しかし、自分がしている仕事の影響が目に見えるとうれしくなるタイプなら、その点でもっともいい場所は小さな会社である。何しろ社員が少ないので、一人ひとりの貢献が直接会社の業績に影響を与え、それがわかるのだ。そのため、偉大な達成をすれば、それが大きく見える。ただし、ヘマについても同じことが言える。

小企業は通常、大企業よりも安定性では大きく劣る。しかし、長期的に見れば、報酬は大きい。小企業は、もっと大きい企業よりも潰れたり、給料が払えなくなったり、人員削減に追い込まれたりする可能性ははるかに高い。しかし同時に、うまく波に乗って大きくなった場合には、小企業時代からの社員には非常に大きな報酬が与えられることがある。大企業では、出世の階段を上って取締役レベルの地位まで上がるのは簡単ではないが、小企業では、新しい社員はあなたよりも下になることが多いので出世の可能性はかなり高くなる。

多くの開発者が、会社が株式を公開したり買収されたりしたときにストックオプションで金持ちになれるのではないかと期待しながら、安月給でばかばかしいくらいの長時間労働をしながらスタートアップで働いている。それはずいぶんリスキーな賭けだと思う。いつか宝くじに当たるかもしれないからというだけの理由で、スタートアップで働くのはお勧めしない。そういう考えでは、おそらく燃え尽きてしまって苦労した甲斐がなくなるだろう。ペースが早くテンションが上がる環境が好きで、何かを作り上げるための一員となり、それが成長するのを見てみたいという理由で、小企業やスタートアップを選ぶ方がいい。

中規模の企業

ほとんどの企業は、中規模の企業である。そのため、あなたの職場もそういうところになる可能性が高い。ひょっとすると、あなたが今働いているのがまさにこういう環境かもしれない。中規模の企業はたいてい、安定した収益をある程度継続して上げているものの、フォーチュン500リストに駆け上がるような勢いはない。

中規模の企業では、小企業よりも職務の定義がはっきりしており、安定度

も高い。大企業は大規模な人員削減を行ったり、定期的に組織変更をしたりすることが多いので、中企業の方が大企業よりも安定しているとさえ言えるかもしれない。安定性を求めるなら、中企業がもっとも合っているだろう。

中企業では、小企業よりも変化のペースは少し遅いが、それでも多数のなかに埋没することは難しいだろう。あなたの貢献によって会社が浮き沈みすることはないかもしれないが、貢献していることは気づかれるはずだ。中企業では、じっくり堅実なタイプの方が、競争に勝つことが多い。スタートアップ的にせかせかと決着を迫る気質の人々は最先端テクノロジーを支持しがちだが、ほとんどの中企業はリスクを避けながら、もう少しゆっくりと進むものである。最先端の仕事をしたい場合、中企業ではリスクを負ってもいいという理由付けが難しいので、上司に評価してもらうのが難しくなるだろう。

大企業

大企業は面白い存在だ。個々の大企業は、互いに大きく異なる。たいていの大企業には、会社のあらゆる側面に浸透している非常に深い企業文化がある。大企業の多くは株式を公開しており、おそらくあなたとは永遠に交渉することのない CEO セレブがいる。

おそらく、大企業で働いたときにもっとも大きく感じることは、決められた手続きや手順が多いことだろう。大企業の求人に応募すると、通常は何回も面接を受け、とても形式的かつ明確な手続きに従って進んでいく。そして、大企業で働くことになると、確立された仕事のやり方に従わなければならない。大企業では、荒くれ者と乱暴者は歓迎されない。手順や階層構造が好きなら、おそらく大企業で楽しく働けるだろう。

大企業で特にいいのは、与えられるチャンスである。私があるフォーチュン 500 企業に入ったときには、様々な訓練を受けるチャンスが与えられ、ほぼすべてのソフトウェア製品を好きなだけ使えた。多くの大企業は、社員の社内での学習、成長を支援するために、キャリアガイダンスを提供している。そして、非常に優れたスタッフと仕事をするチャンスが得られることもある。中小企業には、大規模かつ世界を変えるようなプロジェクトにかけられる予算はないが、大企業の多くでは、技術イノベーションは日常茶飯事である。そういった大規模な取り組みで人から気づかれるようなインパクトを与えることはたぶんできないだろうが、注目すべき製品やサービスを市場に投入す

第 8 章 「どの会社も同じ」ではない　41

るチームの一員にはなれるだろう。

多くの開発者にとって、自分の貢献が大した意味を持たない感じになりがちな大企業は、不満が溜まる場所である。おそらくあなたは、大きなコードベースのなかのごく小さな部品の仕事に関わるだけになるだろう。ソフトウェアシステムのあらゆる側面に関わりたいタイプの開発者なら、大企業の仕事は面白くないだろう。

大企業では、人の視界から外れるのは非常に簡単である。私は複数の大企業で働いたが、一日じゅう何もしない開発者がいた。全社規模で大きなレイオフが行われるまで、誰も彼らの存在に気づかなかった。しかし、この種の自立性には、活用方法がある。ものを作らなければならないというプレッシャーのないところで重要だとか面白いと思っているプロジェクトに携われることがあるのはいい点だ。

大企業については、最後にひとこと触れておかなければならないことがある。政治だ。大企業には、大きな政府に匹敵するほどの複雑な政治システムがあることが多い。大企業のソフトウェア開発者として、政治を避けようとすることはできる。しかし、あなたがそうしたとしても、ほかの人々の政治的操作は何らかの形で必ずあなたに降りかかってくるだろう。そして、次の章で述べるように、大企業の出世階段を上るには、会社のなかの複雑な政治的環境を泳ぎ渡る方法を学ばなければならないはずだ。政治的な動きが苦手で完全に避けたいと思っているなら、フラットな管理構造を持つ小企業を探すといい。

大中小の企業で働くことの利点と欠点をまとめると、**表 8.1** のようになる。

表 8.1　小、中、大企業の利点と欠点

会社の規模	利点	欠点
小企業	様々な役割を果たせる。職務内容が柔軟 仕事に強い影響を与えられる 非常に高い報酬が得られる可能性がある	単に座ってコードを書くだけでは済まない 出世階段の下に隠れていられない 安定度が低い
中企業	安定している てんてこ舞いにならなくて済む	変化のペースが遅い 最先端技術を使えない場合が多い
大企業	確立された手続きと手順 教育訓練のチャンスがある 大規模で世界に影響を与えられるプロジェクトに関われる	官僚主義的 たいていはコードベースのごくわずかの部分にしか関われない なかなか気づいてもらえない

42

ソフトウェア開発会社かソフトウェア開発者がいる会社か

どのような会社で働くかを決めるときに考えなければならない要素には、ソフトウェア開発への関与の違いもある。具体的には、社内ソフトウェア開発や一部製品のためにソフトウェア開発者を雇っている会社と、ソフトウェア製品を開発するなど主要な事業としてソフトウェア開発を行っている会社の差異である。

ソフトウェア開発を事業の柱としているわけではなく、自社システムの整備のためにソフトウェア開発者を雇っている会社は、主要な事業がソフトウェア開発である企業とはソフトウェア開発者の扱いがかなり違う。そのような会社のソフトウェア開発者は、一般にあまり大切にされず、余裕が与えられない。また、ソフトウェア開発の手順、規律がしっかりしていないことが多い。

それに対し、ソフトウェア開発で食べている会社は、雇っているソフトウェア開発者に高い価値を置いていることが多い。必ずしもそのような会社の方が、作業環境がいいという意味ではないものの、通常は大きく異なる。

テクノロジーやツールという面では、ソフトウェア開発者を雇っていても社業はほかにある会社よりも、ソフトウェア開発会社の方が最先端のものを取り入れていることが多い。新しいテクノロジーを使える仕事がしたければ、直接ソフトウェア開発を行っている会社を探した方がいいだろう。

これら2種類の会社の違いは、アジャイルソフトウェア開発メソドロジーの扱いを見ると明確にわかる。アジャイルプロセスは開発チーム主導で進められるため、ソフトウェア開発を事業の柱としていない会社で取り入れるのはかなり難しい。アジャイルプロセスはトップダウンで採用することが必要なので、一部の開発者がアジャイルの考え方はいいと思っても、会社全体のやり方を変えるのは難しいことが多い。

慎重に選ぼう

以上は、ソフトウェア開発者の立場から、就職先の企業のタイプについて一般的なガイドラインを示したものであり、現実にはすべての会社ごとに独自の文化がある。自分に合った作業環境や居心地のいい企業文化を決めるのはあなた自身だ。採用通知を承諾する前に、これらの点について、その会社

の開発者から話を聞いておくといいだろう。

やってみよう

☐ 時間を少し割いて、仕事をするならどのような環境がいいか考えてみよう。どのような規模の会社が理想とする作業環境に合うだろうか。

☐ 地域の会社や働いたことのある会社のリストを作り、それぞれがどの分類に含まれるかを考えてみよう。

第 9 章

出世階段の上り方

　私は、この世界で浮かび上がることは永遠にないのではないかと思えるような IT 産業の人々をかなりたくさん知っている。彼らは何年もまったく同じ仕事をし、まったく同じ肩書きを名乗っている。彼らの給料が上がっているのかさえ不安になってくる。あなたの知り合いにそんな人はいないだろうか。そのような人は驚くほどたくさんいるのだ。こうしたデッドエンドにはまり込みたくなければ、そのための行動を起こさなければならない。この章では、同じ地位に縛り付けられて昇進昇格がないというような思いをしないように、企業の出世階段の上り方についてアドバイスを贈る。

責任を引き受ける

　どの会社でも、地位を上げるためにできるもっとも大切なことは、それまでよりも重い責任を引き受けることだ。

　　当然に見えるかもしれないが、キャリアのなかでは、収入が増えるのと責任が重くなるのとの間で、選択を迫られることがよくある。少なくとも長期的な視野に立った場合、正しいのはほぼ必ず責任の方である。

　収入はいつでも責任に追いついてくる。それまでよりも重い責任を引き受けるように求められたときには、それを受けるべきだ。
　しかし、職責を重くしたいのだがと言われなかったらどうすればいいのか。自分で責任を引き寄せるためにできることはないのか。自分で外に出て行って、自分が先頭に立っていい場所、プロジェクトを引っ張っていける場所を探さなければならない場合もある。ビジネスには、誰からも無視されているものの、あなたの能力を活かせるような場所が必ずある。ただ、あちこちを探ってみて、そのような場所を見つけるだけのことだ。
　探してみるといいのは、ほかの人が誰も関わりたがらないようなところだ。

第 9 章　出世階段の上り方　　45

おそらく、誰も触りたくないと思っている古いアプリケーションや、コードベースのなかでも特に汚いことで知られるモジュールなどである。これらは、誰もほしがらず、競って手に入れる必要もないので、あなたの広がりつつある帝国の新たな領土にできる。このような不毛の沼地を肥沃な大地に変えられれば、あなたは周囲に自分の真価を示すことができるのだ。

間接的に責任を引き受ける方法としては、チーム内のほかのメンバーのメンターになるというものもある。新人が仕事のスピードについていけるようにするためのボランティアだ。支援を必要とする人には必ず声を掛けよう。自分の問題以外にも他人の問題を知って解決すると、自分がより多く学べるだけでなく、時間とともにチーム内であなたは頼れる人だという評判が生まれる。このような評判が生まれると、あなたにはチームリーダーやマネージャーのポストが回ってくるはずだ。

責任の重い仕事が回ってくるようにするためにできること

- みんなに無視されているものの、自分なら管理できるというプロジェクトを引き受けること。
- チームの新メンバーが仕事のペースについていけるように支援すること。
- プロセスのドキュメントを書き、そのドキュメントをメンテナンスし続けていくこと。
- ほかに誰もやりたがらないものの、自分が引き受ければ楽にしたり自動化したりできるものを探すこと。

自分の存在を主張する

誰もあなたのことを知らず、あなたが達成してきたことを知らないのなら、あなたがチームでもっとも頭がよく、もっともよく働き、もっとも優れた開発者でも意味がない。上司、あるいはもっと偉い人にあなたがしていることを知らせる方法がなければ、あなたのハードワークも無駄になってしまう。

新しい会社に入るたびに私がまずしていたのは、何に時間を費やし、その日に何を達成したかを日録に書くことだ。その内容をもとに、毎週金曜日に週間サマリーを書いて上司に送ったのである。私はこれを自分の「週報」と呼んでいた。そして、新しい職場で最初の週報を送るときには、直接の上司が何をしているのかを理解することがいかに重要かを自分は認識しており、

だからこそ上司の仕事が楽になるように、自分の仕事の週間サマリーを送っていることが伝わるような内容を書き添えていた。

このように週報を送れば、毎週必ず上司のレーダーに自分が姿を現し、自慢抜きでその週に達成したことを伝えられる。これは、自分の存在をアピールするための方法として効果的だった。また、私の上司は、ほかの開発者がしている仕事についてはあまり知らないのに対し、私がしている仕事のことはすべて耳にしているので、単純に私が同僚たちよりもはるかに生産的に仕事をしているように見えるという効果もあった。

この週報は、私の存在をアピールするために役に立っただけではなく、人事考課の時期には自分自身にとっても役立つ資料になった。週報を読み返して、その年の主要な達成を拾い出せばよかったのである。自己評価を書くとき、私はその年にしたことを日付とともに正確に書けたのである。

このように頼まれてもいない週報を送ることは絶対お勧めの方法だが、組織のなかで目立つための方法は、それ以外にもたくさんある。たとえば、何らかのテーマやチームが直面している問題について発表をしたいと申し出ることなどは特に効果的だ。説明できるテーマを選び、それをチームに説明したいと言うのである。就業時間ではなく昼休みにランチタイム学習会として、教育的なテーマの発表をしたいと言えば、なおいい。知名度を上げ、特定の分野でいかに豊富な知識を持っているかをうまく示すことができる。さらに、ほかの人々の前で発表しなければならないことをただ知るだけではなく否応なく学習するチャンスを作る方法としても、これ以上のものはない。私の場合、もっともよく学べたのは、このようなプレッシャーのもとで学んだときだ。

自分の存在を主張するためにできること

- 毎日の仕事の内容の記録を残し、それをまとめた週報を上司に送る。
- 発表や訓練の講師をすると申し出る。チームにとって役立ちそうなテーマを選ぶ。
- 声を上げる。会議などのチャンスがあるときに行おう。
- 見られる。上司との定期的なミーティングを設定する。頻繁に見られるように心がける。

第9章 出世階段の上り方 **47**

勉強する

　スキルと知識を磨き続けるのも昇進昇格のための非常にいい方法である。教育レベルを絶えず上げている人が淀んでしまうことはなかなかない。勉強を続ければ、以前よりも価値のある人間になっていることがはっきりとわかるので、昇給や昇格の理由が簡単に作れる。

　もちろん、伝統的な高等教育を受けるのもいいが（特に会社が学位取得のための費用を出してくれる場合）、将来元が取れるような勉強の方法は、ほかにもたくさんある。いつも、何らかの方法で新しく自分のスキルを上げられるようなものを学ぶようにすべきだ。訓練コースにサインアップしたり、自分を絶えず向上させるために行動していることを示せる資格認定を目指したりしよう。

　私の場合、キャリアの初期にどうも出世のペースが遅れていると感じたので、マイクロソフトの資格認定試験を受けることにした。一所懸命勉強して、トップレベルのマイクロソフト資格認定のひとつを手に入れるために必要なすべての試験をクリアした。簡単なことではなかったが、自分のキャリアのために役に立っていることはすぐにわかった。このように努力していることにより、上司は私がキャリア向上のために真剣になっていることを認め、すぐに様々なチャンスが開けるようになった。

　第3部では、すばやくものを身に付ける学習方法を取り上げる。これはぜひともマスターすべきスキルだ。知識を早く引き上げられれば引き上げられるほど、より多くのことを学べ、より多くのチャンスがやってくる。

　また、ソフトウェア開発のこと以外にも勉強をしよう。上のレベルが視野に入り、経営陣に入る可能性が見えてきたら、時間を割いてリーダーシップや経営、マネジメントについても学ぶべきだ。

　そして、学習しているという事実を知ってもらうことを忘れてはならない。すでに、自分の知識をシェアするために発表することについては触れたが、自分のブログを開設したり、雑誌記事や書籍を執筆したり、コミュニティのイベントやカンファレンスで講演したりすることもできる。社外に出て活動をすると、自分の専門分野における権威として自らの地位を確立し、所属する会社に自分の価値を高く見せるために役立つ。

問題を解決する人になろう

　どの会社でも、なぜこのアイデアではうまくいかないのかとか、この問題は難しすぎると言ってくる人がたくさんいる。このような人はありふれた人であり、その一人になってはいけない。問題に対する答えをいつでも出せる人、その答えを実行して結果を出せる人になろう。

　どの会社でも、もっとも役に立つタイプの人とは、乗り越えられない障害は決してないのではないかと思えるような人である。そのようなタイプの人間だという評価を確立できれば、確実に昇進昇格していく。政治ゲームや地位目当ての態度はやめよう。ほかの人々が解決できない問題や挑戦するのを避けようとする問題を解決することができれば、どの会社でも簡単にもっとも貴重な人間になることができる。

昇進昇格のチャンスが一切やってこない

　ほとんどの会社は何らかの形で昇進昇格のチャンスを提供するものだが、この章のすべてのアドバイスに従っても、何らかの理由でいかなるチャンスも与えられない場合があるかもしれない。そのような場合はどうすればいいだろう。

　辞めることだ。まず、新しい就職先を確保しておこう。しかし、自分が行き止まりのポストに押し込まれていることに気づき、もっとまともなチャンスを探さなければならない場合もある。作業環境がピリピリしていて精神衛生上よくないとか、縁故が強くて昇進のチャンスはないといった場合だ。理由が何であれ、そのようなところからは脱出する必要がある。

社内政治はどうする？

　政治にまったく触れずに昇進昇格についての章を終わらせることはできないだろう。しかし、私はキャリア向上のために注目すべきことのなかでは、政治はもっとも重要性が低いと思っている。そのため、この問題に触れるのは最後にした。私は決して甘っちょろいわけではない。ほとんどの企業に社内政治がうごめいていることはわかっているし、あなたもそのことは意識しなければならない。しかし、政治ゲームにあまり時間をかけ過ぎるべきではないと思う。

第9章　出世階段の上り方　　49

確かに、巧妙な戦術を駆使し、野心をむき出しにすれば、社内の出世階段を上ることはできるが、そのような形で昇進昇格しても、同じくらい簡単に転げ落ちる危険がある。そんなことはないと言う人もいるだろうが、価値のある社員に見せるのではなく、本当に価値のある社員になってしっかりとした基礎を築く方がいい結果を残せることを私は見てきた。

　とは言え、どの企業にいても、政治的な風向きは意識しておかなければならない。政治を完全に避けることはできない。そのため、少なくとも何が起きているのか、どのような人を避けなければならないのか、誰に逆らってはならないのかは知っておく必要がある。

やってみよう

- 現在の仕事で今すぐもっと責任を負えるようにするための方法はどのようなものか。
- 現在の上司、管理職に自分はどれくらい知られているか。もっと意識してもらえるようにするために来週から始められる具体的な行動は何か。
- あなたは勉強のために何をしているか。自分にとって、勉強するに値するものを考え、それを学ぶためのプランを作ろう。

第 10 章

プロであること

　私の変わらぬ愛読書のひとつである『やりとげる力』（筑摩書房、2008年）でスティーブン・プレスフィールドは、プロであることとアマチュアであることの違いを次のように説いている。[※1]

> 　プロになって変わるのはマインドセットだ。恐怖、自虐、先送り、自己不信などと闘っているときの問題は、アマチュアのような考え方をしていることにある。アマチュアは目立たない。アマチュアは休む。アマチュアは逆境に弱い。プロはそれとは異なる考え方をする。プロは、何があっても自分の姿を見せ、仕事を進め、前進し続ける。

　プロであるということは、自らの姿を見せ続け、仕事を進め、逆境に負けないことだ。プロになるためには、自分の問題点を克服し、可能な限り最高の仕事を生み出せるようでなければならない。

　この章では、プロであることの意味に注目し、社員として働くか独立系コンサルタントとしてクライアントのために働くかにかかわらず、ソフトウェア開発の仕事でプロになる方法について考える。

　ソフトウェア開発者として、プロフェッショナリズムは、あなたのもっとも大きな財産のひとつになる。プロらしく行動し、プロとして見られることを学べば、もっといいポストを手に入れクライアントの数が増えるだけでなく、自分がしている仕事をもっといいものと感じ、その仕事にプライドを持てるようになる。プライドは、長期的な視野で成功するためには絶対に欠かせない。

プロとは何か

　簡単に言えば、プロとは、自分の責任を取り、キャリアを真剣に考え、自分が正しいとわかっていることをするために（多くの場合は自己責任におい

て）、難しい選択をあえてすることをいとわない人のことである。

たとえば、通常の品質標準を緩めて、何らかのコードをできる限り早く出荷してくれと頼まれたときに、あなたならどうするかを想像してみよう。あなたなら、このような場面でどのように反応するだろうか。このような形で仕事をすることを繰り返し要求されたらどうするだろうか。自分のポストを賭けるような事態になっても、踏ん張って正しいことができるだろうか。あなたはどのような原則のもとで動くのか。自分の仕事に対して個人的にどのような品質基準を設けているのか。

プロとは、私たち全員がそうなろうと思って努力すべき存在である。プロとは、仕事を終わらせられ、しかもその内容が正しいということを当てにできる人だ。しかし、プロはいつも耳に快いことばかりを言うとは限らない。何かが可能でなければ、あるいは、行こうとしている道が間違っていれば、プロはそれを知らせるだろう。

プロだからといってすべての答えを持っているわけではないかもしれない。それでも、自分の仕事をとことん研究し、スキルを磨くことを常に心がけている。プロは、答えがわからないときには率直にそれを認めるが、答えを見つけてくれることを当てにできる存在でもある。

おそらくもっとも重要なのは、プロが首尾一貫していることだろう。安定しているということだ。プロは、自分の仕事に対して高品質を維持できるような基準を持っており、プロなら毎日いつでもその基準を守ってくれると当てにすることができる。プロが姿を現さないときには、必ず何か問題があるので、緊急事態だと思った方がいい。

プロとアマチュアの違いを大まかにまとめると、**表 10.1** のようになるだろう。

表 10.1　プロとアマチュアの違い

プロ	アマチュア
常に従う原則を持っている	頼まれたことなら何でもする
仕事を正しく終わらせることに集中している	仕事をとにかく終らせることに集中している
間違っているときや知らないときにそれを認めることを恐れない	持っていない知識を持っているふりをする
首尾一貫していて安定している	予測不能で信頼性がない
責任を取る	責任を避ける

いい習慣を身に付けてプロになる

　プロを見分けるのは簡単だが、自分がプロになるにはどうすればいいのだろうか。仕事にアマチュア臭がするというのはどういうことで、その臭いはどうすれば消せるのか。

　それは習慣から始まる。私たちが毎日行っていることの大部分は習慣的なもので、習慣はプロになるための重要な要素である。私たちは、起きて、働いて、毎日のルーチン作業をこなす。そのとき、ルーチン作業については、ほとんど何も考えていない。人生を変えたければ、この習慣を変えるところから始める必要がある。もちろん、それは言うは易く行うは難しだ。悪い習慣を打ち破るのはきわめて難しいことであり、新しい習慣は簡単に身に付かない。

　しかし、プロになりたければ、プロの習慣を身に付ける必要がある。以前、スクラムプロセスに従うチームで働いていたことがあった。スクラムでは、毎日朝礼を行い、自分たちが行ったこと、自分たちがやろうと計画していること、自分たちの障害になっていることを言うことになっており、自分が言う予定の内容をいつもきっちり書いて持ってくる開発者がいた。私たちの大半は、ミーティングの間に発言内容を準備するが、彼は毎日欠かさずスクラムミーティングが始まる前に発言内容を準備してくるのである。プロが身に付ける習慣とは、たとえばこういうものだ。

　時間管理能力も、プロとして身に付けるべき習慣のひとつである。あなたは時間管理がどれくらいできているだろうか。毎日仕事をする前に今日は何の仕事をするのか把握できているだろうか。ルーチン作業にどれくらいの時間がかかるかの目安を持っているだろうか。あらかじめ1日のプランをしっかりと練って時間を効果的に管理する習慣を身に付けよう。プロは、毎日どのような仕事をしなければならないか、その仕事をするためにかかるおおよその時間がどれくらいかを把握しているものだ。

　今示したのは、プロのソフトウェア開発者として身に付けるべき習慣のごく一部の例に過ぎない。自分のプロフェッショナリズムの基準に達する仕事をするために、どのような習慣を身に付けるかは自分で決めなければならない。しかし、習慣は安定性を築き、安定性はあなたの信頼性につながるので、習慣はきわめて重要である（なお、チャールズ・デュヒッグの『習慣の力』（講談社＋α文庫、2016年[2]）は、習慣をテーマとするすばらしい本である）。

第10章　プロであること　　**53**

正しいことをする

ソフトウェア開発者として、あなたは技術的、倫理的に難しい様々な問題にたびたびぶつかるだろう。プロなら、どちらの場合でも、正しい選択ができなければならない。技術的な難問の方は、より客観的に対処できる。技術的な問題には、正しい解決方法がある。ある解決方法が別の解決方法よりも優れていることを証明するのは簡単だ。しかし、倫理的な問題の方は、それと比べてはるかに難しい。いつも明快な正解があるとは限らない。

ある決定をすることが正しいし、クライアントにとってもっとも大きな利益が得られることはわかっているものの、そうすると自分たちの幸福と安定性が危険に晒されるときに、その決定を推し進めていけるかどうかは、ソフトウェア開発者が直面する倫理的にもっとも大きな問題のひとつである。

私が好きなソフトウェア開発者で著作家のボブ・マーティンは、まさにこの問題を取り上げ、「ノー」と言うことについてのすばらしい文章を書いている[*3]。そのなかで、ボブはソフトウェア開発者と医者を比較している。患者が医者に仕事のやり方を指示するとしたら本当にばかげている。ボブの例では、患者は腕が痛むので切り落としてくれと医者に言っており、もちろん医者は「ノー」と答えている。しかし、ソフトウェア開発者は、同じような状況に直面したときに、上層部の怒りを恐れて「イエス」と答え、コードの切断を行ってしまうことが多い。

ボブ・マーティンはさらに続ける。プロフェッショナルには、絶対に越えない一線があるので、たとえ上司が相手でも言うべきときには「ノー」と言わなければならない。たとえそれでクビになったとしても、自分をプロと呼ぶためにはそのような代償を払わなければならないことがある。それは苦しいことかもしれないが、キャリアを通じて自分が正しいと思っていることを一貫して選んだ方が、そうでないよりも報われる可能性が高い。そして、夜よく眠れる。

プロは、どの仕事をするかという優先順位に関して辛い選択をしなければならないことがある。プロでない開発者は、次にすべき仕事を決められないか、いつもほかの人に優先順位を決めてもらっているので、つい目先の仕事をして時間を無駄にしてしまうことが多い。プロなら、自分がすべき仕事を評価し、優先順位を付けて仕事に取り掛かるところだ。

「ノー」と言えないところに追い込まれていたら

　私が椅子に深々と座って、「時にはノーと言わなきゃダメだよ」などと伝えるのはお気楽なものだが、すべての人に自分のポストをリスクに晒しても平気だという贅沢があるわけではないだろう。あなたの未来が破壊的なダメージを受ける恐れから文字通り「ノー」とは言えない状況があり得ることは、この私も理解している。

　そのような場合は、悪い状況を切り抜けるために必要なことをやり遂げた後、もう二度とそのような状況に入り込まないように注意するしかないだろう。どうしても勤め先が必要ですぐには辞められないという状況には簡単に追い込まれてしまうものだが、そのままでいると自分の選択肢が限られてしまい、ほかの人に巨大な力で抑え込まれてしまうのだ。

　そのような状況にいる場合には、できる限り早く抜け出せるように努力しよう。蓄えを作って、職を失ってもそれほど心配な状態にならないようにすべきだ。このように倫理的な判断を下さなければならないことがたびたびない会社、あるいはあなたの意見がもっと高く評価される会社に移った方がいいかもしれない。

　「ノー」とは言えずに仕事をする羽目になったら、やるべきことをやるしかない。それでも、いずれは、仕事を命じた人の上か少なくとも同等の立場に立てるよう努めることだ。

品質の追求と自己研鑽

　あなたはプロとして、自分が作るコードの品質を向上させるために絶えず努力していなければならない。いつも自分が望むような高品質のコードを作れるわけではないだろうが、時間とともに、自分の基準に達するコードを安定して作れるようになるだろう。しかし、多くのソフトウェア開発者は、品質が基準に達しないときに、自分を高めてその厳しい基準をクリアする方向に努力するのではなく、基準を引き下げるという大きな過ちを犯してしまう。

　品質基準は、もっとも重要だと思われる部分だけでなく、コードの隅々のあらゆるところまで徹底させることが重要だ。本物のプロは、T・ハーブ・エッカーが『ミリオネア・マインド 大金持ちになれる人』（三笠書房、2005年）[*4]で言うように、「何をするときも同じやり方でする」ということがわかっているので、自分の仕事のすべての部分が高品質になるようにする。ある部分で品質を下げるようなことをすれば、ほかの部分でも無意識のうちに質が下がってしまうものだ。一線を越えて妥協をすると、元に戻るのは難しい。

そして、自分の得意な部分を活かすことを忘れてはならない。もちろん、弱点を克服することもできるが、自分の得意な部分を一つひとつ把握してそれを活用することが大切だ。プロは、自分の能力と弱点の評価が正確、リアルで適切なものである。

プロが高い基準を満たすために行っているのは、継続的な自己研鑽である。プロになりたければ、いつも全力を挙げて自分のスキルを向上させ、自分の技術についてより多くのことを学ばなければならない。スキルを広げるための自己訓練プランを立て、仕事の質を高めるために役立つ新しい情報を学ぶようにしよう。十分いいという線で満足してはならない。常にもっといい自分を求め続けよう。

やってみよう

- ☐ 今、自分のことをプロだと思っているだろうか。思うならその理由を、思わないならやはりその理由を述べよ。

- ☐ あなたの習慣を見直そう。自らの1日を観察して、できる限り多くの習慣を見つけよう。良いものと悪いものに分けてリストアップしよう。次に、良い習慣を考えて、それを身に付けるためのプランを立てよう。

- ☐ 最後に「ノー」と言わなければならなかったときはいつだろうか。そのような場面に遭遇したことがないなら、上司に間違っていることを指示されたときに自分がどうするかを考えてみよう。どのように反応するだろうか。

※1 "The War of Art," Black Irish Books, 2002

※2 "The Power of Habit," Random House, 2012

※3 https://sites.google.com/site/unclebobconsultingllc/blogs-by-robert-martin/saying-no

※4 "Secrets of the Millionaire Mind," HarperCollins Publishers, 2005

第 | 11 | 章

自由を得る：仕事の辞め方

　いつか昼間の仕事を辞めて自分のために働くというのが私の長年の夢だった。企業社会で働くのは、囚われの身になっている感じだった。会社から出て独立すれば、ずっとよくなることはわかっていた。問題は、「どうやって」辞めるかだ。

　知り合いで出世競争からの脱出に成功した人はいなかったので、何をしなければならないのかがわからなかった。わかっていたのは、他人のために働いていたら自分がどうしても幸せになれないことだけだった。

　あなたは独力で働きたくないかもしれない。会社の社員であることのメリットを享受し続けたいかもしれない。それでまったく問題はない。しかし、あなたが私と同様、独立して自分で自分の上司になることをいつも夢見ているのなら、続きを読むといいだろう。

上手な辞め方

　今の仕事を辞めて独立するためのもっとも簡単な方法を知りたい？ 明日上司のオフィスに行き、辞めると言えばいい。それだけだ。しなければならないのはそれだけである。しかし、辞めてしまうと完全に自己責任となるので、銀行にかなりの蓄えを用意してあった方がいいだろう。幸運を祈る。

　しかし、これは自由を得るためのもっとも賢い方法ではない。ちょっと短気になってほかの辞め方を考えないというのはいかにもありがちで、あなたもそうしたいと思うかもしれない。私もそうだったのでよくわかる。わずか数か月分の貯金があれば、しっかりしたプランがなくても、昼間の仕事を辞めてアントレプレナーや独立系コンサルタントの大海原に飛び込んでいける。しかし、そんなことのためにリスクを抱える意味があるだろうか。

　あまり見たくない光景だ。たいていの場合、わずか数か月後には、あたりは血の海になっている。当座預金口座はマイナスで、クレジットカードは大赤字、すばらしく楽しいことに見えたものが突然きわめて凶暴になる。頭に

第 11 章　自由を得る：仕事の辞め方　　**57**

銃が突き付けられているときに事業を作り出すのは本当に難しい。いい判断が下せず、恐怖のために何もできなくなってしまう。

これはあなたを怖がらせるために言っているわけではない（もっとも、何も見ないで飛ぼうとしている人には怖がってほしいが）。会社を辞めて自力で働きたいなら、現実的なプランが必要だということを理解してほしいがためである。新しい生活を実現するための準備期間中は、十分な副収入を確保するための方法を編み出して、生活を支えられるようにしなければならない。

私はしっかりとしたプランなしで会社から飛び出そうとしたことがないなどと言えば嘘になる。実際にその道をたどってボロボロになったことがある。しかし、最終的にはその頃よりも賢くなった。たとえ大きな減給になったとしても、新生活の準備中に新しい仕事を副業として始め、十分生活を支えられるくらいに成功させる方法を見つけなければ、会社を辞めてもやっていけるようにはならない。

会社を辞めることを考える前に、しっかりとしたプランが必要だ。まず、立ち上げたいと思っている事業を副業として始め、生活を支えられるくらいの収入が得られるという見込みが立つまでは、会社を辞めずに仕事の比重をずらしていくようにすることを強くお勧めする。会社の仕事を辞める方法としては遅くて苦しいが、経済的な理由以外からもこうすることが重要なのである。

もう会社を辞めてしまったけど、貯金がない。どうすればいい？

　それは大変だ。自宅に二番抵当を入れる前にこの章を読んでいてくれたらよかったのだが。すでに会社を辞めて自分の力で仕事をしなければならなくなっているなら、少し早い段階で現実に直面しなければならない。

　そのような場合には、必死になって仕事をし、高い生産性を発揮する習慣を付け、成功の可能性を高めることをお勧めする。また、できる限り出費を抑える必要もある。

　同時に、現実を直視しよう。いつまで持ちこたえられるか、その時間を引き延ばすためにできることは何かを慎重に考えよう。うまくいかなかったときにはタオルを投げ込み、会社員に戻るためのプランを用意しよう。いつでもまた独立するチャンスはある。クレジットカードの借金を大きくしたり、家を抵当に出したり、友人や家族から借金したりして、今後をめちゃめちゃにしないようにだけは注意しなければならない。

そのような思いをしているのは自分だけではないということを知るのも役に立つ
だろう。私の場合、独立を試みた最初の2回はうまく軌道に乗せることができず、
這うような思いで普通の会社員に戻る羽目になった。

独立して働くための準備

　独立して働くのは、あなたが思うよりも大変だ。おそらく、はるかに大変
である。経済的に行き詰まらないように、仕事を辞めてしまう前に新しい仕
事を副業として始めることの大切さはすでに述べた通りだ。それよりも、「独
立して働くのはどういうことかを学んで準備する」ことの方が、副業を始め
る理由としてもっと重要かもしれない。

　毎日オフィスに通勤して、他人を金持ちにするために自分の時間を費やし
ているときには、自分のために働く方が時間の使い方としてはるかに簡単で
楽しいのにと思えるだろう。自分のために働けばやりがいはあるものの、特
に始めたばかりのときには、とても多くの仕事をしなければならない。

　自分のために働くことで困るのは、実際に会社を辞めるまで、どれくらい
の仕事が必要かがわからず、辞めたときには手遅れになっていることだ。新
しい仕事を副業として始め、それをフルタイムでやり始めるまでに成功させ
ておくことを強くお勧めするのはそのためである。副業として新しい仕事を
すれば、独立して仕事をするために必要な時間がどれくらいのものか見当が
付く。アントレプレナー希望者で、事業を経営するのがどれくらい難しいか、
操業のためのあらゆるオーバーヘッド、開発と関係のない側面を処理するた
めにどれくらい余分な仕事が必要になるかについて、まったくわかっていな
い人は多い。

　フルタイムの社員として働いているうちに、新事業を副業として始めてお
くと、会社員よりも長時間働き、新しいベンチャーを経営するということが
理解できる。また、副業の成否次第で生き残れるかどうかが決まるようなこ
とにならないので、潰瘍につながるストレスや若白髪の原因となるようなリ
スクも避けられる。

　まだその気にならないようなら、このようなやり方を勧めるもっとも強力
な理由を言おう。あなたの新事業、特に初めてやるものは、失敗する可能性
が高い。新事業の大多数は失敗する。事業を成功させて生活を維持できるよ
うになるまでには、何度も挑戦しなければならないことがある。何年もかけ

第11章　自由を得る：仕事の辞め方　**59**

て十分な貯金を作り、一度の新事業計画にすべてを賭けてその成功を祈るか、十分な長さの滑走路を使って生き残れる事業が見つかるまで何度も試すかだ。

実際にどれくらい働くことになるか

　ここでは本当に正直に話をしよう。私は、在籍したほとんどの会社で優秀な社員だったが、自分が本来ならできる仕事の半分くらいしか力を出していなかった。

　自分の会社を始めて自分の時間をトラッキングしてみるまで、そんなことはわからなかった。初めて独立したときには、8時間労働と比べて恐ろしく大変になるとはとても思えなかった。毎週、会社の仕事のためには1日8〜10時間を使っていた。独立したからといって、座って8時間働くのが突然大変になったりするものだろうか。そして同じ時間に8時間分の仕事ができなくなる理由などあるだろうか。

　この問いに対する答えは、自分の時間を丁寧に計測することによって明らかになった。私は仕事中の自分の時間をチェックし、記録するメカニズムを準備し、自分の時間が何に使われているのかがわかるようにした。そして、これをやってみると、実際には日中に4時間前後しか仕事ができていないことがわかった。誰かにそう言われても信じられなかっただろう。今でも嘘のような気がしてならないのだが、数値は嘘をつかない。独立してからは、以前よりも一所懸命働いていたが、毎日自分が発揮できる能力の半分の仕事しかできていなかったのである。

　すぐに、辞める前の日常的な勤務で、1日に実際にどれだけの仕事をしていたのだろうかと思うようになった。典型的な出勤日のことを思い返し、時間をどのように使っていたかをはっきりさせようとした。

　8時間からスタートする。次に、仕事に関連した会話、関係のない会話の分として8時間から約1時間を差し引いた。一般に、私は1日を通じて様々な対話に引っ張り込まれていた。個々の話は短くても、積み重ねていくと、平均で1日1時間は使っていた。もちろん、その一部は仕事に関連するものだったが、それが生産的な仕事の一部だとは思えない。

　残されたのは7時間だ。この7時間から、メールチェックと返事を書く時間、掲示板やメモを読む時間、私がいる必要もない無駄な会議に出席している時間のために2時間を差し引く。

最後に、ごく普通のさぼりと呼んでいるもののために1時間を取り除く。私たちはみなしょっちゅう仕事をさぼりながら、Facebookのメッセージをチェックしたり、個人的なメールに返事をしたりしている。それを否定することはできない。それを足し合わせると毎日1時間くらいになるだろう。

　すると何時間残っているだろうか。4時間である。8時間の勤務時間のうち、私たちの大半は4時間くらいしか働いていないのだ。そして、日によってはもっと短いことは間違いない。しかし、まだ考えなければならない要素がある。その4時間にどれだけ一所懸命仕事をしているのだろうか。

　私は次のような考え方が好きだ。街をジョギングで流しているのと、人食いライオンに追いかけられて命がけで走っているのとの違いを想像してみよう。それが、他人のために仕事をしているときと、自分のために仕事をしているときの仕事の質の違いだ。自分のために仕事をしているときには、自分が働いているときしかお金が入ってこないので、そうでないときよりもはるかに一所懸命仕事をしているだろう。

　それを計算に入れると、他人のために働いているときには、一所懸命の度合いが平均して半分程度になると推測できる。ここからわかったのは、会社員だったときの典型的な出勤日には、本気で一所懸命やった生産的な仕事2時間分のことしかしていなかったことだ。

　ここで言いたいことはふたつある。まず第1に、自分のために働くときには、他人のために働くときよりも、たとえ厳密に同じ時間働いたとしても、かなり一所懸命働くことになるので、そのために準備をして、重い負荷に慣れておく必要がある。自分のための仕事は、それに対する情熱とともにモチベーションを高く保てるかもしれないが、その情熱がいつまでも続くことを計算に入れてはならない。情熱は、時間とともに失せていくものだし、変わりやすいものでもある（このテーマについては、カル・ニューポートの『優秀になれば無視できなくなる』（未訳）：Cal Newport, "So Good They Can't Ignore You," Business Plus 2012 を読むといい）。

　第2に、自分のために働くときには、勤務日に必ずしも8時間分の仕事を見込めるとは限らないと思っておくことが大切だ。私が初めて副業をフルタイムで行うために、会社勤めを辞めたとき、これで毎日8時間ずつ余分に仕事につぎ込めると思った。それまでは会社で通常通り勤務した上で、副業のために毎晩3、4時間働いていた。そのため、会社を辞めたら1日8時間ずつ働いて2倍の仕事をこなせると思ったのである。しかし、それは大きな間

第11章　自由を得る：仕事の辞め方　　**61**

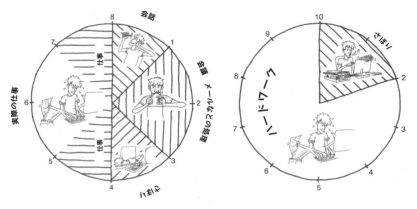

他人のために働くときと自分のために働くときの違い

違いで、そのために私は元気をなくして諦めてしまった。

　会社を辞める前に、かなり重い負荷を処理するようになったら、実際にどれくらいの仕事をこなせるか、そして勉強のための時間を確保できるかについて、現実的な予測を立てておこう。現在の職場でも、就業時間中の時間の使い方を意識的に記録して、6時間分の生産的な仕事を一貫して作り出せるところまで達しているかどうかを確認するといい。また、辞める前に夜中に副業をしていれば、毎日8時間以上の時間をフルに仕事につぎ込むとどんな感じになるのかについて、心の準備をすることができる。

つながりを断つ

　さあ、あなたはいよいよ決断した。あなたは独立を望んでいる。「ヤツ」のために働くのにはうんざりした。しかし、どのようにして独立するのか。あらゆるケースに当てはまる例はないので、あるソフトウェア開発者が自営に移行していく過程を示したフィクションを示そう。

　ジョーは、ソフトウェア開発者になってもう10年ほどになる。彼は今の会社の仕事を気に入っているが、本当はフリーになって自分のために働きたいと思っている。クライアントを選び、何をするか、いつにするかを決める自由と柔軟性があることを考えると、そうしたいなと思うのである。

　実は、ジョーはかなり前から会社を辞めることを考えている。まず、月々の出費を減らし、現金を蓄えるところから始めた。ジョーは、自営になった

らちょっと息を抜きたいと思っているので、1年分の生活費を備えて、少なくとも最初の年は持ちこたえられるようにしてある。

ジョーは、フリーになって最初の1年で必要な生活費を半分に減らせたら、2年持ちこたえられるだけの貯金があると思っている。これは、新しい事業が軌道に乗るか乗らないかを確かめるまでの時間としては十分だ（注意：ジョーは1年分の給料を貯金したのではなく、1年分の出費に相当する額、それも快適に生活するために必要な額ではなく、何とか生き延びるために必要な額を貯金したのである。夢を追求するためなら、それくらいの犠牲はいとわない）。

さらに、ジョーはフルタイムの会社勤務を続けながら、毎週15時間程度のフリーの仕事も始めている。彼は、1日の最初の2時間をフリーの仕事に使っている。そして、毎週5時間を新しい事業と宣伝のために使い、10時間を請求書の書ける仕事のために使っている。会社を辞めたときにも、ある程度の収入が保証されるようにして、あまり強いプレッシャーを感じずに済むように、会社を辞めるつもりの時期よりも6か月前から始めたのだ。

ジョーはあらかじめ退社する正確な日付を計算し、1年以上前からカレンダーに書いておいた。その日が来ると、彼は退職届を出して夢をかなえた。金銭的にも精神的にも自営に移行するための準備は整っていた。

危険な雇用契約

　この章のアドバイスによってトラブルが発生するかもしれないことを警告しておこう。雇用契約のなかには、あなたがしている仕事はすべて所属企業に属するとしている面倒なものがある[※1]。

　最終的にあなたにとってのフルタイムの仕事になるはずの副業プロジェクトを始める前に、現在の地位を得たときに合意した就業規則等を必ずチェックしよう。あなたが作った成果物は会社に帰属するという文言が入っている場合は、法律の専門家に相談して正しい対処方法を知るようにすべきである。

　私は法律の専門家ではないので、法律上のアドバイスにはならないが、私がこうすべきだと考えていることを紹介しておこう。まず、あなたの会社の雇用契約書に、あなたが作った成果物は勤務時間を使ったかどうかにかかわらず、すべてあなたの会社に帰属すると記述されている場合は、自分の契約からその条項を削除してもらうか[※2]、新しい勤め先を探そう。私は奴隷のごとく会社に尽くさなければならないこ

第11章　自由を得る：仕事の辞め方　63

とには反対であり、このような契約は過酷だと思う。会社の資源を使って会社の勤務時間に作ったものについて、会社が権利を主張するのは理解できるが、社員の自由時間に社員がすることを会社が制限すべきではないと思う（単に私の意見である）。

　雇用契約に、会社の勤務時間に作ったもの、あるいは会社の資源を使って作ったものは会社に帰属すると書かれている場合、話がそれほど単純ではなく、問題は少しややこしくなる。この場合、私なら自分が何をしているかについて率直に説明し、副業のために使った時間、そのために使った資源について丁寧に記録を残しておくだろう。すべてを自由時間に行い、自分の資源を使って行っていることを記録してあれば、あなたはかなり有利になるだろうと思う。それでも、注意して行うことが望ましい。弁護士を関与させた方がいいだろう。

　結論を言えば、会社との間で問題になると思うなら、きっと問題になるだろう。副業について厳重に秘密を守るか、逆に非常に透明にするかを選ぶことになるが、どちらにもそれぞれリスクがある。副業に使った時間とリソースについて慎重に記録を残し、帰属に関して疑問が起きないようにしておくということが、私にできる最良のアドバイスだ。

やってみよう

☐ 生活するために毎月稼がなければならない額を正確に計算しよう。必要な額が高くて驚くかもしれない。少しでも早く「フリー」になりたいなら、副業の収入が少なくても済むように、生活費を削減する方法を考える必要がある。

☐ 仕事をしている日の時間の使い方について記録を取ることを始めよう。毎日どのように自分の時間を使っているか、しっかりとしたイメージを持とう。そして、本当に生産的な仕事を実際にしている時間がそのうちのどれくらいかを明確にしよう。結果に驚くかもしれないが。

※1　日本では、就業規則に副業禁止規定がある会社も多い。

※2　日本ではほぼ不可能を思われる。

第 12 章

フリーランサー：外に出て独立する

　会社の外に出て独立し、自分の事業を始める方法のひとつとして、フリーランサー、すなわち独立系コンサルタントになる方法がある。フリーランサーは、1クライアントだけのために働くわけではなく、固定給または時間給で複数のクライアントの仕事を請け負う人々である。

　ソフトウェア開発者の多くにとって、フリーランサーになるのは魅力的だが、スタートを切るのは難しい。私の場合、キャリアの大部分を会社の従業員として働いてきたが、フリーランサーになりたいと思っていた。しかし、どうやってフリーランサーになったらいいのかがわからなかったので苦労した。多くの開発者がフリーランサーとして生計を立てていることは知っていたが、彼らがどうやってクライアントを見つけ、自分のサービスについての評価を広めているのかがわからなかった。

　この章では、私が最初にフリーランサーを目指したときには知らなかったことをお教えしよう。フリーランサーになるために、あるいはフリーランサーがビジネスを拡大するためにすべき実践的なプランをお伝えする。

スタートライン

　前章の仕事の辞め方を読んだ読者は、私が新しいビジネスをフルタイムで始めるのではなく、副業として始めることを勧めているのをご存知だろう。フリーランサーとして仕事を始め、安定したビジネスの流れを築くのはきわめて難しいので、特にこのアドバイスが当てはまる。

　フリーランスの開発者が怖いと思うことのなかでも、仕事がなく収入がなくなることは特に大きな問題だ。空き時間を埋められるくらいの仕事がないとか、今のクライアントの仕事が終わったら、次の仕事を新たに確保しなければならないことを考えると、とてもストレスが溜まる。先々まで仕事が列をなして並んでいて、一部を断らなければならないという方がはるかにいい。

　このような状態になるためには、時間をかけて仕事を積み重ねていくしか

第 12 章　フリーランサー：外に出て独立する　　**65**

ない。将来の仕事をくれるところとして当てにできる付き合いの長いクライアントを確保するとともに、新しいクライアントが安定的に増えていくようにする必要がある。ある日看板を出して、この両方が起きるのを期待しただけでは、うまくいかない。時間をかけてこれらふたつが起きるよう、自ら土壌を耕さなければならないのである。

知り合いに頼む

　では、初めはどうすればいいのだろうか。どうすれば最初のクライアントをつかめるのだろうか。知り合いに紹介してもらうのが、クライアントの獲得方法としてはベストだ。特に最初のうちは、知り合いの方が未知の人よりもあなたを信頼しているだろう。会社を辞める前に、ソーシャルネットワークにメッセージを書いて、あなたがフリーランスの仕事を新たに始めようとしており、仕事を探しているということを友人や知り合いに知らせておこう。その際、彼らのために何ができるか、どのような問題を解決できるかを具体的に説明しておくのを忘れないようにしておこう（このような場合、専門特化が特に役に立つ。詳しくは第7章参照）。

　知り合いで、あなたのサービスに関心を持ってくれそうな人をすべてまとめたリストを作り、リストに載せた人々に個人的にメールを書こう。そのメールでは、彼らのために何ができるのか、あなたを雇ってその仕事を任せるといい理由を正確に書こう。雇ってくれそうな見込みのある人が多ければ多いほど、仕事が手に入る可能性が高くなる。仕事の獲得は、主として数字のゲームである。恐れずにフォローアップのメールを頻繁に出し、人々にあなたのサービスを周知徹底し続けよう。時間とともに、熱心にメールを送った効果が現れてくる。

　あなたの目標は、手持ちのパートタイム労働のための時間をすべてこの副業に充てるところまで仕事を増やすことである。そうなると、もう仕事を受けられなくなるので、依頼をたびたび断らなければならなくなるだろう。副業の景気がここまで上がらないと、フルタイムでやってみようという仕事はないということになる。1週間に10時間から20時間を仕事で埋められなければ、40時間の仕事を受けることはとてもできないだろう。

66

クライアントを獲得するための最良の方法

あなたのサービスを必要とする友人、知人がたくさんいてくれればよかったのにと思うかもしれない。そんな人は一人もいない場合さえ、あるかもしれない。しかし、心配することはない。知り合いに頼る以外にも、クライアントを獲得するための方法はある。

様々な求職ボードでサービスを宣伝したり、有料で宣伝してまでクライアントを獲得しようとしているフリーランサーはたくさんいる。しかし、私がお勧めしようとしているのは、それよりも負担がずっと軽く簡単な方法である。唯一の欠点は、忍耐とちょっとしたハードワークが必要なことだ。

あなたが本当に力を入れるべき活動は、いわゆるインバウンドマーケティングである（これについては第2部で詳しく説明する）。あなたがクライアントになりそうな人のところに出て行くのではなく、そういう人にあなたのところに来てもらうのがインバウンドマーケティングだ。主な方法は、何か価値のあるものを無料で提供することである。

繰り返し伝えてきたことだが、ほとんどの開発者はブログを持っているはずだ。ブログは、インバウンドマーケティングの手段としてきわめて効果的である。ブログポストの末尾にコンサルティングサービスの宣伝を入れておいたり、あなたのサイトに対するリンクを埋め込んでおいたり、メールアドレスと交換に何か価値のあるものを提供したりすると、クライアントになるかもしれない人がブログにきて、あなたのコンテンツを読み、その結果として顧客になってくれる場合もある。

メールマーケティングも、製品、サービスのマーケティングではもっとも効果的で優れた方法のひとつだ。あなたが提供する製品・サービスに興味を持っている人々のリストが手に入ったら、自分についてや自分が彼らのためにできることについて時間をかけてメールを送るうちに、リストの人々を顧客にコンバートしようというのである。

また、無料のウェビナーや本の執筆、カンファレンスでの講演、ポッドキャストへの出演、独自ポッドキャストの放送など、提供する製品・サービスに関連した価値のある、そして主として無料のコンテンツを提供するのもいいだろう。

インバウンドマーケティングで問題なのは、機能し始めるまで少し時間がかかることだけだ。パイプラインに仕事をしっかりと詰め込むためには、ク

インバウンドマーケティングのアイデア

ライアントになりそうな人々を引き付けるだけの十分なコンテンツを用意する必要がある。これも、会社をすぐに辞めず、活動をすぐに始める理由のひとつだ。長期的に見れば、インバウンドマーケティングは、ほかの方法よりもはるかに多くのビジネスを呼び込んでくる。そして、次節のテーマである料金の値上げもしやすくなる。

料金の設定

さて、あなたのサービスに興味を持つクライアントがある程度確保できて、おそらくクライアントのために仕事を始めているとしよう。では、どれくらいの報酬を求めたらいいのだろうか。

これは、クライアントの獲得を除けば、フリーランサーが直面する問題のなかでももっとも難しいもののひとつである。ほとんどのフリーランサーは、クライアントに請求できる額、クライアントに請求する必要のある作業量をともに大幅に過小評価している。

まず、クライアントにいくらくらいの報酬を請求するかから考えよう。現

在、会社では1時間あたり50ドル[*1]で仕事をしているとしよう。これはアメリカでは悪くない額だが、フリーランサーが同じ額の料金を設定したのでは、同じかそれに近い生活水準には到底達することができない。なぜだろうか。

会社員なら、おそらく支払われている1時間50ドルに加え、福利厚生の恩恵を受けている。医療関係の福利制度や休暇期間などだ。しかも、アメリカでは、独立して仕事をしていると、自営業税を支払わなければならない[*2]。政府は、ビジネスを生み出すことに課税しているのである（実際には、これは正確な表現ではない。会社員をしているときには、所属企業があなたに代わってこの税を支払っている）。これらを勘案すると、時給50ドルは、実際には時給65ドルくらいの価値になる。

次に、事業にかかる間接費について考えてみよう。会社員であれば、電気代、コンピューター代、インターネット代などは、すべて所属企業が払ってくれる。しかし、フリーランサーは、これらすべてを自分で払わなければならない。さらに、経理係や帳簿担当などを雇わなければならなくなるだろうし、小規模事業を経営するためには法律顧問料やその他の様々な間接費がかかる。これらすべてが積み上がったものに対処するためには、もっと収入が必要だ。

最後に、契約の違いに触れよう。どこかの会社の従業員になっているときには、毎週40時間分の給与を支給される。少なくとも、アメリカではそうだ[*3]。空き時間を作らないようにしようというような心配はいらない。仕事があろうがなかろうが、デスクに向かっていれば、給与は支払われる。しかし、フリーランサーの場合はそうはいかない。フリーランサーは、毎年ある程度、「稼働していない時間」ができてしまう。毎年ではなく、毎週かもしれない。しかも、メールのチェックと返事書きや、コンピューターへのOSのインストールなど、仕事関連なのにクライアントに請求できない作業もある。

以上のことを考えると、フリーランサーが会社の従業員として得られる正味の報酬と同じだけのものを得るためには、時給75ドルから100ドルが必要だ。しかし、多くのフリーランサーは、会社員だったときの時間給与かそれよりもわずかに高い額からスタートして、かつかつの生活をしている。そして、私が上で示したような計算をしないので、なぜだかわからないでいる。

一般的な目安として、フリーランサーになったときには、フルタイムの社員だったときの時間給与の約2倍を請求する必要がある（**表12.1**参照）。しかし、フリーランサーたちはそのように料金を設定していない。

自分で必要だと思い、クライアントが自動的に払ってくれるような額に基

第12章　フリーランサー：外に出て独立する　　**69**

表 12.1　会社員とフリーランサーの時間報酬の違い

会社員としての額	フリーランサーとしての額	
$50/時間（報酬）	$100/時間（報酬）	
・$0（間接費）	・自営業税 ・水光熱費/事務所経費 ・経理/帳簿係の人件費または外注費 ・請求対象外の時間	（間接費）
$50/時間（時間給与）	$50/時間（時間給与）	

づいて料金を適当に決めてしまってはならない。請求できる額は、そうではなくて、市場があなたに許してくれる額である。これは、私がインバウンドマーケティングを強調する理由のひとつでもある。業界でのあなたの評価が高ければ高いほど、あなたに仕事を頼もうとするクライアントは増え、あなたのサービスに対して請求できる料金も高くなるのである。

　それでも、生計を立てていくために必要な額がいくらかということは知っていなければならないが、市場に対してその数字（あるいはもっと大きな数字）を要求できるところまで達するかどうかはあなた次第だ。自分の仕事は、コモディティのように扱うこともできるし、クライアントの利益率を高めるサービスとして扱うこともできる。コモディティ扱いするなら、市場に出て行ってほかの開発者たちと仕事を争うことになる（彼らの多くが想定している収入はずっと低い）。その場合、買い手はもっとも安い料金のフリーランサーを採用するだろう。それが市場原理というものだ。

　しかし、クライアントがいくら節約できるかとか、あなたがクライアントの事業をどれだけ後押しできるかに基づいて自分のサービスを売り出すなら、あなたのサービスがクライアントにもたらす価値に基づいて料金を設定できる。専門特化が大切なのはそのためだ。

　具体例を示そう。私はテストの自動実行フレームワークの開発を専門とするコンサルティングサービスを提供している。クライアントになりそうな人々にこのサービスについて話をするとき、自動化フレームワークを作るためにどれくらいのコストがかかるか、ミスを犯してやり直しをしなければならなくなるとどれくらい高くつくかを説明する。私には多数の自動実行フレームワークを開発した経験があること、何をしなければならないかがわかっていることも説明する。

　クライアントになりそうな人々には、私を時間報酬 300 ドルで雇えば、自

動実行フレームワークを書いたことのない普通の開発者を雇うのと比べて、どれくらい得かを示すのである。私が1時間指導すれば、おそらく間違った方向に向かう20時間分の作業を無駄にしなくて済むことを伝えるのだ。

　私は嘘をついているわけではない。私がうまく条件提示できるのは、自分が言っていることを正しいと確信しているからだ。ポイントは、私が提供するサービスの質が高いために、クライアントは高い報酬を支払っても簡単に元が取れ、お釣りが来るということだけをきちんと説明することにある。だからこそ、私よりも料金は安いものの単純に自分ができることを専門的に説明しているだけの人々ではなく、私が選ばれるのだ。

どちらの言い方の方がいい？

　「私は御社のビジネスのための新しいウェブサイトをデザインできます。HTML5、CSS、ウェブデザインのスキルは非常に高く、今まで御社と似たタイプの会社に向けて、多数のウェブサイトを作って成功させています」

　「御社の現在のウェブサイトは最大限のトラフィックを生み出せていますか。そのトラフィックを顧客にコンバートできていますか。ほとんどの小企業なら、御社の状況では『ノー』と答えるでしょうね。しかし、心配には及びません。御社のトラフィックが増え、コンバージョン率が上がるような最高級のカスタムデザインウェブサイトを私がデザインして御社の力になりたいと思います。私は今まで小企業の顧客数を2倍、3倍に増やすお手伝いを数多くしてきました。御社の力にもなれます」

　料金設定について最後にもうひとつアドバイスをしておこう。クライアントになりそうな人々に「ノー」とか「それは高すぎる」と言われたことがなければ、料金を引き上げよう。「ノー」という返事がくるようになるまで、料金は上げていい。クライアントがあなたのサービスに対して払うつもりになる額には驚くかもしれない。商談で自分がクライアントに提供できる価値を強調する方法とインバウンドマーケティングにこのテクニックを組み合わせて、料金を2倍以上に引き上げられたフリーランサーを私は知っている。

やってみよう

- □ 知人のなかであなたのサービスを使ってくれるかもしれない人、そういう人を知っているかもしれない人をまとめたリストを作ろう。

- □ そのリストに含まれるすべての人に送るメールのテンプレートを用意しよう（技術的な観点から何ができるかを言うだけではなく、どのような価値を提供できるかを話すことを忘れないように）。

- □ ソーシャルネットワークにメッセージを送ったり、リストの一部の人々にメールを送ったりして、どのような反応が返ってくるかを見てみよう。フィードバックが得られたら、メールを書き直し、より多くの人々に再度送ってみよう。

※1　1ドル100円なら約5000円。

※2　日本では、法人化している場合は法人事業税、そうでない場合は個人事業税を支払う。

※3　日本でも正社員ならそうである。

第 13 章

初めての製品開発

　あなたは、ソフトウェア開発者としてコンセプトや新しいアイデアを頭に思い描くだけではなく、自分で作れるアントレプレナーになれるというユニークな立場にいる。多くのソフトウェア開発者たちが、この理由からアントレプレナーになることを選択し、製品を作ってきた。ソフトウェア開発者ではないアントレプレナーは、自分のアイデアを作ってもらうために人を雇わなければならない。ご存知のように、カスタムソフトウェアの開発は高くつく。

　あなたは、ソフトウェア開発者として、ソフトウェア製品だけでなく、本やビデオなどの情報教材も作ることができる。

　この章では、最初の独自製品を作り、アントレプレナーの長く険しい道を走るために知らなければならないことを学ぼう。くどいようだが、あなたが出発しようとしている道は簡単な道ではない。

クライアントの候補を見つける

　初めてアントレプレナーの世界に飛び込むソフトウェア開発者の多くは、製品を使ってくれる人を見つける前に製品を作ってしまうという過ちを犯している。まず製品を作るところから始めるのはよさそうに見えるかもしれないが、この罠には落ちないようにしたい。そうでなければ、存在しない問題に対するソリューションを作るというリスクを冒すことになる。

　すべての製品（本書も含む）は、特定の問題を解決する。解決すべき問題のない製品には目的がない。そして、目的のない製品には客がつかないので、お金は入ってこない。製品のなかには、非常に限定された人々のグループの、非常に限定された問題を解決するものもある。たとえば、歯医者の患者管理を助けるソフトウェア製品とか、ソフトウェア開発者がゲームエンジンである Unity の使い方を学ぶための本などがそうだ。それに対し、退屈しのぎのような一般的な問題を解決する製品もある。テレビ番組やテレビゲームなど

第 13 章　初めての製品開発　　**73**

の娯楽製品がそうだ。しかし、製品がどの問題を解決するか、またその問題を抱えている顧客候補が誰かにかかわらず、製品を作る前に問題およびその問題を抱えている人々を特定できていなければならない。

　製品を作りたいなら、最初のステップは、ソリューションのターゲットにしたい具体的な顧客候補を見極めることだ。その顧客候補のためにどんな問題を解決したいと思っているのかについての一般的なアイデアはあるかもしれないが、まだ解決されていない問題、あまりしっかりと解決されていない問題を見つけるためには、ちょっとした調査が必要になることが多い。

　どのような共通問題があるのかを理解するためには、顧客候補たちが行くところに行き、彼らが参加しているコミュニティと接触することだ。そうすることで、彼らが抱えている問題を探ろう。

　私は、業界内で評価を確立し、名前を知られるようにするためにはどうすればいいかと尋ねてくるソフトウェア開発者が多いことに気づき始めた。私のブログ

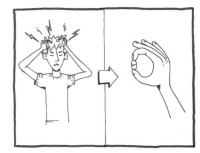

製品は顧客を必要とする

を見に来る多くの開発者が、このテーマに関連した質問をしてくるのである。ソフトウェア開発者たちには、自分をマーケティングするための方法を学びたいという現実的な問題があると感じた（私の場合、顧客候補はブログを介して私のもとにやってきて、直接問題をぶつけてきたので、問題を見つけるのが簡単だった。繰り返しになるが、これもブログを持つべき理由のひとつである）。

　私はその問題を解決する製品を作ることにした。そして、「ソフトウェア開発者が自分をマーケティングするには」（How to Market Yourself as a

Software Developer）という情報教材を作った（http://devcareerboost.com/m）。この製品は、顧客候補が抱えていた非常に限定された問題を解決する。そのため、開発に時間をつぎ込む前から、この教材は成功すると思っていた（事前に製品の成功を確かめるための方法がもうひとつあるが、それについてはすぐあとで取り上げる）。

多くの開発者はこの逆、つまり顧客候補が見えない製品を作ってから、顧客を探して製品を売り込もうとする。このようなやり方をしたのでは大きなリスクを抱え込むことになる。答えからスタートして問題を探すのは、顧客を見つけてから製品を作るよりもはるかに難しい。

私が「ソフトウェア開発者が自分をマーケティングするには」を作ったときには、私の顧客候補は作成前に私のところに来て、自分にはどのような問題があるかを話していった。自分の製品が売りやすくなる、とてもうまい取っ掛かりになったわけだ。このように、顧客候補を探そうとするのではなく築くのである。第2部で詳しく説明する自分の売り込み方を活用して外の世界で名前を広め、自分とその製品を中心として顧客候補を作り上げれば、あなたが作る製品なら何でも買いたいと考える顧客がすでにいることがわかるだろう。

有名なセレブの多くは、このテクニックを使って製品を作り、販売している。彼らは、すでに築き上げた顧客候補がある。そして、顧客候補のニーズと問題を知っており、彼らに向けて製品を投入するため自動的に成功する。たとえば、グレン・ベック[※1]のような人について考えてみよう。政治的な立場は別として、この人物は自分の取り巻きを持っているという理由だけで、ニューヨーク・タイムズのベストセラー欄に載るほど、著作本が売れる。自分で顧客候補を生み出しているので、どこか出向いて顧客を探す必要はない。彼が作るほぼすべての製品には、発売を心待ちにする熱心な買い手が自動的に付くのである。

あなたが自分の製品で同様の成功を収めたいなら（規模としてはとても同じようにはならないだろうが）、まずブログを成功させ、ポッドキャストや講演、ビデオなどのメディアも使って、自分の取り巻きを作ることだ。取り巻きを築いたら、その人たちに製品を売ることができる。この本だって、すでに私のブログのフォロワーだから買ったとか、私のほかの仕事をフォローしていてこの本を知ったとか、ポッドキャストで私のことを耳にしたといった理由で買っている人がいるだろう。これが、自分のオーディエンスを築い

第13章　初めての製品開発　　**75**

たときに得られるパワーだ。

市場をテストする

　あなたの製品の顧客候補と彼らが抱えている問題の解決法がわかったとしても、製品を作り始める前に踏んでおかなければならないステップがもうひとつ残っている。市場をテストし、顧客になりそうな人が本当にお金を払って製品を買うかどうかを試して、製品を作ってもいいことを確かめなければならない。

　先ほども述べたように、実際に作る前に、「ソフトウェア開発者が自分をマーケティングするには」が成功することを確かめるための方法がもうひとつある。それは、開発に取り掛かる前に、テストのために報酬を支払って人々を集めることである。

　どのようにしてそれを実現したのかが聞きたい？ 簡単に答えよう。テストに参加してくれと頼んだのである。自分の製品について考えていたとき、必要な仕事のために数か月も潰してしまう前に、自分が作ろうとしているものについて話をして、作る前に先払いをしてくれた人には大幅なディスカウントをすると顧客候補に持ちかけてみたのである。これはちょっとまともではないように見えるかもしれない。実際、少しおかしいのだろう。しかし、製作に時間を費やす前に、これから作ろうとしているものに本当にお金を払うつもりのある人がいるかどうかを知るには、すばらしい方法だった。リリースの3か月以上前に料金を支払ってくれる開発者が確保できるなら、実際にリリースしても、問題なく売れるだろうと踏んでいたのである。

　具体的な方法を説明しよう。作ろうとしている製品とそれが解決する問題を説明する簡単なセールスページを準備する。製品に含まれる予定のものと、実際に完成させる日についても触れる。そして、製品に興味があり、リリースされたらすぐに入手したい人のために、先払いした場合の割引価格を示す。あなたが製品をリリースしない場合や、ユーザーが製品に満足しない場合には、返金してもらえるという返金保証も約束する。

　先払いしてくれる人がごくわずかしかいない場合にはどうなるのだろうか。そのときには、解決しようとしている問題が正しくないということなので、製品を変更するか、製品があまり関心を引きつけられなかったことを説明して、買ってくれた少数の人々に返金、謝罪するかを決めればいい。そうなる

のは面白くないことだが、3か月以上もの月日を製品開発に費やしながら、買いたいという人が出てこないのと比べれば、はるかにましだ。

　私の製品の場合、先払いディスカウントのページを掲載した初日に7本の売上があった。これで私は、前進しても時間の無駄にはならないという自信を得た。さらに、製品開発中に、改良に役立つフィードバックを頼める顧客グループさえも確保できた。

小さく始める

　単純に会社を辞めてアントレプレナーの可能性を追求してはならないことは今まで繰り返し伝えてきたが、ここでも同じことを言おう。小さく始めよう。最初の製品のために壮大過ぎる目標を立てて、その新しい夢を追いかけるためにその他すべてを置き去りにするアントレプレナーの卵があまりにも多すぎる。

　アントレプレナーとしての最初の試みはおそらく失敗するということを覚悟し、理解しなければならない。そして、第2の製品も失敗する可能性が高く、第3の製品もおそらくそうだ。かなり多くの失敗を経験しなければ、本物の成功はまず手に入らない。ひとつの大きな企画の成功に未来を賭けてすべてをその企画に投入してしまうと、リソースを使い果たしてしまったり、もう1度がんばる気持ちさえなくしてしまったりする。これをしてはならない。小さな製品からスタートし、最初の製品は副業で作るようにしよう。

　学習期間はできる限り短くしたいので、行動を起こしてから結果がわかるまでのサイクルを短縮させる必要がある。大規模な製品には、開発のためにたっぷりと時間をかけ、かなりのリソースをつぎ込むまで、実際の結果がわからないという問題がある。

さあ、始めよう

　この章に書かれていることはすべてすばらしいことなのかもしれないが、あなたはどんな製品から始めるか、そのイメージがまだつかめていないかもしれない。気にしなくていい。私が初めて製品を作ったときも同じだった。自分がどんな製品を作れるか、どうやってそれを売ればいいのか、私にはまったく手掛かりがなかった。

第13章　初めての製品開発　　**77**

そんなの簡単だよと言って嘘をつくつもりはない。学ばなければならないことはたくさんある。しかし、始めることは簡単だ。今日では、今までのどの時代よりもオンラインで製品を売り出すのは簡単になり、そのための力になってくれるリソースも山ほどある。

私は、このテーマを扱った数冊の本を読んで始めた。ラミット・セティはこのテーマのエキスパートであり、多くのアントレプレナー希望者の成功を後押ししているので、彼のブログ（http://www.iwillteachyoutoberich. com/）はチェックしておくといい。

また、エリック・リースの『リーンスタートアップ』（日経BP社、2012年[*2]）も読むといい。あなたが作れる小さなビジネスという考え方と、その小さなビジネスでスタートを切る方法が書かれている。

しかし、本当の勉強は、試行錯誤を重ねることを通じてすることになるだろう。ある程度までは、自分で正しいと思ったことを行い、それがうまくいかない理由を突き止め、それとは異なる方法を試してみるということをしなければならない。

やってみよう

- ☐ 何らかの製品を作る対象として調査するといい潜在顧客を見つけよう。
- ☐ それらの顧客候補のひとつを選び、そのメンバーが集まる場所（オンラインでもそうでなくてもいい）を見つけよう。
- ☐ ほかの誰かがその問題をすでに解決していないかどうかチェックしよう。競争の激しい市場に入るのは避けたいものだ。

※1　アメリカの保守系ラジオパーソナリティ。

※2　Eric Ries, "Lean Startup," Crown Business, 2011

第 14 章

スタートアップを起業したい場合

　自分自身のスタートアップを起業することは、多くのソフトウェア開発者にとってもっとも魅力的な夢のひとつだ。スタートアップは、巨額の収入を得る可能性がある半面、きわめてリスキーでもある。私は、スタートアップを作るために人生のうちの何年もの時間を注ぎ込みながら、最終的に失敗し、起業したときよりも悪い状態になったソフトウェア開発者をたくさん知っている。

　しかし、すばらしいアイデアをつかんだら（そしてもっと重要なことだが、そのアイデアを追求するためにやる気と情熱を注いだら）、ゼロから自分の会社を立ち上げるというリスクに見合った結果が得られる場合もある。

　この章では、スタートアップとは何か、どうすれば起業できるか、創設者になるリスクと報酬はどのようなものかを掘り下げていく。

スタートアップの基礎

　スタートアップとは、規模拡大に使えるようなすばらしいビジネスモデルを探し求め、最終的には中規模、大規模の利益が上げられる企業になろうと努力している新興企業である。今日、会社を始めれば、その会社はスタートアップだ。

　厳密に言えば、新しい会社はどれでもスタートアップになるはずだが、一般にスタートアップ企業には2種類があると考えられている。ひとつは、外部の投資家から出資してもらって急成長を遂げることを意図して作られたスタートアップである。おそらくもっとも話題になるタイプのスタートアップだ。成功を収めている技術系の大企業の多くはもともと成長して成功を収めるために投資家から出資を受けたスタートアップだった。スタートアップに関連する用語や議論の大半は、この種の会社を対象にしている。

　スタートアップのもうひとつのタイプは、ブートストラップスタートアップと呼ばれるものである。ブートストラップスタートアップは、創設者だけ

第 14 章　スタートアップを起業したい場合　　79

が出資している。外に出かけていって出資者を募るつもりはない。あまり巨大になるつもりはないということかもしれない。この種の会社は、出資者を抱えるスタートアップよりも小さな存在で終わることが多いが、通常は間接費がかなり低いので、失敗する危険性も低い。創設者は会社の大きな部分を出資者に渡していないので、事業展開の自由度も高くなる。

この本には、すでに自分の会社をブートストラップすることについての章が含まれているので、ここでは成長のために外部出資を獲得するという目標を持つスタートアップを話題にする。ここからは、スタートアップという言葉は外部出資を意図した新興企業の意味で使う。

大きくなるか潰れるか

ほとんどのスタートアップの目標は、大企業になることだ。外部から出資を募るのは、急速に成長、拡大するためである。スタートアップのほとんどの創設者は、いわゆる出口戦略を持っている。ごく普通の出口戦略は、一定の規模まで成長し、買収してもらうことである。そうすれば、創設者と出資者には莫大な収入が転がり込み、会社の未来についてのリスクが完全になくなる。

スタートアップを起業するときには、未来について考えることが非常に大切だ。あなたは長い間しがみついていられる会社を作るつもりかもしれないが、あなたのスタートアップに出資してくれる投資家たちの大半は、最終的に投資に対する見返りとして現金を手にしたいと思っていることを認識しなければならない。

ただし、すばらしい見返りを得るための方法は、買収だけではない。もうひとつの一般的な出口戦略として、株式公開がある。株式を公開するということは、会社の純資産価値の持分を一般に販売するということである。この持分の売却額は、創設者と投資家の双方にとって非常に大きなものになる可能性がある。

全体としての出口戦略が何であれ、外部からの出資を受けるスタートアップは、どこかで巨額の報酬を得ることを目標にすることを理解しておくことが大切だ。この種のスタートアップを作るときは、あまり保守的な経営はしないのが普通である。通常のスタートアップは、ホームランを狙うものだ。

容易に想像できるように、このようなスタートアップは、非常に大きな収

入が得られる可能性もあるが、その過程で非常に大きなリスクに直面するものだ。ほとんどのスタートアップは失敗する。一部の推計によれば、外部出資を受けたスタートアップの75%が失敗しているという（http://www.wsj.com/news/articles/SB10000872396390443720204578004980476429190）[*1]。あなたがどう思うかはわからないが、私にとってはとても恐ろしい数字だ。スタートアップを起業するときには、以下を真剣に考える必要がある。生涯のうちの数年を捧げ、とてつもない時間働き続けた挙句、苦労して手に入れた経験を除きハードワークに見合うものは何も得られずに最終的に店をたたむことになるとしたらどうか、である。

典型的なスタートアップのライフサイクル

スタートアップには独立したサブカルチャーがあり、スタートアップがどのように機能するのかについて書かれた本は無数にある。スタートアップには、この短い章で扱える以上の話題があるのだ。しかし、この節では、典型的なスタートアップの仕組みをステップバイステップでできる限りうまくまとめて説明しよう。

一般に、スタートアップを作ろうとするときには、作りたい会社のアイデアがある。通常、その会社はある特別な知的財産を基礎としており、あなたの会社よりも大きな競合企業がやってきてあなたの会社がしていることをそっくり真似るようなことはしにくくしてある。特許などの方法で保護された新技術、あるいは特別な方法があれば、それはスタートアップのいい候補になる。そっくり真似られないような特異性を持たないレストラン、その他のサービスはスタートアップの候補としては適していない。いいスタートアップは、非常に大規模になる潜在的な力も持っている。Twitter、Dropbox、Facebookなどを思い浮かべれば、それがどういうことか、わかるだろう。

アイデアを手にした場合、自分が単独で創設者になるか、共同創設者を招くかを決める必要がある。どちらの方法にも有利な点、不利な点があるが、一般にほとんどのスタートアップは少なくとも二人の共同創設者によって作られる。スタートアップ（シード）アクセラレーターやインキュベーター（すぐあとで説明する）に採用してもらいたいなら、少なくとも一人、共同創設者を確保した方がいい。

第14章　スタートアップを起業したい場合　**81**

アクセラレーター

スタートアップアクセラレータープログラムへの応募は、起業を支援してもらうためのいい方法だ。アクセラレーターは、起業を支援し、株式の一部と引き換えに少額の資金を提供するプログラムである。このウェブページ（http://www.f6s.com/accelerators）には、アクセラレーターをまとめた大きなリストがある。よく知られたスタートアップアクセラレータープログラムのひとつがYコンビネーター（http://www.ycombinator.com/）だ。Yコンビネーターは、Dropboxなどの有名なスタートアップの起業を支援してきた。

アクセラレーターに採用してもらうためには、一般に非常に面倒な応募プロセスが必要になるが、採用されればそれだけの労力を費やしただけの価値がある。アクセラレータープログラムは、スタートアップが離陸できるように支援するもので、通常は数か月で終わる集中的なプログラムである。ほとんどのアクセラレーターは、すでに自分のスタートアップを1、2社成功させているアントレプレナーによって運営されており、動き始めたばかりのスタートアップに優れたアドバイスや指導を与えることができる。アクセラレーターは、投資家たちにアイデアをピッチ（プレゼンテーション）するための準備を支援し、プログラムのなかにスタートアップのためのデモデーを用意していることが多い。デモデーには、出資者になってくれるかもしれない人々の前でピッチするチャンスが与えられる。

個人的には、アクセラレータープログラムに採用されないようなスタートアップを今時起業する気にはなれない。競争はあまりにも過酷なので、アクセラレーターに採用されるメリットは非常に大きく、完全に独力で先に進むことなどとうてい考えられない。実は、私はふたつのアクセラレータープログラムに採用されたスタートアップの共同創設者になっていたが、慎重に考えた結果、その会社からは身を引いた。人生のその時期に、スタートアップの過酷なライフスタイルを経験したくはないと思ったのである。

資金獲得

アクセラレータープログラムに採用されるかどうかにかかわらず、スタートアップにとって最初の大きなマイルストーン（というか、スタートアップ

が実際に生まれられるかどうかを決めるイベント）は、第1ラウンドの資金調達に成功することだ。第1ラウンドの出資は一般にシード出資と呼ばれ、エンジェル投資家が初期段階のスタートアップに投資するものである。エンジェル投資家とは一般に、創設されたばかりのスタートアップに投資する個人投資家である。これは非常にリスキーな投資だが、非常に大きな額を回収できることがある。ただし、エンジェル投資家は、あなたの会社に無償で投資してくれるわけではない。通常は、会社の株式の一部を取得することになる。

株式をどのように扱うべきか

　新しい会社の株式を譲渡するときには、非常に慎重になった方がいい。株式は、あなたのスタートアップの生命である。株式を自分のものにしていなければ、スタートアップに捧げたハードワークに対する見返りが得られなくなり、出資者に提供するものがなくなる危険がある。誰にどれだけの株式を譲渡するかについては、非常に慎重に検討すべきだ。
　スタートアップの創設者のなかには、会社にまったく貢献しないくせに、貴重な会社の資産を食い潰して会社の足を引っ張り続けるヒモのような共同創設者に株式を与えてしまって苦しんでいる人々がたくさんいる。
　株式の配分についての判断は非常に慎重に行い、会社の株式を譲渡するときには、何を譲渡しようとしているのかをしっかりと認識しなければならない。株式の譲渡は避けられないことだ。少なくとも一部の株式を譲渡しないわけにはいかない。しかし、譲渡する前に慎重にその意味を考える必要がある。

　シード資金を獲得したら、スタートアップはいよいよ始動だ。実際には、それ以前に起業しているはずだが、シード資金により、従業員を雇って規模拡大をスタートできる。この状態では、ほとんどのスタートアップは利益を生み出すところまではいかない。それどころか、ビジネスモデルを構築して証明するために最初のシード資金を使っていくうちに、深い穴に落ち込んでしまう可能性がある。

　シード資金を使い切ったときに、まだアイデアに可能性があるようなら、本格的な投資を受けるべきだ。シードラウンド後での最初の投資ラウンドは、一般にシリーズAと呼ばれる。このラウンドでは、ベンチャー資本（VC）が参入してくる。VCへのピッチとは、会社の成長のためにベンチャー資本家から多額の投資を受けることを目的として、彼らに会社を売り込むことだ。

第14章　スタートアップを起業したい場合　　83

VCは、通常多数の株と引き換えにスタートアップに大規模な資本を投下する。シリーズAラウンドの出資後、VCの持ち分の方があなたの持ち分よりも多くなったりしても（特に共同創設者が複数いる場合）驚いてはいけない。

シリーズAが完了すると、ほとんどのスタートアップは資金を使い尽くし、利益確保と規模拡大に苦しむたびに、次の投資ラウンドを経験する。出資を受けられなくなるか、成功して利益を生むようになるか、買収されるまで、繰り返し出資を受けるというこのサイクルが基本的に続くわけである。

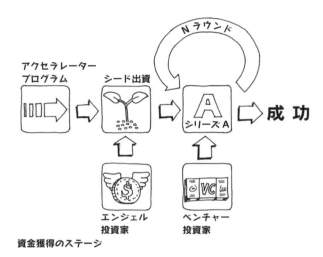

資金獲得のステージ

もちろん、以上はプロセス全体を単純化している。それでも、この章を読んでスタートアップの具体的なイメージがつかめれば幸いだ。

やってみよう

- □ 好きなスタートアップ1、2社の歴史を調べてみよう。どのようにして起業し、どのようにして資金を獲得していったかに特に注意しよう。
- □ その会社の創設者は、一人だったか、複数いたのか。
- □ その創設者は他の会社の創設にも成功しているか。
- □ その会社はいつ出資を受けたか。出資額はいくらか。
- □ その会社はアクセラレータープログラムを利用していたか。

※1　wsj startup fail で検索してもたどりつくだろう。

第 15 章

遠隔勤務サバイバル戦略

　今日では、開発者に自宅からの遠隔勤務を認めるソフトウェア開発チームがどんどん増えている。完全にバーチャルになって実際のオフィスを持たないチームさえある。独立系コンサルタントやアントレプレナーになる決心をした開発者は、自宅で一人働くという状況になる。

　遠隔勤務は夢が現実になったような感じに見えるかもしれないが、「パジャマでお仕事」の現実は、想像していたほど魅力的ではない。在宅勤務の開発者が直面する葛藤や課題は多々ある。この章では、在宅勤務はどのようなものなのか、孤立、孤独感、内発的モチベーションなどの問題にどのように対処したらいいかを説明する。

隠遁の身の課題

　初めて在宅勤務の仕事を手に入れたとき、私はわくわくした。朝、ベッドから這い出して、廊下を突き抜けて、自分用の座り心地のいい椅子に座る以上に、いい仕事の仕方を想像できなかった。今でも在宅勤務はすばらしいと思っているが、予想外の課題が多数あることも、在宅勤務を始めてすぐにわかった。

課題 1：時間管理

　まず、もっとも自明な問題から扱おう。時間管理だ。在宅勤務をすると、オフィス環境には存在しない、ありとあらゆる息抜きの方法が待ち受けている。一日じゅう Facebook から離れられないでいても、あなたの肩越しに覗き込んでさぼりに気づく人はいない。宅配の人が荷物を届けに来ただけで、「ちょっとおやつを食べたいな」と思ったりする。家族が入ってきて「ちょっといい？」とか言いながら、あなたの時間をかすめ取っていく。気づかないうちに、さしたる成果なく 1 日が過ぎていってしまう。

　在宅勤務を初めて経験する新人たちは、不規則であってもできるときに仕

第 15 章　遠隔勤務サバイバル戦略　　**85**

事をすれば、この問題に対処可能と思っている。昼間は楽しく過ごして、夜遅くまで仕事をすればいいというのだ。このような考えだと、間違いなく破滅する。夜がやって来れば、また新しい息抜きの方法が現れるか、コンピューターの前で座っていることに飽きてしまうだけだ。

　この問題の本当の解決方法は、綿密な時間管理だ。仕事はしたい時間にしていいが、各週のスケジュールを設定し、それを厳守するのである。スケジュールはいつも同じで習慣的であればあるほどいい。妻や友人は、在宅勤務なのに、なぜ9時5時の世間並のスケジュールで仕事をしているのかとよく笑い話にするが、この9時5時のスケジュールこそ、息を抜かずに真剣に仕事を取り組める要因なのである。集中を切らせないようにしたり時間を賢く管理したりすることについて、自分を信用することはできない。あらかじめ計画を立てておかなければ、何度でも誘惑に負け続ける。嘘ではない。私の後ろには失敗した試みの残骸が延々と続いている。

課題2：内発的モチベーション

　このテーマについて言うべきことは、「在宅から外れてしまう」ということだけだ。規律や自己管理で苦労しているなら、在宅勤務をすることはおそらく考え直した方がいい。内発的モチベーションは、時間管理に次いで大きな在宅勤務「キラー」だろう。内発的モチベーションは時間管理と密接な関連を持っているが、自分の時間を効果的に管理できたとしても、遅かれ早かれ仕事なんか一切したくない気分になるだろう。

　オフィスでこの気分になっても、クビになるという大きな脅威のため、すぐに元に戻る。仕事をしているはずの時間にデスクに突っ伏してぐっすり寝ていたり、スマホのゲームで遊んでいたりするところを上司に見つかれば、ダンボール箱を渡されて出て行けと言われるだろう。しかし、自宅で勤務している場合、あなたが何をしているのかを詮索する目はない。自分のモチベーションに対して責任があるのは自分だけであり、モチベーションがすべて消えたときに働き続けるために必要な規律に対して責任があるのも自分だけだ（モチベーションについて深く理解するために、ダニエル・ピンクの『モチベーション3.0』、講談社＋α文庫、2015年[*1]、をお薦めする）。

　以前にもお伝えしたように、自己規律を失えば、もう何もできない。モチベーションを生むためのあらゆるトリックを教えることはできても、一日じゅうテレビを見たい、ゲームをやりたい、Facebookを見たいという欲望が

膨れ上がることはある。それでも、決して消えない内発的モチベーションがあるという読者だけ、読み続けていただきたい。仕事を軌道に乗せたいという気持ちがあれば、内発的モチベーションの問題は何とか対処できる。

やる気が出ないときに頼りになるものとして、スケジュールと習慣は重要である。すでに説明したことなので細かくは言わないが、何らかのスケジュールや習慣を確立するようにしよう。仕事をする気にならないときには、絶対に仕事を終わらせなければならない期間を設ければ、それを終わらせられるだけのモチベーションを維持できる。同じことが習慣についても言える。可能なら、習慣を体に植え付けよう。習慣はモチベーションを維持するために役立つことがある。私の場合、夜あまりにも疲れていて歯磨きをする気になれないことが何度もある。それでも、習慣になっているので、何とか歯磨きができる。

作業環境からできる限り気晴らしや誘惑の種を取り除くのも大切だ。テレビがすぐ横にあれば、退屈したときにテレビをつけたいという気持ちが我慢できなくなる。誘惑を克服するために意志の力に頼ってはならない。これは、人生の様々な場面で役に立つはずだ。誘惑を取り除いてしまえば、人生ははるかに楽になる（この問題については、当然ながら第6部「やっぱり、体が大事」でもっと深く掘り下げる）。

そして、どうしてもまったくやる気が出ないときには、私がいつも使っている非常に簡単な解決方法を試してほしい。内緒だが、今まさにそれを使っているところだ。椅子に座り、15分後に鳴るようにタイマーをセットして、仕事を始めるのである。その15分間は、何がなんでも仕事をしなければならない。集中を切らすことを自分に許してはならない。今やらなければならない仕事に気持ちを集中しなければならないのである。15分間、何にも邪魔されずに仕事に集中すると、以前よりも前進し続けることがはるかに簡単に感じられるはずだ。これだけの時間、何かに分断されずに注意を注ぎ続けると、そのときにしていたことに引き込まれ、それを続けようというモチベーションが生まれる。私はこれを慣性の法則と呼んでいる。

課題3：孤独感

最初は、在宅で仕事をすれば気持ちが安らぐように思うかもしれない。誰にも邪魔されない。ただ座って仕事をする。実際、まったくその通りだ。初めて在宅で仕事をしたときには、オフィスではいかに無駄な会話によって時

間を浪費していたかをはっきりと感じた。自宅で仕事をするようになり、集中の方法を身に付けると、従来よりも短時間ではるかに多くの仕事をこなせるようになった。

しかし、しばらくすると、その平和と静寂が少し不安なものに感じられるようになった。気が付くと、窓の外を見て何か生命の兆しを探しているようになったのである。「あ、犬の散歩をしている人がいる。外に駆け出して言って、彼女と話がしたいなあ」（ズボンを履くのを忘れないようにして……いやいや、個人的な経験を言っているわけではない）。たぶん、そのときの私は少し芝居がかっていたのだろう。しかし、一日じゅう、毎週毎週一人で自分のデスクに向かっていると、いずれ精神的に参ってくるはずだ。

自宅で仕事をしているほとんどのソフトウェア開発者が社交の欠如のために孤独感を持つとは、予想したこともないだろう。しかし、この一点については、私を信じてほしい。生活のなかに何らかの社交を取り入れる方法を考え出していなければ、1年くらいたったときに、気分がおかしくなりそうになるだろう。

暴れる受刑者の最悪の懲罰方法を考えてみよう。孤立させるのである。人は社交的にできている生き物なので、1、2日「穴の中」に押し込められるのは誰にとっても最悪の懲罰になるだろう。

では、どうすればこの孤独は癒やされるだろうか。この問題の答えは単純だ。外に出かければいい。一週間のスケジュールのなかに、家の外に出ざるを得ないような活動を必ず準備して、ほかの人と合う機会を確保するのである。ただし、結婚相手と子供は数に入れない。毎週あるいは毎月ごとに会合を開いている地元のソフトウェア開発者のグループに参加してみよう。風景を変えるために喫茶店に行ってみよう。私は週に3回ジムに行っているが、このようなこともももちろんお勧めだ。また、カンファレンスをはじめとする開発者向けのイベントに行くと、ギークな会話を楽しむことができる。数か月分の鬱憤がいっぺんに晴れる場合があるのだ。

社会から切り離されている感じが少しでも薄れる方法を利用してみるのもいいだろう。SkypeやGoogleハングアウトで同僚と話をするのもいい。こういったものを使えば相手の顔さえ見られる。

これら三つの課題を克服できれば、遠隔勤務で成功できるだろう。しかし、克服できない場合は、在宅勤務が自分に合っているかどうかをよく考えた方がいい。こういった問題にうまく対処できない遠隔勤務者のなかには、コワ

ーキングスペース、シェアオフィスと呼ばれるものを利用している人々もいる。これは、遠隔勤務者やアントレプレナーのオフィスと考えることができる。普通のオフィス環境で働くのに似ている。違いは、一緒に働いている人々が実際には仕事の同僚ではないというだけだ。

遠隔勤務したいが遠隔勤務できる仕事が見つからない

　私も長い間、在宅勤務できる仕事を見つけようと思いつつ、見つけられなかった。そう簡単に手に入るものではなく、激しい競争を勝ち抜かなければならない場合も多い。遠隔勤務できる仕事を探しているのに見つからない場合には、次のふたつのことをお勧めする。

1. 現在の仕事で遠隔勤務できないかどうかを模索しよう。おそらく、試験的に始めることになるだろう。週に1、2日在宅勤務させてもらえないか頼んでみよう。もっと多くの仕事をこなせるようになるなど説得力のある理由を言えるようにしよう。チャンスが与えられた場合は、在宅勤務で本当に仕事が捗るようにしなければならない。
2. 在宅勤務を認めているとか完全な分散チームを抱えているという企業を探し、連絡しよう。少し時間がかかるかもしれないが、遠隔勤務を認めている企業だけに集中してアタックすれば、ポストを手に入れる可能性は高くなる。すでにそういった会社で働いている開発者と知り合いになり、採用担当マネージャーと話をし、会社に関心があると伝えつつ、募集が始まったら応募してみよう。

やってみよう

- □ 正直に自己評価してみよう。時間管理、内発的モチベーション、孤独感という三つの問題に自分ならどう対処するのか考えをまとめてみよう。
- □ 在宅勤務をしている、あるいは在宅勤務を計画している場合、毎週守るつもりのスケジュールを作ってみよう。作業時間と仕事をする曜日、または日にちを決めよう。

※1　Daniel Pink, "Drive," Riverhead Hardcover, 2009

第 16 章

うまくやり遂げるまでは
できたふりをしよう

　ソフトウェア開発者としてキャリアを重ねていくと、自分は適任ではない
ような状況に何度もぶつかるだろう。準備ができていない難問や障害にぶつ
かることはよくある。しかし、そのようなときに何をするかは、あなたが成
功するかどうかを分ける最大の要因になる。

　多くの人々は、逆境にぶつかると、そこから一目散に逃げてしまうものだ。
しかし、難題にぶつかったときに顔を上げて正面からぶつかっていく人々も
いる。踏みとどまることを選んだ人々は、全員成功し、問題を乗り越えられ
るという自信を持っているのだろうか。そんなことはない。しかし、彼らの
多くはある共通点を備える。うまくやり遂げるまではできるふりを装えるの
だ。

「やり遂げるまではできたふりをする」の真意

　「うまくやり遂げるまではできたふりをする」という表現はよく使われるが、
いささか使われ過ぎでもある。この表現の意味をどのように解釈するかは人
によって違うだろう。そこで、私がこの章で使っている真意を明らかにして
おこう。

　「うまくやり遂げるまではできたふりをする」と言っても、嘘をついてま
だ備えていない知識や能力があるふりをしろというわけではない。仕事に取
り掛かる前から、まるでその仕事や技をやり遂げたかのように行動せよと言
っているのである。私が「うまくやり遂げるまではできたふりをする」と言
うときには、次のように行動することを表している。

- まるで、成功のために必要なスキルと能力をすでに持っているかのように。
- まるで、すでになりたいと思っているタイプの人間になっているかのよう
  に。
- 試行を重ね続ければいずれ克服できることを深く理解しているため、まる

90

で、戦闘はすでに終わっており、あなたは勝者になっているかのように。

- まるで、これから通ろうとしている未知の道をすでに何度も通ったことがあるかのように。

このように行動するとき（ここでポイントになるのは「行動する」という言葉だ）、あなたはいずれ自ら示すイメージに合うように現実を動かしている。まるで魔法のような超越論的な空論のように見えるかもしれないが、私たちの心は非常に強力なのだ。第7部では、現実をコントロールし、現実を形作っていく精神のパワーについてもっと深く掘り下げていくが、ここでは、何かがすでに真実であるかのように行動し、自分自身に同じことを信じ込ませることができれば、現実がその実現を妨げられないようにする大きな力が得られることだけわかっていればいい。

「うまくやり遂げるまではできたふりをする」というのは、行動こそが重要で、自分の心身に言い聞かせてその行動を現実のものにするということである。これは、自信のなさの反対だ。自分自身のなかにあらゆる障害を克服するという崇高な信念があるからこそ、さしあたり難しくて歯が立たない状態でも、自信を持って取り組むのである。

実践に移そう

「うまくやり遂げるまではできたふりをする」は、難しすぎて歯が立たないような状況に自分自身を意図的に追い込み、強制的に泳ぎ方を身に付けるということである。新しい難問は新しいチャンスを持ってきてくれるという自信のもとで、あなたを未知の領域に前進させるマインドセットなのだ。「うまくやり遂げるまではできたふりをする」ためにはどうすればいいかを学びたいなら、難しい状況に喜んで飛び込もうという気持ちになる必要がある。

あなたは、自分が何をしているのかわからないと感じるような状況に追い込まれたことはあるだろうか。非常に居心地の悪い気持ちになり、当惑や無力感さえ感じた状況だ。そのような状況に対し、あなたはどのように反応しただろうか。どうすればそこから逃げ出せるかを考えようとしただろうか。自分が失敗するかもしれない理由、うまく動けない理由について言い訳をしようとしただろうか。

居心地の悪い状況や障害に対して恐怖、当惑を感じ、言い訳したくなるの

第16章　うまくやり遂げるまではできたふりをしよう　　**91**

は自然なことだが、そのような傾向を克服し、今直面している新しい状況やは困難な状況はいずれ日常的で習慣的なことになるという真実を見ることができるなら、「うまくやり遂げるまではできたふりをする」方法を学ぶための一歩を踏み出している。

　初めて何らかのコードを書こうとしたときや、プログラミング言語を学ぼうとしたときのことを思い出してみよう。大変だったのではないだろうか。ひょっとすると、未だに大変かもしれない。しかし、今は簡単だと思っていることが難しい、あるいはとてもできないと感じたときを振り返ることは必ずできるはずだ。ポイントは、何らかの仕事なり状況なりが将来簡単に感じられるときのことを事前に見通すことができ、もうそうなったかのように今行動できるかどうかだ。

　ソフトウェア開発者が共通に直面する場面でこれが当てはまるのは採用面接である。特定の就職口が要求するテクノロジーの専門家になるのはほとんど不可能なように見える。あまりにも多くの種類のテクノロジーが氾濫しているので、そのすべてをマスターすることはとてもできない。そのため、ほとんどの採用面接では、仕事をするために必要なスキルの一部をまだマスターしていないはずだ。

　ここでポイントになるのは、「まだ」という言葉である。面接に臨んだ開発者の多くは、まだマスターしていない、または触れたことがないテクノロジーを扱う仕事をする自分の能力に疑問を感じてしまう。そのため、弁解がましいような、神経質なような態度を示して自信のなさを露呈してしまう。彼らは今の視点からものを見ており、近視眼的だ。今は消え去る。もう過ぎ去ったものとして今を見よう。視線は未来に向けた方がはるかにいい。

　確かに、採用面接に臨んでいるその瞬間には、その仕事をすばらしくこなすために必要なスキルの一部を持っていないのは事実かもしれない。しかし、企業は、季節労働者を相手にするのでもない限り、あなたのことを短期間だけ雇うのではない。おそらく、面接を受けているほぼすべての開発者が、あなたとは異なる何らかの特定分野でスキルや経験が足りていないはずだ。そこで、過去にも難問に直面し、それに対応できるように成長したのだから、将来も同じようになれないわけがないと考え、自信と能力のオーラを発散していた方がいい。

　しかし、これと嘘をつくことを混同してはならない。将来の所属企業に対して自分のスキルを偽り、ない能力をあると言えなどと言うつもりはない。

今のあなたと将来のあなたを隔てるものは時間だけだということを認識し、自分の能力やその欠如についてはオープンかつ正直に言いながら、目の前にある障害をすでに乗り越えた人のような前向きな態度で臨めと言っているのである。

あなたの自信（傲慢さではないので注意しよう）は、相手にも伝わる。この「できる」という態度が見えるとき、膨らませ、誇張したわけではなく、いずれ成功させるつもりのことは必ず成功させられることがわかった上での本物の信念が備わっているときには、相手もそれを信じる。この態度で面接に望めば、「うまくやり遂げるまではできたふりをする」の威力がわかるだろう。

やってみよう

□ 正直に自己評価しよう。難しい状況に直面したときのあなたの態度はどのようなものだろうか。新しい馴染みのないものをどのように扱うだろうか。最後に難しい、よく知らない状況に直面したときのことを思い浮かべ、自分がどう反応したかを考えよう。

□ 傲慢そうに見せずにもっと自信のある態度を示すためにはどうすればいいだろうか。両者の違いは何だろうか。「うまくやり遂げるまではできたふりをする」能力を向上させるためにすぐにできることは何か。

ボーナス：外に出かけ、わざと「自分には手に負えない」状況に身を置いて、「うまくやり遂げるまではできたふりをする」を実践しよう。

第16章　うまくやり遂げるまではできたふりをしよう　　**93**

第17章

ダメな履歴書をよくする方法

　あなたは休暇の旅行中、地域の名所を網羅したカラー印刷のパンフレットが何十種類も集まっているラックを見たことがあるだろうか。そのなかの1冊でも手に取って見てみたことは？ほとんどはフルカラーで3ページ、きれいにデザインされた芸術作品だ。冗談を言っているわけではない。あなたが100ドル使ってパラセーリングをしたりジェットスキーを借りたりするように、このパンフレットのデザインには相当の力が入っている。それは見ればわかる。

　では、それと開発者の平均的な履歴書を比べてみよう。履歴書の方は、フォントは1種類、Double-Spaced（2行分のスペースに1行）で5ページの醜い文書で、文法エラー、入力ミス、「陣頭指揮」とか「結果重視」といった言葉が満載された貧弱な構造の文章で書かれている。

　誤解のないように言っておくと、どちらも宣伝目的で作られ

典型的な履歴書は、宣伝パンフレットとは比べものにならない

ており、最終的には誰かに何かのお金を使わせようと目論むものである。片方は休暇の旅行中に100ドルを使わせようというもの、もう片方はソフトウェア開発者の1年分の使用料として、6万ドル、8万ドル、あるいはそれ以上の額を採用マネージャーに払わせようというものだ。

　100ドルのものを売りたい人が広告のためにこれだけの労力をかけているのに、6万ドル以上のものを売ろうとしている人が標準以下の文書で済ませているのは、私にはちょっとおかしなことだと思われる。悪く思わないでいただきたい。私はあなたの履歴書をゴミだと言っているわけではない。しかし、あなたがほとんどのソフトウェア開発者と同じことをしているなら、お

そらくもう少しやりようがあるはずだ。

あなたはプロの履歴書ライターではない

　あなたの履歴書がお粗末なことには理由がある。実際、ごく単純なことだ。あなたはプロの履歴書ライターではない。つまり、履歴書書きで生計を立てているわけではない。しかし、客にジェットスキーを借りる気になってもらうために美しいパンフレットを作った男の子だか女の子だかは、保証してもいいが、生活のためにそのパンフレットをはじめとする宣伝を作っている。

　多くのキャリア指導書やプログラムがより良い履歴書の作り方を教えているが、本書ではそんなことはしない。なぜなら、あなたがプロの履歴書ライターであってはならないからだ。それはあなたの時間と才能の無駄遣いというものである。履歴書ライティングは、あなたのキャリアのなかでほんの数えるほどしか使わないスキルである。あなたができるといいなと思う水準よりもいいものを書けるプロがすでに数千人もいるので、この分野で過度に投資をしてもまったく意味がない。

　次のように考えるといいだろう。あなたが働くことになる会社のCEOは、おそらくソフトウェアを書かない。確かにCEOは、その気になればコンピューターの前に座ってIDE（統合開発環境）を立ち上げ、会社を経営していくために必要なソフトウェアの書き方を学べる。しかし、その代わりに、あなたを雇ってソフトウェアを書いてもらう方がはるかにいい。だとすると、プロの履歴書ライターを雇わないで、プロの履歴書ライターのスキルを学ぶために自分の時間を浪費する理由がどこにあるだろう。

履歴書ライターを雇う

　読者もすでに、自分の履歴書を書いてくれるプロを雇う必要があると思っているだろう。しかし、どうすれば雇えるのだろうか。

　世の中には、プロの履歴書ライターがたくさんいる。インターネットでサーチすると、たくさんの履歴書ライターが表示される。しかし、誰に書いてもらうかを選ぶときには慎重になろう。ほかの多くの職業人の履歴書と比べて、ソフトウェア開発者の履歴書をまとめるのはかなり難しい。ソフトウェア開発者という仕事には、専門用語と技術がふんだんに盛り込まれている（**表**

第17章　ダメな履歴書をよくする方法　　**95**

17.1 参照)。

表 17.1　プロの履歴書ライターに何を求めるか

技術産業の知識	プロの履歴書ライターだとしても、あなたの開発スキルの売り方がわからなければ話にならない
あなたに見せるサンプルの履歴書があるかどうか	どのような仕事が手に入るかをもっともよく知るには、履歴書ライターの今までの仕事を見るに限る

　少なくともいい仕事をしてくれる場合、履歴書ライターのお値段は決して安くないということは言っておかなければならないだろう。しかし、よくできた履歴書があれば、給料の高い仕事にいち早くありつくために役立つので、それだけのお金を払う意味はある。さすがプロという高品質の履歴書を書いてもらうためには、300 ドルから 500 ドルほどのお金が必要だ。繰り返すが、なかなか高い。しかし、2、3% 高い給料が得られる仕事が手に入れば、1 年目から元が取れてお釣りがくるだろう。

　また、プロの履歴書ライターを頼む前に、その人物がいい仕事をするために必要な情報を揃えておこう。ゴミを入れてもゴミしか出てこない。自分の手抜きで以前の勤務先での正しい日付を調べていないとか、自分のスキルと職責について正確に説明していないといった理由で、プロに不正確な情報が書かれた履歴書を仕上げてもらってお金を払うのは避けたいことだ。プロの履歴書ライターを雇うときには、基本的に次のふたつのことをしてもらうためである。

- 自分が提供できるサービスを宣伝する魅力的な「コピー」を書いてもらい、可能な限り自分にスポットライトを当てる。
- それを魅力的なビジュアルで仕上げてもらう。

　履歴書ライターを頼むのは、調査の助手になってもらったり、情報の事実確認をしてもらったりするためではない。あなたは、彼らにできる限り多くの情報を提供する必要がある。彼らは、その情報を煮詰めて、あなたが提供できるサービスをアピールする、非常に洗練された書類にまとめてくれるのである。

自分の履歴書を書いてもらうために人を頼むのは正しくない感じがする

　人を雇って履歴書を書いてもらおうとアドバイスするときに、もっとも多く返ってくる反論がこれだ。自分の履歴書を書いてもらうために人を雇うのは、「不正」で詐欺まがいだと考える人が多い。彼らは自分の履歴書は自分で書かなければならないと思っているのである。そう思う気持ちはわからないではない。どうぞ自分で履歴書を書いてください。しかし、ウェブサイトのデザインや家の装飾のために誰かを雇うのと、履歴書を書いてもらうために誰かを雇うのとで、どう違うのだろう。それどころか、多くのセレブたちは、自分の名前で出す本を書いてもらうためにゴーストライターを雇っている。言いたいのは、あなたが思うほど、人に履歴書を書いてもらうのはひどいことではないということだ。開発者は必ず自分で履歴書を書かなければならないと思っていたからといって、それが正しいとは限らない。プロの履歴書ライターに履歴書を書いてもらったことを広く公開する必要はない。そして、もし居心地が悪く感じるなら、自分で履歴書を書いてから、誰かを雇って「改良」してもらえばいい。

さらに先へ

　この章のタイトルは、今までの履歴書ではダメだと言っており、それは事実である。履歴書はいい働き口を手に入れたいソフトウェア開発者にとって重要だが、従来の履歴書とは異なる方法で同じ情報を示す方法もある。

　履歴書の内容をオンラインに出すことは可能だし、すべきである。LinkedInのプロフィールに履歴書と同じ内容を載せて「履歴書のオンライン版」を作り、然るべき人にそれに対するリンクを送れるようにすべきだ。オンライン版の履歴書を持たずにウェブ開発者の求人に応募するのは、自分の大工道具を持っていない大工さんのようなものだ。

　履歴書の形式さえ見直しの対象になる。履歴書のなかでユニークな試みを示し、読み手の気持ちをしっかりつかめるようにしよう。履歴書作成サービスにユニークなものを作ってくれと頼むか、履歴書作成サービスに作ってもらった履歴書をグラフィックデザイナーに渡して「ポップ」にしてもらえばいい。

　以前、ゲームプログラマーの履歴書のオンライン版で、実際にゲームがプレイできるものを見たことがある（http://www.rleonardi.com/interactive-resume/）。彼が職探しに困ることはまずないだろう。なお、このウェブペ

ージ（http://www.hongkiat.com/blog/beautiful-resume-design/）には、ヒントになりそうなきれいでクリエーティブな履歴書がまとめてある。

　もっとも目を引く履歴書を用意する必要はないが、ソフトウェアのプロとしては、プロらしく見える履歴書を出すことが大切だ。10年前に書いたタイプミスだらけ、かつ、おかしな構文だらけのワード文書の履歴書でうまくいくと思っているなら、考え直すべきだ。新しい仕事を探しているなら、プロらしく見える履歴書は、もっともいい投資先のひとつである。

プロを雇いたくないときにはどうする？

　それでもまだ自分で履歴書を作りたい人がいるのも理解できる。おそらく、お金をかけたくないとか、自分でやるべきものだという考えからだろう。

　どうしても自分で履歴書を書く場合には、**表 17.2** が役に立つだろう。

表 17.2　履歴書を改善するためのヒント

ヒント	利点
履歴書をオンラインに載せる	募集をする企業があなたの履歴書にアクセスしやすくなる。また、ウェブ開発者に応募するつもりなら、オンラインに履歴書があることが大切である
履歴書をユニークに見せる	ありきたりの履歴書のなかで目立つので、流し読みしている人の注意を引くことができる
行為-結果という形で書く	あなたの履歴書はあなたがしたこととその結果を示すものになる。採用担当者に、あなたが何をできるかだけではなく、どのような成果を上げることができていたか、あなたを雇うとどのような利益が得られるのかも知らせられる
推敲する	プロの履歴書ライターを雇ったとしても、履歴書は完璧に推敲しておくこと。入力ミスやスペルミスが入っていると、不注意な人に見えてしまう

やってみよう

☐ 勤め口を探しているかどうかにかかわらず、数名のリクルーターに自分の現在の履歴書を送り、意見を尋ねてみよう。リクルーターたちは膨大な数の履歴書を見てきており、履歴書に手を加えるべきかどうかを教えることではもっとも適している。

☐ プロの履歴書作成サービスを調査し、彼らが持っているサンプルを見てみよう。その履歴書とあなたの履歴書を見比べて違いを見つけよう。

第 | 18 | 章

テクノロジーに対して
頑なな態度を取るな

　あなたが信仰に篤い人かどうかは私にはわからない。あなたがどちらのタイプでも、歴史上戦われたもっとも血なまぐさく醜い戦争の多くは、ある程度まで宗教を巡るものだったと見る点では、私と同じなのではないだろうか。

　こんなことを言っているのは、宗教をこき下ろそうとか、何らかの形で宗教自体のことを本質的にいいとか悪いとか言おうとしているからではない。独善的な信念に従うと、かなり扇情的になってしまう傾向があるということを強く意識するためだ。

　ソフトウェア開発にも同じことが当てはまる。ソフトウェア開発とテクノロジーについての宗教的な信念は、生命の起源や神の存在についての宗教的な信念と同様に人を独善的にする。一般に、ある人が Android よりも iOS を気に入っているからといって、その人を殺したりはしない。しかし、その人を叩きのめそうとする傾向はあり、もし誰も見ていなければ、胃に一撃を食らわせるかもしれない。

　しかし私は、テクノロジーに対して宗教的になったり崇めたりするようなことを避けられれば、もっと深いところまでキャリアを進められるだろうと強く思う。この章では、なぜそうなのかを検証してみよう。

みなテクノロジーに対して宗教的になっている

　これは嘘ではない。あなたも認めるかもしれない。あなたは、自分が最良だと思っている何らかのテクノロジーやプログラミング言語をひいきにしている。少なくとも、ほとんどのプログラマーはそうだ。これはごく自然なことである。私たちは、自分がしていることに対して熱狂的になるものだ。そして、熱狂と情熱があるときには、かなりヒートアップした意見が出てくる。プロスポーツをちょっと見ればわかる。

　私たちの大半は、ただ知っているからという理由で特定のテクノロジーを崇める態度を取るようになってしまう。これは問題だ。自分が選んだものは、

第 18 章　テクノロジーに対して頑なな態度を取るな　**99**

可能な限りで最良の選択だと考えたくなるのは自然の勢いであり、逆のことを言われると侮辱されたような気分になりがちなのだ。何が最良かについて、十分に情報を得た上で最良の判断を下せるほど、世に出ているすべてのテクノロジーを十分に知り尽くすことはおそらくできない。そこで、私たちは自分が知っているものを選び、それが一番いいんだと思い込む。人生は難し過ぎてそれ以外の生き方は選べないものだ。

しかし、このような行動は、人にもともと組み込まれている自然なものであるとともに、破壊的かつ制限的なものでもある。自分の経験だけが根拠となっている信念に独善的にしがみつくと、同じ信念にしがみついている人々だけと結び付き、その他の人々を毛嫌いしがちだ。同じ考えが何度も繰り返して循環するコミュニティに自分を押し込めてしまうのである。私たちは成長を止める地点に到達してしまう。何しろ、答えはもう見つかっているのだから。

私も、オペレーティングシステムやプログラミング言語、さらにはテキストエディタなどにまで宗教的な態度を取って、キャリアのかなりの部分を費やしてしまった。今はより良いものがあることも知っている。最良だと思うのテクノロジーをひとつ選び、ほかのものはそれよりも劣っていると考える必要はないのである。

すべてがいいもの

すべてのテクノロジーが偉大だというわけではないが、広く普及しているテクノロジーの大半は、少なくとも「いい」。少なくともいいと言えるものでなければ、成功して広く知られたり使われたりするようになるのは難しい。もちろん、時間とともに状況は変わっていく。しかし、少なくとも歴史上のある時点では、ほぼすべてのテクノロジーがいいものだったし、場合によっては偉大だとまで考えられていたということを認識することが大切だ。

このような視点をつかむと、多くの場合、ある問題に対してひとつの、あるいは最良のソリューションがあるわけではないことを理解できるようになる。たったひとつのベストなプログラミング言語、フレームワーク、オペレーティングシステムがあるわけではない。もちろん、テキストエディタも……そうだ。あなたはほかのものよりも特定のテクノロジーが気に入っているかもしれないし、ほかのプログラミング言語ではなく、ある特定のプログ

ラミング言語を使っているときの方が生産的かもしれないが、だからといってそれが最良だというわけではない。

私の転機

私は長い間、なかなかそのように考えることができなかった。Windowsが Mac よりもずっと優れている理由を論じてどれだけの時間を費やしてしまっただろうか。C# などの静的型付け言語が Perl、Ruby などの動的言語よりもはるかに優れていると何度わめきちらしただろうか。恥ずかしくて認めたくないことだが、考え方の異なる開発者を口汚く罵ってしまったことさえある。テクノロジーについて私とは異なる信念を持つなんてことがどうして起きようか。

私にとって目を開かれる経験になったのは、初めて Java を使うプロジェクトのチームリーダーをしてくれと言われたときだ。それまでは、私は基本的に C# 専門の .NET 開発者だった（正確にはちょっと違う。.NET が登場するまでは、C++ を崇めていた）。Java で仕事をすることなど、考えるのも耐えられないことだった。エレガントな C# と比べて Java はあまりにも汚い言語だった。ラムダ式さえ使えないのに、Java コードを楽しく書くことなどできるだろうか。

結局、私はその仕事を引き受けることにした。いいチャンスだったし、契約での仕事だったので、1 年くらいなら我慢できるだろうと思ったのである。しかし、その仕事を引き受けたのは、私のキャリアのなかでも最良の判断のひとつになった。嫌っていたテクノロジーで仕事をしたおかげで、すべてのテクノロジーに対して、今までとは違う光を当てるようになったのである。Java は決してそんなに悪いものではないことがわかった。それどころか、C# よりも Java を好む開発者がいる理由さえ理解できるようになった。

その Java のプロジェクトにいた数年間で、私はそれまでのすべてのキャリアで学んだ以上のことを学んだ。それまでは少数のツールを無理しながら使っていたが、突然、あらゆる問題に立ち向かっていける豊富なツールが詰まった、とても大きな道具箱を手にすることができたのだ。

それ以降は、ほかのプログラミング言語（動的言語さえ含む）にも Java のときと同じような開いた心で接するようになった。そして、それぞれから学んだことを使って、それらの言語すべてにおいて以前よりも力のあるプロ

第 18 章　テクノロジーに対して頑なな態度を取るな　　**101**

グラマーになることができた。同じ考え方をオペレーティングシステムやフレームワークにも広げ、判断する前に試してみるようにした。この経験をしていなければ、この本を書くことさえなかっただろう。代わりに、『C# がサイコーでほかのすべての言語がクズな理由』という本でも書いていたに違いない。

選択肢を制限するな

　本当に言いたいのは、選択肢を制限するなということだ。自分が選んだテクノロジーが最高だと強調して、ほかのすべてのテクノロジーを無視したり過小評価したりするのは間違っている。その視点にしがみついていると、結局は自分を傷つけることになる。

　逆に、すでに知っているものだけにしがみついてそれがベストだと主張しようとせず、開かれた心でテクノロジーに接するようにすれば、あなたの前にははるかに多くのチャンスが開けてくるだろう。

やってみよう

- ☐ ほかのものよりも優れていると思っている好みのテクノロジーをすべてまとめたリストを作ろう。
- ☐ そのリストの個々の項目について、なぜそのテクノロジーに惹かれるようになったのか、どのような比較によってそれをベストと判断したのかを考えてみよう。
- ☐ あなたが嫌いなテクノロジーをひとつ選び、それが大好きだという人を探し出そう。そして、心を開き、率直にそのテクノロジーに夢中になっている理由を尋ねよう。さらに、自分でもそれを使ってみたら、ボーナスポイントを付けていい。

第 2 部

自分を売り込め！

マーケティングは、どれだけ人の注意を引けるかの競争だ。
—セス・ゴーディン

　　マーケティングは、ソフトウェア開発業界では悪く言われている。そもそも、世間一般で、マーケターは評判が悪い。手っ取り早く金を手に入れるために、信頼できるとはとても言い難いことをしているマーケターが多過ぎる。自分のもうけしか頭にない質の悪いマーケターたちが毎日新しい詐欺のやり方を広めているかのように思えてくる。

　　しかし、実際には、マーケティング自体が悪いわけではない。マーケティングされた人の利益になるか損になるかは、マーケティングのやり方次第。人の注意を引き、あなたとあなたの製品のことを気づいてもらうためには、マーケティングが必要である。優れたマーケティングは、必要性やほしいという気持ちと、その需要を満たす製品やサービスを結び付ける。いいマーケティングは、見返りを求める前に、まず価値を提供しようとする。

　　第 1 部では、自分のキャリアをビジネスとして捉えることについて話をした。そして、当然ながら、あらゆるビジネスを成功させるためには、何らかの形のマーケティングが必要だ。第 2 部は、自分自身のマーケティングについての集中講座になっている。ここでは、マーケティングとは一体何なのか、人を傷付けたり、カモにしたりせず、具体的な価値を伝え、もっと知りたいと思った人々がまた戻ってくるようなマーケティングのやり方について説明する。

第 19 章

コードモンキーのための
マーケティング基礎講座

　ナイトクラブに出掛けてカバーバンドの演奏を聞いていて、オリジナルの
アーティストより上手とまではいかなくても、同じくらいにうまいと思った
ことはないだろうか。カバーバンドは小さなナイトクラブでこじんまりと演
奏しているのに、それよりも才能があるとは思えないもう一方のバンドはワ
ールドツアーに出かけてプラチナディスクを得ている。この違いはなぜなの
だろうと思ったことはないだろうか。

　明らかにどちらのバンドにも才能はある。ただ、才能だけでは、人生にそ
れだけの差がついてしまう。偉大なミュージシャンとスーパースターの本当
の違いは、マーケティングに過ぎない。マーケティングは才能を数倍にする。
マーケティングがよければよいほど、才能に掛けられる数値は大きくなる。
ソフトウェア開発者であるあなたが、この重要なスキルをぜひとも学ばなけ
ればならないのはそのためだ。

自分のマーケティングとはどういう意味？

　マーケティングを一言で説明すると、製品やサービスとそれらを必要とし
ている誰かを結び付けることだ。だから、自分をマーケティングするとは、
あなたが提供できるものを、ほしいと思っている人と結び付けることにほか
ならない。マーケティングは悪く言われることも多いが、正しいやり方をす
るなら、自分をマーケティングすることは決して間違ったことではない。

　自分のマーケティングの正しいやり方とは、他者に価値を提供することだ。
このことについては第 21 章で詳しく取り上げる。ここでは簡潔にお伝えし
よう。ほかの人々があなたを気に入り、ともに働きたいと思うように自分を
売り込むためのポイントは、彼らに価値を提供するような形でマーケティン
グすることにある。スコット・ハンセルマンのような達人はさすがにうまい。
彼は、自分のブログ（http://www.hanselman.com/）や講演活動、ポッドキ
ャストを通じて、開発者に大きな価値を提供しているのだ。では、ソフトウ

ェア開発者としてのあなたは、どうすれば自分をマーケティングできるのだろうか。

　あなたが自分で理解しているか否かにかかわらず、あなたは四六時中、自分をマーケティングしている。誰かに自分のアイデアに賛成してもらおうとしているときには、本質的に彼らにそれを売り込んでいるのである。そして、第17章でスキルについて話したときのように、アイデア自体よりもアイデアをどのようにパッケージングするかの方が大切な場合が多い。

　人材募集に応募するとき、あなたの履歴書は、あなたのサービスをマーケティングする広告になっている。ソーシャルメディアやブログ（持っていればの話だが）に投稿したことでさえ、あなたとあなたが提供できるものについての一種のマーケティングメッセージである。

　問題は、私たち全員が自分のマーケティングをしているのに、大半はそれを意識的に行っていないことだ。すべてを偶然に任せている、つまり、ほかの人々やまわりの状況に、自分と自分のメッセージを委ねてしまっているのである。

　自分のマーケティングとは、自分が送り出しているメッセージや自分が演じているイメージのコントロールの仕方、メッセージが届く範囲の拡大方法を学ぶことだ。自分をマーケティングするとき、あなたは自分をどのように表現したいかを慎重に選んだ上で、あなたの発言を聞きたい、あなたを雇いたい、あなたの製品やサービスを買いたいと思っている人々にその表現を積極的に広めている。それを通じて、あなたは自分のキャリアを積極的に管理できるわけだ。

自分のマーケティングはなぜ大切なのか

　本章冒頭では、有名ロックバンドと同等の才能があるカバーバンドを例に、両者の差を指摘した。この差の主な原因はマーケティングにあると私は考えている。大成功を収めている有名ロックバンドは、どこでも演奏しなければならないカバーバンドと比較して、ずっといいマーケティングを展開しているものである。

　別の分野でも、同じようなパターンが見つかるはずだ。プロのシェフ、料理人について考えてみよう。高水準の才能を持ち、料理がきわめて上手なシェフはたくさんいるだろうが、その大半は比較的無名である。それでも、ゴ

第19章　コードモンキーのためのマーケティング基礎講座　　**105**

ードン・ラムゼイやラケル・レイのように数百万ドルも稼ぐセレブシェフがいる。それは、必ずしも彼らの才能がより優れているからではなく、自分を正しくマーケティングしてその才能をうまく利用できる方法を身に付けているからだ。

ソフトウェア開発の分野は違うと思ってはいけない。あなたは世界でもっとも有能なソフトウェア開発者かもしれないが、あなたの存在を誰も知らなければ、才能があっても大して意味を持たない。確かに職を探すのに困ることはないだろうが、持っているスキルをどうやってマーケティングすればいいかを学ばなければ、持てる力を完全に発揮するところまでは行かないだろう。

キャリアのどこかで、自分もトップレベルの開発者の多くに匹敵するくらいのスキルレベルに達したと感じるときがある。ソフトウェア開発者の多くは、10年ほどのキャリアを積むうちにこのレベルに到達できる。ここに達すると、そのほかの開発者と同じグループに入ってしまうので、上に行くのは非常に難しくなる。あなたは、同様のスキルを持つほかのソフトウェア開発者たちと競争することになるので、個人としての能力はあまり重要ではなくなる。

しかし、このグループから抜け出す方法がある。自分をマーケティングする方法を学べば、群れのなかで目立つ存在になれるのだ。そして、有名なロックスターやセレブシェフと同様、そうでないときと比べてずっと高い収入とはるかに多くのチャンスをつかめるのである。

私にはマーケティングできるものが何もない

あなたが自分のことをエキスパートだと考えていないからといって、自分のマーケティングを始められないわけではない。ほとんどすべての開発者は、何かしら人に提供できるものを持っている。ユニークな視点を持っているとか、ほかのソフトウェア開発者とは異なる経験を積んでいるとかがそうだ。ビギナーであったり、アマチュアであったりしても、それをうまくマーケティングすれば、有利な要因にできる。自分よりもほんの数歩先を歩いているだけの人からものを学びたいと思う人はたくさんいる。そういう相手なら共感を持てるからだ。

ポイントは、エキスパートではないことを、自分のマーケティングができていない言い訳にしてはならないということだ。キャリアのどの段階にいても、自分のブランドを形成・管理して広めることにより利益が得られるのである。

自分をマーケティングするにはどうすればいいのか

すでにあなたは自分のマーケティングが大切だと思っているだろう。しかし、実際にどうすればいいのか困っているかもしれない。どうすれば、ソフトウェア開発界のゴードン・ラムゼイになれるのだろうか。

簡単だと嘘をつくつもりはない。成功は、一夜にして成るものではない。少なくとも長続きする成功はそうだ。しかし、どの開発者でもマーケティングをすることはできるし、やる気になれば簡単にさえ見えるだろう。ここでは重要なコンセプトをひと通り取り上げておく。続く章で、それぞれについて詳しく見ていくことにしよう。

自分のマーケティングは、個人ブランドから始まる。ブランドとは、あなたが表現するものだ。すべての人のためにあらゆるものを表現するのは不可能なので、自分が何になりたいか、そのイメージを世界にどのように見せたいか、ということを意識的に決めなければならない。また、人と触れ合うときや、あなたが複数回に渡って何かをするときに親しみを感じさせるようにしたい。ブランディングは、そのために役に立つ。

何らかのブランドを作り上げ、どのようなメッセージを送ろうとしているのかを認識したら、そのメッセージを送る方法を見つけなければならない。メッセージを送り出すための媒体は多数あるが、私がソフトウェア開発者に特に勧めたいもっとも効果的なものは、ブログである。ブログは、インターネット上のホームベースにすべきだと思う。ブログは、あなたが完全にメッセージをコントロールできる唯一の場所であり、他人のプラットフォームやルールに振り回されることもない。

私は、非常に尊敬して注目している起業家、パット・フリン（http://www.smartpassiveincome.com/）の戦略である「Be everywhere」を採用している。その基本的な考え方は、「自分をマーケティングしたい場所にはどこでも現れる」というものだ。あなたがこの戦略を採用すれば、顧客候補が周辺を見回すと、高い確率であなたが見えるわけだ。具体的には、顧客候補のTwitterフィードに顔を出し、登録しているポッドキャストで話をし、オンラインであなたのビデオを見てもらう。顧客候補がどこを見ても、あなたとばったり出会うようになっている。このように自分をマーケティングするための方法を**表 19.1** にまとめておこう。

この戦略の実行には、時間と一貫性が必要だ。しかし、時間がたつにつれ

第 19 章 コードモンキーのためのマーケティング基礎講座　　**107**

表 19.1　自分のマーケティングに使えるチャネル

ブログポスト	自分自身のブログでも、ほかの人のブログのゲストポストでもいい
ポッドキャスト	自分のポッドキャストを作るか、既存のポッドキャストのインタビューを受ける
ビデオ	話題になっているテーマでビデオやスクリーンキャストを作ったりチュートリアルを作ったりしてYouTubeなどのサイトで流す
雑誌記事	ソフトウェア開発の専門誌に記事を書く
書籍	この本のような本を書いたり自分の本を自費出版したりする
コードキャンプ	ほとんどのコードキャンプは、誰でも講演できるようになっている
カンファレンス	ネットワークを築くための優れた方法であり、どれかで講演することができればなおいい

て、あなたの書くあらゆるブログポスト、インタビューを受けるあらゆるポッドキャスト、執筆する書籍や記事がマーケティングに貢献し、個人ブランドの認知度は上がっていく。最終的に、専門分野の権威になって、あなたの動静をフォローする人々が生まれる。その評価がより大きくより良いチャンスを生み出し、最終的にはキャリアの成功につながる。

　しかし、すでに触れ、あとでもっと深く話すつもりだが、あえて強調しておきたいことがある。それは、あなたがほかの人々にもたらす価値によってマーケティングの成否は大きく左右されるということだ。あなたのことをフォローし、あなたの言うことに耳を傾けたいと人に思わせるための最大の秘訣は、彼らに価値をもたらすこと、すなわち彼らの問題に答えを与え、娯楽さえも与えることだ。他者に価値をもたらすことなく自己宣伝を繰り返しても、誰もがあなたを無視してしまい、大した効果は得られないだろう。

やってみよう

- ☐ まだブログを持っていない読者は、この機会に始めることを検討しよう。重点を置くテーマについても考えよう。
- ☐ 新しいブログに少なくとも 20 個の投稿を用意しよう。
- ☐ 実際にブログを開始するスケジュールを作り、そのためのコンテンツを作ろう。

第 | 20 | 章

自分だと気づいてもらえる
ブランドを確立しよう

　ブランドは、私たちのまわりに溢れかえっている。どこを向いても、ペプシ、マクドナルド、スターバックス、HP、マイクロソフト、そのほか多数のブランドが目に入る。

　これらブランドは単なるイメージ以上のものだ。ほとんどの人は、ブランドとロゴを頭のなかで結び付けている。マクドナルドの有名な金のアーチのことを考えてみよう。しかし、ブランドはロゴよりもはるかに大きなものだ。ブランドは約束なのである。ブランドは、顧客が自分に送り届けられるものへの期待を呼び起こす。

　この章では、ブランドを構成するものは何かについて説明してから、自分のマーケティングの一環として、自分を意識してもらうのに役立つブランドの作り方を示す。

ブランドとは何か

　今あるポピュラーなブランドを頭に思い浮かべてみよう。たとえば、スターバックス。スターバックスは、ほとんどの人が認知しているブランドである。スターバックスのブランドは一見、あのよく知られているロゴのことのように思えるかもしれないが、それは全然違う。スターバックスのロゴは、ブランドを思い出させるビジュアルな鍵であり、ブランドそのものではない。

　スターバックスに入って行くとき、何を見聞きすることを期待しているだろうか。ライティングは？　内部のレイアウトや調度品は？　おそらくあなたは今、目をつぶってスターバックスの店内がどのようなイメージか想像しているだろう。どんな感じだろうか。

　カウンターに行ってドリンクをオーダーするときにはどんな感じだろうか。バリスタはどんな様子だろう。バリスタはあなたにどのように近づいてきて、どのように尋ねるだろうか。あなたはメニューをよく知っているだろうか。値段がどれくらいで、飲み物の品質レベルがどれくらいかもわかるだろうか。

第20章　自分だと気づいてもらえるブランドを確立しよう　　**109**

このように、ブランドはロゴ以上のものである。ブランドは、製品やサービスについて思い浮かぶ一連の期待感だ。ロゴは単にブランドをビジュアルに思い出させるだけである。ブランドの中心は、視覚要素ではなく、ブランドが何を感じさせるか、ブランドと向かい合ったときに何を予想するかだ。ブランドは約束である。あなたが思う通りの形でイメージされた何らかの価値が届けられるという約束だ。

ブランドを構成するものは何か

ブランドを持つためには、メッセージ、ビジュアル、一貫性、反復的な接触の四つが必要だ。いいブランドを作るためには、これら四つの要素はどれも不可欠である。これらのコンセプトから自分のパーソナルブランドを作るにはどうすればいいかを理解するために、四つの要素をひとつずつ見ていこう。

まず、もっとも大切なメッセージだ。メッセージのないブランドは、目的がない。メッセージは、ブランドによって運ぼうとしているものであり、ブランドとして呼び起こしたい感覚である。自分のパーソナルブランドを作るときには、あなたのブランドを表現する中心的なメッセージが必要だ。あなたのブランドは何についてのものか。あなたはどういう人なのか。たとえば、私の「シンプルプログラマー」というブランドは、複雑なものを単純にする

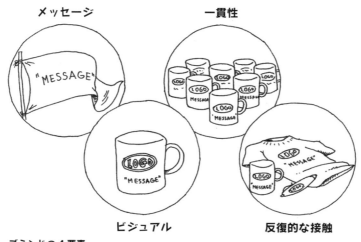

ブランドの4要素

というメッセージを基礎としている。私のメッセージは、「私なら複雑なコンセプトを分解し、単純にして、誰もが理解できるようにする」というものである。

第2に、ビジュアルが必要だ。ビジュアルはブランドそのものではないが、ブランドにとって重要である。当然ながら、ブランドにはロゴが必要だ。ロゴはブランドのシンプルな視覚表現であり、優れたブランドは可能な限りあらゆるところでビジュアルを使う。ブランドを表現する色とスタイルは、ブランドを認識可能にして、ブランドが表現するメッセージを広める。

あなたのブランドが自分の名前そのものでも、そこからロゴを作ることはできる。そのいいお手本を示してくれているのが、私の友人のジョン・パパだ。ウェブページ（http://johnpapa.net）にある彼のブログに行くと、彼の名前から作ったロゴを見ることができる。

次は一貫性である。優れたメッセージと優れたビジュアルがあっても、一貫性がなければ、ブランドに対する予想、期待は生まれない。悪くすると、予想を絶えず裏切ることになる。マクドナルドに行ったのに、店ごとにメニューも値段もまちまちだったらどう思うだろうか。エクスペリエンスが絶えず変化し、そこに一貫性というものがなければ、ブランドは無意味になり始める。

パーソナルブランドを作ろうと思っている開発者の多くが、一貫性の欠如という誤りを犯している。一貫性が高ければ高いほど、あなたのパーソナルブランドは、できる限り多くの人々にきちっと絞り込まれたメッセージを伝えるという点で大きな成功を収め、それらの人々に覚えてもらえる可能性が高くなるだろう。

そして、ブランドの最後の要素は、反復的な接触だ。ほかのことを正しくできたとしても、ブランドに接したのが1度だけの人にあなたは何か効果のあることをできただろうか。ブランドのポイントは、一連の予想されるイメージを確立して、誰かがあなたのロゴやあなたの名前にもう1度接したときに、「あなたが誰で、何を表現しているか」をすぐに思い出してもらうことにある。

メッセージを広めてあなたの名前を知ってもらうためには、できる限り積極的に働きかけていく必要がある。そのためにブログを開設し、記事を書き、講演し、ビデオを作り、ポッドキャストを放送し、その他のメディアを使って自分の名前を広めるのである。ブランドを強く押し出し、人々に触れる機

第20章　自分だと気づいてもらえるブランドを確立しよう　**111**

会を増やせば、ブランドを覚え、あなたが誰かを覚えてくれる人も増えるだろう。

独自ブランドを作ろう

　独自ブランドを作ることに決めたら、最初にしなければならないのはメッセージの定義だ。メッセージを作るためには、何を表現したいかを決める必要がある。すべての人々にすべてのものを提供することはできないので、ターゲットオーディエンス（顧客候補）を狭め、ニッチを生み出さなければならない。これは専門家になろうという第7章で説明したのと同じ考えだ。基本的に、ターゲットにしようと考えている小さな市場を拾い出すか、ブランドにユニークなひねりを加える必要がある。

　この活動が正しくできているソフトウェア開発者として私が気に入っているのは、データグリッド・ガールこと、マーシー・ロビヤールである。マーシーは、ASP.NET のデータグリッドコントロールを自分のニッチにすることにして、データグリッド・ガールというブランドを作り上げた。これは非常に狭く絞り込まれた分野だが、彼女にとってはうまく機能している。彼女は様々な講演の機会をつかみ、.NET Rocks などの人気の高いポッドキャストに出演した。きっと、ASP.NET データグリッドをめぐってサーチトラフィックが集まってきたはずだ。

　何らかのニッチを選び、それを中心として自分のブランドを構築する。限定されていればされているほどいい。狭い対象に力を注ぎ込めれば、オーディエンスに直接語りかけることができ、ブランドの認知度を上げやすくなる。

　ニッチを選ぶのはいつも簡単だとは限らない。自分が力を入れていることをもとに選べばいいが、それは時間とともに変わっていく場合がある。それよりも、純粋に戦略的な視点から選んだ方がうまくはまる場合が多い。限定されたニッチをうまく活用できればどのような利点があるか。少し時間をかけてそのことをじっくり考えてみよう。必要になったら、あとでニッチを変えることを躊躇してはならない。

ブランドを作るためのステップ
- メッセージを定義する。
- ニッチを選ぶ。

- キャッチフレーズを作る。
- エレベーターピッチを作る。
- ビジュアルを作る。

　自分のニッチが見つかったら、メッセージに取り掛かろう。ひとつかふたつの文で自分のブランドを表現するキャッチフレーズから始めるべきだ。たとえば、私のキャッチフレーズは「複雑なものを単純に」である。このキャッチフレーズを読んだ人は、私がどういう人間なのかすぐにわかるだろう。

　次に、エレベーターピッチを作る。エレベーターピッチとは、あなたが何をする人でどういう人かということをエレベーターに乗っている間に言い終えられるくらいの簡潔な説明である。ディナーパーティーや本当にエレベーターに乗っているときに、誰かが「あなたは何をしているのですか」と尋ねてきたときに答える内容だと考えるといいだろう。

　エレベーターピッチを作るときには、あなたが提供する価値は本当のところ何なのかをよく考えよう。ユニークな形であなたを定義するものは何か。ほかの人はあなたに何を期待できるのか。エレベーターピッチのなかでは、あなたが何をしていてどのようなユニークな価値を与えてくれるのかを明確に伝えるようにしたい。

　このエレベーターピッチを先に考えておくと、ブランディングのための取り組みに一貫性が生まれ、自分のブランドについて人に話すときや宣伝に使う媒体で自分のブランドを表現するときに、同じメッセージが伝わるようになる。

　ブランドのビジュアルを作るのは、ブランドの核心がはっきりしてからだ。あなたが作るビジュアルは、今まで定義してきたブランドについてのすべてを表現するものにしたい。メッセージを伝え、あなたのブランドが表していることを視覚的に思い出させる手がかりにするのである。

　自分のブランドのためのビジュアルには、それほどお金を使う必要はない。ただし、よほどグラフィカルデザインのスキルがあるのでない限り、自分で作ろうとしない方がいい。私には、異なる製品やサービスのために作った複数のブランドがある。それらのブランドの多くでは、Fiverr（https://www.fiverr.com/）という愛用サイトのひとつを使い、たった5ドルでロゴを作ることができた。こんな才能を安く使えるなんて驚きである。oDesk（https://www.upwork.com/）のようなアウトソーシングサービスを使えば、あなた

第20章　自分だと気づいてもらえるブランドを確立しよう　113

のために仕事をしてくれるフリーランサーを雇うこともできる。私は、これらの方法のおかげで、ロゴなどのデザインを安く作成でき、とても満足している。

　これで終わりだ。明確で一貫性のあるブランドを作るために、あらかじめ焦点を絞りよく考えたメッセージを作成しておけば、事業を始めた時点ですでに大きなリードができている。しかし、前に述べたように、メッセージとビジュアルがあるだけでは不十分だ。本当にインパクトのあるブランドを作りたければ、一貫性と反復的な接触が必要である。次からの数章では、あなたのブランドに一貫性を与え、ブログ、ソーシャルネットワーク、講演などのメディアを通じてメッセージを拡散する方法について見ていこう。

やってみよう

- ☐ あなたがよく知っているポピュラーなブランドのリストを作ってみよう。そのなかから深く研究するためにひとつかふたつを選ぼう。ブランドのメッセージは何かを考え、ブランドがそのメッセージを伝えるために、ロゴやその他のビジュアル要素をどのように使っているかを調べてみよう。
- ☐ あなた自身の個人ブランドが扱うニッチのアイデアをリストにまとめてブレインストーミングしよう。少なくとも10〜15のアイデアを考え、上位2、3個に絞り込もう。実際に自分の個人ブランドで使うつもりで考えるようにしよう。

第 21 章

大成功するブログの作り方

　あなたがソフトウェア開発者として自分をマーケティングするために使える最良のメディアのひとつがブログだ。実際、自分のキャリアを大事に考えるすべてのソフトウェア開発者は、ブログの作成に投資すべきだと私は強く思っている。

　直接会える人の数は限られるので、自分を売り込み、ネットワークを構築するための別の方法を用意する必要がある。昨年会った業界人が何人だったか考えてみよう。ひょっとすると数百、いや千に達するかもしれないが、ブログが成功すれば、数十万の人々に自分を知らせることができる。

　ブログは、自分をマーケティングするための方法としては安くて簡単であり、しかも、自分の名前を外に出すためにきわめて役立つ。ブログを成功させれば、1 日に数百、数千のビジターを引きつけられる。これだけの人が集まれば、コンサルティングの仕事のオファーから製品の潜在顧客の開拓まで、様々なチャンスが得られる。

　率直に言って、私のキャリアで経験した成功の大半は、ブログのおかげである。ブログを作らず、ブログを成功させる方法を知らなければ、あなたはこの本を読んでいなかっただろう。

ブログはなぜ重要なのか

　求人募集に応募するとき、典型的な履歴書は 2 ページ分にしかならない。面接会場に入ると、面接官と約 1 時間、長ければ 2 時間くらい話をすることになる。履歴書と短時間の面接からソフトウェア開発者のスキルを評価するのは非常に難しいので、多くの雇用主は、ある人がその仕事にぴったり合っているかどうかを判断するのにとても苦労する。

　しかし、ソフトウェア開発者がコンスタントに更新されるブログを持っている場合はどうなるか、想像してみよう。そのブログは、コードサンプルや、ソフトウェア開発の様々な側面についての深い技術分析など、その開発者に

第 21 章　大成功するブログの作り方　　115

関する情報の宝庫になっているかもしれない。私なら、ほかの方法よりもブログを読んだ方が、ソフトウェア開発者については多くのことがわかる。

　ブログを作ってメンテナンスする理由がそれだけだとしても、それは十分過ぎる理由だ。しかし、ブログを書く理由はそれだけではない。ブログを持っていると、より良い勤め先に落ち着くために役立つだけではなく、ソフトウェア開発者、コミュニケーターとして力量を上げるために役立ち、想像したこともないようなあらゆるチャンスが引き寄せられてくる。

　スコット・ハンセルマン、アンクル・ボブ・マーティン、ケント・ベックなどの有名な開発者について考えてみよう。彼らは全員ブログを持っている。

　あなたがフリーランサーだったり、フリーランサーの仕事（第12章参照）に興味があったりする場合、ブログを成功させていれば、自分で出かけてクライアントを探さなくても、ブログが多くのクライアントを呼び込んでくれる。あなたのもとに直接やってくるクライアントは、そうでないクライアントよりも、あなたに仕事を頼む気持ちと高い料金を払う気持ちが多くあるはずだ。

　そして、ブログに十分なトラフィックがあるなら、自身の製品を売るためのプラットフォームとしてブログを使える（第13章参照）。ブログに安定したビジターの訪問がある場合には、彼らの関心に基づいた製品を作れば、ブログへのトラフィックを直接顧客にコンバートできるわけだ。

　ブログを成功させたときに業界内であなたに与えられる評価のことを忘れないようにしよう。多くの有名なソフトウェア開発者は、ブログの成功から今の名声を直接得ている。そのいい例が、プログラマー向けＱ＆Ａサイト「スタックオーバーフロー」と「スタックエクスチェンジ」の創設者の一人であるジェフ・アトウッドだ。彼のブログ、コーディングホラー（http://codinghorror.com）は大成功を収め、このブログで築いた潜在顧客がスタックオーバーフローの成功に直接貢献している。ジョエル・スポルスキー（同じく、成功を収めているブロガー、http://joelonsoftware.com）とパートナーになったきっかけを作ったのもこのブログだ。

　そして、ブログによって得られる金銭的なメリットをかなり割り引いたとしても、コミュニケーションスキルの向上というお金にならない効果は、簡単には無視できない。自分の考えをまとめて言葉に置き換えるのは、難しいけれども価値のあるスキルだ。定期的に文章を書いていると、そのスキルを磨くために役立つ。そして、コミュニケーターとしての力が上がると、人生

の様々な分野で役に立つ。さらに、定期的にブログを書くことを自分に課すると、コンスタントにスキルに磨きをかけることが義務付けられることになり、自分の専門領域の知識を最新状態に保つことができる。

ソフトウェア開発者として文章の書き方を学ぶと、自分の意図を伝えやすくなるので、より良いコードを書くためにも役立つ。自分のアイデアを伝えるためにも、そして、それがより重要なものに見えるようにするためにも役立つのである。

ブログの作り方

もうブログが必要だという気持ちになっているだろうか。すばらしい。では、次に考えるべきは、どうやってスタートさせるかだ。

今では、ブログを始めること自体はかなり簡単になっている。WordPress.com（http://wordpress.com）や Blogger（http://blogger.com）といったフリーサービスを使えば、5分程度でブログを作れる。しかし、これらのサービスにサインアップする前に、いくつか考えておきたいことがある。

フリーサービスはもっとも安くて、もっとも簡単なブログのセットアップ方法だが、もっともいい方法だとは限らない。フリーサービスの問題としては、たとえば、ブログの画面テーマやレイアウトをそれほど柔軟に変更できないというものがある。ある程度までカスタマイズすることはできるが、ブログに有料広告、ショッピングカート、その他のものを追加できない場合がある。これらはあなたにとって今すぐに重要ではないかもしれない。しかし、しばらくたってあなたのブログが人気を集めるようになってきたときには、フリーサービスから得られない機能を使いたくなる場合があり得る。

幸いにも、完全フリーのホスティングプラットフォームには、代わりに使える別の選択肢がある。広く利用されている WordPress（https://wordpress.org/）を使って簡単にブログを開設でき、料金が月額で8〜10ドルと安価な有料ホスティングサービスが無数にある（ところで、ブログには広く使われていて大きなエコシステムを抱えている WordPress を使うことを強くお勧めする。WordPress を選べば、ブログの機能を拡張するプラグインや、表示を非常に簡単にカスタマイズできる画面テーマなどが使える）。これら有料ホスティングサービスなら、ごくわずかな使用料ではるかに柔軟なサービスが得られる。

無料のWordPress.comサービスでブログを始めたとしよう（WordPress.comとWordPress.orgと混同しないように。前者はWordPressを使った無償のブログサービス、後者はWordPressソフトウェアのサイトである）。最初のうちは、Wordpress.comでも快適に使えるかもしれないが、いずれプラグインを追加してブログをカスタマイズしたり、ブログ上で広告を表示したりしたいと思うときがくるだろう。すると、そのために有料ホスティングサービスに移動しなければならなくなるが、これは結構大変な作業になる。それくらいなら、最初から安い有料ホスティングサービスで開設した方がいい。

　有料ホスティングサイトの方向に進んでも、WordPress.orgソフトウェアをシングルクリックでインストールでき、数分でシステムを立ち上げられるようなサービスはたくさんある。無料ホスティングサービスよりも難しいということはなく、しかもブログを好きなようにカスタマイズするはるかに大きなパワーがある。

　仮想プライベートサーバー（VPS）でブログをホスティングする方法もある。VPSは、基本的にクラウド内に完全なオペレーティングシステムを提供するもので、自分でブログをインストールできる。これは、料金あたりでできることから考えればもっとも安いオプションだが、もっとも難しいオプションでもある。私はVPS上にブログ、シンプルプログラマー（http://simpleprogrammer.com）を開設しているが、ブログを始めようとしているところなら、この方向はあまりお勧めしない。

　無料ホスティングサービスを使うことにした場合、ひとつだけ忠告しておきたいことがある。必ず、独自ドメイン名を登録しておくことだ。デフォルトでは、フリーホスティングサービスは、サービス側のドメインの一部となる形であなたのブログのアドレスを設定する。しかし、そのデフォルトのアドレスではなく、独自ドメインを登録して、そのための料金を支払った方がいい。あなたのブログが獲得するトラフィックの大部分は、おそらくGoogleなどのサーチエンジンから導かれてくる。

　Googleは、ある種のウェブページやドメインに対しては、主としてそのドメインにリンクしているサイト数をもとに、ページランクと呼ばれる指標を与える。将来、有料ホスティングにブログを移すときには、サーチエンジンが考える重要度であるページランクをブログとともに持っていきたい。そのためには、最初から独自のカスタムドメインを持っている必要がある（こ

の問題をあとで回避する方法がないわけではないが、そのための面倒な作業をする価値はない。最初から正しい方法をとった方がはるかに簡単だ）。

ブログを作るためのステップ

- ホスティングのタイプを決める：無料 / 有料 /VPS。
- ブログソフトウェアをセットアップまたはインストールする。
- テーマ、カスタマイズなどの設定をする。
- 執筆開始！

成功のためのポイント

　ブログのセットアップは終わって、いくつか記事も書いた。では、次にどうすればいいだろうか。誰も読んでくれないブログを持っていてもあまり意味がないので、トラフィックを獲得するための方法を考えたい。そもそもこの章は、ブログを作って大成功させるのが目的だ。

　あなたがブロガーとして成功するかどうかは、基本的にあるひとつのことによって大きく左右される。それがすべてといってもいい。それは、着実性である。私は、成功を収めた多くのブロガーと話をしてきたが、彼らは全員あるひとつのことで共通していた。それは、たくさん書くことだ。もっとも大きく成功を収めているブロガーのなかには、毎日書くことを何年も続けている人がいる。

　しかし、心配する必要はない。毎日ブログポストを書く必要はない（最初の1年くらいは、週に2、3件のポストを書いても苦にならないが）。何よりも大切なのは、規則的なスケジュールを選び、それに従うことだ。ブログをどれくらい早く成功させられるかは、頻度によって決まる。少なくとも週に1度の頻度でブログを書くことを強くお勧めする。その頻度だと、年に52個の投稿を追加していくことになる。これがきわめて重要だというのは、先ほども触れたように、あなたのブログへのトラフィックのかなりの部分（おそらく大部分）が Google などのサーチエンジンから導かれてくるからだ。ブログへの投稿が多ければ多いほど、インターネットリサーチからのトラフィックは増える（もちろん、投稿が実際にまともなもので、単なる単語の羅列でなければの話である）。

　しかし、着実性だけではブログを大成功させるためには不十分だ（もっと

第21章　大成功するブログの作り方　**119**

も、数年に渡って毎日ブログを書いていれば、成功しないでいるのは難しいと思うが）。質の高いコンテンツを書くようにしなければならない。コンテンツの質が大切だという理由はふたつある。まず、これがおそらくもっとも大切なことだが、コンテンツの質が高ければ高いほど、人々はあなたのブログにまた戻ってきたり、RSS リーダーやメールで購読を申し込んだりするものである。人々に価値のある情報を提供すれば、オーディエンスの構築に成功する可能性はずっと高くなるだろう。

　質の高いコンテンツがあなたに与えてくれるもうひとつの重要なものは、貴重なバックリンクである。ほとんどのサーチエンジンは、そのページにリンクしているほかのウェブページがいくつあるかに基づいてウェブページの品質を判断する。コンテンツの質が高ければ高いほど、ソーシャルメディアでシェアされたり、ほかのウェブサイトからリンクされたりする数が増える。あなたのコンテンツにリンクしているウェブサイトが多ければ多いほど、そのコンテンツに対するサーチトラフィックは増える。単純な話だ。人々が読んでシェアしたくなるような記事を実際に書くようにしたい。

　質を求めてストレスで参ってしまう前に言っておこう。気にすることはない。完璧なことを書く必要はない。始めたばかりの頃は、たぶん、かなりひどいものになる。しかし、いいコンテンツを書こうと努力し、形を整えるとか、文章の構造とか、入力ミスといったことをまったく考えずに、頭に思い浮かんだことをただページにぶつけているだけでなければ、いいものが書けるようになる。毎週自分ができる限り高品質のコンテンツを発表していれば、時間とともにどんどんいい記事が書けるようになる。

　価値のあるコンテンツには、様々な形がある。自分の経験や面白い話をシェアするだけでも、あなたのブログを見に来た人にとって役に立ち、彼らに何らかの楽しみを提供する場合がある。

　着実に書き続けることと、質の高いコンテンツを書くことのふたつをしていれば、ブログはたぶん成功する。なぜそんなことがわかるのか？　私はしょっちゅうソフトウェア開発者に話をしているが、自分のブログを持っていて毎週更新している人に手を上げてもらうと、100 人の聴衆者がいる場合でも、片手で足りる数の挙手しかない。いいコンテンツを着実に書くだけで、あなたは簡単に開発者の上位 1% に入ることができる。少なくとも、自分のマーケティングということでは上位だ。

120

何について書いたらいいかわからない

多くのブロガー候補たちがとうとうブログを始めなかったり、始めてもすぐに止めてしまったりするのは、何を書いたらいいのかわからないか、あるいは言いたいことが何もないことに気づいたからだ。

この問題と戦うためには、あらかじめ様々なアイデアをブレインストーミングし、ブログのテーマとして書けることのリストを作っておいて、いつもテーマのプールを用意しておくのが一番である。

また、最高級のポストを書くことや人がどう考えるかということをあまり気にし過ぎないようにしよう。ときには、自分の最高作にはならないことがわかっていても、ブログに何かがポストされているようにするために、それを書かなければならないことがある。自分でひどいなと思うようなポストを書いたのに、それが私のポストのなかでももっとも読者の多い方の記事になったということは何度もある。

何を書くかについて考えるときに役に立つテクニックは、テーマについて誰かと話をしたり、議論したりすることだ。私は、話題として取り上げて詳しく話した内容なら、よいポストとしてブログに書ける。友だちに電話をかけ、ディベートを始めたら、書く価値のあるポストのテーマが見つかるだろう。

もちろん、ブログを成功させるために使える方法はほかにもある。次節では、それらについて話そう。

もっとトラフィックを獲得するために

ブログを始めた最初の頃は、ブログへのトラフィックを獲得するのは難しいだろう。サーチエンジンからのトラフィックは大してなく、ブログにリンクしてくれる人もいそうにない。どうすればいいだろうか。

私がお勧めする最初の戦略は、他人のブログにコメントを書くことである。自分と近いテーマについてブログを書いているほかの開発者を見つけ出し、彼らのブログに意味のあるコメントを書き、チャンスがあれば、自分のブログにリンクバックしておく（コメントを残すために登録をすると、プロフィールにブログへのリンクを書けることが多いので、直接リンクバックする必要はない場合も多い）。

この戦略を効果的なものにするためには少し手間がかかるが、この作業は、あなたのよく考えられたコメントを評価してくれるほかのブロガーとつなが

りを作るためにも役立つ（自分のブログにリンクするだけで、対話に付加価値を与えないような「スパム的」コメントを残してはならない）。毎日、複数のブログにいくつかコメントを書くように努力しよう。そのうち、あなたがコメントを残した他人のブログに行った人々があなたのブログにもやってきて、トラフィックが増え始めるだろう。コメントの質が高ければ高いほど、あなたが自分のブログで言っていることも見てみたいと人々に思ってもらえるようになるだろう（他人のブログポストに対する返答を自分のブログポストとして書くこともできる。特に、彼らがあなたのブログをリンクバックしてくれるときには、これはトラフィックを獲得するために効果的な方法になり得る）。

　最初のトラフィックを獲得するためにいい方法としては、もちろん、ソーシャルネットワークで自分のブログポストをシェアしたり、メールのシグネチャやオンラインのあらゆるプロフィールの最後にブログへのリンクを追加したりするという手もある。この方法では、あなたが期待するほどトラフィックは生まれないが、それでもやってみる価値はある。

　ほかの人々が拡散してくれるように、あなたのコンテンツをシェアしやすくするのも大切である。WordPress.org を使っている場合、コンテンツにシェアボタンを追加する様々なプラグインが見つかるはずだ。それだけでなく、WordPress.org は一部のシェア機能を組み込みで持っている。また、コンテンツをシェアしたり、ブログを購読したりしてくれるよう、ブログポストの末尾の部分で読者に直接お願いすることもできる。

　最後に、勇気があって自分のコンテンツは十分いいとか、論争の種になると思う場合は、Reddit（http://reddit.com）や Hacker News（http://news.ycombinator.com）などのソーシャルニュースサイトに掲載を提案する、あるいは誰かに提案してもらうという方法もある。しかし、注意しなければならないことがある。こういったサイトを見ている人々のなかには単に卑劣な人が混ざっている。私は、ポストを書いて Hacker News でシェアしたら、ただ人を傷めつけてやりたいというだけの理由でコメントを書く連中にボロボロにされたことがある。その手の侮辱に耐えるためには、面の皮を少し厚くする必要がある。しかし、こういったサイトでブログポストのひとつが人気を集めると、1日で数万ビューが集まり、バックリンクも多くなる。要するに、ソーシャルニュースサイトを使う意味はある。

あなたの成功を保証することはできない

　この章に書いたすべてのことをすればブログの成功は間違いなしだと言いたいところだが、残念ながらそれはできない。この章で私が勧めたことに従えば、ブログが成功する可能性ははるかに高くなると言えるだけだ。ブログを大成功させるためには、運とタイミングも必要である。しかし、少なくともいいコンテンツを着実に書いているわけでもないのに成功しているブロガーはまずいない。

やってみよう

- □ あなたが気に入っている開発者のブログはどこか。いつも読んでいるブログの一部を見て、どれくらいの頻度で新しいポストが追加されているか、個々のポストの平均的な長さはどれくらいかを調べてみよう。

- □ まだブログを持っていないなら、始めてみよう。今日サインアップして、最初のブログポストをしてみよう。また、将来のブログポストの執筆予定スケジュールを作ろう。

- □ 少なくとも1年はブログを続けよう。結果を出すためには手間と時間が必要だ。ほとんどの人々が勢いを感じ始めるのは、1年たってからだ。

- □ これから書くブログポストのテーマのリストを作ろう。新しいアイデアを思い付くたびに、それをリストに追加する。そうすれば、ポストを書かなければならないときに、様々なアイデアを見ることができる。

第 22 章

最大の目標：
他人のために価値を生み出せ!

成功した人ではなく、
価値を生み出す人になるよう努力せよ。

—アルバート・アインシュタイン

　自分の利益のためになることしかせず、他人のために本当に価値のあるものを生み出さなければ、自分をマーケティングするための手法として正しいことをすべてやったとしても、成功しないだろう。ブログポストを書き、ソーシャルメディアにコンテンツをシェアし、イベントで講演し、本や記事を書くなどしてできる限り自分を宣伝しても、言っていることや伝えていることがほかの人々の役に立つことでなければ、誰からも無視されてしまうだろう。

　私たちはみな、第一義的には自分に興味がある。あなたの成功のためにあなたを支援すべき理由を聞きたい人はいない。彼らが聞きたいのは、自分の成功のために、あなたがどのように役に立つかだ。自分のマーケティングで成功を収めるための第1の方法は、ほかの人々の成功を手伝うことである。

　ジグ・ジグラーは「人々がほしがっているものを手に入れるために十分に力になれれば、自分のほしいものが手に入る」と言ったが、この言葉はそれをもっともよく表している。

人がほしがっているものを与えよ

　人がほしがっているものを与えるためには、彼らが何をほしがっているのかを知る必要がある。しかし、人がほしがっているものを探り当てるのは簡単ではない。実際に尋ねたら、彼らは嘘を言うだろう。嘘を言うつもりで、嘘を言っているわけではない。ほとんどの人は、自分が何をほしがっているのかわからないのである。ぼんやりとしたイメージは持っているが、完璧なウェディングドレスを探している花嫁と同じで、それが何なのかがわかるの

は、それを見たときなのだ。

　だから、彼らのために彼らがほしがっているものを探り当てるのは、あなたの仕事である。兆候を読み、物事がどちらに向かって進んでいくかを見て、そこで価値のあるものを提供する方法を見つけなければならない。すでに、自分についてくる人々を抱えていれば、多少は簡単になる。しかし、そういう人々を持たなければ、外に出かけて人々が何に興味を持っているかを見なければならない。インターネット上のフォーラムでは、何が話題になっているか。この業界全体として、どのようなトレンドが見えるか。そして、おそらくもっとも重要なことだが、人々がどのような恐怖を抱えていて、あなたはそれにどう対処できるか。

　あなたが生み出すコンテンツは、狙いを定めた分野において、価値をきちんと提供できなければならない。あなたが、ある特定のフレームワークや技術に関心を持ったとしても、潜在顧客が興味を持っていなければ、無意味である。逆に、ブログポストなど何らかのコンテンツが顧客のツボにはまったときには、すぐにわかるはずだ。自分のコンテンツで真剣なニーズや懸念に対処できる方法が見つかれば、あなたは他人に本物の価値を与えられるだろう。

自分がしていることの90%はただで分け与えよ

　私が無料で開放しているコンテンツの量を見たら、たじろぐ人がいるかもしれない。私は毎週3個のブログポスト、1本のYouTubeビデオ、2本のポッドキャスト、その他のコンテンツを作っているが、それらはすべて無料である。私は、自分が作ったコンテンツの90%は無料にすべきだと固く信じている。ハードワークに対して料金を徴収するのは決して間違っていないが、しっかりとした価値を主として無料で人々に分け与えるときに、もっとも大きな成功が得られる。

　無料コンテンツは、有料コンテンツよりもはるかにシェアしやすい。あなたがブログポストを書き、ビデオやポッドキャストを作ってそれを無料で提供していれば、料金を徴収しているときと比べて、誰かがそのコンテンツをシェアし、拡散する可能性ははるかに高い。無料コンテンツのシェアは、リンクをツイートするかメールを送るだけでできる。料金を取って配布しているものよりも、無料コンテンツの方が、はるかに多くの潜在顧客に届くので

第22章　最大の目標：他人のために価値を生み出せ！　125

ある。

コンテンツを無料で配布すると、人々はまずお金を使わずにあなたの作るコンテンツにどれくらいの価値があるかを見るチャンスを獲得する。あなたは何かを売ろうなどと思っていないかもしれないが、売る計画がある場合でも、あなたが提供している無料コンテンツの品質が高いことを人々が知っていれば、ほかならぬあなたが売っているものだから買おうという気持ちになりやすくなる。彼らは無料コンテンツに感謝の気持ちまで持っているので、いずれあなたが作った製品を支援してお返しをしたいと思っている場合さえある。

タダ働きするなんて時間の無駄だと感じられるかもしれないが、自分の将来に対する投資だと考えるようにすべきだ。他人のために価値を作り出し、それを基本的に無料で開放して自分をマーケティングすることにより、あなたはほかの人々に価値を提供する人という評価を確立し、自分の未来のためにチャンスを作っているのである。この種の評価を築くことによって得られるものには容易に値段を付けられないが、このような評価はあなたに様々な形でメリットをもたらす。それまでよりも内容も報酬もいい就職先が手に入れやすくなったり、クライアントが増えたり、製品のローンチが成功しやすくなったりするはずだ。

成功への近道

ブログポストの作成であれ、スクリーンキャストの録画であれ、何かを新たに始めようとするときには、「それらがどのようにして、他人に価値をもたらすか」という視点から考えるようにすべきだ。私は、ここで座って本書を書きながら、「自分の書いている言葉が、あなたにどのようにしてメリットを生み出すか」を絶えず考えている。あなたにとって役に立つ情報をどうやって載せるのか。どうすればあなたに価値を提供できるのか。

私たちは、自分自身のことに囚われがちだ。しかしながら、他人の問題を解決し、純粋に役に立てば、あなたはもっと大きく成功する。自分がなぜ世界一の Android アプリ開発者かを説明しようとしてもうまくいかないが、自分用の Android アプリを書いているときに、誰かが直面している問題の解決を手伝えれば、その人はあなたのことを偉大だと思うだろう。

自分のマーケティングのためにどのメディアを使う場合でも、この態度を

持ち続けるようにすべきだ。以下の章では、様々なメディアを使ってあなたをマーケティングする方法について説明していくが、潜在顧客の問題を解決して彼らに価値を提供し、彼らとつながるための方法を知らなければ、どのメディアを使っても成功しないだろう。

もっと献身的に

このような利他的な動機で動くことは、成功を目指す方法としていかがなものかと思われるかもしれない。しかし、もっとも生産的な人々のなかには、もっとも献身的な人々が含まれている。なぜだろうか。それは様々な要素の組み合わせによるものだと私は思っている。ほかの人々の役に立てば立つほど、多くの問題や状況を知ることができ、多くのつながりができていく。他人の問題解決をいつも手伝っている人は、その練習によって自分の問題も解決しやすくなる。そして、自分が行き詰まってしまったときでも、心配してくれる人々が現れるのだ。

このような考え方を信じているのは私だけではない。もっとも生産的でありながら献身的な人物の一人とされているウォートンスクールの 31 歳の教授についての面白い記事を読んだ（http://www.nytimes.com/2013/03/31/magazine/is-giving-the-secret-to-getting-ahead.html）。彼は組織心理学の分野ではもっとも活動的な教授の一人だ。彼は人を助けると、自分の出世に役立つ理由を示す研究を完成させたのである。

やってみよう

☐ どのようなタイプのコンテンツがもっとも役に立つと思うか。毎週ブログポストを読んでいる特定のブロガー、あるいは非常に役立つコンテンツを含んでいるので見落とさないようにしたいと思っているポッドキャストはあるか。

☐ 潜在顧客やターゲットとする分野の人々に提供できる最大の価値は何か。あなたが惹きつけようとしている潜在顧客にとって、もっとも価値の高いコンテンツはどのようなタイプだと思うか。

第 22 章　最大の目標：他人のために価値を生み出せ！　**127**

第23章

ソーシャルメディアの使い方

多くの人々の生活において、ソーシャルメディアの占める割合は高まっている。Facebook、Twitter、Google+、LinkedIn などのサイトは、人と人をつなぎ、情報をシェアするために重要な役割を果たしている。自分をマーケティングする方法に関心を持つソフトウェア開発者として、あなたはソーシャルネットワークにも何らかのプレゼンスを示し、何をシェアするか、どのようにシェアするかを通じて自分のイメージをマネジメントする必要がある。

最近は、ソーシャルメディアの専門家たちがブランディングやマーケティングにおけるソーシャルネットワークの重要性をかなり強調するようになってきている。私も SNS の重要性は認めるが、一部の人々が誘導しようとしているほど効果的だとは思っていない。とはいえ、潜在顧客の前に自分の姿を最大限に示し、働きかけていこうと思うなら、SNS を使ったブランドの宣伝方法の基礎は知っておく必要がある。

この章では、ソーシャルメディア戦略の立案を助けたり、主要な SNS であなたのメッセージを拡散したりするための方法をいくつか示そう。

ネットワークを広げよう

SNS を活用できるようにするためにまず必要なのは、フォロワーを獲得すること、つまり、あなたのネットワークに人々を取り込んでいくことだ。自分のまわりに人がいないのに、メガホンを持ってメッセージを叫んでも、ほとんど意味はない。

ソーシャルネットワークを構築するための戦略は様々で、どの方法をとるかはネットワークごとに変わる。ほとんどのソーシャルネットワークでもっとも簡単なのは、他人をフォローして、それらの人々に自分のネットワークに入ってもらうことだ。当然のことに感じられるが、じっと座って人々が自分をフォローしたり、声をかけてくれたりするのを待っている開発者は多い。しかし、人に関心を持ってもらえるのは、あなたが彼らに関心を示している

ときだということを忘れてはならない。

フォロワーは、オンラインのプロフィール、ブログポストの末尾、さらにはメールシグネチャなどにSNSのIDを書いておくという方法でも獲得できる。人があなたにつながりやすいようにしておけば、つながってきてくれるというわけだ。しかし、いずれにしても、フォローを頼むことを恐れてはならない。ブログポストの末尾にTwitterであなたをフォローするように呼びかけても、何の問題もない。

大規模なネットワークを築き上げるためには時間がかかるので、慌ててはいけない。数日でフォロワーを増やせるという怪しげなサービスを使ってフォロワーを買いたいという誘惑が起きるかもしれない。しかし、お金の無駄になるだけだ。こうしたサービスではほとんどの場合、フォローしてきたりあなたのネットワークに入ってきたりするのは偽アカウントなのである。

SNSの効果的な使い方

あなたのSNS戦略は、主として潜在顧客を見いだし、彼らの冷めた態度を熱くすることが目標になる。それらの人々をフォロワーからファンに変えて、あなたのコンテンツに深く関わり、ほかの人々にシェアし、積極的にあなたを宣伝してくれるようになってもらいたい。業界内での自分の評価は、そうやって築いていくものだ。しかし、どうすればそうできるのか。

ここでも、つまるところは価値の提供である。SNSでシェアしているものを通じてコンスタントに価値を提供していれば、あなたは尊敬と信用を獲得できる。しかし、不適切で攻撃的なコンテンツや、朝食にどんな卵を食べたというような自分勝手なコンテンツばかりポストしていれば、人々は離れていくだろう。

では、ほかの人々に価値を提供していくためには、SNSにどのような内容をポストすればいいのだろうか。答えは簡単、あなたが役に立つとか面白いと感じたことを書いていけばいい。あなたが価値ありと思ったことは、ほかの人もそう思う可能性がある。ただし、バーは高めに設定することだ。たとえば、特定分野についての優れた案内人として知られるようになれば、人々はあなたのSNSにもっと注意を払うようになり、あなたのコンテンツをシェアするようになる。

私は、フォロワーの人々が役に立つコンテンツを毎週送るようにしている。

通常は、ブログポスト、ニュース記事、啓発的な引用、ソフトウェア開発に関連したヒントやトリック、フォロワーへの質問といった内容である。質問は、フォロワーが私に話しかけてくるきっかけになる。シェアすべきコンテンツのタイプをまとめたものを**表 23.1** に示そう。

表 23.1　SNS でシェアすべきコンテンツ

ブログポスト	人気のあるブログポストを見つけてきたり、自分のブログポストをシェアしたりする
ニュース記事	可能なら自分のニッチ、またはソフトウェア開発全般に関連した面白い記事をポストする
引用	有名な言葉、特に啓発的なものはとても人気がある
ヒントとトリック	自分が持っていてほかの人が喜ぶような特別な知識
冗談	ある程度は冗談を言ってもいいが、攻撃的にならないように、また本当に面白いものだけを言うように注意する
挑戦的な質問	潜在顧客を引き込んでやり取りするために優れた方法である
自分のものの宣伝	最小限に抑えるべきだが、ほかのものに混ぜ込むことは追求するといい

　新しいブログ記事など自らのコンテンツについてのポストは当然すべきだが、書籍などの製品を売っている場合、あるいはコンサルティングサービスの売り込みをする場合、その種の宣伝は SNS では最小限に抑えた方がいい。作ったものの 90% を一般公開するのと同じように、SNS メッセージとして送り出すものの 90% は、自分の宣伝ではなく、フォロワーにとって役に立つものにすべきである。

アクティブな状態を維持する

　SNS では、アクティブであり続けることが大きな課題となる。SNS アカウントを活動的な状態にできなければ、効果の大部分は失われる。しかし、実際の仕事をしながら、Twitter、Facebook、Google+、LinkedIn などのアカウントに投稿するのはかなりの重荷になりがちだ。

　毎日 SNS に膨大な時間を費やすつもりがないなら、すべての SNS にアクティブに参加することはとてもできない。だから、力を入れる SNS は、ひとつかふたつに絞り込む必要がある。

　私自身は、SNS に膨大な時間を費やしたくない。SNS は簡単に私の 1 日を「飲みつくしてしまう」感じがするので、できる限り避けるようにしてい

る。しかし、それでもアクティブな状態を保つ必要がある。では、どうすればいいのだろう。

　私は今、Buffer（https://buffer.com/）というSNS予約投稿サービスを使っているが、同様のサービスはほかにもたくさんある。Bufferを使えば、各種SNSにポストするスケジュールを管理できる。使い方は次の通りだ。週の初めに、各種SNSに送り出したい様々なタイプのポストのチェックリストをざっと見る。そして、それらを混ぜたコンテンツを作り、1週間かけていろいろなタイミングで公開するようスケジューリングする。シェアすれば面白そうなものを見つけたら、週の途中でコンテンツに追加することもある。これにより、各種SNSアカウントに毎日少なくともふたつずつコンテンツが送られるようにする。新しいブログポストやYouTubeビデオを投稿するたびに、自動的にそのコンテンツがすべてのSNSでシェアされるようにもしてある。

　あなたも、このようなSNS管理の方法を採用して、無駄に時間を費やさなくて済むようにすることを強くお勧めする。私の場合、週に1時間以下の時間を使うだけでアクティブに活動できている。

ネットワークとアカウント

　自分をマーケティングする方法に関心を持つソフトウェア開発者として、あなたは主要なSNSのすべてに顔を出しておくべきだ。特に、技術関連でキャリア重視のSNSは大切である。また、自分のブランドを直接表現する特別ページ、プロフィールを作っておくといい。個人アカウントと仕事のアカウントをメンテナンスしようと思うかもしれないが、それは少し負担が大きいかもしれない。

　では、個々のSNSを見てみよう。まず、多くの開発者がTwitterを利用している。Twitterでなければ手の届かない人々と接点が作れるので、そのアカウントはぜひとも作った方がいい。同じ人物にメールを送っても無視されてしまうかもしれないが、ツイートへのリプライはわずか数秒でできる。私の経験では、Twitterは、ブログポストや技術関連ニュースをシェアする場所としても優れている。メッセージサイズが短く制限されているおかげで、対話が短く的確になる。

　次にお勧めしたいのは、LinkedInである。LinkedInはプロフェッショナルのためのSNSなので、あなたも当然LinkedInのプロフィールを用意してある

第23章　ソーシャルメディアの使い方　**131**

ことだろう。LinkedInでは、オンラインバージョンの履歴書を作ることができ、ほかのプロフェッショナルとつながることができる。ネットワークを作るためにはとても優れたサイトであり、ブログポストのようなプロフェッショナルなコンテンツが、LinkedInでは適切な潜在顧客に届く。また、LinkedInのグループを活用すれば、あなたがターゲットとしている特定のニッチ領域に関心がある、あるいはその領域の仕事をしている人々と知り合うことができる。

しかし、LinkedInでもっとも活用されていない機能は、コネクションに推薦を求める機能だろう。これはぜひとも活用すべき優れた機能だ。LinkedInのプロフィールに書いたすべての勤務先について、必ず以前の同僚や上司に推薦をお願いしよう。そんなことを頼むのは気が引けるかもしれないが、そのプロフィールで推薦をもらっておくと、人からどのように見られるかにとても大きな違いが生まれる。推薦があると社会的な証明になり、あなたのイメージを形成する上で強力なツールになる。Amazonで最後に何かを買ったときのことを思い起こしてみよう。レビューを読んで、評価の高い製品を探したのではないだろうか。私は今オンラインショッピングするときにはそういうやり方をしている。そして、ほかの多くの人も同じことをしていることを知っている。

FacebookとGoogle+は、TwitterとLinkedInほど重要ではないが、これらにも顔を出しておくことをお勧めする。どちらのページでも、パーソナルアカウントを使うこともできるし、ページと呼ばれるものをセットアップすることもできる。ページは、基本的にはビジネスやブランドのプロフィールである。また、FacebookやGoogle+にも価値のあるグループがあり、それを使えば潜在顧客とつながることができるし、特定のプログラミング言語やテクノロジーに関心を持っている人々に直接シェアすることができる。

やってみよう

☐ あなたは今、SNSをどのように使っているだろうか。自分のソーシャルメディアのタイムラインを見て、あなたがSNSに書き込んだことだけを読んだら、あなたとあなたのブランドに対してどのような印象を持つかを考えてみよう。

☐ SNSの活用プランを作ろう。各SNSでどのようなタイプのコンテンツをシェアしたいかを考え、毎週コンテンツをシェアするための戦略を練り上げよう。シェアするコンテンツのなかでもっとも人気を集めているものがどのような種類のものかに注意を払おう。

第 | 24 | 章

講演、プレゼンテーション、講師：しゃべるギーク

　人とつながり自分をマーケティングするためにもっとも効果的な方法のひとつは、講演を行ったり、何らかの形で教育訓練をする立場になったりすることだ。講演は、ほかのメディアとは異なり、スケーラビリティこそないが、潜在顧客となる聴衆の前に立ち、直接語りかけることは、あなたができることのなかでももっともインパクトが強いことだと言えるだろう。

　少なくとも私の場合、ステージの上に立って、スピーチやプレゼンテーションを行うこと以上に爽快になれることはほかにない。潜在顧客と直接つながることができ、ほかのメディアでは得られない形のフィードバックループでコンテンツに修正を加えていけることには、特別な魅力がある。

　ステージに上ったり、カンファレンスで講演する予定がさしあたりない場合には、仕事でプレゼンテーションを行うと、キャリアにとって大きな意味がある。あなたがいかに効果的に自分のアイデアを伝えることができ、同僚、さらには上司に影響を与えることができるかを示せるすばらしいチャンスを作れるのだ。

　唯一の問題は、最初に話し始めることが容易ではないことだ。何の経験もなく、怖気づいてしまうくらいなのに、どうやって講演を始めたらいいのか途方に暮れてしまうかもしれない。ステージの上に立って人々の前で話すのは簡単なことではない。特に今までその経験がなければ大変だ。

　この章では、講演、講師のような仕事がキャリアにとって重要な理由を話してから、どのようにして始めるか、すでにやっていることを次のレベルに進めるためにはどうすればいいかについて、実践的なアドバイスを送りたい。

ライブで話すことが力を持つ理由

　ロックコンサートに行ったり、バンドが生演奏するのを見たりしたことはあるだろうか。なぜ見に行ったのだろうか。単にアルバムを買って家で聞いているだけでも満足できるはずだ。自分のヘッドホンを使って CD 品質のア

第24章　講演、プレゼンテーション、講師：しゃべるギーク　**133**

ルバムを聞けば、オーディオの品質はその方がいい。同じことが演劇とライブシアターについても言える。なぜ代わりに映画を見ないのか。

説明するのは難しいが、ライブイベントに出かけると、録音録画されたものを見聞きするときには得られない人と人とのつながりを感じる。プレゼンターが生で話すのを聞くときには、内容がまったく同じでも、ほかの様々なメディアでは得られないようなインパクトがある。

あなたが話すのを聞く人々は、ほかのメディアのときよりもあなたのことを覚えている可能性がはるかに高く、あなたと個人的なつながりを持ったような感覚になる。コンサートで好きなバンドを見たときのことは覚えているが、アルバムを聞いたときのことは覚えていない。

講演は対話的なメディアでもある。少なくとも、対話的にすることができる。イベントで講演をすると、聴衆からの質問に直接答えたり、プレゼンに参加させたりすることができる。このような形で相互にやり取りすると、大きな信頼がすぐに構築され、あなたのメッセージを宣伝してくれるファンになりやすくなる。偶然ながら、まさにこの章を書いているとき、自分のマーケティングについての私の講演を聞いた開発者からのツイートを見た。今では、ほかの人々に私と私のブログを広めるために、できることは何でもやってくれているという。彼が私の話を直接聞いていなければ、彼とのつながりはここまで密接なものにはならなかっただろう。

おそらくあなたも名前を知っている有名なソフトウェア開発者の多くが、講演を通じてキャリアをステップアップさせてきた。私の友人、ジョン・パパがいい例だ。彼は、小規模な講演会からスタートしたが、今や様々なテクノロジーについての講演で世界中を飛び回っている。彼は講演者として名前を知られるようになり、様々なチャンスを自ら作ってきたのである。

講演を始めよう

たぶん、あなたはもう、講演は重要で、する価値のあることだと思っていることだろう。しかし、どうやって始めたらいいのだろうか。実際、始め方は少し難しい。

まず断っておくと、今まで講演をしたことがなく、講演者としての名声を築いていなければ、大きなカンファレンスの講演を任されることはないだろう。しかし、最初からそのようなところで話す必要はない。小さなイベント

134

から始めて、講演のスキルを上げていく方がいい。人前でうまく話せるようになるまでには時間がかかるので、練習をしておいた方がいいのだ。

練習を始める場所として特にいいのが、職場でのプレゼンテーションである。ほとんどの会社は、社員が様々なテーマについて発表をすることを歓迎する。そのプレゼンテーションの内容が仕事に直結しているならなおさらだ。あなたのチームが使っている何らかのテクノロジーについてプレゼンテーションをしたい、あるいは自分のチームに役立ちそうな分野で講習会をしたいと言ってみよう。このような場では、エキスパートとしてプレゼンテーションをする必要もない。学んだことをシェアして、人の役に立ちたいと熱心に思っている人というだけでいい（というか、ほぼ必ずこのアプローチを取るべきであり、あなたも実際に経験すればそう感じるだろう。謙虚で率直な人ではなく、エキスパートとして見られたいことにこだわる人が多すぎる。欠点や弱点もある人間らしい人でいた方が、潜在顧客からの信頼を獲得しやすく、バカのように見える可能性もずっと低くなるはずだ）。

講演者という目標に向かって入りやすい道としては、コードキャンプとユーザーグループもある。ほとんどの大都市圏には、ソフトウェア開発者たちを対象とした様々なユーザーグループがある。自分が出席できる近所のユーザーグループは、たいてい苦もなく見つかる。しばらくユーザーグループに出席したら、特定のテーマについて発表してもいいかを主催者に尋ねよう。ほとんどのユーザーグループは新たに発表してくれる人を探しているので、面白いテーマさえあれば、おそらく挑戦させてもらえるだろう。これは、小規模で厳しくない聴衆の前で話せるすばらしいチャンスであり、地域の同業者やリクルーターに自分をマーケティングできるいい方法だ。

ユーザーグループのほか、コードキャンプも世界中で開催されている。ほとんどのコードキャンプは、経験を問わず誰でも自ら選んだ課題について話せる。このチャンスを利用して、少なくとも毎年ひとつのコードキャンプで話をするようにしてみよう。リラックスしていいし、失敗しても大したことではない。

ある程度講演の経験を積んだら、デベロッパーカンファレンスでの講演に応募してみよう。この分野はかなり競争が激しく、イベントによっては「常連」システムが幅を利かせているが、一度うまくそのなかに割って入ることができれば、毎年講演できる多数のチャンスが見つかるようになるだろう。そして、これらのイベントの大半では、旅費その他の経費を完全に払い戻し

第24章　講演、プレゼンテーション、講師：しゃべるギーク　**135**

てもらえる（私が知っている多くのソフトウェア開発者は、この種のイベントで講演をするために、世界中を飛び回っている。講演自体については報酬がない場合もあるが、そうでなければ行かなかっただろうと思われる様々な場所に行き、そこで潜在顧客を増やしている。あなたがフリーランサーなら、この種の大きなイベントは仕事を手に入れるための手段としても大きい）。

人前で話すのが怖い

　全然問題ない。多くの人がそうだ。人前で話すのが怖いというのは、もっとも一般的な恐怖症のひとつである。しかし、この恐怖症にどうすれば対処できるだろうか。心地いい環境のもとで、人前で話すのが怖くなくなるように練習できるトーストマスターズ（http://www.toastmasters.org/）のような組織もある。会議で立ち上がって話すとか、よく知っている少数の人々を相手にプレゼンテーションをするといった非常に小さなことから始めることもできる。話すのが苦痛でなくなってきたら、もっと度胸のいるイベントに進めばいい。

　私たち人間は非常に適応性が高いということを覚えておこう。あることを十分やれば、そのことには適応できる。パラシュート部隊の人々が初めて飛行機から飛び降りることを学ぶときには、とても怯えているが、何度もジャンプに成功するうちに、いずれ恐怖は消える。人前で話し続けていれば、時間とともに適応して恐怖は消える。

講師はどうか

　生であれ、録画であれ、講師を務めるのも、自分の評価を築くためにはいい方法であり、少しお金にもなる。私は、オンライン講座のプロデュースでかなり成功したが、それは単に入ってきたお金ということだけではなく、業界のエキスパートという評価も得られたという意味からである。

　以前は、講師の勤め先を手に入れたり、単発の講師の仕事を依頼してもらったりするのは難しかったが、今では誰でも何らかの形でオンライントレーニングを作ることができる。もちろん、伝統的な教室での授業形式の講師をすることもできるが、講師としてキャリアを積むことに重点を置いていないほとんどの開発者にとっては、オンラインビデオトレーニングの方がずっと単純でスケーラブルだ。

　最初は、YouTubeなどのフリーの動画共有サイトでシェアできる単純な

スクリーンキャストを作るところから始めるといいだろう。スクリーンキャストとは、スライドとして記録しておいた画面を見せながら、何かを教えたり、何かのやり方を示したりするものだ。自分で用意したスクリーンキャストでほかの開発者に何かのコンセプトを明確に教えられるなら、その分野の知識が豊富なエキスパートとしての評価を簡単に築くことができる。そのような評価は、より良い勤め先への転職につながることもある。あなたのような専門能力を持つ人を探しているフリーランサーのクライアントと巡り合える場合さえあるのだ。

最初は無料でトレーニング教材を公開しても（無料トレーニングは、あなたの宣伝方法としては非常に優れた方法だ）、そのうち自分が作るコンテンツに料金を設定したいと思うかもしれない。ビデオトレーニングコンテンツから料金を取る方法にはいくつかの選択肢がある。

まず、プルーラルサイト（https://www.pluralsight.com/）などの開発者トレーニングを専門とする会社がある。私が作ったオンラインビデオトレーニングコンテンツの大半はプルーラルサイトのために作ったものだ。コンテンツの製作に料金を支払うとともに、印税の支払いという形で利益もシェアしてくれる会社はほかにもある。これは本を書くのとよく似ている。この種の会社のためにコンテンツを製作するときには、コンテンツの製作を委託され、マーケティングや営業について心配する必要はない。あなたのコンテンツも、こういった会社がもともと抱えているオーディエンスに迎えられるのである。一般に、この種のサイトには、何らかのオーディションがあるので、採用してもらえる保証はないが、試してみて害はない。

このような会社を使わない方法を目指したいなら、自分でコンテンツを作ってそれを直接売るという方法もある。私は、「ソフトウェア開発者が自分をマーケティングするには」（http://devcareerboost.com/m）を自分のサイトで直接販売しており、このアプローチでも成功している。このアプローチの難点は、マーケティングや、コンテンツの流通や料金の受納を全部自分で考えてしなければならないことだ。

オンラインのユーデミー（https://www.udemy.com/）は、両者の中間のオプションになっている。ユーデミーでは誰でもコンテンツを発表することができ、そのコンテンツはユーデミーのプラットフォームにホスティングされる。ただし、利益の多くをユーデミーに取られてしまう。また、マーケティングや顧客の獲得は、基本的に自分でしなければならない。知り合いのソ

第24章　講演、プレゼンテーション、講師：しゃべるギーク　**137**

フトウェア開発者で、このプラットフォームで成功を収めている人も何人か
いる。

やってみよう

- □ あなたの地域のユーザーグループを調べてリストを作ろう。また、あなたが講演できそうなコードキャンプのリストも作ろう。そして、あなたにとって話しやすいテーマを選んでこれらのイベントで講演したいと申し込んでみよう。

- □ ウェブで流通しているソフトウェア開発者用の無料、有料のトレーニング教材を見てみよう。メモを取りながら、成功している講師がしているのはどういうことなのかを研究しよう。

- □ スクリーンキャストという形式で短いトレーニングビデオを作り、YouTubeなどのサイトで公開してみよう。

- □ 自分が話せるテーマのリストを作ろう。

第 25 章

フォロワーを引きつけるような
本や記事を執筆する

　執筆で成功したければ、オーディエンスとの間で気持ちが通じなければならない。読者がこの部分を読んでいてくれたらいいのだが、実は、私が今していることがまさにそれだ——あなたとの間で。この章はもっと違った形で始めてもよかったが、あなたに直接話しかけることを通じて、もっと強い気持ちのつながりを作りたかったので、こういう形にしたのである。

　私の仕事が間違っていなければ、あなたは、今この文章を読みながら、私から一方的に言葉を投げつけられているのではなく、私と話をしているような気分になっているだろう。言葉は、ほかの人にあなたの声を伝える強力なキャンバスだ。同じ言葉でも、私があなたにしゃべっているときよりも、あなたが私の書いたものを読んでいるときの方がリアルに感じられることがある。あなたは、言葉を通じてあなたの声を運ぶ。そしてその声が面白ければ、読者の注意を引きつけられる。その過程で彼らに何らかの価値を提供することができれば、彼らはあなたに気持ちが通じ合うものを感じ、あなたは彼らを魅了することができる。

本や記事が重要だという理由

　「彼はこれこれのテーマについて本を書いたんだよ」という言葉を聞いたことがあるだろうか。こうした発言からわかるように、本には特別な重みがある。本を書いたというだけで、その人にはある程度の信用が与えられる。業界内で信用できる人と見られたいなら、本を書くべきだということには一理ある。同じことがソフトウェア開発雑誌に掲載される雑誌記事にも当てはまる。ほとんどの人々は、誰かが特定のテーマについて本を書いたり記事を発表したりすると、その人はその分野の専門家なのだろうと思う。自分をマーケティングするつもりなら、専門家と見られて損はない。

　しかし、大量の綴じられた紙の背中に名前が書かれていることによる影響力だけでなく、本は目的を持ち、焦点を絞り込んだ形であなたのメッセージ

を届ける乗り物になる。誰かが座って本を読み始めると、あなたは彼らの集中した注意を長時間に渡って浴び続ける。1冊の本を読むためには、10時間から15時間かかる。あなたのメッセージを聞くために、それだけの時間を費やしてくれるメディアをほかに探せと言われると、非常に苦しむことになるだろう。本なら、省略のない完全なメッセージを読者に届けることができるのだ。

雑誌記事は、読者に対してそこまで多くのコンテンツを届けられるわけではないが、それでもかなりの時間を費やしてあなたのメッセージを受け取ってもらえる（一般に、ブログポストと比べるとはるかに長い時間が使われる）。そして、部数は非常に多い。

書籍、雑誌は利益にはならない

本や雑誌に書いている人たちは原稿を書いて多額の収入を得ているに違いないと多くのソフトウェア開発者が思い込んでおり、それでは本を書く理由を勘違いしてしまう。実際には、本を収入のために書くわけではない。本を書くのは、自分の評価を高めるためだ。

本から多額の収入が得られるのは非常にまれなことであり、著者が受け取るのは利益のごく一部だけだ。ほとんどの雑誌は、執筆、編集に非常に長い時間がかかる記事に対してごくわずかな原稿料しか支払わない。本や雑誌記事を書いてそこから直接財産を作ろうなどと思ってはならない。よほど幸運に恵まれて場外ホームランのようなベストセラーにならない限り、大した収入にはならない。

しかし、直接報酬が得られないからといって、出版が利益にならないというわけではない。すでに述べたように、本や雑誌記事を執筆することによる本当のメリットは、広く流通し、書いたものが出版されたということで信用が得られることだ。出版業界は、品質の門番のような役割を果たしている。その門番を突破して反対側まで行ければ、出版されたことによって間接的に与えられるあらゆる富のチャンスが転がっている。

出版物を持つ著者は、カンファレンスでの講演の招待を受けやすく、特定の分野における権威としての地位も確立しやすい。そうすれば、クライアントは増え、それまでよりもいい仕事が提示される。

出版されるということ

　この本は、私にとって初めて伝統的な形で出版される本だということを認めなければならない。しかし、著書を持つほかの多くの人々と話をしており、本、特に初めての本を出版してもらうのは簡単なことではないことを知っている。まったく無名の著者を使うというリスクを取ろうとする出版社はそうたくさんあるものではない。そして、著者が本を完成させられないかもしれないという大きなリスクがある。実際、本を書くのは簡単な仕事ではない。

　本を出版してもらうチャンスをつかむためには、市場があることがわかっていてその分野の専門家として自分の知識を披露できるような明確なテーマを用意するのが一番だ。自分のブランドのためのニッチを作ってあれば、テーマを用意することはかなり有利になる。競争が激しくない小さな専門領域を切り出してくればいいのだ。テーマが狭く絞り込まれていればいるほど、その分野での専門的能力を証明しやすくなるが、読者になりそうな人々も少なくなる。そのため、出版社にアピールするためには、適当なバランスが取れたところを見つける必要がある。

　市場で地位を確立するまでは、汗をかくことも必要だ。まずブログを書き、小さな雑誌に記事を載せてもらうところから始めることをお勧めする。実績を積み、その専門領域でのあなたの評価が上がっていくと、より大きな出版社で仕事できるようになっていく。すでにかなりの読者を抱えている著者なら、その本を確実に買う顧客も引き連れて来ているはずなので、出版社はそういう著者の本を出版しようとするものだ。自分の読者がたくさんいることを示せば、あなたの出版社にとっての魅力は大きくなる。

　最後に、きちんと書かれた提案書（雑誌記事の場合は、概要）が必要だ。その提案書は、本の目的、ターゲットとする読者層、本が成功すると自分で思う理由、その本を書く最良の著者が自分だということを示す証拠などをはっきりと示していなければならない。そこでの説明がしっかりできていればいるほど、その提案が受け入れられる可能性は高くなる。

第25章　フォロワーを引きつけるような本や記事を執筆する　**141**

自分は作文が苦手だ

　私だって得意とは言えないが、この本を書いている。学生時代を通じて、私のもっとも苦手な教科は英語だった。数学、理科はもちろん、歴史でも上級クラスだったが、英語に関しては平均か平均を若干下回るくらいの成績だった。今しているように、自分のキャリアの大きな部分を執筆に費やすようになるとは夢にも思わなかった。

　何が起きたのだろうか。ともかく、私は毎日書くようになった。最初は主としてブログポストから始まった。当時のブログポストはひどいものだったが、今ではだいぶましになった。まだ決してヘミングウェイ級ではないが、今の私は自分の考えやアイデアを書き言葉で効果的に伝えられるようになった。少なくともほとんどの場合でそうだ。

　何が言いたいかというと、作文が苦手でも気にするなということだ。今現在、うまいかどうかは大きな問題にはない。問題は、執筆を始め、コンスタントに書くことだ。時間とともにあなたのスキルは向上する。

自費出版

　選択肢は伝統的な出版だけではない。自費出版で成功を収めている著者がどんどん増えている。特に、すでに読者を持っている著者は、成功しやすい。私も最初の数冊は自費出版し、自力でまずまずの売上を得ることができた。私には大手出版社のようなリソースや流通網はないが、大手出版社のようなオーバーヘッドもない。私は、本から得られた利益をほぼすべて自分のものにすることができた。

　自費出版は、完全に自分だけですることができ、簡単なので、最初の方法として優れている。出版社と契約関係に入る前に、本を書くためにどれくらい時間がかかるかを実際に知るという点でも役立つ。出版社の仕事には、果たさなければならない締め切りがあるのだ。

　本の自費出版を支援するサービスはたくさんある。プログラマーの間で人気のあるサービスのひとつが Leanpub（https://leanpub.com/）だ。このサービスは、Markdown というマークアップ言語を使ったテキストをきれいにレイアウトして本にして販売してくれるものである。

　Kindle ダイレクトパブリッシングを使えば自らの本を簡単に Amazon で売れるようになる。また、複数のマーケットプレイスで本を流通させてくれ

る Smashwords（https://www.smashwords.com/）や Bookbaby（https://www.bookbaby.com/）のようなサービスを使うこともできる。これらのサービスは、本から電子ブック形式への変換も支援してくれる。

　私の親友二人がどちらも自費出版をしており、自らの本の売上で毎年1万ドルから2万ドルの収入を得ている。これは、副収入としてはかなりいい額であると同時に、名前を売り出して信頼を得ることもできる（ただし、これらの点では伝統的な出版の方が、効果がある）。

やってみよう

☐ Amazon のソフトウェア開発関連書籍のベストセラーリストを見て、どのようなタイプの本がもっとも売れているかをチェックしよう。

☐ 長い本を書いてしまう前に、雑誌記事を書くなどの小さな仕事を手に入れるように努力してみよう。部数が少ないソフトウェア開発雑誌を探し、記事の概要を投稿しよう。

第 26 章

バカにされるのを恐れるな

　自分のマーケティングを本当に成功させたいと思うなら、私たちの大半が持っている大きな恐怖を克服しなければならない。それはバカみたいに見えることに対する恐怖だ。

　ステージの上に立って大勢の人々に話すのは容易なことではない。インターネット全体から見えてコメントできるところにブログポストを書くのも容易なことではない。ポッドキャストで自分の声を聞いたり、ビデオで自分の顔を見たりすると、気まずくなることがあるだろう。本を書くことでさえ、ある程度の度胸がいる。特に、自分が学んだすべてのことを本に詰め込もうとすればそうだ。

　しかし、そういう活動から成功をつかみたいなら、他人がどう思うかを気にするのを止めなければならない。バカみたいに見えるのを恐れなくなる方法を身に付ける必要がある。

あらゆることが最初は気まずい

　初めてステージに上がって人前に立ち、プレゼンテーションをしなければならなくなったとき、私は汗をかく「黒い点」だった。私は声を落ち着かせようとしたが、声はずっとかすれたままだった。スライドをクリックすると、手が震えてふたつ先のスライドまで一気に飛んでしまった。しかし、何が起きたかわかるだろうか。私は何とか最後までやり遂げたのである。最高の仕事はできていなかっただろう。自分のカリスマ性で聴衆を魅了することもおそらくなかった。しかし、時間は過ぎ、最終的にプレゼンテーションは終わったのである。

　次にステージに立ったときも、私はまだ落ち着かなかったが、前回ほどピリピリはしていなかった。私の手はそれほど震えていなかったし、シャツも汗でびしょびしょにはなっていなかった。その次のときはもっと楽だった。今は、ステージに立つと、マイクを握り、自信を持って大股で歩いている。

144

室内のエネルギーが私に力を与え、私は生き返ったような気持ちになる。今と比べれば、最初の数回は講演をしたとはとても言えないだろう。

要するに、物事は変わるのだ。時間とともに、最初は落ち着かない気持ちにさせられていたものが、第二の天性になる。ただし、十分な時間をかけ、自分から進んでその居心地の悪さを引き受けるようにしなければ、居心地の悪さは消えない。

落ち着かない気分にさせられるものを初めてするときには、そんなことをしてゆったりとした気分になることは想像できないだろう。つい、それは自分には不向きで、ほかの人はそのことに天賦の才を持っているのだと考えたくなるが、そうではない。この種の考え方を克服し、ほとんど誰もが初めて困難なことをするとき、特に多くの人の前に立つときには、同じように落ち着かない気持ちを経験するものだと理解しよう。

あなたには正直に言おう。ほとんどの人は理解できていない。彼らは早い段階で諦める。彼らは、ほかの人たちが自分のことをどう思うかが気になり過ぎ、困難で落ち着かなくなる殻を打ち破って、もっといい感じで経験できるようにするためにがんばらない。本書のアドバイスに従うと、ほかの人々が失敗するところで成功するのはそのためだ。ほとんどの開発者は、あなたが進んでやろうとすることを進んでやったりしない。ほとんどの開発者は、もっと大きなことを達成するために、バカみたいに見えてしまうことに進んで耐えようとはしない。

バカみたいに見えてもかまわない

おそらくあなたも、物事は時間とともに簡単になっていくと考えるようになっているだろう。その考えからぶれずに前進し続け、ブログポストを書き続け、ステージで話し続け、YouTubeビデオを作り続ければ、いずれそういったことに居心地の悪さを感じなくなり、自然にさえ感じられるようになってくる。しかし、両手が制御不能な感じで震えが止まらず、マイクを持つことさえできないときに、どうすればそう考えることができるだろうか。

簡単なことだ。気にしなければいい。バカみたいに見えているのではないかと思わなければいい。誰かがあなたのブログを読んで、こいつは完全に間違っている、バカなんじゃないかと思っていても気にしなければいい。あなたがいつでも彼らのことを笑おうと身構えているから、彼らも自分のことを

第26章　バカにされるのを恐れるな　　145

笑うだろうなどと考えなければいい。例によって、言うのは簡単なことだ。しかし、少し分析してみよう。

まず、あなたがバカみたいに見えてしまったときに起き得る最悪のことは何だろうか。バカに見えるようにしている相手はあなた自身なので、あなたに肉体的な危害が及ぶわけではない。ステージ上でのプレゼンテーションをどれだけひどくぶち壊したとしても、実際には誰もそれほど気にしてはいない。確かに、あなたが泣きじゃくって額に汗がどっと噴き出しているときには見世物のようになっているかもしれないが、終わってしまえば、誰も覚えていない可能性が高い。

これについては次のように考えてみよう。最後に誰かが「やっちまった」のを見たのはいつだろうか。覚えているだろうか。あなたは彼に対して嫌な言葉を投げつけたり、ブーイングして彼をステージから追っ払ったりしただろうか。彼がいかにひどい人間か、彼がいかに自分の時間を台無しにしたかを思い知らせるために、メールを送ったり電話をかけたりして追い打ちをかけただろうか。もちろん、そんなことはないだろう。それなら、何を恐れることがあるだろうか。

あなたが成功したいなら、プライドを飲み込み、外に出て行って、自分がバカに見えるのを恐れないようにしなければならない。有名な俳優、ミュージシャン、プロスポーツプレーヤー、講演者でも、かつてはうまくやれていなかったのだ。それでも、ベストを尽くし続けることで、とてもうまくできるようになった。結果はいずれやってくる。何かをずっとやり続けていれば、うまくならないではいられないものである。そうなるまで、長い間生き残らなければならないだけのことだ。そして、生き残るための方法は、気にしないことである。バカのように見えることを恐れてはならない。

> 私はキャリアのなかで9000本以上のシュートを外してきた。300試合ほども負けてきた。ウィニングショットを放ってくれると信頼されて外したことが26回ある。私は人生のなかで繰り返し繰り返し失敗してきている。私が成功したのはそのためだ。
>
> ―マイケル・ジョーダン

小さなステップを踏もう（でなければ飛び込め）

　私なら、あなたをプールの端まで連れていって、あなたをどんと叩いて一番深いところに突き落とすだろう。それがもっとも早く学ぶ方法だからだ。しかし、沈むか泳ぐかのような状況に追い込まれるのを嫌がる人がいることはわかっている。それなら、ゆっくりとスタートして小さなステップを踏んでいくようにしよう。

　講演、執筆など私が今まで第2部で触れてきた様々な活動をすることに抵抗を感じるなら、そのなかでそれほど抵抗を感じることなく自分でできるもっとも小さなことはどれかを考えて、それから始めよう。

　おそらく、他人のブログにコメントを書くことあたりがスタートするきっかけとしていいところだろう。こういった活動でも怖気づいてしまう開発者がいることはわかっているが、コメントなら自分であまりたくさん書かなくて済むし、対話の口火を切るのではなく、盛り上げればいいので、きっかけとしては具合がいい。

　批判されることは覚悟して、しかし批判を恐れないようにしよう。あなたが言っていることをいいと思わない人、あなたに同意できない人はいるだろう。だから何だ？それがインターネットであり、誰もがそれぞれの意見を言う資格がある。だから批判のために黙らされないようにしよう。また、少し非難されることに慣れるのもいい。あなたのもっとも完璧な仕事でも、批判する人は必ず出てくる。全員を喜ばせることはできない。

　少し勇気が出てきたら、自分自身のブログポストを書いてみよう。すでによく知っているテーマ、いや「ハウツー」でもかまわないので書いてみることだ。特異な自説から始めるのは止めた方がいい。その種のポストは、穴倉から出てきたインターネットの妖怪どもに叩かれるきっかけに一番なりやすいものだ。ブログポストの投稿はそれほど悪いことではなく、あなたが書いたことを気に入ってくれる人も出てくることがわかるだろう（ただ、それでのぼせ上がらないよう注意しよう）。

　そこからさらに広げていこう。おそらく、誰か他人のゲストポストを書いたり、ポッドキャストのインタビューを受けたりすることはできるはずだ。また、トーストマスターズ（http://www.toastmasters.org/）のようなクラブに入って人前で話すことに慣れるのもいいだろう。人前で話すことができるなどと考えたこともないような多くの人々がトーストマスターズを経験し

第26章　バカにされるのを恐れるな　　147

て、すばらしい講演者に育っている。

　ポイントは、常に前進することだ。少しずつ前に進んでゆっくりと水の温度に慣れるのでも、ドボンと飛び込んで大きな飛沫を上げプールの底まで行っても、どちらでもかまわない。落ち着かない居心地の悪い感じがして、ちょっと怖くなる、いや怖くてたまらなくなるかもしれないが、そのような不快な感じはいずれなくなる。前進を続けて、そういった挑戦に自分から向かっていけるようになったら、バカのように見えること（ほんの短期間のことだ）を進んでできるようになったら、あなたはほとんどの人たちが失敗したところで成功することになる。それにはきっと、それだけの価値があるはずだ。

やってみよう

- ☐ 勇気を出そう。今日はあなたがスタートを切る日だ。外に出て、ちょっと怖いと思うことをしてみよう。大きくても小さくてもかまわない。自分を居心地の悪い状況に強制的に送り込んで、それは大したことではないということを身をもって理解しよう。
- ☐ 上の項目を少なくとも週に1度やり続けよう。

第 3 部

学ぶことを学ぼう

教育とは、学校で学んだことを忘れたあとで、
まだ残っているもののことである。
—アルバート・アインシュタイン

ソフトウェア開発の世界は常に変化している。毎日新しいテクノロジーが生まれ、昨日学んだことが今日はもう無意味になっているような感じだ。

このように激しく変化する世界では、学習能力がきわめて重要になる。じっとしていることを選び、スキルを習得しないソフトウェア開発者は、早晩置いていかれ、未来のチャンスをつかみ損ない、過去の陳腐化したシステムの仕事に追いやられる。そのような運命から逃れたいなら、学び方を学ぶ必要がある。

第 3 部での目標は、独学の方法を教えることだ。ここでは、新しいテクノロジーをスピーディに身に付けるために私が開発した 10 ステッププロセスを紹介する。これは、1 年未満の時間で 30 本を越える本格的なデベロッパートレーニングコースを作るために使ったプロセスと同じだ。さらに、メンターの見つけ方、ほかの人に対するメンタリングの方法、スポンジのように情報を吸収する自分のなかのポテンシャルの引き出し方についてアドバイスする。

第 27 章

学び方を学ぶ：独学の方法

　学校に行っていい教育を受けることは決して悪いことではない。しかし、最終学歴の卒業とともに教育が終わってしまった人は、それからの人生ではっきりと不利な状況に追い込まれるだろう。実際、他人から教わるという方法に頼り切って、独学のスキルを身に付けていない人は、スキルと知識を伸ばすチャンスを大きく失っている。

　ソフトウェア開発者が身に付けられるスキルのなかでもっとも重要なもののひとつは、独学のスキルだ。毎日のように新しいテクノロジーが登場し、初心者レベルのウェブ開発者の応募資格が少なくとも三つのプログラミング言語を知っていることだというような世界では、自学自習はぜひとも必要なスキルである。

　自分の可能性の範囲内でもっとも優秀なソフトウェア開発者になりたいなら、独学の方法を学ぶ必要がある。残念ながら、独学は学校で教えてくれるスキルではない。個人ではなく、グループを相手にするために設計されたシステムではまったく逆のことを教えられていると言ってもいいくらいだ。学び方の学習は、根本的に自分で学ばなければならないスキルなのである。

学習プロセスを解剖する

　今までに自分がどのように学習しているのか、また何かを学ぶとは正確なところどういう意味なのかについて深く考えたことがあるだろうか。私たちは、興味を持ったものについては、ほとんど無意識のうちに学んでいる。誰かがとても面白い話をしてくれたときには、ノートを取ったり何が起きたのかを正確に記憶しようとしたりしないが、それでもほとんどの人は、物語を聞くと、ほとんど苦もなくその物語を繰り返すことができる。

　私たちがすることについても同じことが当てはまる。私があなたに何かをする方法を見せたとしても、あなたは忘れてしまうかもしれないが、あなたがそれを実際に自分ですると、あなたがそれを覚えている可能性ははるかに

高くなる。そして、自分が学ぼうとしていることを他人に教えると、あなたはそれを覚えるだけでなく、それについてもっと深く理解するようになる。私たちにはそれぞれ異なる学習スタイルがあるという考え方は間違っているということが明らかになっている（詳しくは、次のウェブページを参照：http://elearninginfographics.com/the-myth-of-learning-styles-infographic/）。私たちはみな、実際にやってみて、さらに教えるとよく学べるように作られているのである。能動的な学習は、ほかのどの学習方法よりもはるかに効果的だ。

> 教育の大きな目的は、知識ではなく行動である。
>
> —ハーバート・スペンサー

これは次のように考えることができるだろう。その気になれば、あなたは自転車の正しい乗り方について書かれたあらゆる本を読むことができる。人が自転車に乗っているところを写したビデオを見ることもできる。私が正しい自転車乗りのメカニズムを講義してもいい。しかし、今までに自転車に乗ったことが1度もなければ、初めて自転車に乗ったときには、すぐに転ぶだろう。自転車について多くのことを知ることはできる。自転車乗りはどのようなメカニズムなのか、どのようなタイプの自転車がもっともいいかについて知ることはできても、実際に学んだことを実践に移すまでは、自転車の乗り方について本当に学んだとは言えない。

それでは、プログラミング言語やフレームワークについて書かれた技術書を取り出し、最初から最後まできれいに読んで、そのなかのすべての情報を吸収しようと思うソフトウェア開発者がたくさんいるのはなぜだろうか。この方法では、テーマについてのあらゆる情報を蓄積できても、実際にそのテーマを学んだとは言えない状態に留まるだろう。

独学の方法

何かを学びたいと思うなら、どうすればいいのだろうか。結論を言えば、行動を起こしたときにもっともよく学べる。そして、学んだことを誰かほかの人に教えると、知識が補強され、理解が深まる。独学するときに重点を置くべきことは、できる限り早く実際に試せるポイントに到達して、行動を起

こすことだ。

　私は、何をやっているのかさえわからないうちに行動を起こすことが、何かを学ぶための方法としてはもっともいいのではないかと感じている。あるテーマについて遊べるくらいの知識が身に付いたら、あなたの頭のなかの創造的で好奇心旺盛な強力な部分を活用できる。私たちは、実際に能動的に遊んでいるときこそ、そうでないときよりも多くの知識を吸収し、意味のある疑問が湧いてくるものだ。

　少し奇妙に感じられるかもしれないが、遊ぶことが学習のための強力なメカニズムだということは決して意外ではないはずだ。動物の王国でもこのメカニズムを観察できる。動物の赤ん坊は非常によく遊ぶ。そして、その遊びを通じて、生き残りに必要な、重要なスキルを身に付けていく。赤ん坊の猫がネズミ狩りを学ぶところを見たことがあるだろうか。私たち人間も、遊ぶことによって、自分が何をしているのかよくわからない状態で積極的に行動することによって学ぶのである。

　もうひとつ、例を挙げよう。若い頃、私はマジック・ザ・ギャザリングというトレーディングカードに夢中になった。とにかく面白かったので、何時間もゲームをしていた。自分の機転、運、創造性を組み合わせて、敵を倒すために必要な戦略を練ることに魅了された。

　一時は、ゲームのなかの数千種ものカードのほぼすべてを記憶していた。カードの名前を言われれば、そのカードが何をするもので、どのような属性かということを正確に返答できた（おそらく、今でもほとんどのカードについてはその情報を言えると思う）。私が座って数千ものカードを記憶しようとしたと思うだろうか。いや、そんな必要はなかった。私はゲームをプレーして楽しんでいた。自然な探究心と好奇心のおかげで、ほとんど何の労力もかけずにこれだけの情報を身に付けられたのだ。

　このように遊ぶ能力を引き出せるというのは、非常に強力な道具であり、モチベーションが上がるだけではなく、学習ペースが非常に加速される。あるテーマについて、本をじっくり読む前に、ざっと流し読みしてその世界に飛び込み、すぐに遊んでみよう。何をしているのかわからなくても気にしなくていい。ただ楽しもう。そして、実験し、探りを入れているうちにどのような疑問が頭に浮かんでくるかを観察するのだ。

　さんざん遊んでありとあらゆる疑問が浮かんだら、初めて本に戻って文章を読む。こうすると、本の内容をむさぼり読んで吸収したいという強い気持

ちで本に向かうことになる。答えを知りたい疑問がたくさんあるのだ。何が重要なのかが見えてくるだろう。

　本を読んで学んだら、その成果を遊びに活かそう。学んだ新しいことが遊びにどのようにフィットし、問題解決に役立ったかを観察するのである。また、新しい領域を掘り下げ、解決すべき新しい疑問を生み出そう。このサイクルを繰り返し、プレーしながら見つけた問題を解決するという目的のために知識を少しずつ蓄えていこう。こうすれば、獲得した情報は、単なるページ上の言葉の連続ではなく、自分にとって意味のあるものになる。

　最後に、自分が学んだことを誰かほかの人に教えて知識をセメントで封印しておこう。この頃には、自分が発見したことに興奮し、知識ははち切れんばかりになっており、新しく見つけた知識を聞いてくれる人に教えたくてうずうずしているはずだ。これが遊びのパワーだ。教えるというのは、わかったことを夫や妻に話したり、ブログポストを書いたりといった簡単なことでいい。大切なのは、その情報を自分の言葉で言い直し、頭の外のどこかに思考を組織することである。

　これは、私が開発した10ステッププロセスを支えるコンセプトであり、これからの数章では、この10ステッププロセスを説明していきたい。10ステッププロセスにまとめるにあたり、少し形を整え、準備ステップを追加して、実際に始める前に学習プロセスを計画しやすくしている。しかし、根本的な指導原理は、遊び、実験、学んだことを他人に教えることによって、学習するという考え方である。この単純なプロセスは、私たち全員にとって自然なものだが、私たちの外から「教えられる」プロセスでもある。いずれにしても、これこそもっとも単純でもっとも純粋な学習方法だ。

やってみよう

☐ 最後に独学で覚えたのは何のやり方だろうか。それを学ぶときにどのようなプロセスを使っただろうか。

☐ 趣味その他の関心事について本当に楽しくてしょうがないと最後に思ったのはいつのことだろう。その趣味や関心事についてあなたはどれだけ知っているだろうか。それについて学ぶためにグループで学習活動をしただろうか。それとも、遊びから自然に入ってきたものだろうか。

第 28 章

私の10ステッププロセス

　私は何年も前からずっと新しいテクノロジーやプログラミング言語、フレームワークなどを学ばなければならないという莫大なプレッシャーのなかにいる。このプレッシャーは、難しすぎて歯が立たないものに飛び込んでしまうのが原因であり、私自身が悪いのだが、もとの原因が何であれ、私はこのプレッシャーのおかげで独学のための反復可能なシステムを開発せざるを得なくなった。

　これからの数章では、あらゆるものをすばやく学習するために私が開発した「10 ステップシステム」を紹介したい。まずは、このシステムの概要と仕組みから説明していこう。

システムの背景となるアイデア

　私は、キャリアの初期の段階では、学びたいテーマについての本を探し、その本を最初から最後まで読んでいた。そして、本を全部読んでから、実際に学んだことを試していた。このプロセスを使っていると、確かに学習はできているものの、非常にペースが遅く、そのテーマに関する私の知識のなかに必ずある隙間を埋めるために、本の前半を読み直さなければならなくなることが多かった。

　私に時間がたっぷりあり、頭のなかで具体的な目標を定めずに学んでいたときには、これでよかった。最終的に学ぼうとしていたものを消化できていたし、本を最初から最後まで読むのは大変なことではなかった。ただ時間がかかっただけである。しかし、学習により明確な目的ができるようになり、学習速度も上げなければならなくなると、この方法ではうまく機能しなくなることがわかった。本を全部読む時間がないことがたびたびあったのだ。しかも、本に書かれていることの多くは、実際の学習よりもリファレンスに適していることがわかってきた。

　必要に迫られて私は、短い期間に過不足のない内容を独学するためのもっ

といい方法を探さなければならなくなった。場合によっては、あるテーマについて、他人に教えられるくらいの十分な情報を吸収するために、1週間以下の時間しかないことがあった。このような状況のもとで自然にやれることはいくつもない。ひとつは、私が学ばなければならないことを明確に定義することだった。もうひとつは、私が必要とする情報だけをきっちりと手に入れ、目標を達成するためには不要な情報を無視するために、可能な限り最良のリソースを探すことだ。

そして、私は、テクノロジーを身に付けるために、知らなければならないことが三つあることに気づいた。

1. どうすれば始められるか——学び始めるための基本的な知識は何か。
2. テーマの幅——学ぼうとしているものの規模はどれくらいで、何ができるのか。最初から細部を子細に知っている必要はないが、自分に何ができ、この技術で何が可能かの概要がわかれば、細部はあとから知ることができる。
3. 基礎——使い始めたあと、基本的なユースケースは何か、その技術を使うために知っていなければならないもっとも基本的なことは何か。私が学べるのは20%だが、その20%で日常の用途の80%をカバーするためには、どの20%を学べばいいのか。

この三つだけがわかっていれば、あらかじめすべてのことを知らなくてもテクノロジーを効果的に利用できる。どうやって始めるか、何ができるか、基礎は何かがわかっていれば、私が知らなければならないほかのことは、進みながら学べることがわかった。最初にすべてを学ぼうとしていたときには、本当に重要な部分とその他の小さな細部がミックスされてしまい、時間を無駄にしていたのだ。この新しいアプローチによって、私は重要な部分だけに重点を置けるようになった。あとで実際に細部の知識が必要になったときにギャップを埋めるためには、リファレンスを使えばいい。あなたは、技術書を最初から最後まで読み、実際に使ったのは、その本で取り上げられていたテクノロジーのごく一部だったということがどれだけあっただろうか。

私はこのテクニックを使ってプログラミング言語 Go を非常に短期間で身に付けた。ほんの数週間である。私は、できる限り早く Go によるコードの書き方を身に付けることに焦点を絞った。そして、このプログラミング言語

第28章　私の10ステッププロセス　**155**

の言語仕様の規模と、どのようなライブラリが使えるのかについての全体的なイメージをつかんだ。言語ができることについての全体感を知りたかったのである。最後に、私は学習を始め、基礎を身に付けた。その基礎を拡張したのは、もっと深いことを知る必要ができたときだけである。

10 ステップシステム

　実際にやってみると、以上の三つの知識を得るのは、見かけほど簡単ではないことがわかった。テクノロジーを使い始められるようにする方法を学ぶのは大きな挑戦であり、その 80% の効果を引き出す 20% の部分を見つけ出すのは難しい。しかも、テクノロジーの幅のコンパクトな説明を見つけるのも大変なことが多かった。この情報は本全体にばらまかれていたり、数冊の別の本にばらまかれていたりすることがよくあるのだ。

　これらの問題を解決するために、あらかじめちょっとした調査をしなければならなかった。調査によって、確実に必要な情報を見つけて、その情報を進歩のためにもっとも効果的になるように活用するのである。

　10 ステッププロセスの基本的な考え方はこうだ。まず、知らない部分を知るために必要な程度まで、学ぼうとしているものについての基本的な理解を得るところからスタートする。次に、その情報を使って学習したいことのスコープ（範囲）と学習成功のイメージを定義する。この知識をもとに、参考資料を見つけてくる。これは知りたいことを学ぶために役立つもので、本に限らない。最後に、テーマを身に付けるまでのコースを描いた学習プランを作り、目標達成のためにもっとも役立つものだけに参考資料を絞り込む。

　この下準備が終わり、何を学ぼうとしているのか、どのようにして学ぶのかがわかったら、学習プランのなかのウェイポイント（位置確認のための場所）を取り出し、それに「学習 - 実践

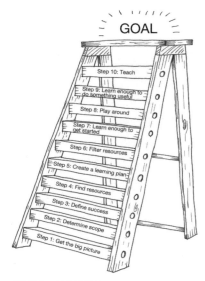

10 ステップシステム

- 学習 - 教え」（LDLT、learn-do-learn-teach）のプロセスを適用し、学習テーマについての理解を深め、目標に向かって前進していく。

　10 ステッププロセスのうち、最初の部分は調査のためのステップで、1 度だけ行えばいい。しかし、ステップ 7 からステップ 10 までは、学習プランのなかに作った個々のモジュールごとに繰り返す。このテクニックが効果的になるのは、あらかじめ何のために学習するのかという目標を明確に定義しなければならないからであり、ただ読んだり講義を聞いたりするのではなく、実際にやってみて目標に向かって前進し続けるからである。

　私は、このテクニックを使ってほんの数日でひとつのプログラミング言語全体を学べるようになった。この 10 ステッププロセスのために私が開設しているビデオ講座にサインアップした数千の開発者たちも同様の成果を得ている（http://10stepstolearn.com）。

　これは早く学ぶための唯一の方法なのだろうか。これは魔法のシステムなのだろうか。そんなことはない。学習内容を重要な部分だけに削減し、プレーを通じた自然な発見による確実な学習と、教えることの学習増強効果を利用して、その内容を頭にしっかりと定着させて速習するという実践的な方法である。次のふたつの章で実際のステップを説明していくが、その中身はあなたがいいと思うように自由に変更していけばいいし、嫌いなところや効果的ではないと思うところは省略していい。あなたにとって効果的な部分だけを残そう。あなたのために機能する独学の方法は、最終的にあなた自身が見つけださなければならない。あなたの未来は、自分自身にかかっている。

やってみよう

あなたがよく知っているテクノロジーを選び、以下を定義できるかどうか試してみよう。

☐ そのテクノロジーを使い始められるようにするための方法

☐ そのテクノロジーのスコープ

☐ そのテクノロジーの 80% の効果が得られる 20% の知識

第29章
ステップ1〜6: 1度限りのステップ

　10ステッププロセスの最初の6ステップでは、何を学ぼうとしているのかとどのようにして学習の成功を判断するかをはっきりさせるために、予備的な調査を行う。また、目標達成のためにもっとも役立つ参考資料を選び、目標に到達するまでのプランを書き出す。

　これら最初の6ステップは、学習したいテーマごとに1度しか行わない。ステップ7以降は、ステップ5で作る学習プランのなかのモジュールごとに繰り返される。ステップ1からステップ6までは1度限りだといっても、未来の成否がかかっているので、重要である。これら6ステップを行う間に、実際にテーマについて学習するために必要な準備作業をすべてこなす。基礎がしっかりできていればいるほど、目標に到達するのは簡単になる。

ステップ1：全体像をつかむ

　学ぶのはいつも難しい。何かについて学び始めた最初のときには、何を学ばなければならないかを本当に理解するために必要なことすら知らないからだ。ラムズフェルド元国防長官が言った「未知の未知」、つまり何がわからないのかわからないのである。

　ほとんどの開発者は、本をパカッと開いて、何がわからないのかもわからないまま、その本を読み通そうとする。彼らは、「未知の未知」を後回しにして残す。このアプローチの問題は、間違ったことを学ぶか、難しすぎて手に負えなくなってしまうことだ。深いところに飛び込む前に、テーマについて少なくともほんのわずかでも理解して

ステップ1〜6は1度限り

158

いることが重要である。そうすれば、何を学ぶ必要があるのかがわかり、そのための最良の方法がわかる。

このステップで学ぼうとしているテーマについての全体像をつかむために、何をすべきなのだろう。このテーマを上空1万5000mから見たらどのような感じなのだろうか。何がわかっていないのか、このテーマがどれくらいの大きさのものなのかを理解するために必要な事柄だけを学ぶことができるのだろうか。

デジタル写真を学びたいものとしよう。まず、インターネットでこのテーマについて書かれたものをすべて探し、デジタル写真についてのブログポストや記事を流し読みするだろう。調査に数時間もかければ、おそらくこのテーマがどれくらいの大きさなのか、どのようなサブテーマがあるのかがわかってくるだろう。

このステップでは、学びたいテーマについての基本的な調査を行う。たまたまこのテーマについての本を持っている場合は、イントロダクションの章を読めば、全体の様子がわかる。しかし、このステップにあまり時間をかけすぎてはならない。ここでの目標は、テーマについて実際に学ぶことではなく、このテーマはどのようなものなのか、どれくらい大きいのかがわかることだ。

ステップ2：スコープを決める

学ぼうとしているテーマがどんなもので、どれくらい大きいのかについて、少なくともある程度はわかっている。ここでは、実際に学びたいことをはっきりさせるために、焦点を絞り込んでいく。どのプロジェクトでも、プロジェクトのスコープをはっきりさせることは大切だ。そうすれば、プロジェクトの規模がどのくらいのものかがわかり、準備に取り掛かれる。学ぶときもこのステップに変わりはない。

デジタル写真の例を引き続き使おう。このステップ2では、このテーマがどれくらい大きいのか、このテーマを小さなスコープに分割するにはどうすればいいかをはっきりさせたい。デジタル写真のすべてについて常識的な時間内に学習することは不可能なので、どの分野に絞り込むか、そのスコープはどのようなものになるかを明確にしよう。おそらく、ポートレート写真の撮り方を知りたいのだろう。それがあなたのスコープになる。

第29章 ステップ1〜6：1度限りのステップ　**159**

学習がうまくいかなくなる大きな理由のひとつに、大きすぎるものにぶつかっていこうとして圧倒されてしまうというものがある。たとえば、「物理学」を学ぼうとするのは現実的ではない。このテーマは大きすぎて、焦点がまったく絞り切れていない。常識的な時間内に物理学についてわかっていることをすべて学ぶことはとてもできないだろう。おそらく、人生を全部かけても無理だ。だからこそ、学びたいもののスコープを決める必要がある。前のステップで得た情報を使って、小さい分野、つまりずっと管理しやすい範囲に焦点を絞り込もう。

　表29.1 は、大きなテーマをずっと狭いスコープに分割したらこうなるという例なので参考にしていただきたい。

表 29.1　大きなテーマを管理できるスコープに分割する

元のテーマ	適切なスコープ
C#を学ぶ	簡単なコンソールアプリケーションを作るために必要なC#言語の基礎を学ぶ
写真を学ぶ	ポートレート写真を撮影するためのデジタル写真術を学ぶ
Linuxを学ぶ	Ubuntu Linuxをセットアップ、インストールする方法とその基本機能の使い方を学ぶ

　いずれの例も C# のような大きなテーマを狭めて、具体的な目標に焦点を絞っていることに注意しよう。限定されていないテーマから焦点が絞れた明確なスコープを定義している。また、このステップでは、適切なスコープを区切ったテーマを学ぶ理由も考えていることに注意しよう。たとえば、写真、それもデジタル写真を学びたいが、それはポートレート写真を撮るためだ。人は何か特定の理由のために何かを学ぼうとするものなので、その理由を示すとスコープを定義しやすくなる。

　テーマのなかの別のサブテーマも学びたいので、焦点をあまり絞り込まずに、スコープを少し大きくしたいと思う場合もあるかもしれない。その誘惑はきっぱりと断ち切って、スコープはできる限り焦点を絞り込んだものにしよう。1度に学べることはひとつだけだ。ほかのサブテーマを学びたいときには、いつでも戻ってきて学べばいい。しかし、今の段階では、ひとつの狭く絞り込んだものを選び、それだけを学ぼう。

　このステップについて最後にもう一言付け加えておこう。スコープを決めるに当たっては、使える時間を考慮すべきだ。ちょうど1週間使えるなら、その期間内に学べることについてリアルに考えよう。2か月あれば、もっと

大きなテーマに取り組むこともできるだろう。学びたい本当の理由に合い、使える時間に合うように、トピックのスコープを適切なサイズに狭めるのである。

ステップ3：成功の基準を決める

　大きな取り組みに取り掛かるときには、先に成功の基準を定義しておくことが非常に重要だ。どうなれば成功なのかがわからなければ、成功を目指すのも、成功したことを判断するのも難しくなってしまう。目標がはっきりわかっていれば、そこに達するために踏んでいかなければならないステップをはっきりさせるのも楽になる。

　もう1度デジタル写真を学ぶ例に戻ろう。デジタルカメラのすべての機能の使い方を身に付け、それがどういうものか説明できるようになり、いつどのような理由でそれぞれの機能を使うべきかが理解できるようにするというのは、いい成功の基準になる。

　このステップでは、学習活動の成功を定義する明確で簡潔な文を作ることが目標になる。何を学ぼうとしているかによって、この文は非常に違う感じになるだろう。しかし、学習目標を満足させたかどうかを十分に評価するために使える具体的な成功基準はしっかりと持っておきたい。

　いい成功基準は限定的で曖昧さがない。達成したいことについて曖昧に述べる文を作らないようにしよう。そうではなくて、目標に達したらできるようになっているはずのことや具体的な成果をリストにまとめよう。**表29.2**にいくつか例をまとめてみた。

表29.2　悪い成功基準といい成功基準の例

悪い成功基準	いい成功基準
デジタルカメラでいい写真が撮れるようになる	デジタルカメラのすべての機能を使うことができ、それがどういうものかを説明でき、いつ、どのような理由でそれぞれの機能を使うべきかも言えるようになる
C#の基礎が身に付いている	C#で主要な言語機能をすべて利用している小さなアプリケーションを書けるようになる
HTMLを使ってウェブページを構築する方法を知っている	HTML5を使って、インターネット上に自分の履歴書と仕事の例を表示するホームページを作れるようになる

　あなた独自の成功基準は、主として学習したことから何を手に入れたいか

第29章　ステップ1〜6：1度限りのステップ　　**161**

によって決まるだろう。このプロセスが終わったときの目的達成の確認のために、成功基準は評価できるものでなければならない。いい成功基準は、あなたが目指すべき目標を示して、あなたが脱線するのを防ぐ役割も果たす。

ステップ 4：参考資料を見つける

学生時代、特定のテーマについてレポートを書かなければならなかったときのことを思い出そう。1冊の参考文献だけでそこからすべての情報を引き出してレポートを書き上げたらどうなっただろうか。レポートを返されるとき、「不可」の文字が付けられていただろう。だとすれば、今何かを学ぼうとしているときに、私たちの多くがまったく同じことをしているのはどうしてだろうか。テーマについての本を1冊しか読まない、研究全体のためにひとつの参考資料しか用意しないのだ。

デジタル写真というテーマなら、カメラのマニュアルからスタートするのだろうが、そこで止まるのは避けたい。おそらく、デジタル写真専門の様々なウェブサイトが見つかるだろうし、あなたが持っているブランドのカメラの専門サイトさえあるだろう。また、Amazonでデジタル写真の本をサーチしたり、アドバイスを求められるエキスパートを見つけるかもしれない。

あるテーマについての1冊の本を読むのではなく、多くの異なる参考資料を集めて学習に役立てよう。参考資料は、本以外の様々な形を取り得る。実際、今日では、インターネットが普及し、そこには多彩なコンテンツがあるので、学びたいと思うほぼあらゆるテーマについて多数の参考資料が見つかるだろう。

このステップ4では、選択したテーマについて学べる参考資料をできる限りたくさん見つけておきたい。この時点では、クオリティは考えなくていい。これはブレインストーミングのステップとよく似ている。あとのステップで参考資料をフィルターにかけ、最良のものを選ぶが、今はできる限り多くの参考資料を集めよう。

そのための最良の方法は、コンピューターに向かって自分のテーマに関するサーチを行うことだ。私の場合、まずAmazonでサーチを行い、次にGoogleでサーチして、ビデオ、ブログ記事、ポストキャストといった私が役に立つと思いそうなコンテンツが見つかるかどうかをチェックする。古い方法に戻って図書館を調べるのもいい。重要なのは、異なるリソースをたく

さん見つけることだ。ひとつの立場からの視線によってバイアスがかかるのは避けたい。できる限り多くの情報にアクセスできるようにしておこう。

参考資料のアイデア
- 本
- ブログポスト
- オンラインビデオ
- 学ぼうとしているテーマについての知識をすでに持っている専門家など
- ポッドキャスト
- ソースコード
- サンプルプロジェクト
- オンラインドキュメント

ステップ5：学習プランを作る

ほとんどの本は章に分割され、それらの章はコンテンツを少しずつ発展させていくように並べられている。優れた技術書は、しっかりとした基礎が作られており、その上に各章が構築されていく。

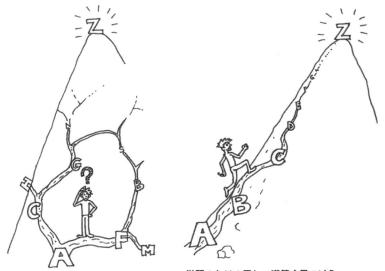

学習のための正しい道筋を見つける

第29章 ステップ1～6：1度限りのステップ

あなたは参考資料をいくつか揃えたので、その参考資料を使えば、何を学ぶべきか、どのような順序で学んでいくべきかについてのアイデアが浮かんでくるはずだ。ここまでの間に、デジタル写真に関して学びたいサブテーマは何かについて、いいアイデアが浮かんでいるだろう。デジタル写真についての参考資料を流し読みして、テーマを小さなサブテーマに分割する方法を見つける必要がある。

　ほとんどのテーマには、自然に前進する学習方法がある。Ａからスタートし、学んでいくうちにＢに到達し、最終的にＺに到達するという形である。ランダムな情報の断片を学んでも効果はほとんどない。Ａ地点からＺ地点まで途中の主要なポイントをすべて回ってもっとも短い時間で到達できる正しい道を見つける必要がある。

　このステップでは、独自の学習経路を作る必要がある。それは、そのテーマについてあなたが書く本の粗筋だと考えればいい。実際、あなたの学習経路は、完成したときには本の目次と非常によく似たものになるはずだ。基本的に、そのときどきの学習の焦点となるモジュールを並べていって最終目的地に達するという道筋を作るのである。

　自分の学習プランを作るときには、あなたが学ぼうとしているテーマを他人がどのように教えているかを参考にするといい。私は、このステップでは、ステップ４で参考資料候補として選んだ複数の本の目次を見るようにしている。５人の異なる著者がそれぞれのコンテンツを同じモジュールセットに分割して同じ順序で並べているなら、私も同じようなアプローチに従って学習プランを立てるべきだろう。

　だからといって、どこかの本の目次をコピーしてそれを学習プランと呼べと言っているわけではない。多くの本は、あなたの目標達成のためにあなたが覚えなければならないことよりも多くのことを扱っている。そして、構成がうまくできていない本は多い。集めた参考資料をすべて見ると、どのような内容を取り上げる必要があるか、それらをどのような順序で学んでいくべきかについてのより良い全体像がつかめるはずだ。

ステップ６：リソースをフィルターにかける

　何を学ぼうとしているのかがわかり、それをどのような順序で学ぶべきかがわかったら、次は課題を達成するためにどの参考資料を実際に使うかを決

める。ステップ4では、学ぼうとしているテーマについて見つけられるあらゆるリソースを集めた。それらのリソースは、ステップ5で独自の個人的な学習プランを考えるときに利用した。しかし、今はそれら多数のリソースを絞り込んで、少数の目標達成に役立つもっとも優れたものだけを残さなければならない。

この時点では、デジタル写真について学べる多数の本、ブログポスト、その他の参考資料がたくさんわかっているだろう。しかし、問題はそれらすべてを使うことはできないだろうということだ。資料の多くは冗長であり、それらすべてがあなたの学習プランに適合するわけではない。

ひとつのテーマについて10冊の本と50個のブログポストを読もうとするのは現実的ではない。仮にそうしたとしても、情報の大部分は重複している。目標達成のためには、参考資料の山を絞り込んで最良のものだけを集めた小さなリストにすることが大切だ。

これは次のように考えることができるだろう。ステップ6は、代表チームを作るために選手を選抜するバスケットボールの監督になったようなものだ。確かに、全員にプレーさせてあげたいところだが、単純にそれは不可能だ。そこで、管理できる数までリソースをスリム化しなければならない。

このステップでは、ステップ4で集めたすべての参考資料を対象として、あなたの学習プランで対象としている内容にとってもっとも役に立ちそうな内容を持つものを拾い出す。また、レビューを参考にして、どの参考資料がもっとも高品質かを見極める。私の場合は、買う候補になっている本のAmazonレビューを見て、もっともお買い得だと思う1、2冊を選び出している。

このステップが終わったら、学習プランの最初のモジュールに移ることができる。あとは、目標に達するまで、学習プランの個々のモジュールについてステップ7～10を繰り返していくことになる。

やってみよう

☐ 自分が勉強してみたいと思うテーマを選び、ここで説明した最初の6ステップを実際にしてみよう。最初は、このプロセスに慣れるために、小さな対象から始めるといい。いずれにしても何かテーマを選ぼう。

第29章　ステップ1～6：1度限りのステップ　　**165**

第 30 章

ステップ 7〜10：繰り返すステップ

さあ、面白い部分にやってきた。これからの4ステップは、学習プランに含まれているモジュールごとに繰り返す。ステップ7〜10の目標は、「学習-実践-学習-教え」(LDLT)方式を使って学習内容を身に付けていくことだ。まず、学ぶ対象を使い始められるようにする方法を学ぶ。次に、その対象で遊んでみて、自然な発見から得られた疑問を集める。そして、役に立つことができるところまで対象について学ぶ。最後に、学んだことのなかに含まれる隙間を埋め、深い理解を通じて頭のなかに学習内容を定着させるために、学んできたことを人に教える。

ステップ 7：使い始められるようにする方法を学ぶ

私自身を含め、ほとんどの人が犯す学習方法についてのよくある過ちがふたつある。ひとつは、行動に移すのが早すぎて、何も知らずに対象のなかに飛び込んでしまうという問題だ。もうひとつは、対象のなかに飛び込む前に準備しすぎてしまうという問題で、これは行動に移るのが遅すぎる。ふたつの間でうまくバランスを取り、学習対象を使い始めるために必要なだけ学びたい。バランスがうまく取れたときには、もっともよく学ぶことができるのだ。

このステップの目標は、学ぼうとしているものを使い始められるようにするために必要なだけの情報を仕入れて、次のステップで遊べるようにすることだ。プログラミング言語やフレームワークなどのテクノロジーでは、こ

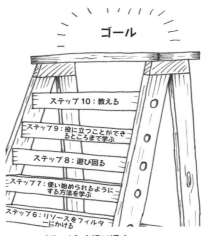

ステップ 7〜10 を繰り返す

のステップは基本的な「Hello, world!」プログラムの作り方、開発環境のセットアップの仕方などを学ぶことになる。写真のようなものの場合は、様々な光源とその効果を自分で試せるところまで、光のモジュールについて学ぶことになるだろう。

　このステップのポイントは、あまり遠くに行きすぎないことだ。夢中になってそのモジュールのために用意したすべての参考資料を読んだり見たりしてしまいがちだが、もっとも大きな成功が得られるのは、その誘惑を断ち切れたときである。とにかく始めるために、次のステップにおいて自力で実験できるようにするために必要な最小限のことを学ぶことに集中しよう。自分がしているのは何かがおおよそわかる程度の情報を集めるために、教材を流し読みしたり、章のまとめやイントロダクションを読んだりするのである。

　新しいテレビゲームを買ってきたとき、ゲーム機にカートリッジを差し込んで遊び始める前に、マニュアルを急いで読んだことはあるだろうか。ここでやりたいのはまさにそれだ。少し遊んだあとで、次のステップではマニュアルに戻ってきてしっかり読む。しかし、

手短に基本を覚えて遊び始める

さしあたりは、基本を学んですぐにゲームのプレーを始めよう。

ステップ8：遊び回る

　このステップは、面白く、かつ、恐いところでもある。面白いというのは、ステップ名の通りのことを行うからだ。つまり、遊び回るのである。しかし、このステップには際限のないところが恐い。このゲームにルールはない。このステップでは、してみたいことを何でもできる。このステップをもっともうまく進める方法は自分で決めなければならない。

　最初は、このステップがそれほど重要だとは思えないかもしれない。しかし、ここでは重要であると仮定して考えてみよう。ほとんどの人たちは、テーマについての本を読んだりビデオを見たりして学ぼうとする。最初にできる限り多くの情報を仕入れて、あとで行動を起こそうとするのである。この方法の問題点は、本を読んでいるときに何が重要なのかがわかっていないこ

とだ。誰かが読者のために引いた道をただたどっていくだけになっている。

　光がデジタル写真にどのような影響を与えるのかについて学ぼうとしている場合、このステップでは、外に出かけて、カメラの露出などの光のレベルを調節したり、条件の異なる場所で撮影したりするところだ。発見を通じて学ぶとともに、様々な疑問を引き出すのである。

　ここで私が提案しているアプローチについて考えてみよう。あらかじめすべてを読まず、まず自分で遊んで実験してみるというものである。このアプローチでは、実践し、探って学んでいく。そうやって遊んでいるとき、脳は自然に疑問を生み出していく。これはどういう仕組みで動いているのだろうか。こうするとどうなるのだろうか。この問題はどうすれば解決できるのだろうか。これらの疑問によってあなたは本当に重要なことの方に導かれる。あとで参考資料に戻り、自分の疑問に対する答えを見つけたときには、そうでないときよりも達成感があるだけではなく、学んだことを忘れなくなる。というのも、あなたが学んだことはあなたにとって重要なことだからだ。

　このステップでは、ステップ7で学んだことをもとに実際に始めることが大切だ。結果を気にする必要はない。単純に探っていけばいいのだ。新しいテクノロジーやプログラミング言語を学ぶ場合、このステップでは小さなプロジェクトを作ってそれを試していくことになるかもしれない。疑問に思ったけれども答えが見つからないことを書き出していこう。すると、次のステップで、それらの疑問に対する答えを探す機会を作れる。

ステップ9：役に立つことができるところまで学ぶ

　好奇心は、学習の重要な構成要素である。自学自習の場合はなおさらそうだ。子どもの頃には、主として好奇心に引っ張られてスピーディに様々なものを学んでいた時期がある。世界がどのような仕組みになっているのかが知りたいので、様々な疑問を尋ね、答えを探し求めて、自分たちが住んでいる世界を理解しようとした。残念ながら、大人になるうちに、世界は当たり前のものになり、そのような好奇心の大半は消え失せてしまう。その結果、私たちの学習のペースはスローダウンし、教育を魅力的なものではなく退屈なものと考えるようになる。

　このステップの目標は、子どもの頃のような好奇心に引っ張られる学習を取り戻すことだ。ステップ8では、十分に遊んで、おそらく自力では答えが

見つからない疑問が生まれてきただろう。今こそそのような疑問に答えるときだ。このステップでは、集めてきたすべての参考資料を動員してモジュールのことを深く学ぶ。

デジタル写真の例に戻ると、カメラの光のレベルについてあれこれ操作したら、このステップでは、そのときに感じたすべての疑問について、このテーマについて書かれたものを読んで答えを探す。参考資料を引っ張り出して光に関することやその他遊んでいるときに感じた疑問に関係のある個所を調べる。

文章を読み、ビデオを見て、対話を交わし、その他の参考資料も見聞きしながら、前のステップで浮かんだ疑問に対する答えを探そう。ここは問題を掘り下げ、できる限り多くのことを学ぶチャンスだ。

疑問に対する答えが見つかったりテーマについて新しいことを学んだときには、躊躇せずに後ろに戻ってさらに少し遊んでみよう。読んで実験、見て実践を通じてテーマの理解を完全なものにするために必要なだけ時間を使おう。

しかし、集めた参考資料を完全に読んだり見たりする必要はない。今すぐ学びたいことに関連する部分だけを読み、見ればいい。本を最初から最後まできれいに読んでも何も出ない。参考資料は自学自習の役に立つ限りで使おう。主として遊んだ結果生まれた疑問を解くことに使えばいい。

最後に、ステップ3で決めた成功基準のことを忘れてはならない。今学んでいることと最終的なゴールとを結び付けてみよう。マスターした個々のモジュールが何らかの形で最終的な目標に向かって前進するために役立っていなければならない。

ステップ 10：教える

> 口で言われても忘れる。教えてもらえば覚える。巻き込まれれば身に
> 付く。
>
> —ベンジャミン・フランクリン

ほとんどの人が教えることを怖がる。私もそうだった。自分が知っていること、あるいは知っていると思っていることを他人に教えるのにふさわしい人間かどうかを考えると、自分に対する疑いで頭がいっぱいになってしまう。

しかし、あるテーマを深く学びたいと思うなら、テーマについて本当に理解したいと思っているなら、教えなければならない。ほかの方法はない。

実際には、人に教えるためには、他人よりも 1 歩前にいるだけでいい。それどころか、生徒よりも何歩も何十万歩も前にいるエキスパートの方が、生徒とのつながりが見つからなくて教えるのに苦労することがある。エキスパートは、初心者でいるということがどういうことかを忘れているので、自分が簡単だと思う細部に入ってお茶を濁してしまう。

光がデジタル写真にどのような影響を与えるかについて学んだことを人に教えたいなら、異なる光源とそれが写真に与える影響の具体例を示す簡単なYouTube 動画を作ればいい。友人、同僚などに光がデジタル写真に及ぼす影響について説明するというようなもっと単純なことでもいい。その話を面白いと思う人はたくさんいるはずだ。

このステップでは、安全地帯から離れて学んだばかりのことを他人に教えるようにすべきだ。自分が何かを学んだということを確かに知るための方法はそれ以外にはない。そして、人に説明しようとすることは、自分が学んだことのなかに含まれている隙間を埋めるための手段として非常に優れている。それに、教えるときには、他人が理解できるような形に情報を構成しなければならない。だから、教えは、学んでいるテーマを頭のなかで本当に細かく分析して理解するプロセスだ。私は、教えることを始めてから、自分のキャリアと専門的能力、自分自身の理解がもっとも大きく上がっていると思う。

自分が学んだことを教える方法は非常にたくさんある。ブログポストを書いてもいいし、YouTube 動画を作ってもいい。自分が学んだことについて夫や妻に話し、説明するのでもいい。重要なのは、自分が学んだことを頭のなかから出して、ほかの人が理解できるように構成することだ。このプロセスを進めると、自分では理解しているつもりでいながら、そうではなかったことが見つかる。また、学んだことを圧縮し、吐き出す過程で、以前は見えなかった関係が見えてきたり、頭のなかの情報が単純化されたりする。

このステップは省略したくなるだろうが、ほかの何をしてもこのステップを省略してはならない。情報を頭のなかに保ち、表面的な理解以上に発展させるために、このステップは必要不可欠である。

教え方

- ブログポストを書く。

- YouTube 動画かチュートリアルを作る。
- プレゼンテーションを行う。
- 友人や、夫（妻）と対話する。
- オンラインフォーラム内で質問に答える。

最後の考察

　自学自習の方法を身に付けるためには、熱心に取り組んで汗を流さなければならないが、それによってあなたの人生で得られる利益はとてつもなく大きい。この 10 ステッププロセスは、あなたが瞬間的に賢くなれる魔法の公式ではなく、私たちが生まれつき持ち合わせていて、私たちの大半を突き動かしている好奇心のメカニズムを使って、そうでない方法よりも学んだことをたくさん吸収できるようにするとともに、その作業に取り掛かる前に、学習の手順を構成する準備作業をきちんと済ませておけるようにするものである。

　このプロセスにまとめたステップではうまく学習できない場合、このような公式化は不要だと思う場合は、このプロセスにこだわる必要はない。ステップ自体は重要ではない。大切なのは、この学習プロセスを支えるコンセプトである。自学自習のために使えるシステム、結果を得るためにいつでも安心して使えるシステムを作っておくことが大切なのだ。

やってみよう

- ☐ 第 29 章で作った学習プランの各モジュールでステップ 7〜10 を繰り返し実行して、学習実験を完成させよう。
- ☐ 今の段階では、どのステップも省略しないようにしよう。そして、このプロセスが自分にどのくらい合っているかを考え、修正を加えよう。

第 31 章

メンターを探す：
あなたのヨーダを見つける

　英雄が「成人儀礼」を経るという内容を持つ優れた映画や物語では、ほとんどすべての場合、その英雄にはメンターがいる。メンターとは、英雄が1歩先に成長するために必要な知識を英雄に授ける人であり、英雄を成長させるために英雄に試練を与える人である。

　メンターがいるということは、ソフトウェア開発者としてのキャリアにおいてきわめて大きな財産になり得る。優れたメンターは、経験から得られた知恵をあなたに分け与えることができる。そのような知恵は、メンターがいなければ厳しい試練をくぐり抜けない限り得られないものだ。メンターはすでにあなたが通るべき道に印を付けている。そのような人の成功、失敗の経験から多くを学べるのだ。優れたメンターは、あなたがテクノロジーを自学自習するよりもずっと早くテクノロジーを学べるように手を差し伸べることができる。

　しかし、人生はたいていそういうものだが、メンターを見つけるのは簡単ではない。Xウィングに乗ってダゴバ星に飛んで行く必要はないが、自分でしなければならない仕事がある。この章では、メンターに何を求めるか、メンターを見つけるにはどうすればいいか、あなたには投資する意味があるとメンターを納得させ、ウィンウィンの状況に持っていくためにはどうすればいいかについて考えていく。

メンターの資質

　メンターには様々なパターンがあり得る。逆説的だが、メンター自身の人生からあなたにどれだけの力を与えてくれるかを判断するのは間違っていることが多い。プロスポーツチームでもっとも成功している監督、コーチのなかには、自分自身ではそのスポーツのプレーヤーとしてはまったくダメだったという人が混ざっている。トレーナーのなかのセレブとして目立っている人のなかには、自分ではジムに足を踏み入れたことがないような人もいる。

172

自己啓発セミナーの名手のなかには、自分で言っているのとは反対の生き方をしてきた人々がいる。自分の教えで自分自身の生活をうまく律してきたようにはとても思えないのだ。

それなら、見つけられる限りもっとも変で、仕事がうまくいっていない負け組を探し出して弟子にしてもらうべきなのだろうか。それも違う。ただ、メンター自身が人生でどのようなことを達成してきたかとか、どのように見えるかといった理由で、メンターの適任者であるかどうかの判断を曲げてはならないということだ。もっとも優れた教師は、もっとも多くの落とし穴にはまった人であることが多いというだけのことである。

そのような人の具体例を見たければ、ＡＡ（アルコホーリクス・アノニマス）か地元の教会に行ってみるといい。そういった場のメンターの多くは、悲惨な失敗を経験し、そのトラブルを克服して、ほかの人々が自分と同じように行動して困難を克服するのを助けることを学んだ人々だ。

それでは、メンターのなかに何を見いだせばよいのだろうか。メンターとしては、あなたがしたいことを成し遂げた人（成功した人）か、あなたがしたいことをしたほかの人を支えた人を探すべきだ。自分で成し遂げたのであればすばらしい。しかし、もっと強力な指標は、彼らが弟子となる他者のために何をしたかだ。目標達成のためにいい影響を与えられた弟子が多ければ多いほど、その人があなたに同じことをしてくれる可能性は高い。

人について感じることとその人が達成した結果から言っていることは区別しなければならない。しかし、これは見かけほど簡単なことではない。ほかの誰かに助けを求めているときには、何が最良なのかを自分はわかっていないということを前提にしなければならない。そうでなければ、助けなどいらないはずなのだ。これはつまり、自分でどんな分析をしようが間違っている可能性が高いということだ。自分が考えることは実際には間違っていると強く思い、自分の論理や理性ではなく、まだ見ぬメンターが達成した結果を見ることに気持ちを集中させるようにしなければならない。

泳ぎを習うときのことを考えてみよう。初めて泳ぎを習うときには、あなたの頭のなかは泳ぎ方や水の危険性についての誤った情報でいっぱいになっている。自分は水に浮けないとか、自分は溺れると思っているかもしれない。しかし、あなたは泳ぎ方を教えている人を信頼しなければならない。その人は、あなたよりも多くのことを知っていて、あなたの水泳についての判断が誤っていることも知っているのだ。

メンターを探すときには、自分の判断や理性を横に置いて、その人が残した結果を見るようにしよう。あなたがやろうとしていることを達成した人や、はしごの段をあなたよりもずっと上まで上っている人を探そう。あなたが達したいと思っているレベルにその人自身が達していなくても、他人がそのレベルに達する後押しをした人を探そう。

メンター探しのチェックリスト

- あなたがしたいことをした人か。
- あなたがしたいことを他人がしたときに、それを後押しした人か。
- その人はどのような結果を残しているか。
- その人とうまくやっていけるか。

メンターをどこで探すか

メンターとしてどのような人を探すべきかがわかったら、その人をどこで探すかが問題だ。メンターストアに行って借りてこられるわけではない（実際には、それに似たことはできる。ウェブサイト、https://clarity.fm/ を見てみよう。ここでは、時間料金制で様々な分野のメンターと話ができる。また、人生の様々な分野であなたにアドバイスを与えてくれるコーチを雇うこともできる）。

最良の選択肢は、あなたが個人的に知っている人か、友人や家族の友人である。少し調べて頼んで回る気があれば、あなたが追求しようと思っている試みが何であれ、おそらく友人と家族のネットワークからいいメンターになりそうな人を見つけられるだろう。このような方法でメンターが見つかれば理想的である。すでに知っている人、親しい友人や家族から紹介してもらった人なので、受けてもらいやすいだろう。

しかし、個人的なネットワークがそれほど大きくなければ、どこかよその場所を探さなければならないだろう。それでも、R2-D2 のシートベルトを締める前に、地域のグループをチェックしておきたい。地域には、あらゆるタイプの趣味や娯楽のグループがあるものだ。ソフトウェア開発のメンターを探している場合には、ミートアップ（http://meetup.com）のようなサイトで地域のソフトウェア開発者グループを当たってみよう。地域の様々な起業家グループも役に立つ。

こういった地域のグループの大半は、スキルレベルがまちまちの様々な人々から構成されている。しかし、こういったグループは、地域に自分のスキルを還元しようとか、自分の意志に合わせて鍛えられる新しい弟子を探そうという経験を積んだベテランのたまり場だ。これらのグループのどれかから優れたメンターを見つけられなくても、正しい方向を示せる人か必要とされる人々とのコネを持っている人に出会うことはできるだろう。

企業の出世の階段を上っていきたい人にはもっと賢い動き方がある。社内でメンターを探せばいい。上級者、つまりあなたの上司や上司の上司などは、メンターとして優れている。社内で昇進していくために知っておかなければならないことを教えてくれるだろう。さらに、社内の上層部に友人がいれば、キャリアにとって損はない。

仮想メンター

しかし、あらゆる選択肢を駆使してもメンターが見つからなければどうすればいいだろうか。自分でメンターを作ることを考えた方がいい場合もある。

初めて不動産投資に手を出したとき、私は自分がやろうとしているようなことをした人を誰も知らなかった。ほかの不動産投資家との間につながりはなく、地域の不動産投資家のグループを探すという知恵もなかったので、自分でメンターを作ることにした。それは、本のことである。

私は不動産投資について書かれた最良の数冊を見つけ、仮想メンターからできる限り多くのことを学んだ。彼らが書いたことを読みながら、彼らがどのような意思決定をしたのか、なぜそうしたのかを理解しようと努力した。

当然ながら、本物のメンターの方がいいに決まっている。行き詰まったら、現実にメンターとして受け入れてくれればいいのにと思う人を探そう。実際、インターネットを介してそういった人々の一部と連絡を取り、本当にアドバイスを受けられる場合もある。

私が気に入っている本のひとつ、ナポレオン・ヒルの『思考は現実化する』（きこ書房文庫版上下、2014 年）で、ヒル氏は望むメンターが見つからず、頭のなかで想像したことを書いている。彼は、自分もあのようになりたいと思った有名人の本を読み、彼らと会話を交わしているところを想像した。彼らなら自分にどのようなアドバイスをしただろうか、また自分はそれにどう返事しただろうかと想像した。それはちょっと変だろうと思われるかもしれ

第31章　メンターを探す：あなたのヨーダを見つける　**175**

ないが、『自分を動かす』（知道出版、2008 年[※2]）を書いたマックスウェル・マルツもまったく同じことを言っている。

　自分にぴったり合うメンターを見つけられても、そのメンターがあなたを弟子にしたいと思う保証はない。実際、もっとも大きく成功した人々は忙しく、使える時間がないかもしれない。それでは、メンター候補の人々にあなたに賭けてみようという気持ちになってもらうためにはどうすればいいだろうか。

　この課題をうまく達成するための最良の方法のひとつは、助けてもらう代わりに何かを差し出すことだ。そして、あなたが差し出せるもののなかでもっともいいものは、学びたいという熱心な気持ちと、……無償労働である。間違いない。無償労働を断るのは難しい。成功のコツを学ぶ代わりに退屈な作業を手伝うつもりなら、メンター候補があなたの提案を受け入れる可能性はかなり高くなる。

　しかし、たぶんあなたには他人のためにタダ働きする時間や金銭的余裕はないだろう。あなたは人生のごく一部の分野でちょっとした助けがほしいだけかもしれないし、メンターの方でもあなたの手伝いなどいらないかもしれない。その場合にはどうすればいいだろうか。

　💡　メンター候補にアドバイスをもらうための方法として昼または夜の食事をおごるという方法も検討するといい。

　粘り強く説得することだ。ほとんどの人は、最初の「ノー」で諦めてしまう。そんな人になってはだめだ。杖で追っ払わなければならないようなタイプの人になり、追っ払われてもまた戻ってくるようにしよう。粘り強くすればいつも報われるわけではないが、報われることが意外と多いのに驚くだろう。

※1　"Think and Grow Rich," Wilder Publications, 2007

※2　"Psycho-Cybernetics", Reprint, Pocket Books, 1989

やってみよう

☐ メンターを探す前に、メンターに何をしてもらいたいのかを知る必要がある。座ってメンターが必要なのはなぜか、メンタリング関係から何を得たいのかをじっくり考えよう。

☐ 知っている人のなかで、自分にとっていいメンターになりそうな人をすべてリストアップしてみよう。友人や家族に知人を挙げてもらってリストを充実させよう。ネットワークを活用するのである。

☐ メンターに助けてもらう代わりに差し出せるものについて考えてみよう。

第 | 32 | 章

弟子をとる：ヨーダになる

　メンターがいるのはすばらしいことだが、メンターになることの方がいい
場合がある。ソフトウェア開発者としてのキャリアがどの程度であっても、
あなたの知恵やアドバイスに助けられる人がいる可能性はある。

　コミュニティにお返しをするのは、単にそれが正しいことだからというだ
けではない。お返しをすることにより、あなたも大きなメリットを得られる
場合がある。だからこそ大切なのである。

　この章では、メンターになることのメリットを説明するとともに、どのよ
うな弟子をとればいいか、その選択方法も示す。

メンターになること

　多くの開発者は、他人のメンターになるために必要なものを自分が持って
いるなどとは考えていない。おそらく、あなたもそうだろう。それぞれの道
を進んでいる他人にアドバイスしたり手助けしたりする資格など自分にはな
いと思っているだろう。

　私には、おそらくコードを書くのが好きなのだろうということを除いて、
あなたのことは何もわからない。それでも、あなたは何らかの分野で誰かの
メンターになれると、ほとんど100%保証できる。人生の何らかの分野で他
人を助けるためには、その人よりも1歩先まで進んでいればいい。私はよく
人々にそう言っている。あなたが人生のキャリアのどの位置にいるかにかか
わらず、何らかの分野で誰かよりも1歩先を歩んでいれば、あなたはその誰
かを助けることができる。

　あなたの方が1歩先にいると思う相手について少し考えてみよう。あなた
がすでに知っていることを学ぼうとしている開発者が知り合いにいないだろ
うか。あなた自身がまだエキスパートとは言えない状態でも、自分の知識を
シェアすれば、その人は助かるのではないだろうか。

　メンターになるということは、いつでも正しい答えを知っているとか、自

178

分は決して誤りを犯さない自信があるといったことではない。メンターになるということは、他人の問題を客観的に見て、彼らが問題に近すぎるために見えていない解決方法を示すということだ。自分の知恵や経験で観察したことに手心を加えてしまうことがよくあるが、他人を成功に導くためには、単に部外者の視点があればいいだけという場合もある。

　私には、私の問題について何も知らない人が、適切なメンタリングをしてくれた経験がある。その人は、私の言い分をていねいに聞き、私には不明だったことを見通してくれたのだ。このように、誰かをメンタリングするために本当に必要なものは、ただ注意を払うことだということが時々ある。高い報酬を得て人生相談をしている人々の多くがしていることはまさにこれなのだ。

　私たちはみな、自分の問題になると少し近視眼的になってしまう。だから、私たちが自分では不明なものを見通せるように手助けしてくれるだけで、問題を解決できる場合がある。偉大なタイガー・ウッズは、彼よりも優れているわけではないが、タイガーには見えないものを見ることができるゴルファーにコーチングしてもらっている。よく観察して辛抱強くなれれば、メンターになれる。温かい心で弟子の言い分を聞き、弟子が励ましを必要とするときには励まし、モチベーションを必要とするときには、……徹底的に叩きのめせばいい。

メンタリングすることによるメリット

　正直になろう。私たちは自分のことを気前のいい人だと思いたがるが、実際には誰もが主として自分の利益のために動いている。人間とはそういうものだ。他人に対するメンタリングはコミュニティにお返しをして他人のためにいいことをするチャンスだと言えば、あなたの公共心や慈善の気持ちに訴えることができる。それは嘘ではない。しかし、メンタリングすることが、相手だけでなくあなた自身の人生に与える具体的なメリットについても触れておきたい。

　このことについては、あとの章でもっと詳しく触れる。10ステッププロセスの章でもすでに触れたように、教えることは、学ぶための方法としてもっとも優れているのだ。

　メンターの役割を引き受けると、テーマに対する自分の考えを洗い直し、

第32章　弟子をとる：ヨーダになる　**179**

新鮮な目でテーマを見ることになるので、結局はメンタリングしている相手よりも自分の方がよく学んでいることが多い。メンターになると、多くの場合、もっとも強力な問いのひとつである「なぜ」にさらされる。なぜ、これが正しいのか、なぜ、このようにしなければならないのか。こういった「なぜ」の問いを掘り下げざるを得なくなると、自分がなぜだか理解していないことに気づくことがある。誰か他人を助けようとしてその問いに対する答えを探していると、そのテーマについてそれまでよりもはるかに深い知識が得られたり、そのテーマについての考え方が根本的に変わったりすることがある。

　メンタリングには、宝くじのようなところもある。あなたが成長を助けている人々は、誰もがいずれあなたを乗り越え、立場が逆になったときにあなたのために力になってくれる可能性を秘めている。あなたがメンタリングした人々は、あなたが蒔いた種のようなものだ。十分な数の種を蒔き、そのうちのひとつがいずれあなたに木陰を与えてくれるような大きな木に育つ。私が今までのキャリアでメンタリングした人々のなかには、その後私のために大きな便宜を図ってくれる立場になった人が多数いる。人は、自分が助けを必要とするときに助けてくれた人を覚えているものだ。

　最後に、あなたの慈善の気持ちに訴えかけたい。メンタリングをして、ほかの人、それもあなたの恩に報いることができないような他人の人生にプラスの影響を与えられたということが感じられると晴れ晴れとする。他人へのメンタリングによって、あなた自身の人生に新たな目的と意味が与えられるのである。本当の幸せは、他人を助けたときにしか経験できないものだ。

メンタリングの利点

- 「恩返し」の気持ち、他人のために何かをしたという気持ちが芽生える。
- 何かを深く学ぶための最良の方法のひとつである。
- メンタリングした相手が将来あなたを助けてくれる機会が生じる。
- 成長のチャンス。他者の成長を助けると、あなた自身が成長する。

「教えがいのある」弟子の選択

　メンターになるときに難しいことのひとつは、時間をかける甲斐のある弟子を見つけることだ。キャリアを伸ばして成功すると、あなたの時間を割い

て手助けしてくれと頼みに来る人が増える。ただし、それらの人々が全員真剣だというわけではない。本気で学びたいという思いのない人を手助けしてあなたの貴重な時間が無駄になってしまうようなことは簡単に起きる。そのため、弟子は慎重に選ぶことが大切だ。豚に真珠を投げるようなことをしてはならない。

弟子を決めるときには、あなたが知っている人を成功に導く基本的な性質が弟子候補にあるかどうか探してみよう。正しい資質と基本原則を持っている人なら、知恵や知識に欠けるところがあっても、正しい指導が与えられれば最終的に成功を収められる。そういったものを持たない人は、世界中からすべての助けを集めて与えても、実を結ばない。

本当に学びたいという気持ちを持ち、そのためには真剣にがんばるつもりになっている人間を探そう。面倒だから、必要な労力を割くのがいやだからあなたに助けを求めているわけではなく、成長を加速させるために、経験があれば簡単に避けられるような過ちを防ぐためにあなたの助けを望む人間を選ぶようにしよう。

やってみよう

- □ 他人をメンタリングできるような分野は何か。あなたが熱心に取り組み、他人を助けられるくらいの知識を持っているテーマをリストにまとめてみよう。
- □ さらに先に進んでメンターになる。あなたの手助けを必要としている人を探そう。優れた弟子の基準を満たす人間だけを相手にしよう。

第32章 弟子をとる：ヨーダになる **181**

第 | 33 | 章

教える：学びたいなら教えよう

　このテーマについては、10ステッププロセスについての章ですでに取り上げたが、特に重要なコンセプトなので、もう少し詳しく掘り下げていこう。学ぶための方法としてもっとも効果的なもの、おそらくものごとを深く学ぶ唯一の方法は、教えることだ。

　この深遠な真実は無視されてしまうことが多いが、それは他人を教えるということに多くの人々がひるんでしまい、自分は教えるのにはふさわしくないと思ってしまうからである。この章では、その恐怖を乗り越え、教えることの意味を理解し、学習経験の成果をそっくり獲得するために教えることを始めるための方法を探っていこう。

自分は教師ではない

　開発者たちに教えることが必要だと伝えたときの言い訳でもっとも多いのが、自分は教師ではなく、教え方を知らないというものだ。確かに私たちは全員が教育方法の訓練を受けているわけではないが、教えることは誰にでもできる。本当の問題は主に、能力ではなく自信である。マスターしたことのやり方を見せてほしいと頼まれれば、躊躇なく見せることができるだろう。しかし、はっきり知らないことのやり方を見せてくれと頼まれると、恐ろしさを感じるのではないだろうか。

　自分はある分野のエキスパートだと思っているが、それを教えることだけが大変なのだということはまずあり得ない。というのも、ある分野の専門家になるためには、修行の一部として他人に教えるということが必要になるからだ。誰か他人に教えたことのない分野の専門家になるのは非常に難しい。実際、「マスター」したけれども誰か他人に教えたことのないスキルがあるのか考えてみていただきたい。あるよと言われるかもしれないが、本当にマスターできているスキルの大半は、ほかのこととともに、他人の学習を手伝うことを通じてマスターしているものだ。ただ、大半の人たちは教えている

ことを意識せずに教えているのである。

　教えることには形式張ったイメージがつきまとっているが、実際には、教えるとは何らかの知識をほかの誰かにシェアするだけのことである。あなたはそうと意識せずに、しょっちゅう知識の共有を行っている。同僚に何らかのコンセプトを説明したり、フレームワークやライブラリの使い方を具体的に示したりしたことが何回あるだろうか。黒板を背に指し棒を持ってクラスの生徒の前に立ったことはなくても、あなたは教えていたのである。

　教師になるために学位や証明書は不要であり、エキスパートである必要もない。きちんと教えるために必要なのは、教わる人々よりも1歩前を歩いていることだけである。だから、自分には教師になるために必要なものが備わっていないと思ったとしても、実際には私たちはみな教師なのだ。

教えると何が起きるか

　私たちは何かについて初めて学ぶとき、そのテーマについて知っていることをとかく過大評価しがちだ。簡単に自分を騙して何かを理解していると思い込んでしまう。それを教えようとしたときに、初めてその思い込みに気づく。

　誰かが自分に質問してきたときに（単純なことでいい）、自分がうまく答えられないことに気づいて愕然としたことはあるだろう。「それは明らかなことで」と口火を切ったものの、次の言葉は「うむむ」になってしまう。私はしょっちゅうそんな経験をしている。この現象は、あるテーマについて理解していると思っているものの、実際には表面的な知識しか持っていないときに起きる。

　教えることに意味があるという理由はここにある。教えることにより、他人に説明できるほど十分に深く理解できてない事実に直面させられるのだ。私たち人間の脳は、パターン認識には秀でている。私たちは、自分が何をしているのか、なぜそうしているのかを本当に理解していなくても、パターンを認識することができ、認識したパターンに当てはまる多くの問題に答えられることが多い。

　私たちは知識が表面的なものに留まっていても、問題解決のための行動を取ることができる。それで仕事は回るので、知識が表面的なことに気づかないことが多い。しかし、何かがどのような仕組みで機能しているのか、なぜ

第33章　教える：学びたいなら教えよう　**183**

それをするのかを説明しようとすると、理解のなかに潜む隙間に気づくのだ。

しかし、それは悪いことではない。隙間を埋めるためには、自分の弱点がどこにあるのかを知らなければならない。誰かに何かを教えようとすることにより、あなたは強制的にテーマについての難しい問題に直面し、単にものを覚えるだけではなく、本物の理解に達するまで深くテーマを掘り下げなければならなくなる。ものを覚えるというのは一時的なものに留まりがちだが、本物の理解はいつまでも残る。掛け算の九九を覚えることはできるが、掛け算の仕組みを理解していれば、仮に覚えたことを忘れてしまったとしても、表を再現できる。

ものを教えるときには、脳内のデータの再構成も避けられない。何かを初めて学んだときには、それは断片的に頭のなかに入ってくる。教えられた教材はうまく構成されていたかもしれないが、それが頭のなかに入ると、かなり断片的なものに変わってしまう。ある概念をつかみ、それが次の概念を導き、さらにそこから前の概念に跳ね返されて初めて、以前はつかめていなかった部分を理解できる。

このような形で頭にデータを入れていくのは効率が悪く、混乱を招きがちだ。誰かから質問をされたときに、答えが支離滅裂になりがちなのはそのためである。自分ではわかっているのに、それを説明することができないのだ。

誰かを教えようとすると、強制的に頭のなかのデータを再構成せざるを得なくなる。何かを説明するための最良の方法について考え、それを紙に書いたり、言葉やスライドにまとめたりすると、頭のなかのバラバラに切断された情報の断片がひとつにまとまり、意味を成す形に再構成される。他人に教えるためには、必然的にその前に自分自身に教え直さなければならないのである。教えることが学ぶために非常に効果的なのはそのためだ。

始めよう

ここまでのところで、教えるということは自分でもできるし、自分がすべきことだ（特に、知っていることを深く理解したいなら）とあなたにも納得していただけただろう。しかし、実際に教えるためにはどうすればいいのかと思われているかもしれない。1歩踏み出して、自分がよくわかっているのかどうかはっきりしないテーマについて、権威のようにふるまうのは容易なことではない。

教えるときには、謙虚な視点から権威的なトーンで話すといいようだ。どういうことかというと、教えるときには、あなたが知識を持っているからといって生徒たちよりも優れているとか賢いというようにふるまわず、しかし自信を持って、自分が言っていることをしっかりと信じて話すということである。言っていることに自信がなさそうな人からものを教わりたいと思う人はいない。しかし、教わっているときにバカにされたように感じるのも嫌なものだ。

　これを正しくするためには練習がいる。とかくどちらかの方向にぶれすぎてしまうものだ。教えるという仕事は他人を助けることで、自分の優位性を証明したり、承認を求めたりするためではないということを認識しなければならない。

　今までに出会ったなかでもっとも優れていると思う先生のなかで、学ぶのが楽しいと感じさせてくれた先生や人生に影響を与えた先生について考えてみよう。彼らはどのような資質を持っていたのだろうか。彼らはどのようなアプローチで教えていたのだろうか。

　教え方はとりあえずわかったものとして、それではどのようなところで始めたらいいのだろうか。自分の教室を開いて、出席者を募るべきだろうか。

　はじめはあなたのアイデアを共有する小規模な場から慣れることをお勧めする。私がいつも勧めているのは、ブログの開設である（第2部参照）。ブログは、あまりプレッシャーを感じずに自分が学んでいることを他人に教えられるすばらしい場だ。あるテーマについて学びながら、その内容をブログに書いていくのである。獲得した情報を単純に抽出できるかどうかを確認する。実は、私のブログ、シンプルプログラマーもまさにこのようにして始めたのだ。私の当初の目標は（今でももっとも重要な目標のひとつだが）は、複雑なものを単純にすることである。ブログを始めるとき、私は自分が学んでいることをテーマとして、それを単純化し、ほかの人たちが理解しやすくなるようにしたいと思った。

　しかし、ブログ書きで留まる必要はまったくない。地域のユーザーグループや職場でプレゼンテーションをするのもすばらしいステップになる。謙虚だが自信に満ちた様子（傲慢ではなく）を保つことを忘れないようにしよう。最高のプレゼンターになれなくても、きちんとこなせるはずだ。

　ビデオ、特にチュートリアル用のスクリーンキャストも、教えるための手段として優れている。また、始めるために必要なものはあまりない。

第33章　教える：学びたいなら教えよう　**185**

Camtasia Studio（http://shop.techsmith.com/store/techsm/ja_JP/home/ ccRef.en_US）や ScreenFlow（http://www.telestream.net/screenflow/ overview.htm）のような画面キャプチャソフトを使って画面を記録し、説明する音声を足せばいい。このような形で教える場合、音声、ビジュアルと実際のデモが含まれているので作業は非常に難しくなり、情報をプレゼンテーションするためのもっとも優れた方法について否応なく考えさせられることになる。

やってみよう

☐ 教えられるテーマを探して実際に教えてみよう。ブログポストを書く、プレゼンテーションを行う、スクリーンキャストを記録するなどの方法から選んでいい。しかし、今週中に何らかの形で教えることを実践してみよう。

☐ あるテーマについて教えるための準備をしているとき、そのプレゼンテーションによってテーマに対する理解がどれくらい深くなったかに注意を払おう。教えようと思わなければ気が付かなかった知識のなかの隙間に特に注意しよう。

第 | 34 | 章

学位は必要か、
なしで済ませられるか

　大学の学位に価値があるかどうかについては、ソフトウェア開発者たちの
間で古くから激論の対象となってきた。学位がなくてもソフトウェア開発者
はキャリア、人生で成功できるか、それとも仕事を探しても永遠に見つから
ず地べたをさまようようになってしまうのか。

　この章では、高等教育を求めていくことのメリットとデメリットを探って
いく。また、人生の様々な事情からアカデミズムには縁がなくても成功を収
めるためのヒントも示していこう。

成功するために学位は必要か

　ご存知のように、この問いは誰に聞くかによって大きく答えが変わる。学
位を持っている人に尋ねれば、「イエス」と答える可能性が高いだろう。学
位を持っていない人に尋ねれば、やはり「ノー」という答えが返ってくる場
合が多いだろう（ただし、その時点で彼らが失業していなければの話だが）。
それでは、本当はどうなのだろうか。学位は必要なのか、そうではないか。

　実は、私はたまたまコンピューター科学の学位を持っているが、キャリア
の最初の時点では学位がなかった。だから、私は両方の側にいたことがある。
だからといって、私の答えが絶対正しいというわけではない。しかし、両方
の立場で求職、昇進を目指した視点というものを持ってはいる。

　私の経験では、成功するために学位は不要だが、求人の口が少なくなる要
因になることは間違いなく、昇進にもある程度影響する。特に大企業ではそ
うだ。学位を持っていないと、履歴書をきちんと見てもらえないまま排除さ
れてしまう場合もある。多くの企業、特に大企業は、教育レベルで応募者を
フィルタリングする。実際、ソフトウェア開発者は学士号を持っていなけれ
ばならないという採用方針を持っている企業もある。繰り返しになるが、だ
からといってそういう会社でポストを得られないというわけではない。例外
は必ずある。しかし、そういう会社に入り込むのは確かに難しい。

第34章　学位は必要か、なしで済ませられるか　　**187**

私は、ここで学位の重要性を過度に強調したくないが、学位がなければ選択肢が狭まることだけは理解していただきたい。しかし、そう断った上で、実際に成功するためには学位など必要ではないときっぱり言いたい。

私は、学位を持ったことがないのに大きな成功を収めたソフトウェア開発者をたくさん知っている。ビル・ゲイツはその偉大な例だ。彼は大学を中退したが、今の彼を見ればすごいものだ。私も、ソフトウェア開発者としてのキャリアのかなりの部分を学位なしで過ごしたが、問題なくやってこれた。ソフトウェア開発の分野でもっとも重要なのは能力である。優れたコードを書けて問題を解決でき、その能力を具体的に示すことができれば、「教育済み」と書かれた紙切れ1枚を持っているよりもずっと大きな意味がある。

ソフトウェア開発をほかの産業と比べたときに大きく違うのは、この分野が絶えず変化していることだ。新しいフレームワークやテクノロジーが毎日導入される。実際の作業環境に入れるように教育機関でソフトウェア開発者に十分な準備を提供することはほとんど不可能である。教科書が出版され、学科のカリキュラムが決まる頃には、多くのことが変わっている。

とは言え、ソフトウェア開発に変化しないコアの領域がないと言っているわけではない。多くのコンピューター科学科の授業には、アルゴリズム、オペレーティングシステム、リレーショナルデータベース理論など時間によって左右されないテーマがいくつか含まれている。しかし、職場のデスクの前に座ってコードを書くときには、学校で教わったスキルにフォールバックすることはまずない。それが単純な真実である。私たちが開発者として行うほとんどの仕事は、新しいテクノロジーを使い、それをどのようにして操作するかを学ぶことが含まれたものになる。コンピューター科学の原点に戻らなければならなくなることはまずない。

繰り返しになるが、だからといってコンピューター科学の基礎教育は無価値だというわけではない。問題を深く掘り下げられ、表面的なレベル以上に理解できることは、非常に意味のあることだ。ただ、ほとんどの開発者にとって、仕事における成功のもっと重要な指標は、しっかりとした経験を積んでいるかどうかだというだけである。

学位を持っていることの利点

学位を持っていることの利点の一部についてはすでに触れているが、もう

少し深くこのテーマについて考えてみよう。

　まず、学位を取りに行けば、ソフトウェア開発についてバランスの取れた内容豊富な教育を確実に受けられる。コンピューター科学などのソフトウェア開発関連の学位を取れば、優れたソフトウェア開発者になるために必要なすべての教育が与えられるというわけではないが、ほとんどの関連学科の教育を受ければ、少なくともしっかりとした基礎と基本が身に付く。

　もちろん、こういったものは独学でも学ぶことができる。しかし、独学で学んだ場合、教育のなかに隙間がどうしても残り、それが将来あなたのキャリアを傷付ける危険がある。コンピューター科学や関連する学位を取ると、ハイレベルな数学、プログラミング言語とオペレーティングシステムとアルゴリズムの理解など、日常の仕事では必ずしも知らなくても構わないもののシステムの仕組みについての深い理解やしっかりとした基礎を提供する重要なテーマが学べる。

　学位があると、経験がなくても仕事を始めやすいというメリットもある。ソフトウェア開発の分野に入るのは、特に経験がなければ非常に難しい。しかし、学位を持っていればそこのところで大きな違いがある。仕事としてコードを書いたことがなく、公式的な教育を受けていなければ、コードを書けると言っても信じてもらうのは非常に難しい。

　学位があれば、選択肢も増える。特に大企業では、学位がなければ絶対に就けない地位がある。そして、学位がなければ、重役の地位に上がるのは非常に難しい。進路を切り替え、管理職で昇進を狙うつもりなら、MBA を取得したいところだが、そのためには学士の学位がまず必要だ。**表 34.1** は学位を持っていることのメリットとデメリットをまとめたものだ。

表 34.1　学位のメリットとデメリット

学位のメリット	デメリット
・ソフトウェア開発についての内容豊富でバランスの取れた教育 ・経験がなくても業界に入りやすい ・選択肢が増える。幹部、経営陣への転進がしやすい	・稼げるときに学ぶために時間を費やしてしまう ・ひとつの考え方に囚われてしまい、なかなか抜け出せない

第 34 章　学位は必要か、なしで済ませられるか　　**189**

学位がなければどうすればいいか

　当たり前と言えば当たり前だが、学位を持っているからといってあなたが傷付くことはないし、あなたを後押しできることもある。しかし、学位を持っていない場合はどうすればいいのだろうか。

　学位を持っていない場合には、学位がある場合よりも、経験と能力があるという証拠に頼らなければならない。学位があれば、雇い主は少なくとも応募者がソフトウェア開発に関して何かしら知っているということに自信を持てるが、学位がないなら、あなたは自分で自分の能力を証明できなければならない。

　能力を証明するための最良の方法は、それまでの経験である。学位がなくても、過去5年間ソフトウェア開発者だったなら、コードを書けるだろうと考えられる。しかし、この業界に入ったばかりなら、職を確保するのは少し大変になる。あなたができると言っていることを本当にできることを証明しなければならなくなるだろう。その証明のためにいい方法のひとつは、ポートフォリオである。

　学位や経験を持っているかどうかにかかわらず、仕事のポートフォリオを持つことを強くお勧めする。学位も経験もない場合は、自分が書いたコードを見せられるといい。今日、コードを見せるための最良の方法は、GitHub（http://github.com）などのサイトにホスティングされたオープンソースプロジェクトに力を貸す（または始める）ことだ。GitHub は、多くのオープンソースプロジェクトをホスティングしているサービスである。あなたのGitHub アカウントやあなたがプロジェクトに提供したコードは、他人が見られるようになっている。

　作ったウェブサイトやアプリケーションをまとめ、面接にソースコードを持っていくというのもひとつの方法だ。私がいつも開発者、特に仕事を始めて間がない人たちに勧めているのは、Android、iOS などのモバイルアプリを作ることである。これは、アプリケーション全体を構築し、デプロイするために必要な能力を持っていることを雇い主になるかもしれない人々に示すいい方法だ。

　ここで少し時間を割いて、あなたが作れるアプリはどんなものか、面接に持っていくポートフォリオをどのように作るかを考えてみよう。すでに使えるようなコードやプロジェクトを持っているだろうか。もうひとつ、現時点

190

で学位を持っていない場合、将来学位を取るつもりがあるかどうかも考えておきたい。私の場合、この業界の仕事を始めたときには、学位を持っていなかった。そのため、私は最初のいくつかの職を得るためにかなり苦労したが、ある時点を過ぎると、十分な経験を積んでいるので学位はそれほど重要な意味を持たないようになった。それでも、数年働いたあとで学位を取ることにした。単純に紙切れを手に入れるためだ。このような形で学位を取ることになったので、私はまだ働くことができた。結局、私は同僚たちよりも4年分多く経験を積むことができ、しかも学位も手にすることができた。悪い点はただひとつ、何年間か夕方を勉強のために費やさなければならなくなったことだ。学費はそれほど大きな問題にはならなかった。通信制や夜間制の学校は一般に昼間の大学よりも安い。さらに、すでに仕事を持っている場合には、出費は小さく見えるので、借金に走る必要はない。それだけでなく、企業のなかには、学位取得のための費用の一部または全部を支払ってくれるところもある。

あなたが今現在学位を持っていない場合、私と同じようなルートを取ることもできる。現在の仕事を続けながら、パートタイムで授業に出て学位を取るのである。これは、将来あなたのためになるいい予備プランになる。

もうひとつ考えるといいのは、プロとしての認定証である。学位ほどの力はないが、認定証を得るためにかかるコストはそれほど高くなく、ある分野におけるあなたの能力を証明するために役立つ。マイクロソフトやJavaのプロとしての認定証、Scrumなどのメソドロジーの認定証がある。これらの認定証を得るためには、一般に独学で準備を進める。そして、ごく値段の安いテストを受ければ認定証が得られる。

やってみよう

- □ あなたが学位を持っていない場合、受講できそうなオンラインやパートタイムの講座を調べてみよう。学費がいくらぐらいかかるか、卒業するまでに何年ぐらいかかるかに注目しよう。

- □ 学位を取るのを完全に諦める場合、業績を示すポートフォリオの内容を充実させよう。少し時間を割いて、あなたが自分の仕事をよく知っていることを証明する優れた自作コードの例を集めておこう。

第34章 学位は必要か、なしで済ませられるか　　191

第 35 章

知識のなかの隙間を見つける

　得意分野に力を集中させることはまったく悪いことではないが、弱点をその まま放置しておくと、キャリア、あるいは人生全般でそれが制約要因になる場合がある。私たちはみな、弱点を抱えている。私たちはみな、知識のなかに隙間を抱えており、そのために効率を最大限に引き上げて仕事をすることができないでいる。そういった隙間をたくさん見つければ見つけるほど（そして潰せば潰すほど）、長期的にはよくなる。

　この章では、あなたが最大限の力を発揮するのを妨げている知識のなかの隙間の問題をあらゆる角度から考える。知らないことによって力が制限されないようにするために、なぜそのような隙間が生まれるのか、どのようにして見つけるか、そしてどのようにしてそのような隙間を埋めるかを検討していく。

なぜ隙間が残るのか

　私は非常に長い間、C# のラムダ式の仕組みがわからなかった。ラムダ式とは、基本的に C# でデリゲートを作るために使える無名関数のことである。ラムダ式は、名前を持たない関数を宣言するための近道として使える。

　私は、自分が相手にしている C# のコードでラムダ式に注目し続けて、何が起きているのかまではわかったが、本当の意味で理解することはできていなかった。ラムダ式の仕組みを理解し、ラムダ式とは何なのかを理解するために時間を割けば、自分の仕事をもっとうまく進められることがわかっていたが、その時間がなかったのだ。

　しかし、私の知識には非常に深刻な隙間があることは時間を追って明らかになってきた。ラムダ式の仕組みを完全に理解するために時間を作らないことにより、私は膨大な時間を浪費していた。結局、ラムダ式を完全に理解するために時間を割くことを決意した。この概念が腑に落ちるまで本を読んで実験するためにかかった時間はわずかなものだった。

私が仕事をしているところを監視する観察者がいれば、ただちに私の弱点に気づき、それによって私の生産性がどれくらい落ちているかがわかっていただろう。しかし、今となってみれば明らかなことだが、当時の私にはそれがわからなかったのである。

　知識のなかの隙間で困るのはここだ。私たちはとかく隙間を軽く見がちであり、とかく忙しすぎて立ち止まってその隙間を埋めるために時間を割くことができない。その結果、自分がしていることを本当の意味で理解できなかったり、弱点、気持ち悪さが残る部分を避けるために効率の悪い方法で仕事をしてしまったりする。

　最終的に隙間が何かがはっきりわかり、その隙間によってどのような苦痛を強いられているかが理解できても、ついついそれを放置してしまいがちだ。対策が必要だということがわかっていてもである。これは、歯が痛くても歯医者に行くのが面倒なので行きたがらないのとよく似ている。

隙間の見つけ方

　知識の隙間というものは、すべて簡単にわかるわけではない。それどころか、ほとんどのものは、仮にわかっていたとしてもぼんやりとしかわかっていないものだ。自分が知らないものに気づくのは難しいことが多く、隙間は簡単に無視されてしまう。

　作業効率を下げている知識の隙間を見つけるための方法のなかでも特に優れているのは、作業にもっとも時間がかかっているところはどこか、繰り返し行っていることは何かを意識することである。そのようなところでは、完全な理解ができていないために、何かをしくじっている可能性がある。私にとってのラムダ式はまさにそういうものだった。ラムダ式が含まれているコードのデバッグ、その他の操作に非常に長い時間がかかっていたのだ。わかっていれば、ほんの数時間しかかからなかったはずなのである。

　同じことが作業の反復にも言える。繰り返し行っていることがあるなら、知っていれば作業効率が上がるのに知らない事項がないか徹底的に調べてみるべきだ。ショートカットキーについて考えてみよう。あるアプリケーションを繰り返し使っているのに、手作業でマウスを延々とドラッグして、クリックしなければならないがために、効率よく作業ができていない。これは、ショートカットキーの知識に隙間があるからかもしれない。毎日何時間も使

第35章　知識のなかの隙間を見つける　193

っているアプリケーション（たとえばIDE）のショートカットキーを覚えるために少し時間を割いてみよう。毎週数時間分も無駄がなくなるはずだ。

　自分がわかっていないこと、はっきりしないことに気づくよういつも注意するのも、知識の隙間を見つけるためのテクニックのひとつだ。調べなければならない事項やはっきりわからない事項のリストを作り、同じテーマが何回出てくるかをチェックする。リストがどんどん大きくなるのに驚くだろう。しかし、自分に正直にならなければならない。わからないものが出てきたとき、すぐに学ぶ必要はないが、少なくともリストにその事項を追加して知識に隙間があるのをはっきりさせておくことはできるだろう。

　このテクニックは、採用面接の準備をしているときや、何を勉強しなければならないかを知りたいときに役立つ。面接で尋ねられそうな採用面接の質問をできる限りたくさん見つけておこう。たとえばJava開発者の求人に応募する場合には、Javaの採用面接での質問リストを探してくるだろう。すべての質問を読み、わからない概念や確信を持って答えられない問いをリストに追加していこう。この作業が終わったら、勉強すべきテーマをまとめたすばらしい、そして長いリストができあがっている。このように言うと単純で当たり前のことのように感じられるかもしれないが、採用面接の準備をしている多くのソフトウェア開発者は、何を勉強すればいいか、どうやって勉強すべきテーマを見つけてくるかがまったくわからないでいる。**表35.1**を完成させれば、この作業に役立つだろう。

表35.1　知識の隙間をチェックする

隙間チェックの領域	あなたの隙間は何か
もっとも時間を使っているのはどこか	
改善できるはずの繰り返し作業	
完全に理解しているとは言えない事項	
答えられない採用面接の質問	

隙間の埋め方

　知識の隙間をすべて見つけてきたとしても、その隙間を埋める方法がなければ意味はない。幸い、歯医者に行くときと同じように、見つけた隙間を埋めるための実際の作業は、想像するほど大変なものではない。

　実際、隙間を埋めるためのポイントは、隙間を確認することだ。知識の隙

間が何かがわかり、それがどのように自分の仕事を遅らせているかがわかったら、その隙間を埋める方法は簡単にわかるのが普通だ。C# のラムダ式が理解できていないために能率が上がらないことがわかったとき、私がしなければならなかったことは、デスクの前に座り、数時間かけて学習のための様々な作業をすることだけだった。

　ただ、何を学ばなければならないのかだけは正確に把握しておこう。そして、焦点を狭い範囲に絞るのである。物理学がよくわからないのがあなたの弱点だとしたら、その隙間を埋めるのは容易ではない。しかし、バネの仕組みがわからないことがトラブルの原因になっていることがわかれば、少し時間をかけてフックの法則（https://ja.wikipedia.org/wiki/フックの法則）を学べば、先に進めるようになる。

　進んで質問をする気持ちがあれば、知識の隙間は非常に早く埋められる。何かを知らないということに少し狼狽しているかもしれないが、その狼狽の気持ちを克服し、何かがわからないときに質問することができれば、大した労力をかけずに自分の知識に含まれている様々な隙間を埋めていくことができる。会話や議論をしていて完全に理解できるわけではないことにぶつかったら、それを無視せず、はっきりさせるために質問するようにしよう。

隙間を見つけてからそれを埋める

第 35 章　知識のなかの隙間を見つける　　195

やってみよう

☐ これから数日間、身近にメモパッドを置いて、なにかわからないことにぶつかるたびにそれを書き出そう。

☐ 会話のなかでわからないものが出てきたら狼狽してしまうかもしれないが、そのときに意識的に質問をする努力をしよう。

☐ 日常の作業のなかで「ペインポイント」（苦痛に感じること）を見つけ、知識の隙間を埋めてそのペインポイントを取り除く方法を明らかにしよう。

第 **4** 部

生産性を高めよう

アマチュアたちは
インスピレーションがくるのを座って待つ。
アマチュアではない我々は、起きて仕事に出かける。

―スティーブン・キング『書くことについて』
(Stephen King, "On Writing: A Memoir of the Craft,")

　第4部全体をひとつのアドバイスにまとめるなら、「仕事をしろ」
だ。しかし、問題は、仕事をするのは見かけほど簡単でないというこ
とである。やればいいことを実際にやれば、もっと生産性が上がるこ
とは誰でもわかっている。しかし、怠け心、モチベーションの欠如、
Facebook、猫の面白い動画といった様々な理由で、私たちの目論見は
はずれる。じっと座って、こうすればいいとわかっていることをするに
は、どうすればいいのだろうか。面白ネコ動画中毒を克服し、先延ばし
の罠に落ちないようにするには、どうすればいいのだろうか。

　第4部はまさにそのためにある。私自身、完璧ではない（私は、無
駄に時間を潰しすぎて、このオープニングを書くのが遅れてしまった）。
しかし、私は生産性を大きく向上させるためのテクニックをいくつも見
つけている。第4部では、それを紹介しよう。これらのテクニックの一
部は、当たり前じゃないかと思うようなものである（私たちはみな、優
しく思い出させてくれるきっかけを必要としている）。しかし、それほ
ど当たり前とは思えないようなテクニックも含まれているはずである。

　なんだかんだ言っても、私はあなたをパフォーマンスと品質の高い「め
ちゃくちゃ生産的な機械」にすることはできない。それでも、気が散る
要因と闘い、注意力を磨き、猫のビデオを再生しているブラウザーウィ
ンドウの上隅にある×をクリックする（どんなに面白い動画であっても）
ための効果的なツールを提供することはできる。

第 36 章

すべては集中から始まる

　生産性に大きな秘密などはない。もっと生産性を上げたければ、今よりも多くの仕事を早く済ませる必要がある。ちなみに、生産性が高いからといって、有能だとは限らない。たくさん作れば生産性が高いことになるが、正しい仕事をしてこそ有能になれる。しかし、さしあたりは生産性を上げることに焦点を絞ろう。安定して生産できるようになれば、あなたは何から取り掛かるかという問題には正しく答えられるものとする。

　さて、今よりも多くの仕事を早く済ませるにはどうすればいいのだろうか。すべては集中することから始まる。どんな仕事でも、終わらせるためには集中がきわめて重要だ。今は、私はこの章を書くという仕事に集中している。私はヘッドホンを付け、電子メールを無視し、画面を見て入力している。それは、この章を書くには、まる 1 日かかるかもしれないし、数時間で終わるかもしれないからだ。すべては集中次第である。

　この章では、集中とは何か、なぜ集中がそれほど重要なのか、そしてもっとも大切なことである「いかにして集中するか」を取り上げる。ページを先に進めたいという誘惑に抵抗し、スマホの音声を切って、さあ始めよう。

集中とは何か

　単純に言えば、集中は散漫の逆である。問題は、私たちの住む世界が注意を逸らすものに満ちていて、本物の集中とはどんなものかを知らない人が多いということだ。一日じゅう働いても集中できなかったということは簡単に起きる。メール、電話、テキストメッセージ、気晴らし、割り込みといったものが絶えず襲ってきて、集中力を奪い、ついには集中とはどういうものかすら、わからなくなってしまう。最後に集中したときのことを思い出すのに苦労している読者のために、本物の集中というものを思い出していただこう。

　最近のできごとで、本当に難しい問題に取り組んでいたのはいつだったろうか。おそらく、何らかのバグをフィックスしようとしていたとき、あるい

は、自分のコードが動かない理由を調べていたときだろう。そのときは、仕事に必死で立ち向かっていて、寝食を忘れ、時間は飛ぶように過ぎていったはずだ。あなたの気持ちをあえて逸らそうとした人々はあなたに怒鳴られるほどだっただろう。あなたはすべての注意をひとつの仕事に注ぎ込んでいたのである。

これが集中だ。私たちは時々このような状態を感じている。しかし、問題は、ほとんどの時間では集中していないことだ。ほとんどの時間、私たちはまったく集中とは逆のモードで仕事に向かっている。簡単に気が散って、しなければいけないことがわかっている仕事に入り込めない状態になる。集中は、人生の多くのことと同じように、勢いの問題だ。一度集中した状態に達してしまえば、集中し続けることは、集中することよりも簡単である。

集中の不思議

私は普段、魔法の薬などを信じないが、集中が生産性向上に効く魔法の薬だということは認める。集中が買えるなら、クレジットカードの上限を使い切ってもかまわない。投資の元が取れることは、ほとんど保証されたも同然だとわかっている。集中はそれくらい大切だ。

問題は、集中を欠くと、仕事が終わるまで非常に時間がかかってしまうことである。私たちの集中を破る（あるいは集中に達するのを邪魔する）誘惑は、実際にそれのためにかかった時間よりも、多くのコストを奪っていく。複数の仕事を並行して行うマルチタスキングを取り上げる第41章で詳しく説明するように、私たちが行う仕事の多くには、コンテキストスイッチのコストがかかる。ある仕事から別の仕事に移るときには、失った土地を奪い返すようなコストをかけなければ、新たな仕事を始めることはできない。

集中は仕事に立ち向かおうとするときに、繰り返し繰り返し基礎を作らなくても済むようにしてくれる。そういう意味で、集中はきわめて重要だ。集中は、車を高速走行状態にするものだと言えるだろう。車が高速走行を維持するためには、それまでに何度かシフトチェンジをしなければならない。絶えず停止や発車をしなければならないとしたら、全体を通じてはるかに遅いスピードで進まざるを得ないだろう。5速にシフトアップして再び高速走行状態に達するには、かなりの時間がかかる。しかし、1度達してしまえば、ほとんど苦労せずにクルージング走行ができる。

第36章 すべては集中から始まる　**199**

集中はスピードの維持に役立つ

　あなたも、とても一所懸命に働くことができたのに、それほど苦労しなかった経験があるだろう。集中した状態に達するまでには多少の時間がかかるものの、ひとたび集中状態に達してしまえば、短時間のうちに多くの仕事をこなせるのだ（捕まえどころのないバグと追いかけっこをしている場合は別だが）。

集中している時間を増やす

　集中がいかに大切かをこれ以上説明する必要はないだろう。あなたは、どうすれば集中している時間をもっと増やせるのかと考えているのではないだろうか（申し訳ないが、薬で集中を手に入れる方法はまだ私にもわかっていない。もしわかったら、あなたにもきっとお知らせしよう）。実際、集中した状態に持っていく方法を身に付けることはきわめて重要だ。集中状態になれなければ、第４部のここからの章はほとんど役に立たないだろう。私はあなたに世界じゅうに存在する生産性向上策を教えられるが、あなたが座って仕事に集中することができなければ、それらのテクニックはほとんど無力だ。

　集中する方法を実際に試すなら、今が絶好のときだ。今すぐ15〜30分ほどかかる仕事を用意できるだろうか。この本には栞を挟んでおいて、すぐにやってみよう。しかし、完全に集中してその仕事に全力を注がなければならない。ほかのことは一切考えずに、仕事に向かおう。そのときに、どんな感

じがするだろうか。

　先ほども触れたように、集中には独特の勢いがある。集中モードに入りたいのなら、パチンと瞬間的に入るスイッチはないことを認識しよう。瞬間的に集中モードに入れるなら、あなたはちょっとした変人だ。あなたがコンピューターの前に座るやいなや、目をどんより曇らせながら一心不乱にタイピングを始めたら、人々はあなたを怖がるだろう。

　集中モードに入るためには、ひとつの仕事に向かうように頭をコントロールするという、最初の苦痛に耐え抜く必要がある。そして、その仕事があなたにとってとても楽しいものでないなら、最初のうちはかなり苦痛だ。しかし、ここがポイントである。苦痛と不快は一時的なものに過ぎず、それほど長い間続かないことを認識しよう。

　私がこの章を書くために初めて座ったとき、私はメールを見たい、トイレで小用を足したい、コーヒーを飲みたい、という燃えるような欲望を全部同時に感じた。しかし、私はもうコーヒーさえ飲んでいない。私の脳は、私が集中するのを妨げるためにあらゆる攻撃をしかけてきた。私はそれを鎮めて、指に無理やりタイピングを始めさせなければならなかった。今の私は、何時間でもタイピングし続けられるようなゾーンに入っている（30分で終わるかもしれないが）。集中モードに入るためのポイントは、無理やり自分をその方向に進ませるということだ。

　私が生産性を上げるために使っているテクニックの大半は、集中モードに入るというこのバックボーンに支えられている。第38章では、あなたを強制的に椅子に座らせ、十分に長い間仕事に打ち込ませて、集中のゾーンに突入する勢いを作る「ポモドーロテクニック」について説明しよう。

話に聞くほど簡単ではない

　私の説明を読んだ読者は、集中モードへの突入を実際よりも少し簡単に感じてしまったかもしれない。集中モードへの突入は、キーボードの前に座ってタイピングを始めるだけで済むほど単純なものではない。シフトアップしてクルージング走行に入るまでは、あなたに降り掛かってくる様々な誘惑と必死で戦わなければならない。誘惑と戦うためには、ちょっとした準備が必要だ。

　仕事を始める前に、あなたの内外からやってくる割り込みから自分を守る

ためにできることをすべてしておくようにしよう。スマホをサイレントモードに変え、気が散る元になるブラウザーウィンドウを閉じ、ポップアップを無効にし、ドアやキュービクルの入口に仕事中の札を吊るすことまで考えた方がいいかもしれない。札を吊るすという部分は冗談だろうと思われるかもしれないが、私は本気だ。同僚や上司は、最初のうちは少し抵抗するかもしれないが、あなたが一心不乱にコードを書き出したら理解してくれるはずだ。それどころか、彼らもあなたの魔法の薬を買いたいと思うかもしれない。

これで仕事を始める準備が整った。コンピューターの前に座ってタイピングを始めよう。気が散るものは視野にはない。……ちょっと待て。誰かがあなたの Facebook に「いいね！」をしたかどうかを見なくちゃ。いやいや、こういうことは考えてはいけない。ここで仕事にしがみついていられるかどうかは、自分の意志の力を使えるかどうかにかかっている。最初のうちは強制しなければ集中できないが、いずれ弾みがついて自然に集中できるようになる。目標は、最初の 5 分か 10 分を耐えることだ。そこを過ぎれば、ちょっとした誘惑が襲ってきても、あなたの集中は破れないだろう。

やってみよう

□ 極度に集中したときのことを考えてみよう。どんな感じがしただろうか。何によってその集中モードに入ったのだろうか。最終的にその集中が破れたのは、どうしてだろうか。

□ 集中を実践してみよう。30 分以上かかる仕事を選び、その仕事を完了させるために必要な時間を確保して仕事に完全に集中しよう。無理やりにでもその仕事だけに気持ちを集中させよう。「ゾーン」に入ったときにどんな感じがするかを心にしっかりと刻みつけよう。

第 37 章

私の生産性向上策を明かそう

　私は、世間で知られている主要な生産性向上策をほとんどすべて経験している。GTD（Getting Things Done）を試し、ポモドーロテクニックをかなり使い込んだ。サインフェルドの「Don't Break the Chain」テクニックの変種も使っている（このテクニックは、何らかのタスクを達成した日のカレンダーに印を付けていくものだ。できる限り長い間、印を付け続けるのがポイントだ）。オートフォーカス法のようなリストベースのテクニックさえ試したことがある。これらすべてを試したにもかかわらず、私にとって完璧に機能するテクニックを見つけることはできなかった。そこで、これらすべてからもっとも役に立った部分を取り出し、アジャイルのプロセスと結合させて独自の方法を編み出した。

　この章では、私の生産性をできる限り維持するために使っている生産性向上策を明らかにする。これは、本書を書くために、私が今まさに使っているものだ。

生産性向上策の概要

　生産性向上策の基本的な考え方は、週全体で 2 時間以内に終わる小さなタスクの実行計画を作るというものだ。いわゆるかんばんボードを使って、週のタスクを整理する。かんばんボードは、複数の列で構成される単純なボードで、タスクを列の間で動かしていく。アジャイルの世界では、タスクの状態を表す列からかんばんボードを作る。一般に、「未着手」、「進行中」、「完了」などの列を作るわけだ。しかし、私のかんばんボードの列は、週の各曜日である（かんばんテクニックの詳細については、マーカス・ハマーバーグとヨアキム・サンデンの『かんばんの実際[*1]』を参照のこと）。

　タスク実行時の集中を維持するため、また、そのタスクにかかる時間を予測して計測するために、ポモドーロテクニックを使っている。このテクニックの仕組みについては、次章で詳しく説明しよう。

第 37 章　私の生産性向上策を明かそう　　**203**

四半期の計画

私の計画は、四半期ごとに始まる。1年を3か月ごとの四半期に分割する。四半期の計画では、その期に終わらせたいひとつの大きなプロジェクトを用意するように努めている。加えて、小さなゴールもいくつか用意する。さらに、週、日単位で何をするかも考える。この計画は、Evernote などのアプリのリストとして、立てていく。四半期中に何を達成したいかについての概要を作るのである。こうすると、ひとつだけの大きな目標と、それをどのように達成するかが、よくわかる。また、集中力の維持にも役立つ。

四半期の目標の例を挙げると、本書の執筆、開発者向けの講座「ソフトウェア開発者が自分をマーケティングするには」の開発（http://devcareerboost.com/m）などだ。大きな休みを取ることが目標になる場合もある。

月次計画

私は毎月1日に、その月のカレンダーをプリントアウトし、いつ、何をすべきかを計画していく。ここではあまり正確を期することはできないが、使える日が何日あるかと、今までの実績に基づいてその月にどれくらいの仕事ができるかをおおよそ見積もることはできる。単純に四半期の概要から各項目を取り出してきて、カレンダーのどこに入れられるかを考えるのである。

ここでは、月単位でしたいことも計画する。たとえば、月の初めには、その月の YouTube 動画をまとめて作るが、それはたいてい1日仕事になる。

週次計画

毎週月曜日の朝は、その週の計画を立てる。以前は、週の情報整理のために Trello（http://trello.com）というツールを使ってかんばんボードを作っていたが、最近はポモドーロタイマーが組み込まれているかんばんボードを作れる Kanbanflow（http://simpleprogrammer.com/ss-kanbanflow）を使っている。私のかんばんボードには、週の各曜日の列とその日にする予定のタスクのための「今日」の列、すでに終わったタスクのための「完了」の列がある。さらに、今週できなかったタスクを入れる「来週」という列も作っている。

204

かんばんによる週次計画の例

　私はまず、毎週すべきことのリストから片付けていく。毎週すべきことをすべてリストアップしたチェックリストがEvernote内に作ってある。具体的な項目は次の通りだ。

- ブログポストの執筆
- YouTube動画の製作
- ビデオについてのブログポストの作成
- 2種類のポッドキャストの録音
- ポッドキャストについてのブログポストの作成
- ポッドキャストの文字起こしと編集
- ニュースレターメールの執筆
- その週のソーシャルメディアコンテンツのスケジュール作成

　これらのタスクは、TrelloかKanbanflowでカードを作ってスケジューリングする。個々のカードには、ポモドーロ（25分の集中した作業）を単位としてどれくらいかかるかの見積もりを書き込む。そして、毎日10ポモドーロくらいの仕事ができると考えている。これらは毎週しなければならないことなので、先にかんばんボードに追加するようにしている。

　各週の義務的なタスクを追加したら、カレンダーを見て、その日に時間を割く必要のある決まった約束があるかどうかをチェックする。その日には、

週のタスクをスケジューリングする

約束を表すカードを作るか（仕事に関連する約束の場合）、その日に予定しているポモドーロの数を減らす。

最後に、その週に終わらせておく予定のタスクをはめ込む。その週に終わらせたい個々のタスクのカードを追加して、空いているスロットをすべて埋める。通常は、毎日9ポモドーロ分の仕事だけをスケジューリングして、自分のためにわずかな息抜きを残しておく。

ここでその週のうちに達成できるすばらしいアイデアが浮かぶ。こういった予想は非常に正確なものだ。自分でこちらの方が重要だと思っているタスクを優先させてカードを動かし、確実にその仕事を終わらせようと思う。こうすると毎週、自分の時間の使い方がはっきりとわかる。実際に時間を使ってしまってから振り返るのではなく、事前にどこで時間を使うかをコントロールできる。

日次の計画と実行

私の1日は、仕事前にトレーニングをすることから始まる。こうしているのは、昼間に集中を破るような割り込みを入れないためである。そして、実際に仕事を始めたとき、最初にするのはその日の計画の立案だ。

1日の計画では、対応する曜日の列から「今日」の列にカードを移し、重要度の順に並べる。私は、毎日もっとも重要なことを最初にするようにしている。また、その日のタスクでカードだけでは内容がはっきりしないものについては、少し詳しい情報を書き足すことにしている。タスクに取り掛かる前に、自分が何をしようとしているのかを正確に知り、何を基準にタスク完了を判断するかをはっきりさせておきたいのである。こうすると、仕事をぐずぐずと先延ばししたり、はっきりと定義されていないタスクのために日中に時間を浪費したりすることを防げる。

　その日行うつもりのすべてのタスクを適切な枠に入れたら、週の計画に戻り、週のそのほかの日のスケジュールに小さな変更を加える。時々、予想よりも多くのタスクをこなせることがあるので、カードを前に進めたり、ボードに新しいカードを追加したりしなければならなくなる。逆に、仕事が遅れた場合は調整を加え、場合によっては一部のカードを翌週に動かさなければならない。

　これで仕事を始める準備が整った。ポモドーロテクニックについては、次の章で詳しく説明しよう。集中してタスクをこなすことを繰り返し行うために、基本的に1日を通じてポモドーロテクニックを使っている。

割り込みをどうするか

　日中降りかかってくる割り込みは様々だ。席に着くと同時に電話が鳴ったり、メール通知が画面にポップアップしたり、誰かがFacebookに「いいね！」を付けたりである。おや大変、世界の終わりがまた近づいている、CNNで理由をチェックしなきゃ。割り込みのなかには避けられないものもあるが、仕事を先に進めたいと本気で思っているなら、大半のものは取り除ける。

　私は日中、できる限り割り込みを避けるよう努めている。なぜなら、割り込みこそが生産性を落とす最大の敵であることがわかっているからだ。私は自宅のホームオフィスで働いているので、キュービクル環境と比べればまだましだが、それでも割り込みを避けるのは難しい。私の電話は鳴るように設定されていない。日中は常にサイレントだ。妻と娘は、私がポモドーロに従って仕事をしている間は邪魔にならないようにしてくれる。私の注意を引かなければならないときには、メールを送るか、ドアから顔を覗かせる。その場合、私は休憩時間になったら二人の前に顔を出す。もちろん、緊急時は話

が別だ。

　もうひとつ、割り込みを避けるために私がしている大きなことは、基本的に日中のメールを無視することである。休憩中には、急いで対処しなければならない緊急のメールがないことを確かめるためにメールチェックをすることが多い。本当に緊急に対処する必要がない限り、メールに返事を書くのは夜の決まった時間だけである。1度にまとめてしまうことにより、メールを効率よく処理できる（メールをチェックする習慣を捨ててしまえばもっと生産性は上がるが、私は人間なのでそこまではできない）。

　また、チャットは絶えず気が散る原因になるので、ログアウトするか自分が出られない状態にしている。チャットプログラムは、完全な時間の無駄だと思う。ほとんどの場合、集中しようとしているときに割り込まれたりせず、都合のいいときに返事できるメールの方がうまく機能する。

休憩と休暇

　毎日タイトなスケジュールで機械のように働いていると、長期的には持たなくなる。そこで、私は時々休みを入れるほか、いくつかの週は「フリーワーク」と呼ぶ形で仕事をしている。それは、ポモドーロを使わず、その週全体について計画を立てないというものだ。そのような週は、仕事をしたいと思うときだけ働く。そういった週は、たいてい生産性が上がらず、本来のシステムに戻りたいと強く思うものの、単調な生活を破ってくれる上、生産性を上げるためにはシステムがいかに大切かを思い出させてくれる。

　時々は休日を設けて充電したり、家族と過ごそう。休日を含む週は、そのようにスケジュールを立てるようにする。たとえば、明日はディズニーワールドに娘を連れていくので、仕事は家に帰ってからの3ポモドーロ分だけにする、などだ。数か月ごとに2週間とか1か月まるまるの休みも取る。その長期休暇の間は、ブログポストやポッドキャストなどを準備したり、毎週の活動を維持するために必要な最小限のことをしたりする。一所懸命仕事をしたあとは、長期的に生産性を維持するために、この種の長期休暇が必要だ（この本を書き終えたら、長期休暇を取るつもりだ）。

やってみよう

☐ あなたは私の生産性向上策をそのまま使う必要はない。それでも、安定した結果を確実に得たいなら、何らかのテクニックを使うべきだ。それに向けて、あなたが毎週していることのメモを作ろう。毎月、または毎週、毎日という形で繰り返すことができるシステムを開発する方法があるかどうかを考えてみよう。

※ 1　Marcus Hammarberg and Joakim Sundén, "Kanban in Action," Manning, 2014

第 37 章　私の生産性向上策を明かそう　**209**

第 38 章

ポモドーロテクニック

　私は何年にも渡り、数多くの生産性向上策を試してきた。そして、今では、様々なテクニックの部分部分を組み合わせて使っている。それでも、私の生産性に対する考え方にもっとも大きな影響を与えたのは、ポモドーロテクニック（Pomodoro Technique®、http://pomodorotechnique.com/）である。生産性を向上させるために何かひとつだけいい習慣を身に付けることを勧めるとしなら、それはポモドーロテクニックだ。

　しかし、私はいつもポモドーロテクニックに夢中だったわけではない。初めて試してみたときには、あまりにも基本的過ぎて大した効果は望めないと思った。一週間使ってみてすぐに成果を感じるまでは、ポモドーロテクニックの勘所が見えていなかった。

　この章では、ポモドーロテクニックを紹介するとともに、なぜこの単純なテクニックにこれだけの効果があるのかを明らかにしたい。

集中するためのポモドーロテクニックとは

　ポモドーロテクニックは、フランチェスコ・シリロが 1980 年代末に開発したものだが、勢いがつき始めたのは 1990 年代になってからである。このテクニックの核となる部分は非常に単純だ。単純すぎて、私のように最初は駄目だと思ってしまうこともある。

　基本的な考え方を説明しよう。その日にする仕事の予定を立てて、25 分で鳴るようにタイマーをセットしてから、最初のタスクに取り掛かる。一度にひとつのタスクだけを処理し、25 分間はそれだけに集中する。割り込まれた場合の対処方法は様々だが、一般にはまったく割り込まれないように努力する。集中を決して破らないようにするのである。

　25 分たったら、5 分で鳴るようにタイマーをセットして休憩を取る。これを 1 ポモドーロとする。4 ポモドーロごとにそれよりも長い休憩（通常は 15 分）を取る。

210

ポモドーロテクニックのプロセス

　専門的には、タスクが早く終わってしまった場合には、残りの時間を「過学習」に充てる。つまり、タスクを続けて小さな改良を加えていくとか、何かを学習している場合なら教材を読み直すなどである。私はこの部分を無視してすぐに次のタスクに取り掛かることが多い。

　基本的にこれだけである。ポモドーロテクニックはこんなに単純なものなのだ。フランチェスコはもともと、トマトの形のキッチンタイマーを使ってポモドーロをトラッキングしていた（ポモドーロは、トマトという意味のイタリア語である）。しかし、現在はポモドーロを計測、記録するためのアプリがたくさん作られている。私は、Kanbanflowアプリ（https://kanbanflow.com/）に組み込まれているポモドーロタイマーを使ってポモドーロをトラッキングしている（実際、今それを実行している）。

ポモドーロテクニックの効果的な使い方

　私が初めてポモドーロテクニックを使ったときには、やり方が正しくなかった。単純にタイマーを25分にセットして日中にポモドーロ数個分の仕事をしようとしたのである。私はポモドーロ何個分の仕事をしたか注意を払っておらず、特定のタスクをこなすために何ポモドーロかかるか見積もっていなかった。そのため、ポモドーロから大したものを引き出せなかった。この

テクニックは、継続的に集中するためのものだと思っていた。それはいいアイデアだと思ったが、仕事に入り込むために10分から15分集中することを覚えておくこと以上に様々なことをしなければならない理由がわからなかったのだ。

もう少し厳格にポモドーロテクニックを使おうと決心するまで、私にはその真価がわからなかった。しかし、友人で同じくソフトウェア開発者のジョシュ・アール（http://joshuaearl.com/）がとても効果的にこのテクニックを使っていたので、もう1度試してみようと思った。彼がこのテクニックを効果的に使うためにしていたのは、1日に何個のポモドーロを実行したかをトラッキングすることと、何個のポモドーロを達成するか目標を設定することだった。これをきちんとするかどうかによって大きな差が出ていたのである。

ポモドーロテクニックの本当の力は、作業量を見積もり、トラッキングするためのツールとして使ったときに現れる。1日に実行したポモドーロの数を数え、1日に何個のポモドーロを達成するかという目標を設定する。すると突然、1日にどれくらい一所懸命仕事をしたか、自分の本当の能力はどれだけかを正確に測れるようになる。

このような形でポモドーロテクニックを使い始めると、以前よりもかなり多くの成果が得られることがわかった。単に集中を維持するためだけでなく、毎日、毎週の作業内容を計画し、自分がどの部分にもっとも多くの時間を費やしているかを把握し、できる限り生産性を高めようというモチベーションを生むためにも、ポモドーロテクニックを活用できるようになったのである。

ポモドーロテクニックを使うようになると、1週間をポモドーロ何個分かの限りある資源として考えられるようになる。毎週どれだけの量の仕事をこなしたいのか。1週間にできるポモドーロの数を知り、それに基づいて優先順位をつける。そうすれば、完了させたポモドーロの数を数えることにより、1週間にどれだけの仕事をしたのかを正確に知ることができるので、十分に仕事ができていないように感じることはなくなる。やりたいと思ったことができていないのに、目標のポモドーロ数を確保できた場合、問題は十分に仕事ができていないことではなく、優先順位づけが正しくないことだとわかる。

このようにポモドーロテクニックを使うことにより、私は優先順位づけの本当の重要性を知ることができた。ただ単に各週に割り当てられる作業単位がたくさんあったときには、貴重なポモドーロをどのように割り振るかにと

ても注意しなければならなかった。ポモドーロテクニックを使う前は、実際に可能な量よりもはるかに多くのことが1週間でできるはずだと想像していた。私は自分の時間を過大評価し、タスクにかかる時間を過小評価していた。しかし、ポモドーロテクニックを使い始めると、1週間のうちに仕事に使える時間がどれだけあるかが正確にわかるようになり、タスクが必要とするポモドーロの数をしっかりとつかめるようになった。これがどれだけ意味のあることかはとても言い尽くせない。実際、私はこの本を書き終えるためにどれくらいの時間がかかるか、かなりの精度で見通せている。この本の各章を書くために何ポモドーロが必要かはよくわかっており、各週の仕事に何ポモドーロを与えるべきかもわかっている。

　ぜひ自分で試してみていただきたい。今すぐ、この本を脇に置いて、今日しなければならない何かのタスクにポモドーロテクニックを使ってみよう。試してみた上で本に戻り、この章を読み終えるとよいだろう。

メンタルゲーム

　今までは、計画能力を引き上げ、あなたを有能にするために、ポモドーロテクニックの仕組みを説明してきた。さらにポモドーロテクニックは、時間を区切ることによる心理的な影響という観点からも非常に強力であることを説明しよう。

　私が仕事でいつも抱えてきた大きな問題は、「もっと多くの仕事をできたはずなのに」という罪悪感だった。実際の仕事量にかかわらず罪悪感が襲ってくるので、私は決してリラックスできなかった。いつも何かをしていなければならない感じがしていた。テレビゲームをするために座っても（ゲームは私の好きな娯楽のひとつだ）、時間を浪費してないでもっと仕事をしなければならないという感じがして、ゲームを楽しめなかった。おそらく、あなたも同じような感じを持っているだろう。

　この問題は、1日にどれくらいの仕事を終わらせたかが正確に評価できず、どれくらいの仕事を達成すべきかについての明確な目標を持てないことによって生まれている。おそらく、あなたも私と同じように、1日に実現したい仕事のリストを作り、この問題を解決しようとしたことがあるだろう。1日にこれくらいできるはずだと見積もったタスクに予想以上の時間がかかった日が来るまでは、これはいいアイデアのように見えるかもしれない。一日じ

第38章　ポモドーロテクニック　**213**

ゅう犬のように働いたのに、リストに書いたタスクが終わらなければ、超人的な努力を積み重ねても、敗北感が残ることになる。これでは身が持たない。

私たちは、タスクを終えるまでどれだけの時間がかかるかを必ずしもコントロールできない。私たちがコントロールできるのは、1日の間にタスク（または複数のタスク）にどれだけの時間を与えるかだけだ。大変な仕事をしたときには、自分に満足感を持てなければならない。それに対し、怠けてしまっても、タスクが予想よりも簡単だったために、リスト内のものをすべて片付けられた場合には、上出来だと喜ぶわけにはいかない。仕事のリストを作っても偶然に左右される。本当に重要なのは、1日にできた集中した仕事の量だ。

ポモドーロテクニックが役に立つのはまさにここだ。その日にxポモドーロという目標を立て、その目標分の仕事をしたら（これはあなたがコントロールできる目標である）、その日すべきだった仕事をしたということであり、そのことに満足しても何ら間違ってはいない。そしてより重要なことだが、リラックスできる。

これがわかって私の職業生活は大きく改善され、自由時間を楽しみながら以前よりもはるかに多くのことができるようになった。ポモドーロ的にその日の目標に達したら、何でも好きなことができる。そう考えると、以前よりも多くの仕事ができるようになった。落ち着いてビデオゲームをしたり、映画を観るなどの頭を使わない活動で時間を潰したりしたくなっても、その日はもう大変な日と同じだけの仕事をしていることがわかっているので、罪の意識を感じないで済む。

集中についてはもう取り上げたので、ここでこのテーマについてあまり長々と話をする気はないが、集中して仕事をするのと集中できない状態で仕事をするのとでは大きな違いがあることは指摘しておこう。ポモドーロテクニックを使うと集中した仕事が要求される。そのため、ポモドーロテクニックで1日分の仕事をしたときには、それ以前の普通の日と比べて、はるかに多くの仕事ができている。ポモドーロテクニックの効用は、以前よりも生産性が上がることだ。問題は、それを身体が感じてしまうことである。掛け値なしで話そう。効果を得るためには慣れが必要だ。1日の大半を集中して仕事するのはつらい。おそらく、以前よりもはるかにつらい思いをするだろう。

214

オフィスで仕事をしているので、1度に25分も集中できない

普通のオフィスで仕事をしているからといって、ポモドーロテクニックが使えないわけではない。私はよく、「ポモドーロテクニックはすばらしいもののようだが、1日を通じてしょっちゅう割り込みがかかるので自分には無理だ」という不満を聞く。同僚がキュービクルの前で立ち止まり、上司が私に話したがる。片手を挙げてタイマーが鳴る10分後まで待てとは言えない。

しかし、それは間違っている。待てと言えるのだ。あらかじめ人々に話をして周知させていればの話だが。割り込みが多すぎて集中できないなら、自分がしようとしていることと、それによって生産性がどれだけ上がるかについて上司と同僚に話をしてみよう。1度に25分以上は話しかけ禁止状態にはならないし、ポモドーロが終わったらすぐにどんなリクエストにも応じることを約束するのである。

これは少しムチャで誰もそんなことはしないだろうと思われるかもしれないが、趣旨をきちんと伝えられれば、意外なほど多くの人が協力的になってくれる。これがチームにとってベストであり、全体として自分の生産性を上げられることを論理的に説明すれば、成功する可能性がある。

どれだけの仕事をこなせるか

ポモドーロテクニックを使ってわかったのは、1週間、あるいは1日にできるポモドーロの数には限りがあるということだ。限界は時間とともに上がっていき、集中することがうまくなり、こなせる仕事の量も増えるが、限界を上げすぎて自分の能力を超えると、必ず代償を支払わなければならなくなる。

実際の限界は、あなたには意外かもしれない。平均的な労働時間は8時間であり、1ポモドーロは30分で完結するので、理論的にはその時間内に約16ポモドーロできるはずだ。しかし、実際には、1日に16ポモドーロをこなすのは、12時間仕事をしたとしても、とてつもなく大変である。

初めてポモドーロテクニックを使ってみたときには、日中に6ポモドーロをこなすことさえ難しいと思った。日中は時間がどんどんと消えていくこと、昼間の大半の時間で集中を保つためにはとてつもないほどの精神的緊張と意欲が必要なことに驚くだろう。今私は1日に10ポモドーロという目標を立てているが、それでも非常に骨が折れる。この目標を達成するために8時間以上かかることがよくあり、どうしてもここまで達しない日もある。

私の週の目標は約50から55ポモドーロである。この範囲までできれば、

しっかり仕事をしているということであり、私の目標に向かって毎週確実に前進していると考えることができる。その範囲よりも少し上までできたときには、来週もと思うが、そうすると痛いしっぺ返しを食らう。

このテクニックを取り入れるつもりなら、自分が実際にできることについて現実的な予想を立てるようにすることを忘れてはならない。週に 40 時間働くからといって、80 ポモドーロをこなせるわけではない（あなたがその偉業を達成できるなら、私は本当に驚くだろう。そして、正直に言って、あなたの精神状態に不安を感じる）。

あなたが私のことを少しおかしいとか、ただの怠け者だと思うといけないので、ジョン・クックが有名な数学者、理論物理学者、技術者、科学哲学者だったアンリ・ポアンカレ（https://ja.wikipedia.org/wiki/アンリ・ポアンカレ、http://en.wikipedia.org/wiki/Henri_Poincare）について言っていることがカル・ニューポートのブログ（http://calnewport.com/blog/2012/08/31/henri-poincares-four-hour-work-day/）に載っているので紹介しておこう。

> ポアンカレは、通常午前は 10 時から 12 時まで、午後は 5 時から 7 時まで仕事をした。それ以上仕事をしても、何かを達成できることはまずないことを知っていたのである。

それ以外でも、スティーブン・キングをはじめとして業績が多いことで有名な多くの人々が、集中の上限や人が 1 日にできる生産的な仕事の量について同じようなことを言っている。時間がたくさんあるのはあなただけだ。その時間をどのように使っても、それはあなたの自由である。

やってみよう

- □ ポモドーロテクニックを試してみよう。さしあたり、1 日に何ポモドーロという目標の設定については考えなくていい。ただし、このテクニックを 1 週間試してみて、どれくらいのポモドーロをこなせたかをグラフにしてみよう。
- □ 週に何ポモドーロできるかについてイメージがつかめたら、来週の目標を設定して、達成できるかどうかをチェックしてみよう。どれだけの量の仕事を終わらせられたか、1 日のポモドーロ数として設定した数を達成したときにどんな気分になるかに注意を払おう。

第 39 章

以前よりも安定して
多くの仕事ができるワケ

　私ができる限り高い生産性を維持するために使っている基本システムについてはすでに説明したが、それとは別に、まだあまり明かしていない部分がある。私の生産性向上策のなかの未公開部分は、私が見てもユニークだと思う。いかなる生産性向上策においても、これについて話している人は見たことがない。私はこれを「クォータシステム」と呼んでいる。

　私は、1日や1週間という単位でもっとも重要な目標に向かって計測できる形で着実に前進するために、このクォータシステムを使っている。この章では、クォータシステムの基礎と、あなたが使いこなすための方法を説明する。

生産性向上策が抱える問題

　試してみたすべての生産性向上策が抱えていた大きな問題がある。毎日必ず繰り返されるタスクに対処するために有効な策がひとつとしてなかったのだ。また、数週間、あるいは数か月かかる大きなタスクを処理するための有効策も新たに必要だった。

　私は、毎週繰り返される様々なタスクがあることに気づいていた。毎週ブログポストをひとつと複数のポッドキャストを作り、エクササイズをして、大きな目標に向かって前進する。それどころか毎日欠かさず繰り返される日次のタスクもあった。きっとあなたも同じように毎週、毎日することがあるだろう。

　私はしょっちゅうこの種の繰り返されるタスクをしそびれていた。それは、しなければならないことを忘れていたからか、その週には予想したほど時間がなかったからである。私は予定した仕事をこなしきれず作業ペースが一貫しないので、いつも勢いがつかないと感じていたのだ。

　おそらくあなたは、ワークアウトプログラムに参加しようとしたものの、予想したほどジムに行けないという経験をしたことがあるだろう。あるいは、

第39章　以前よりも安定して多くの仕事ができるワケ　　217

自分のブログを定期的に更新したいと思っているものの、更新できずに何か月もたっているかもしれない。安定的にブログを書くことができればもっといい結果が得られるのはわかっているのに、がんばっても思うようにブログを書く時間が確保できないのである。

クォータを設定する

　私は、一所懸命やろうとしていることを安定して前進させるためには、決められた期限内にどれだけ前進しなければならないか目標を作るしかないと思うようになった。

　ワークアウトを始めた当初、私はクォータ（割り当て、ノルマ）を設定していたためにそれなりの成果を上げることができた。毎週何回走らなければならないか（3回）、また、毎週何回ウェイトトレーニングをしなければならないか（これも3回）を決めていたのである。私は、毎週3度のランに3度のウェイトというクォータを必ず達成しようとした。

　その後、ブログポストについても、週にひとつという週間クォータを設定することにした。そして、YouTube動画やポッドキャストの作成といった定期的に必ずしておきたい作業についてもクォータを追加していった。繰り返してしなければならないすべてのことに対して、クォータを設定したのだ。反復する作業の頻度も正確に決めていった。月に1度というものもあれば、週に4度、さらには日に2度というものもある。反復して行うことには、頻度を必ず定義し、必ずそれをコミット（実行）していった。何があっても、決めた通りにクォータを実行していったのだ。

　このようにして始めてみると、以前よりもはるかに多くの作業ができるようになっていることに気づいた。何よりもいいのは、一定のペースで反復作業を行っていたので、進行状況を計測してグラフ化できたことである。

　このシステムがもっともうまく機能したのは、プルーラルサイトの教材製作である。私は、毎週三つのモジュールを完成させるというクォータを設定した（モジュールとは、ひとつの講座のなかの30〜60分ほどのパートである。私の教材の大半は、五つのモジュールを含んでいる）。自分自身に対してこのクォータを設定することにより、3年以内の間に55本を越える教材を完成させることができた。しかも、途中に休みを挟んでいるのである。私はあっという間にトッププロデューサーになり、この会社の教材を作っているほ

かのどの著者と比べても3倍以上の講座の教材を作ることができた。

クォータの例
- 毎週3回ランニングをする。
- 毎週1個のブログポストを書く。
- 毎日ひとつの章を書く。
- 毎週50ポモドーロのタスクをこなす。

あなたも試してみていただきたい。今すぐ時間を割いて、あなたのクォータのリストを作ろう。毎週、あるいは毎月、必ずやり遂げたいものを考え、それを書き出すのである。今すぐ実際にコミットする必要はないが、練習をするだけでも役に立つだろう。

クォータシステムの仕組み

このクォータシステムは、一体どのような仕組みになっているのだろうか。実際には、ごく単純である。あなたが繰り返し行っているタスクを取り出して、特定の期間内にそのタスクを何回こなすつもりかをクォータとして設定する。期間は、毎月、毎週、毎日のいずれでもかまわないが、明確に決めておく。大きなプロジェクトに取り組むときには、それを小さな反復できるタスクに分割する方法が必要になる。たとえば、私のプルーラルサイトの教材の場合、1本のビデオをモジュールに分割することができた。この本の場合は、章単位に仕事を分割できる（ちなみに、この本に対する私のクォータは、1日1章である）。

何をするか、どのような頻度でそれをするかを決めたら、次はそれをコミット（実行）する番である。コミットしなければ成功しないので、これはきわめて重要な部分だ。本物のコミットとは、人として可能な能力の範囲内で、あなたがやると決めたことを成し遂げることである。可能な能力の範囲内という断りは、肉体的に不可能な場合を除き、実際にはほとんどないのと同じだ。肉体的に不可能なら、タスクを成し遂げられないのは当たり前である。

以上の考え方がクォータシステムの中核だ。自分がすると決めたことをする以外に選択肢を残さないということである。頭のなかの選択肢から失敗を外すわけだ。1度例外を許せば、再び例外を起こすだろう。それでは早い段

階に「クォータ」は何の意味もなくなってしまう。

　あなたのコミットが弱ければシステム全体が崩壊してしまうので、クォータとしては達成可能で維持可能な値を選ばなければならない。自分にはできないとわかっていることをコミットしてはならない。そうでなければ、必ず失敗する運命を引き込むことになる。最初は小さなコミットから始め、それに成功するようになったら、コミットの規模を少しずつ大きくしていけばいい。

　クォータが高すぎる場合、私はルールをひとつだけ決めている。クォータを達成しなければならない期間中に諦めることは認めない。一時、私はプルーラルサイトの教材のために毎週5モジュールを作ることをコミットした。数週間はクォータを満たすことができたが、それは非常に大変で、ほとんどの週は土日も仕事をしなければならなかった。クォータを引き下げることにしたとき、その週は五つというクォータを達成することにして、翌週から三つに下げることにした。途中で止めずルールを変えなかったのは、そんなことをすれば今後クォータを尊重する気持ちがなくなってしまうだろうと思ったからだ。

クォータシステムのルール
- 反復可能なタスクを選ぶ。
- タスクを実行しなければならない期間を決める。
- その期間にタスクを何回実行しなければならないかを決める。
- コミットする。クォータを必ず達成するように厳格にコミットする。
- 調整する。クォータが高すぎたり低すぎたりする場合、期間中にはクォータをいじらない。

　それでは、実践の時間だ。自分でもコミットしてみよう。クォータを設定できるタスクを選び、クォータを設定してコミットするのである。クォータシステムのルールを経験してみよう。最初はクォータシステムを適用するタスクはひとつだけに絞るようにしよう。

クォータシステムがうまくいく理由

　クォータシステムがうまく機能する理由を明かす鍵は、うさぎと亀の競走の話にある。時々非常に速くても、一貫性に欠け、結果を確保しないくらい

なら、遅くても確実なペースで進む方がうまくいく。私の愛読書であるスティーブン・プレスフィールドの『やりとげる力』（筑摩書房、2008 年[※1]）に、このことをうまく説明している部分がある。

　彼（プロフェッショナル）は、犬たちにそりを引かせ続けることができれば、遅かれ早かれノーム[※2]に着くことがわかっているので、自分を保っていられる。

　長期的な生産性が問題になるとき、私たちの大半が直面する問題は、安定したペースを維持することだ。毎日小さなレンガを完璧に積んでいけば、いずれ壁ができあがる。大きなタスクを見ていると気持ちが萎えるかもしれないが、1 個のレンガを置くことだけを考えるのは簡単だ。ポイントは、毎日、毎週、毎月レンガを確実に置いていけるようにするシステムを用意することだ。

　クォータシステムは、あらかじめたどっていくべき道を用意し、判断を不要にすることによって、意志の弱さを克服しやすくしてもいる。設定した期間内にタスクを何度も行うことをあらかじめ決めてあるので、仕事をするかどうかを判断する必要がなくなっている。問答無用でしなければならないだけだ。1 日の仕事の過程で判断を下さなければならなくなると、わずかしか残っていない意志の力に頼らざるを得なくなる。クォータという形で義務にすることによって判断を取り除けば、意志の弱さに負けることがなくなる（このテーマについては、ケリー・マクゴニガルの『スタンフォードの自分を変える教室』（大和書房だいわ文庫、2015 年[※3]）というすばらしい本をチェックするといい）。

やってみよう

- □ 繰り返して行っているすべてのタスクのリスクを作ろう。特に、今は一定したペースでできていないが、できるようになれば大きな効果が見込めるタスクに注目するといい。

- □ 少なくともひとつのタスクを選び、特定の期間内でのクォータを設定してコミットしよう。このコミットには厳格に従うこと。少なくとも 5 期間はそのコミットを守ろう。そのクォータを数か月、数年続けたら何が起きるかを想像してみよう。

※ 1　Stephen Pressfield, "The War of Art," Black Irish Books, 2002

※ 2　アラスカの都市の名前。かつてはアラスカでもっとも人口の多い都市だった。

※ 3　Kelly McGonigal, "Willpower Instinct," Avery, 2011

第 40 章

自分自身に対して責任を取る

　人が仕事をする気になるモチベーションには2種類がある。内発的モチベーションは、その人の内側から沸き起こるものだ。一方、外発的モチベーションは、外部からの賞罰によって引き起こされるものである。

　外発的モチベーションよりも内発的モチベーションの方がはるかに効果的だ。自分のなかからモチベーションが沸いているときには、ずっと多くの仕事ができ、内容もいい場合が多い。それは、主要なモチベーションが外部からではなく、あなたのなかからやってくるものだからである。

　この章はまさに内発的モチベーションを取り上げる。自分自身に対して責任を取ることによってモチベーションを生もうというのである。自分に対して約束をしても、あなたがそれを守らなければ何の意味もない。なお、このテーマについて深く学んでみたい読者は、ダニエル・ピンクの『モチベーション3.0』（講談社＋α文庫、2015年※1）をチェックするといいだろう。

「責任」の大切さ

　私たちの大半は、毎日定時に職場に姿を現すが、それは少なくともある程度は、雇い主に対して責任があるからだ。会社に籍を置いていると、自分が好きではないことも立場上しなければならない。他人のために働いていても在宅で仕事をするチャンスをつかんだとか、会社から飛び出して自分のために働くようになったという場合には、この責任という概念がいかに強力かをすぐに感じるようになるだろう。

　初めて在宅勤務できる職に就いたとき、私は早起きして働こうと思ったが、実際にはしなかった。怠け者になってやろうとしたわけではない。単純に自分自身に責任を取ることに慣れていなかっただけだ。自分の外の存在が自分の行動に影響を与えることに慣れ切っていたのである。仕事をするかどうかが自分次第になった途端、私は働かないことを選んでしまった。これは人間の基本的な性質である。

222

この経験は、私の職業倫理に重大な欠陥があり、私の生産性を損ねていることを明らかにした。私は内発的モチベーションではなく、外発的モチベーションに影響されていたのである。私は雇い主に対して責任を取ることによって、枠からはみ出ないように抑制されていたが、外に出て自分で判断できるようになると、自分の行動をコントロールする責任感覚を持ち合わせていなかったのだ。

監視している人がいないときに生産性を上げるためには、自分に対する責任という感覚を育てることが大切になる。これは品位とか高潔さということもできる。どちらも同じ観念を表している言葉だ。自分に対する責任という感覚がなければ、いつも外発的モチベーションに頼らなければ仕事ができなくなってしまう。褒美となるニンジンや罰を与える杖で簡単に操作される人、つまり、アメとムチで操作される人になってしまうのだ。

自制心は自発性の結晶であり、自発性の中心には自己に対する責任感がある。他人からの影響に頼らなくても予測可能で信頼性のある成果を生み出したければ、自分自身に対して責任を取る方法を学ばなければならない。

自分自身に対して責任を取れるようになるには

私は外発的モチベーションに大きく影響されてしまう問題とかなり長い間格闘していた。自分次第で成果がどうとでも変わるようになったとき、仕事を有能にこなして生産性を上げるためには、自制心について学ばなければならなかった。しかし、最終的に私は、自分のなかに棲む野獣の飼い慣らし方を見つけることができた。

自分自身に対する責任感を育てるためには、まず、生活のなかに「ある種の構造」を作り出す必要がある。自分がどうすべきなのかを知らなければ、何に対しても責任を取れるようにはなれない。会社に仕事に行くときには、勤務日と始業、就業時間が決まっている。一部を柔軟に運用することが認められている場合もあるが、明確に定義されているくらいの厳格さはある。そして、自分がそれに違反した場合には、上司に対して責任を取らされる場合があることを知っている。そういう構造がある。

そこで、自分で自分のためにルールを作り、生活のなかにそのような構造を作り出さなければならない。どのように生活したいかを支配する独自のルールを作るのである。そして、このルールは、間違った判断によって頭が曇

自分に対する規則を作り、　　自分で活動をする必要がなければ、自分の生活
生活のなかに構造を作り出す。　をどのようにスケジューリングするかを考える。

自分に対する責任を生み出すためのステップ

らされないとき、つまり、物事に取り組む前に作っておく必要がある。

　おそらく、あなたもすでに自分のために決めたルールをいくつか持っているだろう。毎日歯を磨くとか、期限内に請求書の支払いを済ませるといったことだ。加えて、自分にとってトラブルの原因になる分野や成功のためにきわめて重要な分野にはルールを決めておくとよい。このようにして構造を追加すると、思い付きや感情に支配されず、タスクのもとに留まり、するべきことをするために役立つ。

　時々、自分の外に踏み出して、自分の活動を自分でする必要がなければ、毎週自分の生活と活動をどのようにスケジューリングするかを考えてみると役に立つ。自分のキャラクターの毎日の活動を計画しなければならないようなビデオゲームをプレーしているところを想像してみよう。どのようなプランを立て、スケジューリングするだろうか。どのような食事を用意するだろうか。キャラクターには何時間の睡眠を与えるだろうか。これらの問いに対する答えは、自分に対する責任を取るために使えるルールのいい候補になる。

外部への責任

　責任を取る相手が自分だけなら、自ら作ったルールを破るのは簡単だと思うかもしれない。そのような場合は、外部からの助けを少し受け入れるといいかもしれない。それでも、自分のルールは自ら決めてよく、ルールを作っているのはあなただけなので、モチベーションは内発的なままである。しかし、あなたはそのルールを徹底するために他人の力を借りることができる。

自分に対する責任を取りやすくするために、他人の手を借りても問題はない。責任のパートナーになってくれる人がいると役に立つものだ。できれば同じような目標を共有する人がいい。その人物には、あなたのルールやあなたが達成しようと努力しているゴールを話していい。そして、互いに定期的に進行状況（成功と失敗の両方）を報告することによって、互いに対して説明責任を果たそう。

　責任パートナーに失敗を報告しなければならないと考えるだけで、失敗につながる行動をする気持ちは失せることが多い。悪い選択肢ではなく良い選択肢を選ぶかどうか微妙なときには差が出るだろう。重要な決定をするときには、一時的な悪い考えに判断を曇らされず、長期的に見てもっとも利益になることを確実に選択するように、責任パートナーの判断を受け入れることもできる。

　私は、責任グループとして機能するマスターマインドグループを持っている。私たちのグループは毎週会って、その週に何をしたか、何をしようと計画したかを話し合う。グループでそれぞれのプランを議論することにより、互いに対して結果についての説明責任を負う。グループのメンバーは、行動を怠ってグループを崩壊させるようなことをしたくないと思っている。このグループを始めて以来、私の生産性は飛躍的に上がった。

　行動をできる限り公開するのもいい方法だ。私は、毎週ブログポスト、YouTube動画、ポッドキャストを公開している。ある週に公開を忘れると、人々がそれに気づかないわけがないので、するべきことを怠けてさぼる気にはとてもなれない。自分の仕事を一般の目に晒すということも、みっともない思いをしたくないとか、自分を頼りにしている人々を失望させるわけにはいかないと思ってやる気につながるので、効果がある。

　重要なのは、自分の行動に対して何らかの責任を必ず負うことだ。自分で作った標準を維持できるようになると、あなたの生産性は飛躍的に上がるだろう。

やってみよう

- □ どのように生活し、時間を使いたいかをはっきりさせ、間違いなく正しい方向に向かうために役立つルールを作ろう。
- □ 自分のルールを守るために役立つ責任システムを作ろう。

※1　Daniel Pink, "Drive," Riverhead Hardcover, 2009

第 41 章

マルチタスク、
やっていいこと、悪いこと

　マルチタスクは難しい。マルチタスクは生産性を殺すと言う人もいれば、マルチタスクこそ大切だと思う人もいる。しかし、世間一般の考えは、マルチタスクを完全になくす方向にどんどん傾いていっている。

　しかし、私はこの問題はそれほど簡単なものではないと思っている。マルチタスクに向いているタスクとそうでないタスクがあると思うからだ。生産性を本気で最大限まで引き上げたいなら、いつマルチタスクをすべきで、いつ避けるべきか、効果的にマルチタスクするためにはどうすればいいかを学ぶ必要がある。

一般にマルチタスクがよくないのはなぜか

　マルチタスクについての最近の主な研究によれば、マルチタスクしている人自身は自分の生産性が上がっていると感じているのに、実際にはほとんど必ず生産性が下がっているそうだ。たとえば、アメリカ心理学会がマルチタスク研究の概要をまとめたレポート（https://www.apa.org/research/action/multitask.aspx）を見てみよう。

　その理由は、人には本当のマルチタスクをする能力がないことに根ざしているように見える。私たちがマルチタスクしていると思っている活動の多くは、実際には複数のタスクを絶えず切り替えているだけに過ぎない。このタスク切り替えが生産性を引き下げる犯人らしい。タスク切り替えの回数が増えれば増えるほど、頭をそのタスクに対応できる状態に引っ張り上げるための時間が無駄になる。本当のマルチタスクとは、複数のタスクを同時に実行することだ。すぐあとで示すように、それは本当に効果的である。しかし、ほとんどのマルチタスクでは、実際にはタスク切り替えを行っているに過ぎない。

　生産性にとって集中がいかに大事かを考えれば（第 36 章で述べたように）、このことは納得できるだろう。マルチタスクをすると、その集中を破って次

226

のタスクに戻るために時間を費やさなければならなくなる。また、集中モードに入っていなければ、仕事を先延ばしにしたり、ほかの割り込みによって気が散ったりする危険が高くなる。自分は「ゾーンに入って」いるときにもっとも生産性が高くなると思うなら、ゾーンに入るためにはある程度の時間集中して仕事をする必要があるので、すばやくタスクを切り替えるのは効果的ではないと考えるのはもっともである。

　しかし、これが正しいのは、本当に同時に複数のことをできないタイプの仕事をしているときや複数のタスクをすると集中が切れるときだけだ。複数のタスクをうまく結合することができれば、かなり大きく生産性を引き上げることができる。しかし、それについては少しあとで話すことにしよう。まず、普通ならマルチタスクしようと思うような複数のタスクをもっと効果的に処理するための方法から検討していく。

バッチ処理の方がはるかに生産的

　私のもとには毎日かなりの数のメールが届く。以前は私も新しいメールが届いたらコンピューターに通知させるようにしていた。新しいメールが届くたびに、私はしていた仕事を中断し、メールを読んで返事を書いていた。これでは絶えず集中を破られてしまうし、「メールモード」に入るわけでもないので、効率が悪い。

　このケースでは、私がマルチタスクしていないことも明らかである。私はただメールを処理するためにそのときにしていた仕事を中断しているだけである。タスクスイッチしているだけなのだ。私には、たとえばこの本を書きながらメールに答えることはできない。そのために必要なキーボードも指も持っていないのである。

　今の私のメール処理はバッチ処理（ひとかたまりの処理、一括処理）である。具体的には、毎日数回メールをチェックし、緊急のメールには返事を書く。しかし、一般的には、1日に1回すべてのメールを処理する時間を設けている。受信ボックスをチェックして、すべてのメールをまとめて処理するのである。こうすると、ほかのタスクに割り込まれずに「メールゾーン」に入ることができるのでずっと効率的だ。メールゾーンに入ると、私はただ受信箱を開いているときよりもはるかにすばやくメールを処理できる。

　こんな話をしてどういう意味があるのだろうか。しなければならない仕事

第41章　マルチタスク、やっていいこと、悪いこと　　**227**

が複数あって、マルチタスクのために効率が上がらないと思っているなら、1日を通じてバラバラと処理するよりも、それらの仕事をバッチにまとめ、関連する作業をまとめて行った方がたぶんいい。

バッチ処理に向いている可能性のある分野
- メール処理
- 電話
- バグフィックス
- 短時間の会議

　関連する仕事を別々の時間にバラバラに行うのでなく、バッチにまとめて一括処理することにはふたつの大きなメリットがある。ひとつは、大きな仕事に取り組むための集中が破られないことであり、もうひとつは、通常なら十分な時間を使わない仕事に深く集中し、集中モードに入れるようになることだ。ひとつのメールに返事をするだけでは、時間が短すぎてその仕事に集中することはできない。しかし、20本のメールにまとめて返事を書くと、ゾーンに入ることができる。

　ここで少し時間を割いて、あなたの生活のなかでひとつにまとめられるものはないか考えてみよう。たくさんあるものの、長時間に渡って分散しているタイプの活動である。少し大きめな時間の塊を用意すれば、それらをまとめて処理できないだろうか。

本物のマルチタスクとは

　私たちは単なるマルチタスク嫌いにはならないようにしてきた。ここで単にタスクを頻繁に切り替えるのではなく、実際にふたつのことを同時に行う本物のマルチタスクについて考えてみよう。

　私は、本物のマルチタスクのおかげでかなり生産性を上げている。マルチタスクに意味があるのは、ふたつのタスクを結合して実際に両方を同時に実行すると、そうでないときよりも多くの仕事をこなせるときである。ポイントは、得られる能率以上に個々のタスクの生産性を下げることなく、結合できるタスクは何かを明らかにすることだ。

　頭脳をまったく使わないタスクとある程度の精神集中を必要とするタスク

を結合することはできる。今の私は、ヘッドホンで音楽を聞きながら、この章をタイピングしている。音楽を聞くこと自体は生産的な活動ではないが、私の場合、音楽を聞きながらものを書くと、執筆のタスクの生産性が上がる。音楽は、私のなかから言葉を流れるように紡ぎ出すために役立ち、ほかのものが私の注意を奪うのを防いでくれるようだ。

　もっと生産的な例はないだろうか。私は、フィットネスと学習を結合するよう心がけている。ジムでウェイト、ランニングをするときに、オーディオブックやポッドキャストを聞くことが多い。学習関係のものを聞きながら身体を動かす活動をしてもマイナスの影響は出ないらしいのだ。そこで、ウェイトやランニングをしながら多くの本のオーディオバージョンを聞いて本の内容を頭に入れることができている。

　しかし、この章を書きながらオーディオブックを聞いたらどうなるだろうか。本から注意が奪われるか、文章を書けなくなるだろう。私たちの脳は、ふたつの頭を使う作業を同時にすることはできないのだ。

　ポイントは、1日のうち、頭か身体が空いている時間を探すことだ。車の運転中は、オーディオブックを聞く時間として最適である。運転に集中する必要はない。オートパイロットのときにもほぼ同じようなことができる。そうすれば、通勤中に多くのことを学ぶことができる。

　発想を180度変えて、私はラップトップを載せる小さな棚がついたトレッドミル（ランニング／ウォーキングマシン）を手に入れた。メールの返事を書いているときに歩いていていけないという理由はない。ところが、よほどゆっくりでない限り、トレッドミルで歩いているときにコードを書いてもいい仕事ができないことがわかった。歩くことなど身体を動かす活動にはちょっとした集中が必要とされるようだ。そのため、エクササイズと組み合わせる仕事はあまり集中を必要としないものにすることをお勧めする。同じように、ウェイトをしながら難しい数式を解こうとしてもたぶんうまくいかないだろう。私は試したことはないが。

ふたつの脳を使う作業を同時にすることはできない

第41章　マルチタスク、やっていいこと、悪いこと

やってみよう

☐ 本物のマルチタスクではないマルチタスクを取り除こう。仕事中には、同時にひとつのことだけをするように努力する。ポモドーロテクニックが役に立つ。

☐ 1日、1週間のバラバラな時点で細々と処理しなくても1度にまとめて処理できる小さなタスクをひとつにまとめよう。

☐ 本物のマルチタスクを実現できそうな分野を探そう。頭を使わない活動と、そのほかの作業を組み合わせるように心がけよう。逆に頭を使う作業をしているときには、身体を動かす活動を組み合わせるようにしてみよう。

第 42 章

燃え尽き症候群の治し方

　燃え尽き症候群と呼ばれる肉体的・精神的状態は、生産性をもっとも大きく損ねるもののひとつだ。私たちはみな、プロジェクトに取り掛かるときにはあふれるほどの熱意とエネルギーでぶつかっていくのに、ある程度時間がたつと、もっとも熱烈に取り組んでいた仕事でも、考えただけで吐き気がするようになってしまう。

　ほとんどの人々はこの状態を燃え尽き症候群と呼び、克服できないでいる。この燃え尽きた感じを乗り越えることができれば、行き詰まって頭をぶつけている壁の向こう側には新たなエネルギーと褒美が見つかるだけに、燃え尽き症候群を克服できないのは残念なことだ。

　この章では、燃え尽き症候群とは何か、なぜ起こるのか、私がどのように克服したのかを取り上げよう。

燃え尽き症候群に陥る仕組み

　私たちは、新しいものには最初は熱狂し、やる気が出てくるものだ。しかし、時間がたつにつれ、それがだんだん当たり前になり、さらには嫌いになるところまで進んでしまうことが多い。

　これは人生における自然なサイクルであり、あなたもきっと今までに何度も経験しているはずだ。あなたの車が新品だった（少なくともあなたにとって）ときのことを思い出してみよう。その車を運転したときの昂奮、気持ちのよさはどうだっただろうか。その気持ちはどれくらい続いただろうか。車のことをもう気にかけなくなったのは、どれくらいたってからだろうか。いつ頃から車は「古い」ものになってしまったのだろう。

　あなたはおそらく新しい勤務先についても同じことを経験したはずだ。私は、複数の異なる職場で初めて働き出したときのことを覚えている。希望に満ち、ハイになり、早く仕事を始めたいと思ったものだ。しかし、その熱い気持ちは、ほどなく消えてしまう。すぐに仕事に行くのが嫌になり、もうこ

第42章　燃え尽き症候群の治し方　　**231**

んな職場にはいられないと感じてしまうのだ。

これは、新しさが剥げ落ち、現実が入り込んでくるということである。新しいプロジェクトを始めたり、新しいスキルを学ぼうとするときも、いずれ興味やモチベーションが下がり始める地点に到達してしまい、次第に成果が見えてくるのが非常に遅くなり、まったく成果が見えなくなってしまうこともある。

そして、精神的にも肉体的にも「出し殻」になったように感じるところまで進んでしまう。あなたはその事実を否定しよう（あるいは隠そう）とするが、最終的にその仕事、プロジェクト、ワークアウトルーチンなどに、もう何もわくわくするものを感じなくなってしまう。まるで燃え尽きたように感じてしまうのだ。

一所懸命に取り組めば取り組むほど、より多くの成果を生み出せば生み出すほど、この燃え尽きの感覚がやってくるペースが早くなる。だからこそ、生産的な状態に戻るのが難しい。生産的になればなるほど、生産的でないように感じてしまう。

実際には単に壁にぶつかっているだけ

私たちの大半は、燃え尽き症候群に陥ることをもう終わりだと考えてしまう。その先を見ることができなくなる。モチベーションや興味がなくなったのだと思い、そこから離れてほかのことをやらなければならないと考える。

そこで新しい勤め先を探したり、半分まで書いた本を投げ出したり、あと数週間で完成するサイドプロジェクトを放棄したりする。本物の情熱を見つけるために、何か新しいものを探しに出かけてしまうのである。それは、本物の情熱を傾けられるものが相手なら、燃え尽きたりはしないはずだと思うからだ。

休暇を取ればよくなると思うこともあるが、休暇から帰ってくると、以前以上に燃え尽きたことを感じてしまいがちだ。モチベーションと興味を失っただけでなく、勢いもなくなっているのである。

しかし、ほとんどの場合、この燃え尽き症候群の感覚はまったく自然なことであり、深刻な問題の兆候ではない。私たちの大半は、何をやったとしても、いずれ壁にぶつかってしまうということなのだ。そこでは最初の興味やモチベーションは失われ、それらを再び呼び戻すだけの十分な結果も見えな

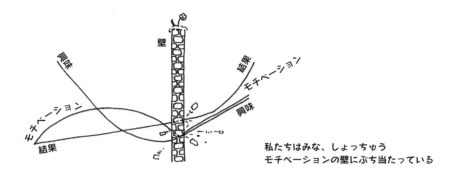

私たちはみな、しょっちゅう
モチベーションの壁にぶち当たっている

くなってしまうのである。

　新しいプロジェクトが始まったときには、興味はもっとも高い水準にある。しかし、新車に対する感覚と同じように、興味のレベルはかなり早くに急落してしまう。興味は希望や予測によって刺激されるように思うかもしれないが、物事に対する興味は、それを実際に始める前がもっとも高いものだ。

　モチベーションは、最初は低いが、続けて前進してくると、少しずつ上がってくる。早い段階で成功を収めると、モチベーションはもっと上がる。弾みがついてあなたを後押しするのである。

　しかし、時間がたつとともに、結果の出るペースが遅くなって、モチベーションも下がってくる。そのうち、モチベーションと興味がともに最低ラインに近づいたことを感じる。これが壁だ。

その壁の向こう側

　残念ながら、ほとんどの人は壁を通り抜けられない。まわりを見れば、この指摘の正しさを認めざるを得ないだろう。何かが実際にうまくなったり、プロジェクトが完成したりする前に諦めた人がどれほどいるだろう。

　あなた自身の今までの経歴を考えてみよう。あなたのクローゼットには、半分完成したプロジェクト、武術の黄帯、汚れたギター、サッカーのスパイクといったものがどれくらい溜まっているだろうか。私自身のクローゼットは、失敗に終わった無数の情熱でいっぱいだ。

　しかし、耳寄りな話がある。いよいよ「燃え尽き症候群の治療法」を紹介しよう。ごく単純なことだ。聞く準備はいいだろうか。

　何とかして壁を通り抜けるのだ。

第42章　燃え尽き症候群の治し方　　233

まったくその通りで、ばかばかしく単純だ。もちろん、私は真剣である。興味、モチベーション、結果、壁の絵をもう1度見てみよう。うまく壁を通り抜けられたあと、その右側では何が起きるだろうか。突然、結果が出てくる、それも早くだ。そして、モチベーションと興味も上昇基調に乗ってくるのである。

読者が眉につばを塗り始める前に、何が起きるのか、なぜそこに壁があるのかを説明しよう。先ほども触れたように、ほとんどの人は、壁にぶち当たると手を引いてしまう。彼らは燃え尽きたと感じており、壁を通り抜けてみようとはしない。壁の前までは、激しい競争に参加しているランナーはとても多い。誰もが熱狂的でハイになっている。道は走りやすく、淘汰された人はいない。しかし、壁に当たった途端、彼らは立ち止まってしまうのだ。

壁を通り抜けられない人があまりにも多いので、その向こう側は人影がまばらだ。競争も大したことがない。ほとんどのランナーはレースを諦めている。壁の向こう側に行ったランナーは、すでに参加者が少なくなっているため、褒美の分け前が多くなる。

壁の向こう側にさえ行ければ、突然あらゆることが簡単になり、モチベーションと興味が蘇ってくる。始めたばかりの新しい取り組みでは、モチベーション、興味とも高い水準になるが、マスターしたものに対するモチベーションと興味も高い水準を維持する。ギターを習った最初のうちは楽しく簡単だ。練習を続けてうまくなるまでは長くて退屈な道になる。しかし、偉大なギタリストになれば誰よりも楽しく、やりがいが得られる。

歯を食いしばって壁に耐えれば、壁を押し続けて通り抜けられれば、燃え尽き症候群を無視するだけで、「立ち直れる」ことがわかるだろう。苦しみを耐えることが燃え尽きを克服するための秘訣である。その後、もっと壁にぶち当たるかもしれないが、毎回そこを通り抜ければ、新たなエネルギーとモチベーションが沸いてくる。しかも、競争しなければならない人の数がぐっと減るのだ。

壁を押して通り抜ける

ひょっとすると、あなたは、私の言っていることがあまりよくわからないかもしれない。つまり、あなたが「本当に」燃え尽き症候群に陥っている場合である。あなたは朝起きたときに、コンピューターに向かう気にはとても

なれない状態になっている。コンピューターなど二度と見なくて済む森小屋に逃げ込みたいと思っているのではないか。

しかし、ひょっとすると、私が言っていることを試してみたいと思うかもしれない。壁の向こう側に本当に夢のような世界が広がっているなら、それを見たいと思わないか。

いいことだ。どうすれば見られるかを説明しよう。

あなたはすでに第1ステップを通過している。それは、壁の向こう側にあなたを待っている何かがあると認識することだ。ほとんどの人は、押し続けていれば、いずれ事態は好転するということを知らないから諦めてしまうのである。努力が無駄にならないことがわかっていれば、我慢していずれ向こう側に行くための大きな力になり得る。

しかし、それだけでは不十分だ。モチベーションがそれまででもっとも低い水準にあるときに押し続けるのは非常に難しい。モチベーションがなければ、押す気にならないのだ。まさにまったく逆のことをしたいと思うだろう。必要なのは、ある種の構造である。自分自身に対して責任を取ることについて書いた第40章を読み直してもいいが、基本的には、自分に対する一連のルールを作り、その力によって確実に前進し続ける必要がある。

たとえば、この本について考えてみよう。初めて書き始めたとき、私はとてつもなくハイになっていた。座って一日じゅう「私の本」を書くこと以上

あなたは壁を押し続けて通り抜ける必要がある

に楽しいことなどとても想像できなかった。しかし、最初のハイな気分が薄れてくるまで、それほど時間はかからなかった。それでも、あなたがこの本を読んでいるということは、私が何とか最後まで書き通したことを証明している。私のモチベーションと興味が完全に失せてしまったとき、私はどうしたのだろうか。自分のために日程を組み、それにしがみついたのである。降っても晴れても、気分がどうであっても、毎日ひとつの章を書いていった。もっと多く書いた日もあったが、いつも少なくとも一章ずつは書いていた。

　ぶつかった壁を押し続けるためには同じようなアプローチを取るといい。ウクレレの演奏を学びたい？ 少しずつ時間を割いて毎日練習することだ。最初のレッスンを受ける前から、まだ興味とモチベーションがしっかりあるときからこれをしよう。その後、避けられない壁にぶち当たったときには、あなたのなかに「壁を押し続けて通り抜けるために役立つ構造」がすでに作られているはずだ。

やってみよう

- ☐ 取り掛かったものの終わっていないプロジェクトや、取り組んだのにマスターしていない習いごとについて考えてみよう。あなたはなぜ諦めたのだろうか。それについて今はどう思うだろうか。

- ☐ 次にプロジェクトに取り掛かるときには、完了またはマスターするまで諦めないことを決心しよう。避けがたくぶち当たる壁を乗り越えるために、自分に強制するルールや制約を準備しよう。

- ☐ キャリアまたは個人的な生活のなかで何らかの壁に直面しているなら、それを押し続けて通り抜けられるよう努力してみよう。壁の向こう側であなたを待っているものについて考えよう。モチベーションと興味がいずれ戻ってくることを想像しよう。

第 43 章

時間を浪費するメカニズム

　そう、誰もが時間を浪費している。実際、時間の浪費を止める方法を学べるなら、私たちは最大限に生産的になれる。浪費する時間がまったくないように時間を最大限に活用できれば、最大能力で稼働できるはずだ。

　しかし、毎日毎分のあらゆるときに、高い生産性を引き出し続けることはできない。それはあまりにも非現実的な目標だ。ただ、もっとも時間を浪費しているのはどこかを明らかにして、それを減らすことならできる。時間の浪費のもととなっている上位1位、2位を取り除ければ、かなりスッキリする。この章では、歴史的にもっとも時間を大きく浪費してきた要因を明らかにする。加えて、あなた自身の時間の浪費の根源を見つけやすくする方法を示し、その根源を1度で完全に断ち切るための実践的なアドバイスを提供しよう。

もっとも大きな時間の浪費のもと

　はっきり言おう。テレビを見るのを止めよう。

　これは本気だ。できる限り早くテレビを見るのを止めなければならない。リモコンを置き、テレビを消し、ほかにやることを見つけよう。

　私たちは、自分にとっても社会にとっても何の利益にもならないのに、テレビを見て人生のかなりの部分を浪費する人々が多数派を占めるような世界に住んでいる。2012年のニールセンの報告書によれば、2歳を過ぎた平均的なアメリカ人は、週に生テレビを34時間以上見ている。しかし、それですべてではない。彼らは、そのほかに3〜6時間も録画した番組を見ている。なんてことだ。あなたは本気なのか？　私の読み方は正しかったのか？　テレビを見て潰している時間が週に40時間もあるのか？　毎週、フルタイムの仕事をするのと同じ時間だけテレビに張り付いているのか？　それはとても正気とは言えない。

　あなたはたいしてテレビを見ていないかもしれないし、平均的なアメリカ人と同じだけテレビを見ていたりもしないだろう。しかし、この種のデータ

第43章　時間を浪費するメカニズム　　237

を無視することはできない。この報告書によれば、自分たちが思っているよりもはるかに長い時間テレビを見ていることになる。

週に40時間あれば、何ができるかを想像してみよう。自分のビジネスを始めたいなら、さあどうぞ、40時間もあるのだ。キャリアを積みたいなら、毎週40時間ずつ増えれば目標を実現できるのではないか。体を鍛えるのはどうだろう。私は、40時間あれば十分だと思う。

あなたがテレビを見ている時間が平均的なアメリカ人の半分だとしても、週に20時間である。パートタイムの仕事と同じ時間だ。正直になって、あなたが毎週テレビを何時間見ているのかを見積もってみよう。

ここでちょっと時間を割いて、確かな数字を知るために、あなたがどれくらいテレビを見ているかをトラッキングしてみよう。見ている番組を考え、毎週どれくらいテレビを見ていると思うかを計算してみる。自分に対して正直になろう。1年ではどれくらいの時間になるだろうか。

テレビを止める

テレビを見るのがなぜ時間の浪費なのかを説明する必要はないだろう。しかし、テレビを完全に止める、あるいは少なくともテレビを見る時間を減らすためには、もう少しそう決心するだけの理由がほしいだろう。

テレビの最大の問題は、テレビを見るために使った時間からは何の利益も得られないことだ。純粋に教育的な番組を見るのでもない限り、基本的には時間の浪費である。テレビに時間を使うくらいなら、ほとんど何であってもそれ以外のものに時間を使う方がましだ。

テレビは、時間の浪費になるだけではなく、本人の気がつかない形で見た人に影響を与える。お金の使い方の傾向から世界観まで、あらゆるものがテレビの直接的な影響を受ける。テレビを見れば見るほど、自分の考えや行動をコントロールするのを諦めることになる。テレビは文字通りあなたをプログラミングしているのである[※1]。

では、どうすればテレビを見るのを止められるだろうか。止めるのが容易ではないことは私も真っ先に認める。以前の私は毎週テレビをかなり見ていた。仕事から家に帰ってくるとテレビをつけるのが習慣だった（テレビの前で夕食を食べられるようにするために、小さな折りたたみ式のテーブルまで買っていた）。私はそのようにして育ち、両親もそうしており、大人になっ

238

たときにもそうしていた。そのようなやり方にどっぷり浸かっていた。仕事でくたくたになったあとは、リラックスが必要だと思ってテレビを見ていた。頭を使わない娯楽が必要だったのである。

　私がテレビを見るのを減らすようになったのは、自分のためのサイドプロジェクトを始めてからだった。私は、自分のランニングのトラッキングに役立つ Android アプリを作り始めた。そのアプリを作るために毎日 2 時間ほどを確保していた。すると、テレビを見るために使っていた時間を、プロジェクトのための楽しい時間にすれば、ずっと多くのことができ、自分でもいい気持ちになることに気づいたのだ。

　こうしたメリットを感じて、私はもっと自分の時間を取り返したいと思ったが、お気に入りの番組のいくつかは諦めたくなかった。そこで、見る番組を 1 度にひとつだけに絞ることにした。テレビをそのまま見たり、録画したりするのではなく、見たい番組の全放送をまとめたものを買って、見たいときや時間があるときに見るようにした。テレビの番組表や各回の最後のシーンにテレビを見るペースを支配されないようにしたのである（今でも、時々テレビ番組のコンプリートシーズンを買って映画のように見ることはある）。

　自分の時間を使いたいテレビ以外のものを見つけ、番組表に自分のスケジュールをコントロールされないようにして、初めて私はテレビ中毒から抜け出し、毎週 2、30 時間の空き時間を作り出せたのだ。

テレビ以外の時間の浪費

　私が真っ先にテレビを標的にしたのは、ほとんどの人がもっとも大きく時間を浪費するものだからだ。この浪費を削減しただけで、あなたの生産性は、2 倍、3 倍になり得る。お金が少し節約できることは言うまでもない。しかし、時間を大きく浪費するものはほかにもあり、生活からそれを取り除く方法も知っておいた方がいい。

　今日、特に大きいのは、ソーシャルメディアである。第 2 部で述べたように、ソーシャルメディアの存在は非常に重要だが、仕事をすべきときやほかの生産的な活動のときに Facebook や Twitter などのソーシャルメディアで膨大な時間を浪費してしまうのもありがちなことである。

　ソーシャルメディアで活動する時間を 1 日に 1 度か 2 度にまとめるのはいい方法だ。これは電子メールにも応用できる。仕事中に Facebook をチェッ

第 43 章　時間を浪費するメカニズム　**239**

クする回数を増やさず、Facebook を見るのは昼食時や夜だけにするのである。それでも、見たいものを見逃すことはまずない。

　会社で働いている場合、時間を浪費してあなたの生産性を大きく引き下げるのは会議だ。会議によってどれくらい時間が浪費されているかは言うまでもないだろう。私は、1 日に少なくとも 2、3 時間も会議をしているような職場にいたことがある。言うまでもなく、実際の生産的な仕事のために残された時間は少なくなってしまう。

　会議に時間を浪費されないようにするための最高の方法のひとつは、単純に参加しないことだ。これは少し異端的に思われるかもしれないが、私が出ていた会議の多くでは私はオプションの参加者に過ぎないか、本当は出席する必要がない人だということがわかったのである。

　出席する会議の数を減らすためには、会議の議題がメールその他のメディアで処理できるものなら主催者に会議を中止してもらえるよう働きかけるのもひとつの方法だ。会議は簡単に開けるので、何か必要があるたびに会議という方法が選ばれがちである。しかし、メールや電話など、より時間のかからないメディアで問題を処理できないときの最後の手段として会議を使うようにしてみよう（ジェイソン・フリードとデイヴィッド・ハイネマイヤー・ハンソンの『小さなチーム、大きな仕事』（早川書房完全版、2012 年[*2]）には、会議を整理するための方法がもっと詳しく書かれている。

大きく時間を浪費する要因

- テレビ
- ソーシャルメディア
- ニュースサイト
- 不要な会議
- 料理
- コンピューターゲーム（特にオンラインゲーム）
- コーヒーブレーク

料理やコーヒーブレークまでが本当に時間の無駄なのか

答えはイエスでもノーでもある。なぜそういったことをしているかの理由によって変わるのだ。しなければならないことがわかっている仕事から逃げるためでなく、本当に楽しみのためにしているのなら、時間の無駄ではない。

私はゲームを時間の無駄だと思っているが、ゲームは大好きだ。私はゲームをするのを完全に放棄すべきなのだろうか。そんなことはない。しかし、何かしなければならないことがあるときに、仕事から逃げるための手段としてゲームをしてはならないだろう。

同じことが料理にも当てはまる。おそらく、あなたは料理が好きで自分のために健康な食事を作りたいのだろう。それならすばらしいことだが、時間を大きく節約できる単純な料理をすればいいのに手間のかかる料理のために膨大な時間を使っていて、それが楽しくもないのなら、料理のためにかける時間を減らして、健康を維持するためのほかの方法を考えた方がいい。

ポイントは、生活のなかで楽しみにしていることをすべて取り除くのではなく、しなくてもいい上に楽しくもないことや、自分の時間を全部食い尽くすようなことのために時間を浪費しないようにすることである。

時間を管理する

ソーシャルメディアで時間を潰してしまって困っている場合、それにどれだけの時間を使ったかをトラッキングするといい。RescueTime（http://rescuetime.com）などのツールを使えば、仕事中に何のために時間を費やしているかをトラッキングし、コンピューター上でソーシャルメディアサイトやそのほかの生産的ではないもののために費やした時間を正確に示すレポートを作ることができる。生活のなかで時間の無駄になっているものを取り除く最良の方法は、何で時間を無駄にしているかを把握することだ。どこで時間を浪費しているかを知らなければ、その時間を取り戻すことはできない。

あなたの時間が毎日何のために使われているかを正確にトラッキングする時間管理システムを使うといい。初めて自分のために仕事をし始めたとき、私は自分の時間がどこに行ってしまうのかわからないでいた。私は、自分が実際にできている量よりもはるかに多くのことができるはずだと思っていた。そこで、2週間ほど自分の時間を細かくトラッキングしてみると、特にどこで多くの時間を浪費しているのかがわかった。

自分がどこで時間を使っているかを正確に読み取ることができれば、時間を特に浪費しているものを見つけて削減することができる。毎日、様々なタスクで自分がどれくらいの時間を費やしているかを正確に明らかにするようにしてみよう。自分が食事のためにどれだけの時間を費やしているかまでトラッキングすれば、自分の時間がどこに行ってしまうのかがよくわかるだろう。

やってみよう

- ☐ 来週、自分が使っている時間を正確にトラッキングしよう。仕事中の各時間をどのように使っているかを正確に見積もろう。そのデータを見て、特に多くの時間を浪費している2、3個の要因を明らかにしよう。

- ☐ テレビを見る習慣があるなら、1週間見ないで済ませてみよう。「テレビなし」の週を作って自分の行動がどうなるかを見てみよう。テレビを見る代わりに時間を何に使っているかを把握しよう。

- ☐ 庭仕事や掃除をしてくれる人を雇ったら何時間空くかを明らかにしよう（ケーブルテレビを解約したら、それによって節約できたお金でこういったサービスを使える場合もある）。

※1　英語ではテレビ番組も program という。

※2　Jason Fried and David Heinemeier Hansson, "Rework," Crown Publishing Group, 2010

第 | 44 | 章

ルーチンを持つことの重要性

　生産性を上げるための本当の秘訣は、長期に渡って小さなことを繰り返し行うことだ。1 日に 1000 語ずつ、毎日欠かさず書き続けたら、1 年後には四つの小説を書き上げられる（平均的な小説は、6〜8 万語である）。

　それなのに、小説を書こうとしてデスクに向かいながら、1 作すら完成できていない人がどれだけいるのだろうか。彼らは、自分と夢の間に立ちはだかっているものがルーチンだけだということを知らないのだ。ルーチンは、あなたの人生を形作り、生産性を引き上げ、目標を達成するための方法としてもっとも強力なもののひとつである。人生のどの分野でも、毎日していることが時間とともに積み重なっていくのである。

　この章では、ルーチンを持っていることの重要性を学び、自分のためのルーチンを確立するための方法を紹介する。ルーチンを確立すれば、生産性が上がり、今はとても手が届かない目標を達成するために役立つだろう。

ルーチンが人を形作る

　私は毎朝起きると、ジムに行ってウェイトトレーニングをするか、3 マイル（約 4.8km）のランニングに向かう。私は何年も前からこれらを続けており、今後もやり続けるつもりだ。ワークアウトから帰ってくると、デスクの前に座り、毎日のルーチンを済ませる。毎週、毎日、何をすることになっているかは正確に把握できている。ルーチンの内容はしょっちゅう変わるものの、私を目標に近づけてくれる何かしらのルーチンは常にある。

　1 年前に導入したルーチンが今の私を形成したのである。私のルーチンがワークアウトでなく、毎朝ドーナツ店に行くことだったら、私の外見は今とは大きく変わっていただろう。私のルーチンが毎朝カンフーの練習をすることなら、かなり力のある格闘家になっていただろう。

　同じことがあなたにもあてはまる。あなたが毎日していることが、時間とともにあなたを形作っていく。自分に関して変えたいと思うことはたくさん

第 44 章　ルーチンを持つことの重要性　　**243**

あるかもしれないが、変えるためには時間がかかり、欠かさず繰り返すことがポイントだ。小説を執筆する、アプリケーションを完成させる、自分の事業を起こすといった目標を実現したいなら、あなたをゆっくりと、しかし確実に、目標の方向に近づけていくルーチンを確立しなければならない。

　私がここに書いていることは常識のように感じるかもしれないが、自分の生活と目標、つまりあなたの夢や志を見直してみよう。毎日その夢に近づくために積極的な努力をしているだろうか。毎日目標に向かって1歩ずつ自分を近づけていくようなルーチンを確立すれば、いずれ目標を達成できるのではないだろうか。

ルーチンの作り方

　さあ、今こそ行動に移すべきだ。明日や来週ではなく、今である。自分の目標に到達し、他人や状況が作った形にはめられてしまうのではなく、未来を自分で形成したいなら、あなたが行きたいと思っている方向にあなたを導いてくれるルーチンを開発しなければならない。

　いいルーチンは、大きな目標から始まる。あなたが実現したいことは何だろうか。通常は、ひとつの大きな目標の実現だけにしか集中できないので、今あるなかでもっとも重要な目標を選ぼう。いつか実現したいと思っているが、そのための時間を取れないでいるものである。

　大きな目標を選んだら、最終的にその目標に到達するために、毎日または毎週、目標に向かって少しずつ進むためのステップをどのように設定するかだ。本を書きたいなら、1年でその目標に到達するために毎日何ワードずつ書かなければならないかを考える。体重を減らしたいなら、その目標に到達するために毎週何kgずつ軽くしていかなければならないかである。

　この大目標がルーチンの基礎を作る。目標を中心としてスケジュールを立てる。ほとんどの人は、それぞれの勤務先の仕事のために、昼の8時間を充てなければならない。この数字にはあまり柔軟性はないが、それでも毎日16時間ずつ残っている。しかし、さらに8時間を睡眠のために確保するので、残された時間は8時間になる。最後に、食事のために1日2時間ずつ確保しなければならない。最悪でも、あなたが実現したいことのために割り当てられる時間は、毎日約6時間も残っている。

　1日6時間ではたいしたことがないと思うかもしれないが、週にすれば42

時間もある（そして、あなたがいかに時間を浪費しているかを示した前章を読んでいれば、ほとんどの人がこの週あたり40時間をどのようにして使っているかは想像がつくだろう。テレビを見るのを止めるのがいかに大切か、わかるはずだ）。

何をすべきかがわかったら、次は実際に時間をスケジューリングする。毎日仕事に行くことに関連してすでにルーチンができているので、週5日の出勤日をベースとしてルーチンのスケジュールを考えるといいだろう。私なら、1日の最初の1、2時間をもっとも重要な目標のための時間にすることをお勧めする。そのために毎日2時間早く起きなければならないかもしれないが、1日の最初の1、2時間を使えば、やろうとしていることを守れる可能性が高いだけでなく、その時間にはもっとも多くのエネルギーを使えるだろう。

わずかそれだけの変更によって、あなたは毎日もっとも重要な目標に向かって前進するようになる。出勤日だけに前進をスケジューリングしている場合でも、毎年260歩ずつ正しい方向に向かうことができる。小説を書いていて毎日1000ワードずつ書ければ、1年で26万ワード書くことができる（『白鯨』は209,117ワードである）。

細かいスケジューリング

今までは、たったひとつのことをルーチンに追加しただけだが、それはもっとも重要なことでもある。それだけをしたとしても、かなり満足のいく結果が得られるが、それよりももう少し大きな結果を得ることもできる。本気で生産性を上げたいなら、自分の生活をもっとコントロールする必要がある。

私は自分のために自宅で仕事をしているので、私のルーチンはかなり微に入り細を穿ったものになっているのではないかと思われるだろう。私は、1日の大半について何をすべきかを決めたルーチンを持っている。このルーチンのおかげで、私は毎日最大限の仕事をすることができている。私が話をしたほとんどの人々は、私には何でもやりたいことができる柔軟性があるのに、毎日ルーチンに従っているということを知って驚く。しかし、このルーチンこそが私の成功にとってきわめて重要なのだ。

あなたが独立したり、在宅勤務になったりしたときには、仕事時間中に何をするのかについて、作業開始と終了の時間を含めてはっきりと決めたルーチンを用意すべきだ。柔軟性に欠けることは、生産性の向上と自分が目標に

向かって着実に進んでいることがわかっている安心感によって埋め合わされ、さらにお釣りがくるくらいだ。

　しかし、たとえ在宅勤務をしているわけでなくても、仕事時間の大半を包括するルーチンを作る必要がある。あなたが9時から5時までの標準的な仕事をしている場合、ありがたいことにその構造の大部分はすでに作られている。

　勤務日のスケジュールは、毎日毎週、何をしているのかが把握できるようにきっちりと決めておくことを強くお勧めしたい。大きな目標によってルーチンを決める話をしたが、同じように毎日少しずつ先に進めたい小さい目標がほかにもいくつもあるだろう。それらの小さな目標も前に進めるためには、ルーチンのなかにそれらのスケジュールも入れておくのが一番だ。

　仕事を始めるときに毎日何をするのかを決めておこう。それはメールをチェックして返事を書くことかもしれないが、毎日しなければならないもっとも重要なことのための作業を始めた方がいい（メールはいつでも後回しにできる）。毎日、あるいは毎週繰り返ししているタスクをいくつか選び出そう（これに関して役に立つクォータシステムについては、第39章で詳しく述べた）。毎日それらのタスクのための時間をスケジューリングし、必ずそのタスクを終わらせられるようにする。会社勤めだった頃、私はそのときの仕事で使っているテクノロジーについて毎日30分ずつ学習するようにしていた。私はこれを「研究タイム」と呼んでいた。

　食事の時間、さらには毎日何を食べるかまで、ルーチン化しておこう。それは少しやり過ぎだと思うかもしれないが、私たちは何を食べ、何を料理するかを決めるためにかなりの時間を浪費している。そして、こういったことをあらかじめ決めておかないと、つまらないものを食べる羽目になるのだ。

　1日の構造がしっかりすればするほど、生活をしっかりとコントロールできる。よく考えてみよう。物事をあらかじめ計画しておかず、いつも状況に反応し、出てきたものを処理していたら、あなたではなく環境に生活をコントロールされてしまうのだ。1日のルーチンの具体例を**表44.1**に示そう。

表 44.1　ルーチンの例

時刻	行動
午前7:00	ワークアウト（ランニングまたはウェイト）
午前8:00	朝食（月、水、金：朝食A、火、木：朝食B）
午前9:00	仕事開始。もっとも重要なタスクを選択
午前11:00	メールチェックと返事書き
午後0:00	昼食（月、火、水、木：弁当、金：外食）
午後1:00	プロフェッショナル開発時間（研究、スキル向上）
午後1:30	副次的な仕事、会議、その他
午後5:30	翌日のタスクのプランニング、当日完了した作業の記録
午後6:30	夕食
午後7:00	子どもと遊ぶ
午後9:00	読書
午後11:00	就寝

ルーチンにあまりこだわりすぎないように

　従うべき一般的なルーチンを持つべきだが、柔軟にもならなければならない。1日を台なしにしたり、スケジュールがぐちゃぐちゃになったりすることはある。車の故障はルーチンをめちゃくちゃにする危険があるが、それは予測不能なので忘れることだ。こういった事故は冷静に対処できるようにならなければならない。

やってみよう

- ☐ あなたの現在のルーチンはどうなっているか。毎日の行動を追跡し、すでに従っているルーチンがどれくらいあるかを確認しよう。
- ☐ 大きな目標を選び、少なくとも平日には毎日ルーチンに組み込もう。目標達成のための日々のステップを決めたら、1年にどれくらい進めるかを計算しよう。

第 45 章

習慣を作る：コードを磨こう

> 私たちは繰り返し行っていることによって表現される。だから、優秀
> だというのは、行動ではなく習慣である。
>
> ─アリストテレス

　私たちはみな、習慣を持っている。その一部はいいもので、一部は悪いものだ。いい習慣は、私たちを前進させ、成長を助ける。悪い習慣は、私たちを後退させ、成長を妨げる。いい習慣を生み、育てると、意識的に努力しなくても、生産性を上げるために役立つことがある。ルーチンがゆっくりだが着実にレンガの大きな壁を作り出すのと同じように、習慣も蓄積によって私たちを前進、後退させる。しかし、ルーチンは私たちがコントロールできるのに対し、習慣はコントロールできないという大きな違いがある。

　この章では、いい習慣を持つことがいかに価値のあることか、そのような習慣を育てるにはどうすればいいかについて伝えていく。習慣をコントロールすることはできないが、習慣を生んだり破ったりすることはできる。生活のなかで習慣をどのように扱えばよいかを学ぼう。

習慣とは何か

　習慣を変えたり、新しい習慣を生み出したりすることについて考える前に、習慣とは何かということを正確に知る必要がある。ここで説明するのは概要であり、詳しい説明を読みたい場合は、チャールズ・デュヒッグの『習慣の力』（講談社、2013年）を読んでいただきたい。

　習慣は、基本的にキュー、ルーチン、褒美の三つで構成されている。キューは、習慣が現れる引き金になるものだ。1日の特定の時刻、何らかの社会的なやり取り、特定の環境、そのほか、ほとんど何でもいい。私の場合、映画館に入ることがポップコーンを買うキューになっている。

　次はルーチンだ。ルーチンは、行うことであり、習慣そのもののことである。

ルーチンは、タバコを吸うこと、ランニングに出かけること、コードをチェックする前にすべての単体テストを実行することなどである。

　最後に、褒美がある。これは、習慣を実際につなぎとめておく錨のような存在で、習慣を実行したときに感じるいい気分のことだ。褒美は、単なる満足感、オンラインゲーム『World of Warcraft』でレベルが上がったときになる音、好きなお菓子の甘味などだ。

　私たちの脳は、習慣を生み出すのがとても得意である。私たちは、よくすることに自動的に習慣を貼り付けていく。あることをたびたびすればするほど、習慣が作られる可能性が高くなる。習慣の強さは、褒美の価値によって左右されることが多い。いい褒美がもらえることは好んでするものだ。しかし、奇妙なことに、いつも同じ標準の褒美がもらえるものよりも、褒美が変わるものの方が、中毒性が高い。カジノにあまりにも多くの人々が集まってくるのはそのためだ。褒美がもらえるかどうかや褒美がどれくらい大きくなるかがわからないときには、悪い習慣が生み出されることがある。このような習慣のことを中毒とも呼ぶ。

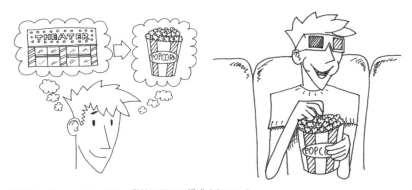

習慣は、キュー、ルーチン、褒美の三つで構成されている

　あなたには、意識していない習慣が数百もあるはずだ。おそらく、起きたときに毎朝行う決まったルーチンがあるだろう。たぶん、毎朝歯を磨くだろうし、仕事のやり方に影響を与えるあらゆる種類の習慣があるはずだ。私がこの章で注目したいのはこれである。そういった習慣を生み出せば、生産性を最大限に引き上げるために役立つのだ。

第45章　習慣を作る：コードを磨こう　249

悪い習慣に気づいて変える

　習慣を見直したいときには、悪い習慣を見つけてきて、それをひっくり返していい習慣に変えるところから始めると簡単なことが多い。何が悪い習慣かを特定できれば、それをいい習慣に変えることによって、生産性は二重に上がる。

　私には、毎日コンピューターの前に初めて座ったときに、すぐにメールをチェックして、そのついでにインターネット取引のサイトと自分のソーシャルメディアも見てしまうという悪い習慣がある。あなたにも、毎日同じようにしてしまうルーチンがあるのではないだろうか。

　最初に、私はこの習慣を破り、変えようとしている最中だということを認めなければならない。まったくこれは簡単なことではない。しかし、逆転させていい習慣に変えられることがわかっている悪い習慣の好例としては使える。

　まず、この習慣を解析して、三つの部分に分解しよう。第1はキューだが、デスクの前に座ることがキューのように見える。朝、最初にすることとしてコンピューターの前に座ると、この習慣が始まる。次はルーチンだが、メールをチェックし、Slickdeals.com にいい出物があるかどうかを見て、Facebook、Twitter その他をチェックすることである。最後に褒美だが、見ていくのが好きなインターネットサイトをすべてチェックするといい気分になる。特に、投稿に「いいね！」がついていたり、輝く新しいメールが私を待っていたりすると気分がいい。また、少しだけストレスから解放された気分になる。その日にしておかなければならないことがわかっていることが減って気持ちが楽になり、ちょっとの間だけリラックスできる。

　この習慣を完全に止めてしまってもいいのだが、止めるのはかなり難しいだろう。魅力的な通知が送られてくるたびに見たい気持ちになり、そのうちの半分では気づきもせずに習慣の行動をしている。自動的になっているのだ。しかし、この習慣を完全に止めてしまうのではなく、ルーチンを変えることができる。チェックしたいすべてのインターネットサイトをチェックするのではなく、キューを準備しておいて、キューから別のもっと生産的な行動を取るようにするのである。

　朝、最初にすることとしてインターネットサイトをチェックするのではなく、1日のプランを立て、その日のタスクとしてもっとも楽しいものをつま

いい習慣を持つことは大切だ

み食いすることにしたらどうだろうか。できる仕事が増え、もっともつまらない仕事ではなく、もっとも楽しい仕事から1日を始められる。確かに、毎日もっとも大切な仕事を最初にしているわけではないが、全然生産的ではないことのために30分を浪費するのではなく、生産的な仕事をすることができる。

　悪い習慣をいい習慣に切り替えるためには少し時間がかかるかもしれないが、最終的には悪い習慣の代わりにいい習慣が残り、それが私の1日のルーチンの一部になる。

　あなたも自分の悪い習慣に対して同じことをすることができるが、そのためにはまず、悪い習慣を見つけなければならない。そのためには、生活やルーチンのなかから後ろめたい気分になるものを見つけるようにするのが一番だ。止めたいと思っているけれども、いつも先延ばしにしてしまうことは何だろうか。

　最初は小さなものから試すようにしよう。見つけられた悪い習慣のなかからひとつを選んでも、すぐにそれを変えようとしてはならない。まず、その習慣の引き金となるキューは何か、止めるのは正確に何のか、その悪い習慣が止められなくなる褒美となっているものは何かを見極める必要がある。褒美は幻に過ぎないことがわかることがある。満たされると期待してしまう約束だが、実際には満たされないものだ。

　習慣自体についていい手がかりが得られれば、習慣についてそれまでよりもずっと意識的になれる。よく解析するだけで、習慣を潰したり変えたりできる場合さえある。

　次に、その習慣として現在していることの代わりにできるほかのルーチンを考える。可能なら、あなたができることで、現在の習慣と似た褒美、または同じタイプの褒美が得られるようなものを見つけるようにしよう。

第45章　習慣を作る：コードを磨こう

最後に、もっとも難しい部分が残っている。新しい習慣にできるかもしれないことを自分に強制し続け、古い悪習を塗り替えるのである。十分に長い間やり続けると新しい習慣がいずれ簡単かつ自動的にできるようになることがわかっていれば、切り替えやすくなるだろう。

新しい習慣を生み出す

古い習慣を変えることに加えて、自分がやりたいことのために新たな習慣を生み出すこともしたい。前章では、ルーチンを持つことの重要性について話したが、ルーチンをやり続けるように仕向ける習慣に支えられていなければ、ルーチンで大成功を収めることはできないだろう。

ルーチンを十分長い間やり続けるだけで、新しい習慣を生み出すのに成功することがある。週に3回ずつランニングとウェイトをする新しい習慣を生むことに成功したのは、2か月間ルーチンにこだわったからである。2か月たつと、自動的に曜日によって外に走りに行くかジムに行かなければならないという気分になるようになった。

新しい習慣を生み出すという例で気に入っているのは、尊敬するソフトウェア開発者、ジョン・レシグのブログポストに載っていたものだ。ジョンは、ブログ「Write Code Every Day」のなかで、毎日最低30分かけて一定量の役に立つコードを書く習慣を身に付けるまでは、サイドプロジェクトが先に進まなかったということを言っている。新しいルーチンを作り、それが習慣になると、彼の生産性はとてつもなく上がったのだ。ブログポストそのものは、以下のページ（http://ejohn.org/blog/write-code-every-day/）で見ることができる。

習慣を生み出すための方法は、ルーチンを作る方法とよく似ている。達成したい大きな目標のことを考えるようにして、その方向に自分を動かしていく習慣を生み出せないかどうかを考えるのである。生産的な習慣があればあるほど、目標に向かって進むことが楽になる。

育てたい習慣候補を選んだら、その習慣を始めるモチベーションとなる褒美のことをよく考えよう。コードをチェックする前に、単体テストを全部実行することを習慣にしようと決めたとする。おそらく、コードをチェックする前に単体テストを実行すれば、メールチェックのための5分の休みが作れるとでも思ったのだろう。自分に与える褒美自体が悪い習慣になっていない

252

かどうか注意しなければならない。ワークアウトのたびにキャンディバーを
食べるのはお勧めできない。

　次に、新しい習慣を引き出すキューを考える。その習慣の引き金になるの
は何だろうか。キューは頼りにできる安定したものでなければならない。1日、
またはある曜日の特定の時間は、次の機会に行動を先延ばししないように自
分を抑えるいいキューだ。ほかの習慣と抱き合わせにすることができればさ
らにいい。私は、自分のスキルを維持するために、毎晩30分ずつ技術書を
読むことを習慣にしている。それに30分歩くことを組み合わせて、毎日30
分歩くという新しい習慣を生み出すことにした。今では、本を読みたいと思
うたびに、トレッドミルに行って歩かなければと思うようになっている。

やってみよう

- □ あなたの習慣を追跡してみよう。今の生活を形成しているもっとも影響力の強
  い習慣は何か。そのうちいい習慣はいくつで、悪い習慣はいくつだろうか。

- □ 悪い習慣をひとつ取り出し、いい習慣に変えられるようにしてみよう。行動に
  移る前に、1週間後、1か月後、1年後にあなたの生活がどのように変わるか
  をイメージしよう。

※1　Charles Duhigg, The Power of Habit", Random House, 2012

第45章　習慣を作る：コードを磨こう　**253**

第 46 章

ブレイクダウン：
先延ばしを克服する方法

象を食べるときには、一度に一口ずつ食べるものだ。
―クレイトン・エイブラムス

　先延ばし（生産性にとっての致命傷）をしてしまう大きな理由のひとつは、問題を過大視することだ。問題の規模の大きさに圧倒されてばかりいて、実際に解決に取り組もうとしないのである。タスクの全体を見ると、実際よりもずっと大きく威圧的なものに感じてしまうことがある。

　この章では、先延ばしを克服するために役立つ生産性ハック、ブレイクダウン（分解）を取り上げる。大きなタスクを小さなタスクに分解すると、そのタスクをこなそうというモチベーションが上がり、目標達成に向かって以前よりもずっと着実に前進できるようになる。

大きいことが必ずしもよくないのはなぜか

　タスクは、大きければ大きいほど威圧的に見えるようになる。ソフトウェアアプリケーション全体を書くのは難しい。しかし、コードを 1 行書くのは簡単だ。ソフトウェア開発の分野では、タスクやプロジェクトは小さいものよりも大きいものの方が増えてきている。

　しかし、私たちはずっと先の将来を見通すことができないので、こういった大きなタスク、プロジェクトは、私たちの生産性を低下させがちである。大きなタスクを全体として見てしまうと、ほとんど実現不可能なもののように見えてしまう。摩天楼や数 km も続く橋を構築するという、とてつもなく大きな仕事について考えてみよう。多くの摩天楼や橋が建築されてきたので、実現可能なことはわかっている。にもかかわらず、この種のプロジェクトを全体の形で見ると、誰もそんなことは実現できないように感じてしまう。

　私は、長年に渡ってゼロからアプリケーションを構築するような巨大プロジェクトに関わってきた。私は様々なアプリケーションを手がけたが、物事

をブレイクダウンすることを学ぶまでは、どれひとつとして完成にたどり着けなかった。いつも最初はプロジェクトに情熱を注いでいるのに、すぐに細部に埋没しているような感じになった。私は、あとどれだけの仕事が残されているかを考えることに囚われていて、完成地点まで作り上げることができなかった。プロジェクトが大きければ大きいほど、失敗する傾向があったのだ。

　しかし、同じ問題を抱えるのは私だけではないようだ。ソフトウェア開発分野の様々な職務のなかでほかの開発者に仕事を任せてきたが、決まってタスクの大きさがプロジェクトの成否の大きな指標になることを感じたのである。任せるタスクが大きければ大きいほど、彼らがそのタスクをこなせなくなる可能性が高くなるのだ。

　なぜこうなるかの理由のひとつはすでに述べた。大きなタスクの心理的な負担である。大きな問題に直面すると、私たちは問題解決の手順を進めることより、問題そのものについて考えることのために時間を費やしてしまう傾向がある。人は、もっとも抵抗の低い道を選ぶ傾向にある。大きなタスクに直面すると、ほとんど必ずメールをチェックしたり、コーヒーをもう一杯飲んだりすることの方が楽そうに見えてしまい、先延ばしが起きてしまう。

　しかし、大きなタスクがよくない理由は、先延ばしが起きることだけではない。タスクが大きければ大きいほど、しっかりと定義されていない傾向がある。店に行って卵、牛乳、パンを買ってきてほしいと頼む場合、タスクは明確に定義されており、あなたは何をすべきか正確にわかる。そのようなタスクは簡単に実行でき、あなたが正しくミッションをクリアする可能性は高い。

　それに対し、私のためにウェブサイトを作ってくれと頼むと、このタスクは先ほどの例よりも相当大きい上に定義が明確でない。どこから始めるのかなど、答えられていない疑問がたくさんある。仕事を完成させるために何をしたらいいかが正確にわかる可能性は低い。私にとってウェブサイトの作成とは正確にどういう意味なのか、私が何を期待しているのかの説明を書くことはできるが、そこまで詳しく説明すると、読んで理解するために時間がかかるし、エラーが起きる可能性が非常に高くなる。

　大きなタスクは、見積もりも非常に難しくなることが多い。リストのなかからもっとも大きい要素を見つけるアルゴリズムを書くためにどれくらいかかるかと尋ねられれば、たいていの人がかなり正確な見積もりを出せるだろ

第46章　ブレイクダウン：先延ばしを克服する方法　**255**

う。しかし、ウェブサイトのショッピングカート機能を実装するためにどれくらい時間がかかるかと尋ねられても、出せる見積もりはほとんど当てずっぽうになってしまうはずだ。

つまり、大きなタスクは小さなタスクと比べて精神的に負担になり、日程が遅れがちになり、一般に説明が曖昧になってエラーが起きやすく見積もりが難しくなる。

ブレイクダウンの効用

しかし、希望を失ってはならない。解決方法はある。大きなタスクのほとんどは、小さなタスクに分解できることがわかっている。実際、ほぼすべての大きなタスクは、ほとんど無限ともいえる個数の簡単で小さなタスクに分解できるのである。

大きなタスクを小さなタスクに分割することは、できる仕事量を増やすとともに、自分が仕事をしたときにかかる時間をより正確に見積もるために、私がいつも使っている常套手段のひとつである。

実際、この本の構成との一致は偶然ではない。読者は、この本にはなぜ、こんなにたくさんの章があるのだろうと思われたかもしれない。本書の執筆に取り掛かったとき、少数の大きな章を書くのではなく、多くの小さな章を書き、それをいくつかの部にまとめるという方法を意図的に選んだ。これにはふたつの理由がある。

まず第1に、この方が、読者が内容を消化しやすいだろうということである。私の場合、長い章を含む本は、章全体を読むだけの時間がない限り、取り出して読むのを避ける傾向がある。長い章を持つ本は、そうでない本よりも威圧感があるので、私はそうならないようにした。読者から見ても、千から二千ワードの章の方が、細かく分けられていない大きな章を持つ本よりも、読みやすく、威圧的に感じないのではないだろうか。

第2に、この方が私にとって楽だからだ。私は、ほとんどの人がデスクの前に座って本を書き始めたものの、書き上げられないで終わることを知っている。私も何度か自分で本を書こうとして完成させられなかった経験がある。各章を長いブログポストくらいの小さなものにしておけば、本を書くという仕事は、はるかに管理しやすくなる。大作を書くというひとつの大きなタスクではなく、小さな章を書くという80個程度の小さなタスクに立ち向かう

ことにしたのである。

　タスクを小さく分割するとき、それらのタスクは取り組みやすくなり、タスクを終わらせるために必要な時間の見積もりはずっと正確になり、正しく仕事ができる可能性が高くなる。小さなタスクで仕事を間違えても、大きなプロジェクトに深入りしたり取り掛かったりする前に修正するチャンスが見つかることが多い。私は、ほとんどの場合で、大きなタスクを小さなタスクに分割するのは正しいと考えるようになった。

どのようにして分解するか

　大きなものを分解するのはそれほど難しいことではない。ほとんどのタスクは1度に1ステップずつ進むようにすれば、簡単に小さなタスクに分解できる。象の食べ方の引用は、まさに真実だ。象を食べられる方法があるとすれば、一口ずつ食べること以外に考えられない。ほとんどすべての大規模な仕事でも同じことが当てはまる。大きなタスクを意図的に分割しなかったとしても、線形に進む時間の制約を受ける。あることを終わらせなければ、ほかのことを終わらせられない。それが延々と続くのである。

　大きなタスクがあるときに、その威圧感を抑えたいなら、まずそのタスクを完成させるために、どのようなステップを踏んでいかなければならないかを明らかにする必要がある。大きなタスクを任されたとき、私がまずしてみることは、タスクを小さい連続的な部品に分解できるかどうかを明らかにすることだ。

　最近、クライアントが持つ継続的インテグレーションシステムとデプロイの手順をクライアントのコードににとって有効なものにするというプロジェクトに取り組んだ。これはとても大きなタスクだった。当初、このタスクは圧倒的で、難しく感じたが、頭からぶつかっていくのではなく、タスクを小さなタスクに分割するところから始めた。

　最初は、コマンドラインからそのコードをビルド、コンパイルすることから始めることにした。自動ビルドを作るためには、まずこの作業が必要なのである。次のタスクとしては、ビルドサーバーにコードをチェックアウトできるようにすることが妥当なところだ。すると、ふたつのタスクを結合する新しいタスクを作れる。つまり、ビルドサーバーにコードをチェックアウトして、コマンドラインスクリプトでコードをコンパイルするというものであ

第46章　ブレイクダウン：先延ばしを克服する方法　**257**

る。

　私は、このような形でプロジェクト全体を小さなタスクに分解していった。すると、とても太刀打ちできない猛獣が小さなネズミのように見えてきた。プロジェクト全体は非常に難しい問題のように見えたが、個々の小さなタスクはばかばかしいほど単純に見えたのである。

　大きなタスクを多数の小さなタスクに分割しようとすると、自分に何をしてほしいのかについての十分かつ正確な情報が与えられていないことがわかる。大きなタスクは小さなタスクよりもしっかりと定義されていないという指摘を思い出そう。小さくて明快に定義されたタスクを作るのを防いでいる情報の欠如を明らかにすることは、大きなタスクを小さなタスクに分割するときのきわめて重要なステップのひとつだ。大きなタスクを小さなタスクに分割するために苦労しているなら、それは情報の欠如によるものかもしれない。

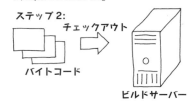

大きなタスクを小さなタスクに分割するとわかりやすくなる

　しかし、これは悪いことではない。情報が足りないことがプロジェクトを始めてかなりしてからわかるくらいなら、プロジェクトの初期の段階でわかる方がはるかにいい。大きなタスクを小さなタスクに分割するときには、小さなタスクが明確な目標を持つようにしよう。そのような目標を明らかにしようとすると、本来なら、なければならない重要な情報が足りないことが明らかになることがよくある。

　アジャイルチームで仕事をするときには、私はこのテクニックを使って顧客から適切な情報を引き出そうとすることが多い。顧客は、サイトにショッピングカートを追加するなどの大きなタスクを依頼するときに、自分が望んでいることをあなたに正確に言えない場合がある。しかし、あなたが大きなタスクを小さなタスクに分割できるなら、彼らがしたいことをあなたに伝えやすくなるようにすることができる。

分解の問題点

　ブレイクダウン：分解というアプローチは、コードや問題解決にも直接応用できる。新人開発者の多くは、書くのが難しいコードとか解決するのが難しい問題と感じてしまうものを解決しようとして、問題に圧倒されてしまう。それは一度に解こうとするには大きすぎる問題にぶつかっていってしまうからだ。彼らは分解の方法を知らないのである（私自身、まだたびたびそうなるという点では同じだということを認めなければならない）。

　私たちは、自分が書くコードの複雑さを管理するために、自然のうちに分解というアプローチを部分的に行っている。私たちがすべてのコードを収めたひとつの巨大なメソッドを書かないのはそのためだ。私たちは、自分のコードをメソッド、関数、変数、クラスなどの構造に分解して、コードを単純にしている。

　プログラミングするために与えられた課題は、いかに複雑でも、必ず小さな部品に分解していくことができる。複雑なアルゴリズムを書こうとしている場合には、しゃにむに前進してコードを書こうとするより、独立に逐次的に解決できる小さな部品に問題を分割するといい。アプリケーションがいかに大きくて複雑でも、必ずコード行に煮詰めることができる。1 行のコードは、どんなプログラマでも理解でき、書くことができる複雑度を決して越えない。だから、問題を十分細かく分解するつもりがあれば、わずか 1 行のコードを書くだけの能力だけでどんなアプリケーションだって書けるのである。

やってみよう

- □ 規模の大きさに圧倒され、今まさに逃げ回っている大きなタスクは何だろうか。掃除、ブログポスト書き、あるいは難しいアルゴリズムへの挑戦によって、日程が遅れてはいないか。

- □ 今直面している大きな問題を選び、それを小さなタスクに分解するいい方法を見つけられるか、考えてみよう。

第 46 章　ブレイクダウン：先延ばしを克服する方法　**259**

第 47 章

ハードワーク：
その価値とできないワケ

　この章では、私が心から大切に思っていることを伝えよう。私のキャリア、そして人生には非常に大きなターニングポイントがあった。それは、成功のためにはハードワークは必要であり、避けるべきものではないと考えるようになったときのことだ。

　私を含め、すべての人は、いつも人生の近道を探している。成功するために必要なハードワークをやらずに済ませる方法だ。私たちは、誰もが実際にハードワークをせずに、ハードワークの結果だけを手にできる方法を求めている。たとえば、じっと座って書き続けるというハードワークをせずにこの本を魔法のように書き終えることができたらいいのにと思ってしまう。

　しかし、現実を見れば、価値のあるすべてのものはハードワークの結果としてやってくる。人生、特にソフトウェア開発者のキャリアでは、本当に結果がほしいなら、コンピューターの前に座ってやりたくない仕事をやる、それも一貫して安定的にやる方法を学ばなければならない。

　この章では、一所懸命に働かなくても賢く働けば大きな報酬が得られると約束するいかさま師の作り話を一掃しよう。そして、ハードワークを支えるモチベーションの課題に挑戦する。

ハードワークはなぜそんなにクソ……いやハードなのか

　私にとって、ほかの仕事よりもずっと大変な仕事があるのはなぜなのかは、まったくの謎だ。何時間もぶっ通しでゲームをしてもまったく苦にならないのに（これはかなり頭を使うはずだ）、ブログポストを書くためにコンピューターの前に座って言葉をタイピングしていくのはどうしても同じようにできない。私の頭は、自分がどんな仕事をしているのかを選り好みしているのだろうか。たとえば、私の PC から見れば、ゲームを実行しようが文章を編集しようが、いずれにしても処理を実行するということでは仕事だ。しかし、私からすれば、片方は仕事であり、もう片方は遊びである。片方はハードで

つらいが、もう片方は楽しい。

　私は、ハードワークを本当に楽しいと思っている人と会ったことはない。ハードワークを楽しんでいると言う人はたくさんいる。仕事に入り込んでから、あるいは仕事が終わってからはそれを楽しいと言う人も多い。しかし、ハードワークを始めたくてうずうずしている人というのはまずいないだろう。

　正直なところ、なぜそうなのかについての理由をきちんと説明することは私にはできない。Facebookのコメントやいつもの暇つぶしサイトのアドレスを入力するために脳が手に電気信号を送るときよりも、バグをフィックスするためのコードを書くために同じ脳が手に電気信号を送るときの方がはるかに難しい理由は私にはわからない。しかし、現実には、ある種の仕事はハードで、別の種類の仕事は簡単なのである。

　しかし、私たちがハードだと考える仕事は、私たちにとって利益になる可能性の高いもののように見える。キャリアを前進させたり、新しいチャンスを開いたりしそうな仕事なのだ。何の利益にもならないようなすべての仕事は、いつも簡単なように見える。

さあ「賢く」働こう

　最近はいつも誰かが、ハードに働くのではなく賢く働こうというアイデアを説いているのを耳にするような気がする。できる限り賢く働くべきだということには反対しないが、賢く働くことがハードワークの代わりになるとは思わない。少ない仕事で大きな結果を約束する人は、みな、あなたに何かを売りつけようとしているか、彼らが今の地位を得るためにいかにハードに仕事をしなければならなかったかを忘れてしまったかなのだろう。

　賢く仕事をすればハードに仕事をするよりもいい結果が得られるという考え方には、大きな誤りがある。成功するためには賢く働かなければならないのは事実だが、ハードワーカーは、自称賢いワーカーをいずれ必ず追い越すだろう。自分の行動から本当に結果を出したいなら、喜んでハードワークをするつもりにならなければならない。それが物事の真実というものだ。

　あなたが本当に有能になりたいのなら、賢く働くとともにハードに働く方法を学ばなければならない。賢くなるだけでは不十分だ。本当に成功するためには、障害を前にしたときに一定のレベルのがんばりと一定のレベルの忍耐がどうしても必要だ。

第47章　ハードワーク：その価値とできないワケ　**261**

ハードワークは退屈だ

なぜ私たちがハードワークから逃げるのかについて私なりに考えると、ハードワークは一般に退屈だからだと思う。初めてブログを書き始めたとき、私は気分がとてもハイだった。自分を表現するこの新しいチャンスに夢中になっていたのだ。しかし、時間が過ぎていくとともに、ブログは単調でつまらない仕事になってしまった。退屈でも歯を食いしばってやり抜けるようになっていなければ、自分の行動にメリットがあるとは思えなかっただろう。

私たちが難しいと感じるものは、実際には面白くないとか華やかでないといった理由でやりたくないものである。興味を感じることだけをして次から次に情熱を傾けるものを変えて飛び回る人生は非常に魅力的だ。何かがつまらなくなったらすぐに、次の面白いものに飛んでいくのである。

しかし、このようなタイプの思考には問題がある。それは、ひとつのことにこだわり続ける人がいずれあなたを追い越していくことだ。最初は彼らよりも先に進んでいるように感じるかもしれない。最初は、していることに対する情熱によってあなたは一時的に上昇しているような気がするかもしれない。しかし、長くてつらい時間をかけて、仕事を終わらせるために必要な退屈な作業を率先している人が、いつのまにか前に行っている。それもずっと先の方に行っているのだ。

> 競争は動かしていくもので、一瞬のうちに決まるものではない。
> ―ジョン・ジェイクス『南北戦争物語』[※1]

現実：簡単なものなどない

あなた、そして私たちすべてにとって、現実には簡単なものなどない。本当に成功したいなら、本当に成功した人になりたいなら、何度か徹夜をしなければならない。キャリアのなかには、週6、70時間も働かなければならない数年が含まれることになるかもしれない。前進するためには、テレビを見たり友だちと遊んだりすることを何年も控えなければならなくなるかもしれない。このシステムを騙すことはできない。引き出せるものは自分が入れたものだけだ。ある季節に種を蒔き、育てたものを別の季節に収穫するのである。育ててもいないものを収穫することはできない。

しかし、これはいつまでも楽ができないという意味ではない。成功は成功を生む。大きく成功すればするほど、次の成功は簡単にやってくる。最初に登らなければならない丘が高くて険しいだけだ。

頂点に立てた人はほとんどいない。本物の成功というものを見られた人はほとんどいない。ほとんどの人は、平凡にキャリアを送る。彼らは、本当の成功をつかむために必要な時間と犠牲を払おうとしない。この本のアドバイスにすべて従っても、ハードワークを進んでするつもりがなければ、効果はないだろう。まったく何の効果もない。進んで働こうとしなければならない。学んだことを実践に移して、学んだことを有効にしなければならない。

ハードワーク：どうすればいいのか

ここまで来たら、読者もコンピューターの前に座って、しなければならないとわかっている仕事を実際にしなければならないと思っているだろう。そして、そのためにどのようにモチベーションを高めたらいいのだろうと思っているのではないだろうか。あなたを突然、もっとも生産的な人に変え、どんな仕事でも遅れたり文句を言ったりせずに取り掛かれるようになれる魔法の答えがあればいいのだが、そんな奇跡は持ち合わせていない。

言えることは、私たちはみな同じ問題のために苦闘しているということだ。みな、自分にとって本当に重要な仕事を避けたり先延ばしにしたりしがちなのである。私の愛読書のひとつ、『やりとげる力』（筑摩書房、2008 年[※2]）の著者、スティーブン・プレスフィールドは、私たちの行く手に障害をばらまくこの魔法の力を「抵抗」と呼んでいる。

取り組んでいる課題で成功を収めたいのなら、この抵抗に打ち勝つ方法を学ばなければならない。しかし、どうすればこの難敵を打ち負かせるのだろうか。抵抗というやつの顔をマットに押さえつけてギブアップと言わせるにはどうすればいいのか。単純にデスクの前に座り、しなければならないことをするだけだ。意志の力で仕事をするための方法を学ばなければならない。簡単な答えはないのだ。

あなたが聞きたい答えはこのようなものではないことはわかっている。私だってこんな答えは聞きたくない。しかし、少なくともあなたはそれが自分だけの問題ではないことを知っている。少なくとも、あなたが座ってこの本を読むのと同じくらい、私が座ってこの本を書くのはしんどいことだとわか

っている。あなたが仕事から逃げて Facebook を見ているときに、同じことをしている人がほかに1億人もいることを知っている。

　その上で聞きたいのは、あなたは負けるつもりなのかということだ。単純に自分は仕事に集中することができないと諦めるのか、それとも抵抗に立ち向かい、障害を乗り越えようとするのか。それはあなただけができる選択だ。単にしなければならない仕事をすると決心すればいいだけだ。いずれ仕事は終わらせなければならないことを認識し、それならあとでやるのではなく今終わらせようと思うことだ。あなたの目標を達成し、あなたの潜在能力をフルに引き出すためには、歯を食いしばり、ぐっとこらえて仕事をしようと思う以外に道はないことを認識しなければならない。

やってみよう

□ あなたはどのようなハードワークから逃げているか。やる気がでないので先延ばしにしているのはどういうタイプの仕事か。そのような仕事からひとつを選んで、問答無用でやろう。しなければならない仕事を先延ばしせず、すぐに取り掛かる習慣を身に付けよう。

※1　John Jakes, "North and South," Harcourt Brace Jovanovich, 1982
※2　Stephen Pressfield, "The War of Art," Black Irish Books, 2002)

第 | 48 | 章

どんなことでも、
しないよりした方がまし

> どんなことでもしないよりはした方がましなことが多い。特に、長い
> 間不幸な状態から離れられなくなっているときはそうだ。したことが誤
> っていれば、少なくとも何かを学べる。その場合、それはもう誤りでは
> ない。じっとしていれば、何も学べない。
> ―エックハルト・トール『さとりをひらくと人生はシンプルで楽になる』

　第4部の締めくくりは、生産性の最大の敵のひとつ、動かないこと、活動
しないことについて話をしたい。ソフトウェア開発者のキャリアで何よりも
生産性を傷付けるものは、行動しないことだ。よく考えて賢い判断をするこ
とは大切だが、持っていたいと思う情報が揃わないのに前進して判断を下さ
なければならないことがある。そういうときには、行動することだ。

　この章では、どんな形でも行動することが、まったく行動しないよりも、
ほとんど必ずいいのはなぜか、ほとんどの人がデフォルトで行動しない方に
行ってしまうのはなぜか、そしてそれに対して何ができるかについて考えて
いこう。

なぜ私たちは行動することを拒否するのか

　行動を拒否してしまうために浪費してしまうチャンス、無駄になってしま
う可能性は無数にある。それは当然のように思えるかもしれない。行動しな
ければ、どうして何かが起きることを期待できるだろうか。私は、ほとんど
の人が今言った文章の正しさを知っていると思う。ごくごく当たり前のこと
だ。しかし、それならなぜ、多くの人々が行動しないことを選んでしまうの
だろうか。

　私の場合の理由は次の通りだ（思い切って言うと、あなたも同じだろうと
思う）。単純なことだ。怖いのである。間違うことの恐怖、何かをめちゃめ
ちゃにしてしまう恐怖、合格か不合格かを決められる恐怖、変化の恐怖、何

か違うことをする恐怖が襲ってくるのである。

　行動しなければならないことがわかっているのに、行動することを拒否してしまう最大の理由は恐怖である。しかし、恐怖に縛られたままにならないことが重要だ。私たちが取る行動が最良のものでなくても、それはほとんど必ず何も行動しないというデフォルトの選択よりもいいことを認識し、恐怖を克服することを学ばなければならない。

　持っている最良の知識に基づいて取った行動を後悔する人はほとんどいない。しかし、行動を取らなかったことを後悔する人は非常に多い。彼らは、慎重過ぎるか、気が弱過ぎるか、優柔不断なために、前進して何かをすることができず、チャンスを失ったことを後悔しているのである。

行動を起こさなければ何が起きるのか

　私は、行動を起こさないばかりに、いつも損をしている夫婦を知っている。夫の方は非常に論理的な人物で、妻の方はそれよりもフィーリングで動くタイプである。よくあるパターンだ。彼らの問題は、大きな判断を下し、その判断に基づいて行動しなければならないときに顕在化する。

　あるとき、この夫婦は、客用のバスルームをよくしようとした。新しいバスタブを据え付けてから、シャワーカーテンにするかガラスのエンクロージャー（仕切り）にするかを決めようというとき、問題が起きた。片方はカーテン、もう片方はエンクロージャーを主張した。論争はどんどん激しくなっていった。どちらも諦めず、何もしようとしなかった。それぞれの主張が展開され、可能性が議論されたが、何も決まらなかった。行動は起きなかった。

　この状態が何年も続いた。私の妻と私はこの10年で少なくとも7回彼らの家に行ったが、シャワーカーテンもエンクロージャーもなかったので、客用バスルームは使えず、いつもメインのバスルームを使っていた。

　彼らは何年もの間、そのシャワーを使えず、客にも自分たち自身にとっても不便な状態のままだったが、それは決定を下せないからであり、行動を取れないからだった。そして同じ夫婦が芝生の張り替えをめぐって新たな戦いを始めている。それもまた10年続くのだろうか。

　二人が何らかの行動を取ることにしていれば、それがたとえ最適な結果でなくても、10年間シャワーが使えなくなるよりもましな結果になっていたはずだが、彼らはそうしなかった。決心がつかないときにほとんどの人が選

ぶデフォルトの選択肢、「何もしない」を選んでしまったのである。

あなたは10年間シャワーカーテンなしのシャワーを放置したりはしていないだろうが、行動を取っていれば5分で解決していたはずの選択をぐずぐずと引き延ばしていないだろうか。そういうものがいくつあるだろうか。最適の選択肢が見つからないからとか、間違った選択をするのが怖いからといった理由で棚上げにして、間違いなく失敗させようとしている選択がいくつあるだろうか。行動しないことによって、あなたの人生の何年何か月と何日が無駄になっているのだろうか。

おそらく、ギターの弾き方を習いたいのだろう。自分の職に満足できず、新しい職場を見つけたいのだろう。経済状態がひどいので大きく見直さなければならないのだろう。あなたが避けていることが何であれ、あなたを苦しめているのが何であれ、そのために行動を取らずにいることがあれば、今こそ覚悟を決めて行動すべきときだ。

起き得る最悪のことは何か

それで起き得る最悪のことは何だろうか。物事を決められなくなったら、必ずこのことを自問自答すべきである。ほとんどの場合、この問いに対する答えは、自分が間違っていたことに気づき、決意して先に進むということになるはずだ。

正しい行動の道筋を見つけるためには、何度も間違わなければならないことが多い。行動を遅らせれば遅らせるほど、すべての間違った道をたどり、正しい道を見つけるまでの時間も長くなる。

決められなくなるほとんどのことは、ごくささいなことだ。私たちは、十分以上にいいといえる90%の答えで落ち着こうとせず、95%の答えを見つけようとして3倍も余分な苦労をすることが多い。人生の問題でもコードの問題でもそうだ。それどころか、新しいテレビを買おうとしているときでさえ、同じ苦労をしている（3番目の問題については、どのテレビを買うべきか決めない方がいい。テレビのおかげでいかに時間を浪費しているかについては第43章を読んでいただきたい）。

しかし、こういったささいな選択でも、最適ではない答えを選んだりまったく間違った答えを選んでしまうよりも、何もしないことにより、人生に大きな影響を及ぼすことがある。重要なクライアントに送り届けるコードのな

第48章　どんなことでも、しないよりした方がまし　　**267**

かで、ふたつのよく似たアルゴリズムからどちらかを選ばなければならないのに選べないでいるとき、何が起きるのかを考えてみよう。

おそらく、どちらを選んでも受け入れられる結果を生み出せるが、いずれかの方がほんの少しいいのだろう。しかし、さらに情報を集めるために行動を取るのを遅らせてしまい、締め切りを守れなくなって、重要なクライアントを失うことになったらどうなるだろうか。

この場合は、たとえそれが最良のものでないかもしれなくても、どちらか一方のアルゴリズムを選んだ方がはるかにいい。行動を取れば、片方のアルゴリズムでは動作しないことがわかった場合でも、もう片方を実装する時間がまだ残っているかもしれない。選ばないことを選び、行動を先延ばしにすると、最悪の結果が生まれる。

人生が変わるような一見重要な選択でも、決めないで行動しないことと比べれば、サイコロの目で適当に決めた方がまだいい。多くの大学生は、専攻や職業を選ぶのは非常に重要なことだと考えている。確かにその選択は重要かもしれないが、何かを選ぶことほど重要なことはない。しかし、本当の選択をすることができないばかりに、使えない学位、焦点のない専攻を集めて卒業する大学生がいかに多いことか。彼らは優柔不断な態度に麻痺して、行動を取ることができなかったのである。

動く車のハンドルは切りやすい

行動を取らないでいるのは、駐車している車の運転席に座ってハンドルを切ろうとするのと似ている。駐車している車のハンドルを切ろうとしたことがあるだろうか。簡単には切れない。車が動いているときにハンドルを切る方がはるかに簡単だ。

しかし、あまりにも多くの人々が人生のガレージに駐車した車に座り込んで、まだ道に出る前からどちらに行くべきか迷って、必死にハンドルを左右に回している。

車に乗って運転を始めた方がいい。そうすれば少なくともどちらかの方向に行かれる。車が動けば、いつでもハンドルを切ってコースを修正できる。行動を起こした方がはるかに簡単だ。ガレージに駐車している限り、間違った方向にはいかないかもしれないが、正しい方向にも行けない。

動き出した車には、勢いがある。その勢いによってあなたは間違った方向

に進んでしまうかもしれない。しかし、間違っていることがわかったら、ハンドルを切るだけで正しい方向に向かうことができる。

何をすべきかまったくわからないとき、とりあえず何かをしてみて、途中でコースを変えるのがもっともいい行動の仕方になることがある。前進するためには、そうするしかない場合だってある。前進しなければ、左に曲がらなければならない場所がどこかだって、その場所を見ていないのでわからない。始めてみなければ、将来取る必要のあるすべての行動を予測することはできないし、何が問題を起こすかもわからない。

ある方向が間違っていることは、その方向に行ってみなければわからないことがよくある。間違うことのコストが小さいのなら、いつも何もしないより何かをすることを選ぶべきだ。

今何ができるか

それでは、ここで学んだことをあなたの今の生活にどのように応用していけばいいだろうか。どうすれば今日から行動を取れるようになるだろうか。行動を取れるようになるために、**表48.1** の簡単なチェックリストを活用しよう。

表48.1　行動を取るためのチェックリスト

行動を取るためのチェックリスト	答え
私が行動できなくなっている原因は具体的に何か	
どれにするかを決めなければならないとき、具体的な選択肢は何か	
間違った選択をしたときに起きる最悪のことは何か	
間違った選択をしたときに、戻って別の選択をすることはできるか。そのためのコストは高いのか	
選択肢の間に大きな違いはあるか。すぐに行動を起こせば、ベストとは言えない選択をしてもその場を切り抜けることができるか	
目の前の問題は進んでいくうちに自然に答えがわかるようなものか。何らかの行動を取れば、正しい行動が何かがわかるまで、軌道修正できるか	
何も行動を取らなければどうなるか。代償は時間か、チャンスを取り逃すことか、お金か	

第48章　どんなことでも、しないよりした方がまし　269

やってみよう

☐ 行動を取らなければならないことがわかっている何かの問題を選び、**表48.1**の答えを書いてみよう。

☐ 行動を取らなかったために逃した過去のチャンスを探そう。たとえば、株の売買、会社への投資、起業などである。

☐ 物事が期待したように進まなかったときに起きた結果のなかで、今までで最悪だったものは何か。

☐ 何が最良の選択肢だったか。

☐ 行動の目標が複雑すぎて今日決められない場合、少しでも前進するためにできる小さな決定は何か。たとえば、ギターの演奏とピアノの演奏のどちらを習うかを決めようとしているとき、とりあえずどちらかの練習を始めた上で、長期的にどちらを習うかを考えられるか。

第 5 部

お金に強くなろう

お金は道具に過ぎない。どこにでも行きたいところに連れて行ってくれるが、運転手のあなたの代わりにはなれない。

—アイン・ランド

　ソフトウェア開発は、今日もっとも収入のいい職業のひとつである。これからは世界がますますコンピューターとソフトウェアを基礎として動いていくようになるので、その価値は高まる一方だろう。しかし、お金は、活用方法を知らなければ、ほとんど役に立たない。多くの宝くじの勝者、映画スター、有名スポーツ選手が自らの財産を扱えるだけの「お金の知識」を持っていないばかりに、数百万ドルを稼いだあとで失ってきたのだ。

　あなたは百万長者になるかもしれないし、一生給料が右から左に消えていくような生活を続けることになるかもしれない。どちらになるかはあなた次第だ。特に、資産管理についての知識と、世界の金融システムの仕組みについての知識によって、大きく左右される。お金がどのような仕組みで動いているかについてごくわずかな知識を身に付けた上で、お金をどれだけうまく使えるかにより、あなたの経済的な未来は大きく変わる。

　第 5 部では、ソフトウェア開発者にとって役立ちそうな、お金に関するもっとも重要なことを取り上げていく。株式市場は実際にどのように動いているのか、不動産投資を始めるにはどうすればいいか、引退のプランをどのように立てるか、などを取り上げよう。そして最後には、ここで取り上げた原則や知識を活用して私が 33 歳で引退した経緯をお話ししよう。

　あなたがここで何を考えているか、私にはわかっている。「ジョン、

それはよかったね。でも、私はお金の話なんか興味ないんだよね。私は
ソフトウェア開発者だからさ、自分のキャリアを伸ばしたいんだよ」。
しかし、あなたがこの章を読み飛ばしてしまう前に、考えていただきた
いことがある。資産管理と投資するかしないかは、おそらく健康以外の
ほかの何よりもあなたの人生に大きな影響を与えるということだ（この
本では、健康についても取り上げる）。

　実際、あなたがキャリアについて下す重要な判断の多くは、あなたの
資産状況に大きく左右される。ソフトウェア開発者としてのチャンスも、
同じように資産状況の影響を受ける。この分野の知識がほんの少しある
だけで、大きな違いが生まれる。まだ半信半疑かもしれないが、あなた
の資産状況の変化が人生とキャリアについての意思決定を大きく変え得
るということを真剣に考えることをお勧めしたい。

　この本の初期バージョンに対するフィードバックを受けて、私はいく
つかの基本的で一般的な章を巻末の付録に移すことにした。ここで話し
ていることのなかによくわからないことがあれば、まず付録を読んで金
融についての基本知識を確認してほしい。

第 49 章

給料をどのように運用するか

　たとえば30年会社で働き、2週間に1度ずつ給料を受け取っていれば、キャリア全体を通じてちょうど780回給料をもらうことになる。40年なら1040回だ。その間にこれらの給料をどのように運用するかによって、何年働くか、引退時にどれだけのお金を用意できるか、そもそも引退できるかどうかが決まってくる。

　大切なのは、毎月あなたのお金がどこに行っているのか、そのなかのどれだけの部分が未来のあなたの損得のためにどのように機能しているかを理解することだ。この章では、あなたの収入に関連する重要なお金の概念を掘り下げ、自分のお金を今までよりも上手に管理し、今までとは少し異なる見方で自分のお金のことを考えるための足がかりを提供しよう。

目先のことだけを考えるな

　私のおかげで、多くの同僚たちが新車を買うのを止めてきた。ほとんど全員が気持ちを変えるか、少なくとも自分の選択を真剣に考え直す、ある単純なシナリオを話したからだ。

　誰かが私に新車を買うつもりだと言ってくると、私は彼らにいくらかかるかを尋ねる。通常、彼らが答えてくる数字は2万ドルから3万ドルであり、かなりな額のお金である。私が知っているほとんどの人は、それだけのお金を手元に持っているわけではない。実際、彼らはそのような額のお金を用意するためには、数年に渡って節約しなければならない。しかし、多くの人々がそれだけのお金を喜々として車と取り替えるらしい。でも、それは本気なのだろうか。

　彼らが私に車の値段を答えると、私はどうやって支払うかを尋ねる。ここで返ってくる答えは、ほとんど必ずローンである。何年にもまたがって支払うので、毎回の支払額は小さくなると彼らは言う。普通ならそれでいい感じに思えてしまうが、それも私が次のもっとも重要な質問をするまでだ。「2

第 49 章　給料をどのように運用するか　273

万5千ドルの現金が入ったスーツケースがあったとして、現金がぎっしり詰まったスーツケースを新車と取り替えるかい？」

それでも買うという人もいるが、ほとんどの人々は買わないと思ってしまう。新車よりも2万5千ドルの現金の方がいいのだ。しかし、月々わずか300ドルで4年か6年かけて3万ドルを払って2万5千ドルの車を買えるということになると、現金払いよりもかなりいい取引のように見えてしまう。

私はそのあとでたいてい、同じA地点からB地点まで連れて行ってくれる5千ドルの車を買って、今後数年間に渡って好きなように使える2万ドルが残ったら、どれくらい余分に楽しめるかを尋ねる。私だって、今まで1度も新車を買ったことがないと言うつもりはない。しかし、このようなことを考えたら、新車を買う意味はほとんどなくなるだろう。

問題は、私たちの大半がお金の問題を長期的に考えず、短期的に考えてしまうことだ。私たちは、もののために今月いくらかかるかについては考えるが、全体としていくらかかるかについては考えないのだ。

キャリアをスタートしたばかりの頃の私も、まさにそのような考え方をしていた。私は、毎月いくら稼いだかを考えていたことを覚えている。その額からどうやって生活するかを決めていた。毎月の稼ぎが多ければ多いほど、借金できる額が増える。それから食費などの基本的な生活費を差し引いて、残った額を車の支払いのために使っていた。残った額が多ければ多いほど、買える車がよくなる。

昇給したときには、すぐに毎月どれくらい余分に使えるかを考えていた。給料が毎月500ドル上がるなら、税引き後、毎月300ドル余分に車の支払いに使えると計算していた。

このようなものの考え方をしていると、財力通りかそれ以上を使って生活することになるので、非常に危険だ。これは目先のことだけを考えた収支計算で、稼げば稼ぐほど使ってしまうことになる。

私の友人で、ペイデイローン会社を経営している人物がいる。これは、次の給与支払い日に返済する短期ローンである。彼がこの種のローンで得ている利子率はばかばかしいほど安いものだが、それは、彼から借金をする人々はギリギリの状況で金を借りに来るからである。

あるとき、ペイデイローンを借りに来るのはどういう人なのかを尋ねたことがある。私は、生活できるだけの収入を稼げないのでいつも先延ばししている貧しい人たちに違いないと言ったが、彼の答えは驚くべきものだった。

彼の顧客の大半は、貧困ライン以下の人々だが、年収10万ドルを越す医師、弁護士などの高給取りもかなりの割合でいるというのである。

　たくさん稼いでいるからといって、お金の使い方が賢くなるわけではない。友人からペイデイローンを借りている医師や弁護士たちは、キャリア初期の私の考えと同じような短期的な思考に囚われていたのである。彼らは毎月の収入をそっくり使っているので、給料が右から左に消えるような生活をしていたのだ。彼らは、稼げば稼ぐほど使ってしまう。彼らは全部借金で前よりも大きな家や速い車を買っていたが、普通そうするものだと思い込んでいたのである。

資産と負債

　しかし、前よりも多く稼げるようになったからといって、前よりも多く使わなくてもいいという考え方もある。毎月の収入に合わせてコストを増減させてしまうのではなく、長期的な視野でいろいろなものの実際のコストについて考えるようにするのだ。

　この種の考え方の基礎には、資産と負債という概念がある。資産と負債は世間で様々に定義されているが、私の考え方では、資産とは、維持費よりも利用価値の高いもののことだ。そのため、あるものが資産として認められるには、その維持費よりも多くの価値を提供できなければならない。

　負債はその逆だ。提供する価値よりも維持費の方がかかるものである。負債を維持するためには、大金を使わなければならないが、出したコストほどの価値は決して得られない。

　この定義は会計士が資産や負債に与える定義とは正確に一致しないことはわかっている。しかし、この定義を使えば、持っていたり買ったりするすべてのものを資産か負債か、つまり、あなたの生活に富を増やす効果をもたらすか、それとも富を減らす効果をもたらすかを考えるために役立つだろう。

　私の定義に従って、資産と負債の例をいくつか考えてみよう。はっきりとどちらかに分類できるものからはじめて、どちらにもなり得るものに進んでいく。

　はっきりとした資産の例は、四半期ごとに配当をもたらす持ち株である。このような株式は、持っているために何のコストもかからないが、持っているだけで3か月ごとに収入をもたらしてくれる。株自体の価値は上がったり

第49章　給料をどのように運用するか　　275

下がったりするが、生み出すお金に注目すれば、私の定義する資産である。

　負債としてはっきりしているのは、クレジットカードの債務である。クレジットカードの債務を持っていても何の利益にもならない。クレジットカード債務は毎月支払わなければならない利子を生み出していくので、ただ単にお金の持ち出しになる。これを取り除くことができれば、個人財務状況は改善されるだろう。これに関して異論はないはずだ。

　しかし、家のようなものについて考えると、話は少しややこしくなる。あなたの家は資産だろうか負債だろうか。私が気に入っている資金管理の専門家で、『金持ち父さん 貧乏父さん』（筑摩書房、初版 2000 年、改訂版 2013 年）[※1]の著者であるロバート・キヨサキは、家は負債であって資産ではないと言っている。そして、ほとんどの場合、私も同じ考えだ。

　私たちはみな、住む場所を必要としている。持ち家か借家かにかかわらず、雨風をしのぐためのシェルターのためにお金を払わなければならない。完全な自分の持ち家であっても、貸すこともできる資源を自分で使っているので、「シェルターのためにお金を使っている」ことに変わりはない。持ち家とは、基本的に自分から家を借りているということである。

　家のコストが必要なシェルターの基本コストよりも高ければ、それはあなたにとって負債である。ほとんどの人にとって、家は大きな負債だ。借り賃を支払う以上の価値を与えてくれるような利用価値を家から手に入れていないからだ。

　同じことが車にも言える。おそらく、何らかの移動手段は必要だが、ずっと安い車が与えてくれる以上の現実的な価値を与えてくれない車にお金を支払っているなら、それは負債だ。

　主要な資産と負債の概要を**表 49.1** に示す。

表 49.1　資産と負債

資産	負債
配当を生む株式	クレジットカードの負債
貸しに出している不動産	持ち家（必要以上のものなら）
債券	自動車（必要以上のものなら）
音楽著作権	月極サービス
ソフトウェア著作権	時間とともに価値が減少していく備品・設備
事業	

ロバート・キヨサキは、資産と負債という用語の使い方が私よりもさらに厳しい。彼は、ポケットにお金を入れていくものを資産と呼び、ポケットからお金を持ち出していくものを負債と呼ぶ。その見方に立って悪いことはまったくない。

ポイントは、買ったもののなかには、収入を生み出すもの、初期投資よりも大きな価値を生み出すものもあれば、収入を食っていくもの、払っただけの価値がないものもあるということだ。

この視点を持つようになれば、短期的な考え方ではなく、長期的な考え方に立てるようになるだろう。給料として手に入れるお金は、働かなければ得られないお金である。それに対し、資産が毎月生み出していくお金は、働かなくても手に入るお金だ。働かなくてもお金を生む資産を買うために、働かなければ手に入らないお金を使えば使うほど、同じかそれ以下の仕事から多くのお金を作れるようになる。毎月コストがかかる負債を買うために働いて手に入れたお金を消費すればするほど、逆の方向に進み、それらの負債の維持費を払い続けるために、もっと汗水たらして働いてお金を稼がなければならなくなる。

ここで少し時間を割いて、あなたの資産と負債をリストアップしてみよう。完全でなくてもかまわないが、最大の資産と最大の負債を明らかにするように努力していただきたい。資産がなくても気にしなくていい。ほとんどの人がそうだ。

給料だけでは……

さて、以上の話とあなたの給料との間にどのような関係があるのだろうか。事態がもう少しわかりやすくなる話をしよう。

私が19歳だった頃のことだ。私には明らかに分不相応なとてつもないチャンスが転がり込んできた。カリフォルニア州サンタモニカで、ある会社の契約社員として時給75ドルで働いてみないかというのである（これは2000年代初めのことであり、75ドルは今以上に価値があった）。この仕事に就けば、2週間の休暇を取ったとして、1年で少なくとも15万ドルも入ってくることになる。

これは、私の年齢から考えると信じられないような額であり、自分は間違いなく金持ちだと思った。確かに、このチャンスはすばらしいものだった。

第49章 給料をどのように運用するか 277

しかし、もっと多くのお金を稼げなければ、自分が金持ちでないだけでなく、近い将来に金持ちになることもできないことに、私はすぐに気づいた。

私はかなり質素に暮らしていたが、資産が100万ドルになるまで何年かかるかを試算してみた。年間15万ドル稼いでも、税のために約30%を支払わなければならないことを考えると、残るのは10万5千ドルになる。そして、私は生活しなければならないが、私なら年間3万5千ドルくらいで質素に暮らせるはずだ。すると、毎年7万ドルを貯蓄に回すことができる。

さらに計算を続けて、毎年7万ドルずつ貯蓄に回すことができれば、14年を過ぎたところで百万長者になれることがわかった。もちろん、14年後には、インフレによって100万ドルには今ほどの価値はない。実際、次のウェブページ（http://measuringworth.com）に行って数字を入力すれば、2000年の100万ドルは、今日の130万から160万ドルの価値があることがわかる。だから、実際には100万ドル以上を稼がなければならないわけだが、給与もインフレで上がるという前提で考えよう。

これがわかったときにはとてもショックだった。運よく手に入れた新しいポストであと14年も一所懸命働かなければならないのだ。しかも、その間、私は極端に質素に生活して、できる限り多くのお金を貯金しなければ、百万長者にはなれないのである。そして、百万長者になったからどうだろうか。資産百万ドルでは決して豊かだとは言えない。そして引退するためには明らかに足りない。快適に引退生活を送るためには、少なくともあと2、300万ドル必要だろう。

いつか本当に金持ちになりたいなら、私の足を引っ張る負債に給料を浪費しないだけではなく、私のためにいずれお金を生み出してくれる資産に給料のかなりの部分を投資しなければならないことを認識したのはそのときだった。

お金の面で成功したいなら、投資の方法を学ばなければならない。ほかに選択肢はない。一生働き続け、できる限り多くのお金を貯め込んだとしても、お金に働かせる方法を見つけなければ、金持ちになることはもちろん、金銭的に不自由しないようになることはできない。

やってみよう

☐ 毎月あなたのもとを通り過ぎていく現金の行方をたどってみよう。最初にいくらあって、そのお金がどこに行くのかを確かめるのである。あなたのお金の大半が資産への投資ではなく、負債への浪費の方に向かっていないか。

☐ 預金残高が100万ドルに達するか、金銭的に不自由しない額だとあなたが考える数字に達するまで、毎年いくらずつ貯蓄に回さなければならないかを計算しよう。投資に手を出さずに死ぬまでにそれだけのお金を蓄えることはできるだろうか。

☐ 「いくら使えるか」から「いくら蓄えられるか」に考えを改めよう。

※ 1 Robert Kiysaki, "Rich Dad, Poor Dad," Demco Media, 2000

第 50 章

給与交渉の方法

　多くのソフトウェア開発者が給与交渉を一切していないこと、そうでなくても、給与交渉をするだけで、ほかの条件について考えないことには驚かされる。

　給与交渉は重要である。それは単に時間とともにお金が積み重なって多くの財産が残るようになるからというだけではなく、給与交渉の場で自分自身をどのように扱って見積もるかが、会社でのあなたの評価に大きく影響を与えるからでもある。

　会社の一員になってしまうと、固定されてしまった第一印象を振り払うのは難しくなる。雇われる可能性のある会社を尊重しつつ、自分の価値を示せるように給与交渉をそつなくこなすと、あなたは自分のまわりにプラスのオーラを発せられる可能性が高くなる。それは、その会社でのあなたのキャリアに非常に大きな意味を持つ。

交渉は応募する前から始まっている

　給与交渉の力量は、あなたの評判によって大きな影響を受ける。有名なスポーツ選手や映画スターを考えてみよう。どちらの職業でも、名前がよく知られていることが交渉で大きな影響力を持つ。同じことがソフトウェア開発でもその他の分野でも当てはまる。名前がよく知られていればいるほど、交渉では力になる。

　では、ソフトウェア開発の分野で名声を確立するにはどうすればいいのだろうか。偶然有名になってしまう人もいるが、ほとんどのソフトウェア開発者は、綿密な計画を立てて戦術を駆使する必要がある。私が強くお勧めしたいのは、パーソナルブランドを作り、ソフトウェア開発者としての自分を積極的にマーケティングすることだ。

　基本戦略は、できる限り多くの異なる媒体を通じてあなたの名前を外に出すことである。ブログポストを書き、ポッドキャストに出演し、本や雑誌記

事を書き、カンファレンスやユーザーグループで講演し、ビデオチュートリアルを作り、オープンソースプロジェクトに貢献し、このほかにもあなたの名前が外に出ることなら、何でもしよう。

自分のマーケティングはこの章のテーマではないので深入りはしないが、ソフトウェア開発者としての自分のマーケティングに興味のある読者は、本書の第2部に加えて、次に示すウェブページ（http://simpleprogrammer.com/2013/06/24/3-easy-ways-to-market-yourself-as-a-software-developer/）に掲載されているこのテーマについての私のブログポストを読むといい。このテーマを本当に深く学びたいなら、次のウェブページ（http://devcareerboost.com/m）で紹介している私の「ソフトウェア開発者が自分をマーケティングするには」講座をチェックしていただきたい。

自分をマーケティングして高評価を確立できていればいるほど、あなたの給与交渉は楽になることを忘れてはならない。ひょっとすると、これがもっとも重要なことかもしれない。私の元同僚には、ちょっとした個人ブランドを築き上げ、オンライン上での評価を高めただけで、給与をほぼ2倍に上げられたソフトウェア開発者が複数いる。

どのようにしてポストを獲得するかはきわめて重要だ

給与交渉力に影響を与える2番目に大きな要素は、どのようにしてそのポストを獲得するかだ。職に就くまでの経路は様々であり、どの経路を通っても同じになるわけではない。ポストを獲得するためのいくつかの方法について考えてみよう。

第1の方法は、求人票を見て、履歴書にできればいい添え書きを付けて普通に応募するというものである。実際、仕事を求める多くの人々は、職を得るための方法はこれだけだと思っている。しかし、これは、職を求める方法としては最悪だ。この方法で職を得ると、あなたは会社よりもずっと弱い立場に置かれてしまうので、給与交渉を有利に進めるのは難しくなる。あなたは、自ら積極的に動いて職をくださいとお願いする側になっているのだ。

何を交渉するときでも、必要性が高い方が必ず不利になる。ゲームのモノポリーをしたことがあるだろうか。あなたは自分のモノポリーを完成させるためにほかのプレーヤーの資産が必要なのに、そのプレーヤーはあなたから手に入れたいものがないとき、そのプレーヤーと交渉してみたことがあるだ

第50章　給与交渉の方法　**281**

ろうか。交渉の結果はどうなっただろうか。

　個人的な紹介によって職を得るというルートもある。あなたがその会社の社員を知っていて、彼らがあるポストに対してあなたを推薦し、その結果、そのポストに就かないかというオファーが届くという形である。これは、単に求人に応募するよりも、はるかにいい状況だ。実際、自分で積極的に求職するときには、必ず個人推薦を手に入れるようにすべきである。この場合、雇用主になるかもしれない会社は、あなたが積極的に求職していることさえ知らない場合がある。すると、あなたの側のニーズは低いものと見なされる。そして、あなたは個人推薦を受けているので、すでにある程度の信用を持っている。基本的に、そのポストに対してあなたを推薦してくれた人の信用を借りているのである。あなたを推薦している人の信用が高ければ高いほど、あなたも高く信用される。この信用がオファーを受けたあなたの交渉能力に大きな影響を与える。

　では、職を得るほかのルートとは何だろうか。最良のルートはどのようなものなのだろうか。どのような状況で職を得ることになったかが、あなたの交渉力に大きな影響を与える。会社があなたのことを知っていて、面接さえせずに直接ポストを提示してくるのが最高の形であることは言うまでもないだろう。その場合、給与交渉はほとんどあなたの言い値だ。そうでなくても、雇用主が直接あなたを探し出してくるような場合には、給与交渉では有利になる。

　あなたは、上記を読みながら、「会社が自分を直接探し出してくることなんて考えられない。まして、面接抜きでポストを提示してくるなんてあり得ないだろう」と思っているかもしれない。確かにそういうことはまれだが、実際にあることだ。この種のことが起きるようにするためにもっとも効果的なのは、第2部で説明したように、自分で名声を築き、自分をマーケティングすることだ。

数字を先に言った方が負け

　準備段階の話が終わったので（実際には、給与交渉でもっとも大切なのはこの部分だが）、実際の交渉の細部について考えていこう。

　特に重要なのは、先に数字を言った方が確実に不利になることだ。どのような交渉でも、自分の条件はあとから言うようにしたい。理由はこうだ。た

とえば、ある募集に応募して、そのポストの給与は7万ドルだと見込んでいたとする。採用が内定して最初に尋ねられるのは、給与としていくら必要かだ。そこであなたは7万ドルくらいのポストを探していると答える。もっと賢く、7万ドルから8万ドルの範囲で、と言うかもしれない。採用担当マネージャーは、すぐに7万5千ドルではどうかと言ってくるだろう。あなたは首を縦に振り、契約を受け入れ、めでたしめでたしとなる。ただ、この話には大きな問題がひとつあった。その採用担当マネージャーは、8万ドルから10万ドルの予算を立てていたのである。あなたが先に数字を口に出したので、年に2万5千ドルも自分を割り引いてしまったのだ。

これは極端な例だと思われるかもしれないが、そんなことはない。他人がどのような額を提示するかは、相手があなたに言うまでわからない。先に自分の数字を言ってしまうと、あなたは確実に不利になる。あなたは自分が言った額より上を要求するわけにはいかなくなるが、交渉でその額よりも引き下げられてしまう可能性はある。先に数字を言ってしまうと、上はなくなり、大きく引き下げられる危険だけが残る。

いや、自分はもっと賢いと言うかもしれない。本当に大きな額を言っておけばいいんだと。これも大きな問題を引き起こすことがある。高すぎる数字を言うと、反論さえされずに話が終わるか、極端に低い額を提示されることがある。だから、有利に交渉を進めるには、必ず会社側に先に数字を言わせることだ。

唯一の例外は、会社側が意図的に低い数字を言ってきたときだ。このようなケースはごくまれだが、ただの憶測ではなく、そういうことが起きそうだと予想できるときには、先に数字を言って歯止めをかけよう。低い数字を聞いてしまうと、それよりも大きく引き上げた数字を会社側に受け入れさせることは難しくなる。もちろん、そのような場合には、何をしても大した成功は見込めないだろう。

先に数字を出してくれと言われたらどうするか

出してはならない。「それはできません」と答えよう。

確かに、このアドバイスに従うのはきついだろう。しかし、具体的な状況を示して切り抜け方を説明するので参考にしていただきたい。

まず、面接の前や応募書類の一部として、希望の最低額を尋ねられるかも

しれない。応募書類にそのような欄がある場合は、可能なら空欄にして、必ず書かなければならないのなら「全体的な報酬パッケージ次第で交渉可能」と書いておこう。どうしても数字を記入しなければならないのなら、0と書いてあとで理由を説明する。

　予備面接で給与として最低いくらが必要か、あるいはいくらほしいかを尋ねられたときにも、同じことを答えるようにしよう。福利厚生を含む報酬全体で考えさせていただきますと。ここで福利厚生の内容を返答されたり、ざっくりとした数字が必要なだけだと言われたりするかもしれない。その場合は、できる限りうまく立ち回って質問者と回答者の立場を逆転させ、次のような質問をしたい。

- 「正確な数字や見積もりを申し上げる前に、御社のことと私がこれからすることになる仕事についての理解を深めたいと思います。しかし、お話しを伺っていると、双方の条件がかけ離れていて、お互いに時間を無駄にするようなことは避けたいということなのかなと思いました。それでよろしいでしょうか」

　たいていの場合、「イエス」という答えになるだろう。そうしたら、次のように続けよう。

- 「それでは、このポストのために予算として組んだ範囲を教えていただけますか？」

　ここでも、答えはイエスになるだろう。勇気があれば、ここでひと呼吸置いて黙っていよう。すると、範囲を言ってもらえるかもしれない。しかし、そんな勇気はないとか、会社が情報を明かそうとしない場合は、さらに次のように続ける。

- 「私はまだ自分の条件をはっきりと言えるほどのことを知りませんが、範囲がいくらかをおっしゃっていただければ、私が探している条件に合うかどうかをお答えすることはできます」

　当然ながら、このような交渉を実際に行うのは簡単なことではない。しか

し、会社側があなたに数字を尋ねるなら、会社側が数字を言えない（あるいは先に言えない）理由もないはずだ。がんばって会社側に先に数字を言わせるようにしよう。

会社がどうしても答えない場合でも、まだ手は残っている。どうしても数字を言わなければならないのであれば、全体的な報酬パッケージ次第だと前置きをした上で、広い範囲を答えるのである。ただし、範囲の下限は、許容できる絶対最低額よりも少し上にしておくようにしよう。

たとえば、次のように言えばいい。「全体的な報酬パッケージで大きく変わりますので、正確な数字は言えませんが、7万ドルから10万ドルの仕事を探しています。しかし、くどいようですけど、全体的な報酬パッケージ次第です」

今の給与を尋ねられたらどうするか

これは答えるのが難しい質問だ。厳密に言えば、そんなことは相手の会社にとって何の関係もないことだが、まさかそう言うわけにもいかない。やはり、質問者と回答者の立場を逆転させることを目指したい。方法はいくつもあるが、答え方の例をひとつ示しておこう。

• 「申し訳ありませんが、今いただいている額は申し上げたくありません。御社がこのポストに考えられている額よりも高い場合、私としてはこのポストなら給与が下がってもいいと思っていますので、選考対象から外されてしまうのは不本意なことです。そして、御社が考えられている額よりも低い場合、自分を安く売りたくはありません。ご理解いただけますでしょうか」

これは実に正直な答えであり、相手の気分を害さずにこの質問から逃げられるだろう。その質問にはお答えしたくないとか、今の会社との間で給与の正確な額を口外しないという秘密保持契約を結んでいるという答え方もある。

どうしても数字を言わなければならない場合には、報酬総額に影響を与えるボーナスや福利厚生の話をしてできる限り幅をもたせた数字を言うか、全体的な報酬パッケージはXドルに福利厚生が加わった形だと説明しよう。

第50章 給与交渉の方法 **285**

提示を受けたとき

　給与の質問をうまくかわせたら、最終的に提示を受け取ろう。そこには数字が書かれている。数字なしの提示は提示ではないので、受け取ってはいけない。しかし、あなたが数字を言って会社がその通り提示してきたというのでない限り（なお、この場合は、離れ業を決めようとしてはならない。最初に質問されたときよりも大きな額を言ったりすると、後味が悪いだけではなく、提示が撤回される可能性がある）、提示を受けたあとも交渉は終わらない。

　提示が手に入ったら、ほとんど必ず反対意見を言いたいところだ。どう言うかはあなた次第だが、自分の腹が収まるくらい高い額を言うことをお勧めする。彼らの数字に近づいていった方がいい返事をもらえるような気がするかもしれないが、一般にこの方法はうまくいかない。大きな数字を選んで言おう。

　そんなことをすれば、職自体を逃すのではないかと思うかもしれないが、うまくやれば提示が完全に撤回されるようなことはない。通常、最悪のシナリオは、会社が頑なに提示を変えようとせず、この提示を飲むか諦めるかだと言ってくることだ。本当に提示が撤回されるようなら、自分が間違っていました、すべてを秤にかけて考えてみると最初の提示は過分な評価をいただいたものだとわかりましたと言えばいい（面白くないことだが、本当にその仕事が必要なら、そちらの方向にはいつでも行ける）。

　実際、内定をもらったら、それが撤回されることはあまりない。面接をして内定を出すまでかなりの時間を費やしている以上、会社側もやり直したくないので、少し勇気を出す余裕はあるということを覚えておこう。

　ほとんどの場合、高い額を言うと、少し額を上げた次の回答が返ってくるだろう。そこでハイと言ってもいいのだが、ほとんどの場合はあと1回だけ希望を言うことをお勧めする。しかし、相手を怒らせる危険があるので、ここでは注意が必要だ。次のような言い方をするのがうまい方法だ。

• 私は心から御社で働きたいと思っています。仕事の内容はすばらしく、御社のチームで仕事ができることが本当に楽しみです。しかし、この数字で本当に満足かと言われると少し迷ってしまいます。もしXドルにしていただけるのなら、そのような迷いはなくなり、今すぐにでも契約したいと思います。

うまい言い方をして額をあまり大きく引き上げたりしなければ、普通はイエスを貰える。雇用側は、あなたを手に入れ損なうくらいなら、少し多く払ってもいいと思うものだ。最悪の場合は、これ以上は上げることはできないという返事になる。

　さらに粘るのはお勧めできない。勇気があるのならやってみてもいいが、2度目の逆提示以降は、相手の好意を失い、交渉を難しくする危険がある。賢く見えても、貪欲に見えないようにしたい。誰でも骨が折れたとか利用されたと感じるのは面白くないことだ。

最後のアドバイス

　数字をよく研究しよう。応募した会社の給与の幅がどれくらいで、同じようなポストの給与の幅がどれくらいかをできる限り調べておくことだ。オンラインで給与の幅を調べられるサイトもあるが、その数字は必ずしも信用できるとは限らない。求める給与の根拠をうまく言えれば言えるほど、交渉は簡単になる。数字の正確な範囲とあなたが要求している給与が妥当なものだという理由を具体的に示すことができれば、はるかに立場がよくなる。

　給与としてある額を要求している理由については、決してそれだけのお金が「必要」だからだと言ってはならない。あなたが何を必要としているかなど、誰も考えたりはしない。そうではなく、自分にそれだけの給与を払うだけの価値がある理由、あなたが会社に与えられるメリットを話すようにすることだ。また、過去の勤務先でどのような貢献をしたか、あなたの要求額であなたに投資するのがいい投資になるのはなぜかを話そう。

　仕事探しをするときにはできる限り多くの内定を集めるようにしよう。どのような交渉でも、決裂させる余裕があれば有利になる。そのためには、複数の内定を集める必要がある。だから、同時に複数の求人に応募しておきたい。ただ、複数の内定の間でどれにするかを決めるときには注意しなければならない。今検討している内定が複数あり、もっともいいものに決めたいということを話のなかにうまく織り交ぜたいが、傲慢に聞こえないように注意する必要がある。自信があるのはいいが、傲慢になってはダメである。

第50章　給与交渉の方法　**287**

やってみよう

☐ できる限りしっかりと交渉の練習をして、交渉に対する恐怖心を克服しよう。次に店に行って何かを買うときには、値引き交渉を試してみよう。失敗しても、貴重な経験が得られる。

☐ 給与を丁寧に調査し、自分の価値を把握しよう。あなたの得意分野の会社が社員にどれくらいの給料を出しているかを調べ、現在の給与と比較しよう。

☐ 職探しをしているわけではなくても、面接を受けてみよう。失うものがなければ（あなたは新しい職を探しているわけではないので）、交渉は簡単だということがわかるだろう。練習しているうちにもっといい職を見つける場合もあるだろう。

第 | 51 | 章

オプション取引：どこが面白いのか

　私は長い間、株式市場とは株を売買するところだと思っていた。本格的な投資家のほとんどが、単純に安く買って高く売る以上のことをしているとは思っていなかった。そして、そういう人は私だけではないことがわかった。私が話をしたほとんどの人は、オプション取引（オプション）とは何かを知らず、それにより「てこの原理」で市場での得（または損）が大きく膨らむことも知らなかった。

　株式市場に投資しているほとんどの人は、オプションのことを複雑すぎると思うからか、それとも時間がかかりすぎると思うのか、わざわざオプションの仕組みを理解しようとまでは思っていないらしい。確かに、オプションがほかの何よりも簡単に理解できるようなものでないことは事実だが、あなたのようなソフトウェア開発者なら、想像よりもずっと簡単に理解できるだろう。

　この章は、オプションの超高速ツアーである。この方法による投資戦略を説明したりはしない。ただ、どのような仕組みなのかをしっかりと理解していただこうというだけだ。今までオプションについて学んだことがなければ、この章は魅力的だろう。あなたが今まで存在することすら知らなかったトレーディングの世界がすぐ目の前にあるのだ。

オプションの基礎

　オプションとは、名前の通り、何かをするかしないかの選択である。基本的な考え方は、未来のある日に株を買うか売るかの選択権（オプション）を買えるようにすることだ。

第 51 章　オプション取引：どこが面白いのか　　**289**

オプションに関心を持つべきなのはなぜか

　大きな理由がいくつかある。まず、あなたはソフトウェア開発者なので、ほとんどの人よりもオプションを理解するだけの能力をすでに持っている可能性が高い。オプションとオプション理論は数学を基礎としており、オプションを計算して取引する方法は、とてもアルゴリズム的である。しかし、多くのソフトウェア開発者と話してみると、彼らのほとんどがオプションを理解していないことがわかった。この章は、話についていけるところまですばやく進んでいただいた上で、さらにこの分野を勉強するかどうかを考えていただくことを目的としている。

　第2に、オプションの仕組みを理解すると、お金に関する頭の働きを強化するのに役立つ。株式やオプション契約の取引をしたことがなくても、こういったものの仕組みをよく理解すると、毎日の金銭的な意思決定に関してより戦略的に考えられるようになる。この章を読むと、頭のなかのスイッチが入り、レバレッジとリスクを計算に入れてものを考えるようになることに気づくだろう。レバレッジとリスクは、オプションを特徴づけるふたつの鍵だ。

　最後に、オプションは理解するととても面白い。私は、ソフトウェア開発者として、オプションとその仕組みの勉強がとても面白いと思った。だから、あなたもそう感じるのではないかと思う。しかし、面白くなければ気にしないでいただきたい。この章はごく短いものだし、読みたくなければ飛ばしてしまってかまわない。

　では、オプションの仕組みを正確に理解するために、話を少し掘り下げていこう。たとえば、新しいオペレーティングシステム（OS）のリリースにより、今後数か月に渡ってマイクロソフト株はぐんぐん上昇しそうだと考え、マイクロソフトに投資しようと思ったとする。数千株を買い占めたいと思うが、問題がふたつある。ひとつは、マイクロソフト株を数千株も買うほどの資金がないこと。もうひとつは、新リリースがあまりよくなければ逆にマイクロソフト株が大きく下がる可能性がかなりあることだ。

　単純に株を買うのであれば、相応の資金を用意しなければならないし、失敗したときには大損になる。しかし、マイクロソフト株を持っている誰かが、数か月後（新しいOSがリリースされた直後）に現在の株価よりもほんのちょっと高い値段であなたにその株を売る気になってくれたらどうだろうか。オプションはまさにこういうことができるのである。

　話がうますぎるだろうか。まったくその通りだ。このオプションを手に入れるためには、オプションの対価を払わなければならない。あなたは、将来マイクロソフト株を買う権利を買うことができる。しかし、その権利を買う

ためには、プレミアムと呼ばれるものを支払わなければならない。この取引を先に進めて、今後3か月以内にマイクロソフト株を300株買う権利を買うと、その株を買うことができる。そして、その株を買うときの保証価格（権利行使価格と呼ばれる）よりもマイクロソフト株が高くなれば、あなたは大きな利益を得ることができる。

マイクロソフト株が権利行使価格よりも上がらず、かえって値を下げたりすると、あなたはオプションを行使しないことを選べる。つまり、株を買わないということだ。その場合、買ったオプションの価格分だけ損をすることになる。

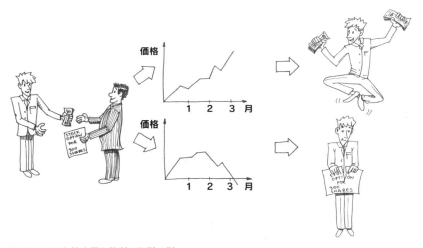

マイクロソフト株を買う権利の取引の例

もう少し深く

オプションは基本的に、将来のある日までに特定数の株式を固定価格で買うかどうかの選択権を与える。しかし、将来のある日までに特定数の株式を固定価格で売るかどうかの選択権を買うこともできる。この種のオプションは、付録Bで説明した株式の空売りと同様に、株価が下がったときに利益になる。

一定期間内に固定価格で株式を買えるオプションをコールオプション、一定期間内に固定価格で株式を売れるオプションをプットオプションと呼ぶ。

オプションは、株価の動きを投機取引の対象にできるだけではなく、レバ

レッジ（てこの作用）も与えてくれる。たとえば、eマーケットプレイス企業のTmart株が1株あたり100ドルで取引されていたとする。投資に回せるお金が1000ドルあれば、Tmart株を10株買うことができる。その後にTmart株が200ドルに値上がりすると、投資が倍の2000ドルになるので非常にうれしい。

　しかし、今度は同じ1000ドルをTmartに投資するものの、コールオプションを使うものとしよう。オプションは、100株単位の契約で販売されている。そこで、オプションをひとつ買うと、Tmart株を100株買うオプションが手に入る。そして、買いたいTmartオプションは、3か月以内に1株110ドルでTmart株を買えるものだとする。このオプション契約の価格は、1株あたり10ドルだとしよう。そこで、3か月以内に110ドルでTmart株を100株買えるオプションを手に入れるためには、10ドル×100で1000ドルになる。

　最初はTmart株を10株しか買えなかった同じ1000ドルで、現在の100ドルよりも10ドル高い値段で100株のTmart株を買える権利が与えられる。そのTmart株が3か月以内に200ドルに上がったら、たった1000ドルでは

株式シェアの取引のプロセス

なくもっと大きな儲けが得られる。正確にいくらなのかを計算してみよう。

オプションを行使できて、Tmart株100株を1株110ドルで買うと、110ドル×100=11,000ドルかかる。その株を1株200ドルずつで売れるので、200ドル×100=20,000ドル手に入る。株を買うコスト（11,000ドル）とオプションを買うコスト（1,000ドル）を差し引きすると、20,000ドル－11,000ドル－1,000ドル=8,000ドルの利益が残る。

この例は少々わざとらしい。物事があなたのいいようには動かず、株価が3か月以内に110ドルを上回らなければ、1,000ドル全体が損失になるが、それがレバレッジの力である。オプションは、すばやく多額のお金を手に入れるか失うかというレバレッジを与えるのである。

プットオプション

コールオプションが非常に投機的でリスキーだということはもうわかっていただけただろう。物事が予定通りに動かなければ、あっという間に大量のお金を失ってしまう。しかし、オプションには、コールオプションよりもは

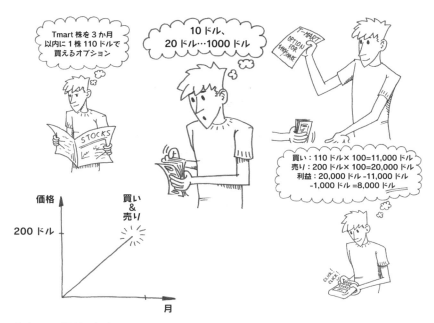

オプションを買うプロセス

第51章　オプション取引：どこが面白いのか　293

るかにバラエティに富んだ状況でお金を生み出せる（しかし、それほど多額にはならない）もうひとつの種類がある。

コールオプションのほかに、プットオプションも使える。これはほかの人が買えるオプションを作っているということなので、オプションを引き受けると言う。オプションを引き受けると、賭けの反対側の立場になる。株価がひとつの方向に動くことに賭けるのではなく、株価が動かないか、オプションとは逆方向に動くことに賭けるのである。

しかし、オプションを引き受けると、立場が逆転する。今度は特定の価格で株式を売ったり買ったりすることが義務になる。しかし、その義務に対してプレミアムを受け取れるようになる。

もちろん、オプションの引き受けにはリスクもある。実際、オプションを引き受けると、オプションを買ったときと比べてはるかに大きなリスクにさらされる。最初の時点でコストがどこまで膨らむかが見えないのである。オプションを買うときには、固定価格を支払い、それを全額失うリスクを負う。それに対し、オプションを引き受けるときには、市場があなたにとって非常に不利に働くと、損失が極端に大きくなる。

幸い、引き受けられるオプションの大半は、いわゆるカバードオプションになっている。これは、オプションを引き受ける側の損失額を抑えられるような、実際の株式やほかのオプションの裏付けを持ったオプション契約である。

実際の状況としては、すでに持っている株式のオプションを引き受けることになる。すでに Tmart 株を 100 株持っていて、Tmart 株は大きく上がったり下がったりしないと考えたとする。しかし、株を持っている間もちょっとした利益を得たい。そこで、3 か月以内に Tmart 株を 1 株 110 ドルで売るオプションを引き受けることにする。現在の Tmart 株が 1 株 100 ドルなら、Tmart 株が 110 ドルを越えない限り、このオプションはあなたにとって有利になり、あなたのオプションを買った人は何もできないままに終わる。

このオプションからはプレミアムを受け取ることができる。おそらく、オプションを売る 1 株あたり 10 ドルずつのプレミアムが得られる。あなたは、Tmart 株 100 株を支配するひとつの契約を売る。このオプション契約を売ると、すぐに 10 ドル×100＝1,000 ドルが手に入る。何が起きても、その 1,000 ドルはあなたのものである。しかし、株価が実際に 110 ドルを越えると（オプションを買った人がオプションをどうしても行使したい場合）、あ

なたはその価格で自分の株を売らなければならない。

もっと複雑なオプション

　オプションは、ただ売ったり買ったり引き受けたりするだけでなく、非常に複雑な取引に使える。オプション同士を組み合わせたりオプションと株式の購入を組み合わせると、あらゆるタイプの複雑な売買ポジションを作り出せる。

　この短い章で複雑なタイプのオプション戦略を微に入り細に入り説明することはとてもできないが、組み合わせによりほぼあらゆる売買ポジションを作り出せるのは魅力的なので、可能性の基本的なイメージを示しておきたい。

　まず、カバードコールと呼ばれる単純なオプションの使い方を考えよう。カバードコールは、株式を買うときに、同時にその株式に対するコールオプションを売るという形である。このようなことをすると、どのようなメリットがあるのだろうか。長期に渡って持つつもりの株を買う場合（おそらく、配当を集めたいのだろう）、その株に対するオプションを売れば、株を持っていることからも利益が得られる。

　この戦略は、買った株が急激に値上がりしないと予想し、大規模な値上がりが起きたときに株式を失うリスクを負ってその株式から確実な収入を得たいときに使う。小さなリスクと引き換えに利益を生む可能性を手に入れるのである。

　マリードプットという戦略もある。これは、株を買うときにその株を売れるプットオプションも買うことである。この戦略を使うと、株価が上がったときにはすべての利益が手に入るが、株価が下がったときには、特定の保証価格で株式を売るオプションを持っているので、株価下落による損失を緩和できる。この戦略は、確信こそないものの株価が大きく上昇するか下落すると考えた株を買うときに使う。

　オプションはいろいろと組み合わせて取引できる（スプレッド）。種類と期限が異なるオプションを組み合わせると、様々なリスクの度合い、かつ、多彩なシナリオで利益を生み出す、いろいろな種類の売買ポジションを作り出すことができる。

　私が好んで使うスプレッドのひとつにアイアンコンドルと呼ばれるものがある。このスプレッドでは、株式やETF（付録B参照）の売り、買いの両

第51章　オプション取引：どこが面白いのか　　295

オプションを売り、少し価格が離れたオプションを買う。オプションを売って儲けを出し、その一部を使って株価が高くなり過ぎたり低くなり過ぎたりしたときに損失が小さくなるようなオプションを買って守りを固める。株価やETFが一定の範囲内に留まれば、プレミアム全体が利益になる。非常に上手にアイアンコンドルを作れば、儲かる確率が非常に高くなる。もちろん、失敗すれば損失は大きくなる（アイアンコンドルに興味のある方は、マイケル・ベンクリファの『アイアンコンドルオプションで利益を出す』（未訳、FT Press, 2011 年[*1]）をお勧めする。

やってみよう

- ☐ よく知っている会社の株価を調べ、それに対するオプションチェーン（オプションの一覧表）があるかどうかを確かめてみよう。ほとんどの銘柄は、あなたが見つけられるところにオプションチェーンを持っている。

- ☐ オプションチェーンを見て、1か月後を期限とするその銘柄のオプションがいくらするかを計算しよう。オプションの価格が行使価格によって変わることに注意しよう。

※1　Michael Benklifa, "Profiting with Iron Condor Options : Strategies from the Frontline for Trading in Up or Down Markets," FT Press, 2011

第 52 章

不動産投資の基礎

　人ができる投資のなかで、今までのところもっとも優れているのは、不動産投資だと思っている。利益がここまで長期に渡って保証され、レバレッジが効く投資分野はほかにない。しかし、だからと言って不動産投資が簡単なわけではない。不動産投資は、株式取引とは異なり、ボタンを押すだけでできるようなものではない。不動産投資は十分な資本も必要とする。これは、ほかの職業よりも高い給料をもらってくることが多いソフトウェア開発者に特に適していると思う理由のひとつだ。

　不動産投資は私のメインの投資分野であり、過去何年にも渡ってもっとも儲かった分野なので、私が言うことには少し偏りがあることを認める。しかし、不動産に投資するかどうかにかかわらず、不動産投資の仕組みと不動産投資からどのようなチャンスが得られるかについては理解しておくべきだ。

　しかし、ネットで「不動産投資の方法」のようなものをサーチしても、すぐに金持ちになる方法を約束するといった類の、あまり信用できない情報ばかりにぶつかるだろう。この章は、そのような信用、信頼できない情報を切り捨てて、不動産投資の仕組みと始め方についての現実的で実践的な説明をしておこう。

　繰り返しになるが、この本に不動産投資の章が入っているのはどういうことかと思うかもしれない。私は、キャリアの様々な時点で、同僚のソフトウェア開発者たちから不動産投資の始め方を相談されたことが何度もある。ソフトウェア開発者は、ほかの職業の人々と比べてかなり高い給料をもらっていることが多いので、不動産投資のやり方を覚えると得することが多い。だから、この本で少なくとも不動産投資のテーマを取り上げ、この分野の投資を始めるために知っておく必要のある基礎を紹介しなければ、読者に対して不親切過ぎるだろうと思ったのである。

　当然ながら、この短い章では、私が言いたいところまで深く説明することはできないが、あなたが不動産投資を始める気になったとして、このテーマを独力でさらに掘り下げていくために知らなければならないことはひと通り

第 52 章　不動産投資の基礎　　**297**

示しておきたい。

不動産投資とは何か

不動産投資の方法に入る前に、もっとも重要な問いである「なぜ、不動産投資なのか」という問いに答えておこう。始めるのが難しく、株式と比べてずっと高い維持費がかかるのに、なぜ不動産投資がいい投資になるのだろうか。

無茶苦茶に聞こえるかもしれないが、私が不動産投資を勧める最大の理由は、安定性である。あなたもおそらく不動産価格が大きく変動しているのを見たことがあるはずだ。安定性と言われても信じられないだろうが、どういうことなのかを少し説明しよう。

不動産の価格は大きく変動するかもしれないが、私が投資することをお勧めする不動産は賃貸物件であり、そのような物件から安定して得られる収入は賃料である。

いい不動産取引がいい不動産取引であり続けるのは、賃料の変動はあまり激しくないからだ。資産購入資金として固定金利の貸付が確保できるなら、その資産は、生み出せる収入という観点からは、非常に安定している。賃料は、変わるときには普通値上がりするもので、値下がりはあまりない。

そこで、資産全体の価格が大きく変動したとしても、それをうまく乗り切って長い間持ち続け、資産自体の価格上昇ではなく賃料収入を当てにして投資するなら、不動産投資は非常に安定している。私自身は、かすり傷を負うこともなく、不動産の歴史のなかの難局を乗り切っている。

不動産投資は、最小限のリスクで大きなレバレッジが得られる数少ない投資のひとつでもある。株式投資のために自己資本が10%で銀行貸付が90%という割合で長期貸付をしてくれる銀行などあり得ないが、不動産ではごく日常的にこのような貸付が行われている。自己資本なしで貸付を確保することさえできる。ただし、この方法は通常あまりよくない。

この種のレバレッジはきわめて強力だ。強力だけに危険にもなり得るが、資産を担保として貸付を受ける場合には、あなたよりも銀行の方が多くの危険を負担してくれる。このレバレッジのパワーを示す例を見てみよう。

あなたが10万ドルで賃貸用の物件を購入したとする。銀行が購入費の90%を貸し付け、あなたは頭金として10%を支払う。あなたが選んだ資産は、

「フロート資産」になっている。つまり、返済、税、保険などのコストが自分で生み出している賃料収入によって賄われるということである。この場合、コスト（経費）はすべて賄われ、これ以外の支出のキャッシュフローはほとんど、あるいはまったくない。

この状況に入っただけですばらしいことである。30年ローンで資産を入手した場合、30年たつと、1万ドルの投資は、少なくとも10万ドルの価値を持つ。価格上昇のためにおそらく価値はもっと高くなるだろう。賃貸ユニットの店子が実質的に返済をしてくれるので、ただで家を手に入れることになる。これが私の言ういい取引である。

しかし、この話はもっといいものになる。投資のレバレッジ効果により、価格上昇からはかなり大きな利益が得られる。2年で資産の価格が10%も上がることは特別なことではない。たとえば、2年後に資産の価格が10%上がり、11万ドルになったとしよう。この時点で投資から得られるものはどれくらいになるだろうか。

私がこの話をした多くの人々は、利益は10%だろうと言うが、実際にはそれでは正しくない。その時点で資産を売却すると、11万ドルが手に入る。ここから債務を差し引くと（あまり大きくは下がっていないものとして9万ドル残っているものとする）、2万ドルが残る。最初に投資した1万ドルが2万ドルになったのだ。投資が100%返ってきた、あるいは年あたり50%ずつ返ってきたことになる。株式市場でこのような収益が得られるものがほかにあるだろうか。

レバレッジの力により、ほとんどリスクなしで、わずかな価格上昇から大きな利益が得られるのである。そして、貸し付けの担保は資産なので、損失の最大額は初期投資だけになる（不足金判決と呼ばれるものがあるが、資産を持ち続けるつもりがあれば、これは無視できる）。

最後に再びインフレについて考えよう。インフレが起きると、債務や銀行に預けてある現金の価値は下がるという話を思い出そう（付録A参照）。不動産投資は、このようなインフレによる資産価値の減少に対する最良のヘッジのひとつになる。

活発なインフレ期に入ったときに不動産購入資金の返済がまだ残っていた場合、銀行に預けた現金の価値は下がるが、不動産購入資金の債務も不動産価格が上昇し、賃料も上昇するのにともない実質的に下がる。これらは全体でどのように作用するのだろうか。

第52章　不動産投資の基礎　**299**

あなたが 10 万ドルの家を買うという例をもう 1 度使って考えよう。賃料は月 1,000 ドルで、返済、税、保険その他のコストも月 1,000 ドルだとする。この場合、損益は差し引き 0 になっている。先ほどの言葉を使えば、資産はフロートしている。しかし、インフレが起きると、銀行口座の残高は減り、給与は下がり、賃料は……上がる。あなたの返済や固定コストは月 1,000 ドルのままなのに、賃料は 1,200 ドル取れる。これで、キャッシュフローはプラス 200 ドルになり、インフレのマイナス効果がある程度カバーできる。

　インフレでは、資産価値も上昇傾向になる。これはドルの価値が下がるからであって本物の上昇ではないが、ヘッジとして機能する。ドルが弱くなると、不動産の価値が上がるのは、不動産の価格がドルで計算されているからだ。

　以上をまとめておこう。不動産投資はなぜいいのか。固定金利の貸付で資産を購入して賃貸に出すと、とても安定した収入が入り、資産購入資金の大半は銀行から出してもらうことができ、レバレッジによって極端に大きな利益が得られる。そして、インフレによってほかのすべてのものが損失を出すようになっても、不動産投資はインフレから利益を得ることができる。ヘッジとして機能するのである。

では、どうすればいいのか

　読者はもう不動産投資の可能性に心を動かされているだろう。しかし、私がすばらしい結果を約束しつつ、やり方を説明していないので、まだ少し懐疑的になっているかもしれない。この短い章では、ステップバイステップガイドを示すことはできないが、このプロセスがどのような仕組みになっているのか、どのように始めたらいいのかがわかるだけの情報は提供できる。

　投機ではない賢い不動産投資は、この投資が長期的なものだということを理解するところから始まる。転売目的で資産を買ったり、格安で抵当流れの資産を買ったりしてすぐに金持ちになれると思うなら、それ相応の結果になるだろう。

　この世界にタダで手に入るものはない。不動産投資で得られるすばらしい結果を達成したければ、忍耐、勤勉、とても長い時間が必要だ。私は、投資用の資産を買うときには、20 年から 30 年かけて利益を生む計画を立てる。固定金利でキャッシュフローがプラスやフロートの賃貸用資産を買うという

ことは、完済の資産を手にするまで 30 年かかるということである。私が見込み、期待しているのはそういうことであり、ほかのすべてはボーナスだ。

一般的な戦略（あるいは少なくとも私がお勧めする戦略）は、キャッシュフローがプラスかフロートの賃貸用不動産を 30 年固定金利の貸付で購入するというものだ。この戦略は、リスクが非常に低く、不動産景気に当たって価格が急上昇すれば、莫大な利益を生み出すが、少なくとも 30 年後には、返済済みの資産がほぼ確実に手に入る。

第 1 ステップ：学習

この戦略を実行するための最初のステップは、市場について学ぶことである。不動産投資でもっとも儲けが得られるのは、売るときではなく買うときだ。いい取引が見つかれば、最初からいいポジションを確保できる。株式市場は流動性が非常に高いという話をしたのを思い出そう（付録 A、B 参照）。不動産市場はそうではない。流動性の高い市場は、一般に「効率的」である。これは、価格に大きなばらつきが見られることはあまりないという意味である。

不動産はあまり流動性が高くないので、価格に大きなばらつきがあることが多い。特定のタイミングにおける株価がいくらかということは、誰もが数秒でわかる。議論の余地はない。確かに、過小評価されているとか過大評価されていると言うことはできるが、市場価格は、究極的には特定のタイミングにおける株の本当の価値を反映している。

不動産の場合はそうではない。家の値段はいくらだろうか。誰が価値を知っているのだろうか。10 人の不動産鑑定士が同じ物件を鑑定すれば、毎回異なる答えが返ってくる。いい市場データや比較できる出物があまりない場合には、鑑定価格の差は非常に大きくなることがある。

これはどういう意味だろうか。あなたが賢く熱心なら、非常に安い価格で不動産を買えることがあるということだ。そのためには、取引の実態を頭に入れておいて、いい取引を見分けられるようになれればいい。

いい取引に気づくためには、研究と練習が必要だ。不動産に投資したいなら、最初にしなければならないことは、市場の研究である。物件がいくらで売られているかについてのイメージをつかもう。どの物件でもお買得価格がいくらぐらいか感じがつかめるようになるまで、それらの物件が何平米で、

賃料がいくらで、どの地域にあるかといった表示をよく見よう。

　それと同時に、指定された価格である物件を購入した場合、何が起きるかについての模擬シナリオを動かし、いい取引になるような価格で物件を買うためにどのようなオファーを提示すべきかを考えるよう、練習しなければならない。

　そのためには、物件に関連するすべての数字を集め、指定された価格に基づいて担保付き融資の返済額や税、保険の額、地主家主協会の会費、水光熱費、その他物件について考えられる様々な維持費をすべて推計する必要がある。

　この練習はかなり面倒だが、いい取引がどれで、それがどう機能していくかの感じをつかむためには最高の方法だ。デスクの前に座って巨額の小切手を振り出す前に、自分がしようとしていることに自信が持てなければならない。私の不動産投資戦略は、すばやい行動を基礎としている。

行動を起こそう

　市場についてまずまずの感覚がつかめたら、行動に移ろう。私は、資産を買う準備ができると、私の基準に合う新しい物件についての情報が入るように不動産代理店と契約する。お買い得だと私が思うような物件や、お買い得になるような値下げ交渉ができそうだと思う物件を見かけると、私はすぐに行動に出る。

　私は、現地を見ないで物件を買いたいというオファーを送ることがよくある。それは、売り手をテストするとともに、誰かほかの人に取られる前にいい物件を押さえておくためだ。私はほとんど必ず極端に低い額（代理店が提示するのをためらうくらいのもの）を提示するが、こうすると、そのまま提示が受け入れられる場合や、私の額よりもほんのわずか高いだけの額を提示し返してくる場合があるのだ。

　それでも私の提示の大半は拒絶に合わないなどと言うつもりはない。拒絶される。しかし、これは数字のゲームだ。50個の小額提示を出して一人の売り手が受け入れればそれでいい。売り手が物件を手放したがっているか、大切に思っていなければ、不動産市場の本来の価格から考えて50％も割安な物件を手に入れられる場合がある。

　現地を実際に見ないでオファーを出すときには、オファーは物件を実際に

見てからという条件付きだという出し方をする。こうすることによって、私は1歩戻り、一覧に書かれた事項を確認し、開示されていない大きな問題がないことを確かめることができる。物件が私の好みに合わなければ、私は波紋を残すことなく、その時点で取引から下りることができる。

物件が気に入り、不動産契約を結んで取られないように確保すると、次のステップは物件の精査である。私はいつも、自分が知る限りもっとも優秀で細かいところまで見てくれる土地家屋調査士の人に調査してもらう。物件に問題があるときには、さらにお金を注ぎ込んでしまう前にそれを知りたい。

家屋調査をクリアした場合、次のステップは融資の獲得である。このステップは、実際に物件を探す前にすることもできる。これを事前資格審査と言う。不動産物件に関して最良の取引を追求するのと同じように、最良の融資契約を見つけたい。この章では、融資を獲得するための詳細には踏み込まないが、よく調査して、様々な融資元の利率と経費を比較することだ。

不動産管理会社を使う

最後に、物件を購入したあとのことだが、不動産管理会社と契約することをお勧めしたい。私は、賃貸不動産を自分で管理することには賛成できない。私からすると、管理には、労力をかけ頭痛を抱えるだけの価値はない。毎月私がもっとも効果的に使っているお金は、賃貸不動産を管理してくれる不動産管理会社への支払いだ。

優れた不動産管理会社は、店子探し、リースの実行、テナントのスクリーニング、メンテナンス問題の処理、賃料の収集など、賃貸不動産にまつわるほとんどあらゆることを処理してくれる。しかし、優れた不動産管理会社を見つけるのは難しい。よく調査して、見たなかでもっとも誠実な不動産管理会社と契約するようにしよう。私は、無能だとか、修繕費の誤りとか、単純な怠慢などを理由として、今までに少なくとも三つの不動産管理会社との契約を解除している。

不動産管理会社には、賃料の約10%を支払うことを見込んで、取引について考えるときのコスト計算にその数字を必ず入れるようにしなければならない。優れた不動産管理会社が見つかれば、あなたの不動産投資は世話いらずになる。時間とともに多くの物件を所有しつつ、フルタイムの仕事も続けたい場合には、これが必要だ。

第52章　不動産投資の基礎　　303

やってみよう

☐ 今日、出かけて賃貸用不動産を買おう。幸運を祈る。

☐ 冗談である。あなたの地域の賃貸不動産の一覧表を探し、すべての数字に目を通そう。頭金の額の異なる様々なシナリオを試し、その物件を買って、キャッシュフローがプラスか少なくともフロートになるかどうかを計算しよう。

第 53 章

引退計画を
本当に理解できているか

　海岸でリラックスして本を読み、ピナコラーダをすすっていると、足に小さな波がぶつかって砕ける。多くの人は、引退後の生活をそのようにイメージしている。しかし、あまりにも多くの人々が、それを当たり前のものだと思っていること、また60歳を過ぎてからのことだと思っていることに私は驚いてしまう。

　南の島での引退生活は誰にでも保証されているわけではないし、60歳を過ぎなければ実現されないわけでもない（実際、第55章では、私が33歳で引退できた理由を明らかにする）。現実には、引退に成功したいなら、今すぐそのためのプランを立てなければならない。

　しかし、私が読んだ引退のためのアドバイスの大半は、単純に間違っている。私は、年金口座にお金を払い込めば、あとは忘れてしまっていいとアドバイザーたちが人々に言っているのをしょっちゅう耳にする。確かに、大多数の人たちにはこのアドバイスで役に立つのかもしれない。しかし、ソフトウェア開発者、そしてもっと大切なことだが、この本を選んだあなたには、もっといい方法がある。

　この章では、あなたの引退に対する考え方を変えようと思う。私のアドバイスのかなりの部分は、401k（確定拠出年金）などの柔軟な年金口座とIRA（個人退職口座）があるアメリカ中心のものになっている。しかし、私がアドバイスするこれらの口座を処理するための考え方や戦略については、政府が管理運営する年金制度を使っているアメリカ以外の多くの国の人々を含め、あらゆる引退プランに応用できるはずだ。

引退とは逆算で働くこと

　引退のためのプランニングで大切なことは、毎月生活するために必要な額を正確に計算し、少なくとも少し余裕を持たせられるだけの受動的収入を確保する方法を確立して、逆算で仕事をすることだ。

私が読んだ引退についての記事や本の多くには、引退した人が現役で働いている人と同じだけのお金を必要とするという前提で書かれているという大きな誤りがある。ファイナンシャルアドバイザーたちがこの種の前提条件のもとで話していることを非難したりはしないが、他人に資産の増やし方を教えますという職業でありながら、自分自身は金持ちではない人のアドバイスを取り入れるときには私ならとても警戒する。

　実際には、豊富な自由時間を手に入れ、もうお金を節約したり通勤したりする必要がなくなると、大幅に減少するタイプの出費がある。それだけでなく、私たちの大半は、幸せになるために必要な額と比べてはるかに出費の多いライフスタイルで暮らしている。

　長い間働いてきたあとになって何かを犠牲にしたりする気にはなれないので、引退したらライフスタイルを縮小したくないと考える罠には簡単にはまりがちだ。年を取ってから、かつかつで暮さなければならないのはいやだろう。しかし、引退するために必要な資金はいくらかを判断するときにもっとも大きな要素は、月々の出費がいくらになるかだ。今、そういった月々の出費を減らせるなら、年を取ってから節約したライフスタイルで生きる方法を学ぶ必要がないだけでなく、ずっと早いうちに引退生活に到達することができる。

　これは次のように考えるようにしよう。生活するためには月8,000ドルが「必要」で、それだけの年金収入が必要だと考えるなら、引退後の蓄えのために月8,000ドル以上稼がなければならない。そして、引退したら毎月8,000ドルずつその貯金を食い潰していく。

　しかし、コストを削減できればどうなるかを想像してみよう。毎月4,000ドルで生活する方法を見つけられればどうなるだろうか。その場合、ずっと早くに引退時のためのお金を貯金できるだけではなく、引退したときには同じお金が2倍長持ちする。だから、ずっと早くに引退できるようになる。節約には両面の効果がある。必要なお金を貯金するまでに必要な時間が短くなり、蓄えたお金を長持ちさせられるのだ。

　長々と話してきたのは、引退時のための貯蓄でできるもっとも効果的なことは、月々の出費を減らす方法を考えることだと言うためである。投資、仕事、昇給その他どんなものでも、少ない額で暮らす方法を考え出すこと以上に効果的なものはない。節約が勝利をつかむのである。

引退目標を計算する

　引退したときに必要な月々の生活費を計算し、月々の受動的収入、つまり働かなくても得られる収入がそこに達したら、正式に「引退」することができる。受動的収入源は、インフレによって増えるようにしておく必要がある。不動産が投資手段として優れている大きな理由のひとつがこれだ。

　私は、貯蓄を取り崩していくという考え方は好きになれない。引退するために蓄えを取り崩して減らしていかなければならない理由はない。貯蓄を受動的収入に変える方法はいくらもあるのだ。少なくとも、まずまずの利子を生み出し、ほとんどリスクのない国債を買うべきだろう。

　引退するためにどれくらいのお金が必要なのだろうか。それは、出費の大きさ、受動収入の手段、使える投資機会によって変わる。ここでは、本書執筆時点に当てはまる実践的な例を示しておこう。

　今の時点で100万ドルを持っているものとする。そのお金を不動産に投資するつもりなら、4ユニットの賃貸ビル（4世帯が暮らせる）を3棟購入でき、そうすると1棟につき毎月約2,400ドルの賃料（ごく控え目な推計）が入ってくる。賃貸物件には、そのほかに税、保険、不動産管理料、その他の出費がかかるので、それを計算に入れると、1棟につき1,800ドル（これもごく控え目な推計）の収入になる。つまり、今100万ドルを持っていれば、月に5,400ドル、1年に64,800ドル稼ぐことができる。

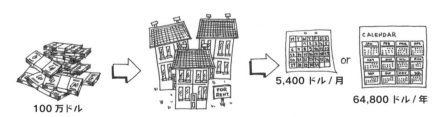

100万ドルが不動産投資であなたのために働いてくれる仕組み

　すると、問題は月5,400ドルで暮らせるかに移ってくる。暮らせるなら引退を宣言できる。この方法のいいところは、不動産投資ならインフレに耐えられることだ。これは時間とともに変わっていく。不動産の価格は上昇し、インフレによって100万ドルの購買力は大幅に下がる。そのほかにも予測できない環境の変化が起きる可能性がある。しかし、一般的には、どんなとき

でも同じような収益が期待できる投資の方法が必ずあるものだ。

　ある程度の資本から生み出される受動収入によって暮らすなら、まずその資本を作り出さなければならない。100万ドルを持っていなければ、100万ドルで暮らすことはできない。ここが難しいところだ。特にアメリカに住んでいると難しい。

ルート1：401k、IRA、その他の年金口座

　長期的に富を蓄積するための方法として最初に考えつく自明のルートは、年金口座、その他の年金プランを利用することだ。アメリカのほとんどの雇用主は、401kという有名な年金プランを提供している。これを利用すると、税引き前の給与の一部を年金口座に拠出することができる。雇用主があなたの拠出額の一部を補助してくれる場合さえある。

　このオプションが与えられる大多数の人にとって、これは加入すべきサービスだ。401kに拠出すれば、少なくとも収入のなかの大部分を税から守ることができる。そして、401k口座から得られる利益も課税の対象にならない。

　ここではあまり細かい話をしたくないので、正確な数字までは出さないが、税引き前の給与を蓄えに回し、そこから得られた利益も課税されなければ、通常の投資よりもかなり大きな利益が得られる。

　このルートの唯一の欠点は、60歳前後になるまで引退を待つと決めなければならないことだ。戦略は、年金口座にできる限り多くのお金を集め、引退の年齢が来るまでそのお金を複利で増やし、引退時には余分な料金を払わずにそのお金を引き出せるようにするというものである。

　401kなどの年金口座では、早期に基金を離脱する場合、10%の違約金を支払わなければならない。引退までのルートは基本的にふたつあると私が言っているのはそのためである。401kなどの課税が繰り延べされる年金口座を使う道を通る場合、長期に渡ってその道を通らなければならない。実質的に、意志を変更することはできない。気が変わると、そのためにかなり大きな違約金を払うことになる。そして、収入のかなりの部分を年金口座に拠出するため、ほかの種類の投資をする余地はほとんどない。

　しかし、繰り返しになるが、60歳以上になってから引退するつもりなら、課税繰延年金口座（特に雇用主の補助がある場合）がいかに有利かということはいくら強調しても足りないほどだ。早い時期から開始し、まずまずの給

与をもらって上限まで拠出すれば、引退しようと思う頃にはかなりの額になっている。次に説明するルート 2 に興味がなければ、年金口座を最高限度まで使い切るべきだ。

自営ならどうなるのか

自分のために働いている場合、401k や雇用主が提供する年金プランには加入できないが、それでもアメリカでは少なくとも何らかの課税繰延年金口座を作ることができる。本書では、あまり大きく脇道にそれたくないのでそれらの年金口座については説明しないが、まずは IRA や Roth IRA といった年金プランについての情報を調べるところから始めるといいだろう。

ルート 2：早期引退の準備、または金持ちを目指すために

ほとんどの人が 60 歳で引退することに満足していることはわかるが、私はそこまで長い間待っていたいと思わなかった。たとえ若いうちにもっとハードに仕事しなければならなくなっても、そして、大きなリスクを抱えることになっても、もっと早く引退したいと思ってきた。ルート 2 は、まさにそのような道である。

ルート 2 の詳細に踏み込む前に、なぜ 2 本の道がほとんど相互排他的になっているのかを説明しておこう。最大の理由は、伝統的な引退年齢に達するまで年金口座に触れることができないことにある。そのため、たとえば 40 歳で引退する計画を立てた場合、60 歳になるまでお金が隠されてしまうような年金プランにお金を拠出しても何の役にも立たない。

年金プランは、早期に引退するための投資からは基本的に外れてしまう。確かに、60 歳になるまで年金口座に拠出し続け、ほかのお金を使ってたとえば不動産投資などをすることは不可能ではないが、両方のルートを使おうとすると、結局どちらのルートについても十分活用できなくなってしまう。

早期に引退したい場合や、大儲けして金持ちになろうと思う場合には、年金口座に拠出するわけにはいかないだろう。このアドバイスはまともではないように聞こえるかもしれないが、だからこそ読者に警告しているのである。そして、ほとんどの人は単純に年金口座を最高限度まで使い切れと言っているのもそのためだ。このルートはもっとも安全な道である。しかし、あなた

が私と同じような考えで、普通の人よりも積極的でリスキーな早期引退という目標を狙っているなら、この先を読んでいただきたい。

　早期引退を目指すなら、あなたの月々の出費を越える受動収入のストリームを確立する方法を見つけるとともに、インフレからそのストリームを守れるようにしなければならない。100万ドルを米国債（米国財務省証券）に変えて約2%の利子を手に入れればそれでいいというわけにはいかないだろう。確かにほとんどリスクなしに毎年2万ドルが手に入るが、インフレが起きると、最初の資本と利子は蝕まれてしまう。

　100万ドルの資本を賃貸不動産に投資して、毎月約5,400ドルの収入を得るという先ほどの例の方がはるかにいい。インフレに負けない仕組みになっているし、投資から得られる収益も大きい。

　問題は、不動産に投資できる100万ドルを稼ぐのは簡単ではないことと、不動産投資は人任せにできないことだ。投資が受動収入になるところまで成功する可能性はあるが、そのためには時間と労力と勉強が必要になる。

　しかし、引退生活の必要経費を賄う受動収入を生み出す方法は不動産投資だけではない。高い配当を生み出す株を利用する方法もある。株なら、インフレと戦って価値を引き上げられる可能性がある。印税を生み出す知的財産を作って売ることもできる。特許、音楽、本、さらには映画の脚本のようなものでもいい。自分の事業を買うか始めるかして最終的に経営権を他者に引き継ぎ、自分は利益を引き出すという方法もある。

　容易に想像できるように、受動収入を生み出すこれらの手段はどれも大きなリスクをともなうので、受動収入のストリームは複数用意しておくようにすべきだ。この種の受動収入のストリームをひとつ手に入れるだけでも難しい場合がある。そこで、先ほども言ったように、このルートを選ぶのは、成功するために必要ならどんなハードワークでもいとわない場合だけにした方がいい。

　ところで、100万ドル以上の資本を手に入れる話はどうなっただろうか。お金もないのに投資をすることはできない。そして、年金口座という普通のルートを諦めたので、大きな資本を楽に蓄積するために役立つ租税優遇措置はないし、蓄積のために時間をかけることもできない。

　ここで話は難しくなってくる。利益を生む小さな投資をして、時間とともに大きな投資ができるようにしていけるようにしなければならない。最初から100万ドルで3棟の4世帯住宅を買うことはできない。まず、10万ドル

の物件の 10% の頭金になる 1 万ドルを蓄えるところから始めるのである。そして、それを繰り返していく。すると、その 1、2 件の物件を売ってもっと大きなものを買えるようになる。

いつも受動収入を増やすことを目的としながら、階段をひとつずつ上がっていかなければならない。持っている資産から生み出せるお金が増えれば増えるほど、もっと大きな収入を生み出せる物件を買えるところに近づいていく。あなたが追求すべきなのは、収入を生み出す資産を増やしていくうちに、時間とともにもっと資産を買うための資金ができていくという雪だるま効果である。

このプロセスを加速させる主要な方法が三つある。まず、すでに説明したように、出費を減らすことである。できる限り小さな家を買うか、小さなアパートを借りる。両親と同居すればただで暮らせるなら、何がなんでもそうすべきだ。中古車を手に入れるか、車なしで暮らす方法を考える。ケーブルを切断し、外食せず、中古の家具を手に入れる。ただ倹約するだけではなく、安く済ませることだ。生活費が安くなればなるほど、毎月投資に回せるお金は増えていく（これは簡単ではないということはすでに言った通りだ）。

次に、できる限り収入を上げる。可能なら、ほかの地域よりも高い給料が入るサンフランシスコやニューヨークのような大都市に引っ越す。あなたが賢ければ、物価の高い都市で安く暮らす方法が見つかる。すると、主として住居費が高い分高くなっている給料のその割増分を手に入れられる。サイドビジネスやサイドフリーランサーができるならするといい。稼いだお金が増えれば増えるほど、投資できるお金は増える。

自分ができる投資のなかでもっとも利益が上がるものを実行しよう。繰り返しになるが、大きな利益が得られる投資に注意を払えば払うほど、お金が増えるペースを上げられる。そのためには、綿密に調査し、交渉術を鍛え、いい取引をすばやく見つけることが必要だ。

再三言っているように、このルートは簡単に通れる道ではない。ほとんどの人々はする気にならないだろう。私はそういう人々を非難したりはしない。私は、早期引退を目指して、床のマットレスで寝たり、週 70 時間のペースで働いたり、財力と比べてはるかに狭い場所で暮らしたりした。そこまでしても、成功する保証はなかったのである。

第 53 章　引退計画を本当に理解できているか　　311

引退間近な人、道を半ばの人はどうすればいいのか

　すべての人が大学を出たばかりではないし、片方のルートをきっぱりと選択できるわけでもない。すでに年金口座に長期に渡って投資してしまったのに、早期引退のルートに移ることを考えている場合もあるだろうし、妻や子がいるので、給料を上げるためにサンフランシスコに引っ越すというわけにはいかない場合もあるだろう。

　心配することはない。引退を成功させる準備はまだできる。あなたができることに合わせて私のアドバイスを変形すればいい。私の説明は、両方のルートの極端な形を示して、違いがはっきりとわかるようにしたかっただけだ。いずれにしてもどちらかのルートを迷わずに進んで、できる限り労力を無駄にしないことが望ましい。

　そして、最適な方法ではないが、両方のルートの中間を進むこともできる。投資済みの年金プランを維持しつつも拠出の上限に達したので、不動産収入などの資産に投資して収入を得ることもできる。

やってみよう

□ あなたの現在の毎月の出費を計算してみよう。何か大きな犠牲を払えば、出費をどれくらい削減できるかも計算しよう。

□ 出費を減らした上で、引退するためには毎月いくらの収入が必要かを計算しよう。少し余裕を残すようにすることを忘れないようにしよう。

□ 引退できるだけの収入を確保するために、2%、5%、10% など様々な収益率でどれくらいの資本が必要なのかを計算しよう。

第 54 章

借金の危険性

　お金に関するあらゆる過ちのなかでも、もっとも大きいのは借金をすることである。残念ながら、私たちは借金を当たり前のこととして教えられ、借金が生活にとってどれだけ有害で破壊的なものかを知らないことが多い。

　ソフトウェア開発者として、そのキャリアにおいて直面する苦闘のなかでも特に大きいのが、成功との付き合い方である。収入が増えれば増えるほど、裕福になるのではないかと思われるかもしれないが、そうとは限らない。実際、私は金銭的に成功した多くの人々、特にソフトウェア開発者が、大きな借金を抱えるようになったのを見ている。それは、収入が増えれば増えるほど、使う金が増えていくからだ。

　本当の意味で金銭的に成功するためには、自分のお金からお金を生み出すようにする以外にない。金銭的に自由になりたければ、自分のためにお金に仕事をさせられるようになろう。利子が自由を与えてくれるなら、当然借金は人を束縛状態に陥れると言うしかないだろう。

　この章では、まず借金がいかに破滅的かを明らかにする。続いて、すべての借金が悪いわけではないことを示し、良い借金と悪い借金の違いの見分け方を説明しよう。

借金は悪いことである

　一般に借金は悪いことだ。借金は、自分のお金から利子を得るという、いいことの正反対である。借金を抱えると、自分のお金のために利子を払うことになる。それは、あなたの出費によって誰かほかの人が金儲けをしているということだ。

　借金を抱えている間は、自分のお金を投資に回し、投資からお金を生み出すことはほとんど不可能だ。もっとも、支払っている利子よりも大きな収益を上げるために借金をしている場合は別だが、それについてはあとで取り上げる。

第 54 章　借金の危険性　　**313**

借金をしているときには、製品やサービスに本来の値段以上の額を払っていることになる。この損失は時間とともに複利で大きくなる。特に、借金が生み出す利子よりも借金本体の返済にお金が回っていないときはそうだ。借金を抱えている期間が長くなればなるほど、借金が収支に与える影響は大きくなる。単純な例を使ってその理由を説明しよう。

　3万ドルで車を買い、そのために5%の金利でローンを組んだとする。そして、6年間で支払いを終えるものとする。その6年の間に、最初に借りた3万ドルに加えて4,786ドル65セントの利息を払うことになる。その車の実際の値段は、34,786ドル65セントになってしまうのである。

　しかし、実際にはその車はもっと高くついている。あなたが利息として支払った4,786ドル65セントは、あなたのためにお金を生み出せたかもしれない。そのお金を支払う代わりに、そのお金から利子を受け取れたかもしれないのだ。

　正確な額を計算するのは難しいが、毎月利息のために支払っていた額を、収益が5%の投資に回していれば、6年間でその4,786ドル65セントから2,000ドルほどを生み出すことができたはずだ。そのため、実際には、借金のために7,000ドル近く損をしているということになる。

　大した額には見えないかもしれないが、それが時間とともに積み上がっていくのである。特に、指数的に増えていく様々な形の借金をしている場合には、支払う利息の割合も高くなる。

　借金をすればするほど、負担は重くなり、お金に苦労しない状態からは遠ざかっていく。借金を抱えているときにお金を蓄えることはできず、お金を蓄えられなければ投資をすることもできない。

　あなたの現在の借金のレベルはどれくらいだろうか。すべての借金を洗い出し、金利がどれくらいかをはっきりさせて、毎年借金を支えるためにどれだけの利息を支払っているのかを計算しよう。

借金をめぐるばかげたこと

　おそらくあなたは借金を抱えているだろう。そういうことはある。私も借金を抱えていた。実は今もある。担保付き融資のために100万ドルほどの借金を抱えている。しかし、それについてはすぐあとで話そう。しかし、今借金を抱えているなら、その借金を正しく処理し、できる限り早く減らす必要

がある。

　借金に関してもっともばかげているのは、借金、特にクレジットカード債務を抱えているのに、貯金をすることだ。私からすれば、これはまったくナンセンスである。緊急時のための資金が必要だとか将来のための蓄えだという言い訳を耳にするが、このような行動を論理的に正当化することはほとんど不可能だ。

　私は、クレジットカードで数千ドルの債務があるのに、同時に数千ドルの預金口座を持っている人々を見てきた。これがあなたのことだったら申し訳ないが、すぐに何らかの対策を打つ必要がある。理由を説明しよう。

　このような状況の問題は、ほとんどの場合、借金のために払っている利息の方が、銀行にお金を預けていることによって得ている利子よりも多くなることである。特に、クレジットカード債務はそうだ。1万ドルのクレジットカード債務があり、15%の金利がかかっているものとする。これは、その借金の利息だけのために毎年1,500ドルも払っていることになる。お金を預けている銀行があなたの預金に15%の金利を支払っているのでもない限り、そのお金を使って借金を帳消しにした方がいい。

　これはもっともなアドバイスだが、高い金利のカーローンを抱えながら、同時に銀行にお金を預けている人はたくさんいるじゃないかと思われたかもしれない。カーローンにかかっている金利が0%に近いのでもない限り、それはまったくナンセンスである。カーローンは一般にクレジットカードローンよりも金利が低いので、現実を認識しにくいだけだ。

　お金を貯蓄に回す前に、家のための担保付き融資を完済することでさえ意味がある。担保付き融資の返済のためにお金を入れると、それを元に戻すことはできず、債務削減のメリットを実際に感じるためには完済まで待たなければならないので、状況は少し異なり、正確な数字を出してみる必要がある。しかし、この状況を純粋に数字から考えれば、担保付き融資の金利よりも高い収益率が得られる投資をできないくらいなら、担保付き融資にお金を回した方が有意義である。

　具体的な話をしよう。7%の金利で担保付き融資を受けたとする。これは、融資を受ける代わりに、毎年7%の利息を払っているということだ。担保付き融資の元本のために毎年支払っているお金は、基本的に7%の保証された収益をもたらす（この数字は、担保付き融資の金利から税的優遇の部分を差し引く形でわずかに変わるが、預金口座にお金を入れているくらいなら、ほ

とんどの場合は、担保付き融資の支払いのためにそのお金を投入した方がましだ）。

　私がよく見かける借金に関する誤りで次に大きいのは、間違った順序で借金を返済していくことだろう。借金を完済するまでかかる時間は、借金の返済の順序によって大きく変わる。必ず、金利に基づいて借金の返済順序を決めよう。もっとも金利の高い借金を先に返済するのである。

　しかし、借金を巡る過ちのなかで群を抜いてもっとも大きいのは、不要な借金である。つまり、借金をする必要がないときに、借金をしてしまうことだ。ここでもう１度、カーローンを取り上げよう。人々が犯す最大の過ちのひとつは、自動車を購入するためのローンだ。人は簡単に販売代理店に入って新車を買い、不要な借金を背負ってしまう。

　この問題は、ものを注文するときの順序が反対になってしまうことだ。一般に、私たちは逆の順序で物事を処理してしまう。つまり、カーローンに頼って車を買うことは、車を買ってから、その貯金をするようなものだ。

　この問題は、貯金をしてから現金でものを買うようにすればいい。確かに、このサイクルを最初に破るときは大変だが、サイクルを１度破ってしまえば、買うすべてのものに対して支払いが安くなる。ローンで買った車を持っているなら、そのローンを完済しよう。しかし、完済したときに、ローンで新しいクルマを買ってはならない。古い車に乗り続け、「新車ファンド」口座に入金をしてサイクルを破るのである。新車口座に十分なお金が貯まったら（４年から６年くらいの間で貯まる）、新車を買うことができる。そして、すぐに「新車ファンド」口座に新たな入金を始める。

　このようにすれば、車のために余分にお金を払う代わりに、車を値引き価格で入手できる。新車のために貯めたお金からは、誰か他人のためではなくあなたのために利子が生れて蓄積されていく。

すべての借金が悪いわけではない

　今までは借金を醜く描いてきたが、すべての借金が悪いわけではない。その借金を使って、借金のために支払う利息よりも多くのお金を儲けられるなら、借金をしてもいい。

　思い出すのは、ある同僚と話したことだ。彼は、クレジットカード会社が特別なプロモーションを行っていて、新しくカードを作ったり、カードにほ

かのカードの残高を移転したりすると、カードキャッシングの金利を1%にするのを見つけたのだ。彼は、貸出限度額まで借金し、それを使って3%の利率で1年もののCD（譲渡性預金）を買った。そして年末にCDの払い戻しを受け、クレジットカードを返済して、銀行のお金から利益を生んだのである。

　私が今も担保付き融資で100万ドル以上借りていると言ったことを思い出していただきたい。これも同じような状況だ。銀行に取られる利息よりも高い利益を稼ぎ出せることがわかっていたので、不動産購入のために借金をしたのである。最終的にはその借金は完済するが、今の段階では、借金は経費以上の利益を生み出している。

　家を買うのは借りるよりもいいとは必ずしも言えないが、利率次第では、賃料になって消えるはずだったお金を蓄えられる分、借金をして家を買った方が利益になることがある。

　多くの場合、学生ローンも同じ範疇に含まれる。給料のいい仕事を得るために役立つ学位を得るためにローンを受けられるなら、借金も投資に見合うものになるだろう。しかし、いつもそうだとは限らないので注意が必要だ。

　最近の高校生たちには、高等教育の最初の2年はコミュニティカレッジで過ごし、それから大学に移って学位を受けることを勧めている。この方が、教育費がかなり安くなるのである。投資に見合う大きな利益が得られるようにはとても見えない学費の高い大学で学位を受けるために、あまりにも多くの人々が多額の借金をしている。下手をすればそのために破産する場合だってある。

　要するに、借金をする前に、その借金が支払い利息よりも高い利益率で利益を出せる投資になることを確認せよということだ。よほど切羽詰まった状況でもない限り、利益を出さない借金はしてはならない。

やってみよう

☐ あなたの借金のリストを作ろう。そして、その借金を、良い借金と悪い借金のふたつに分類しよう。

☐ 利率に基づいて悪い借金のリストを並べ替えよう。すべての悪い借金を完済するまでにどれだけかかるかを計算しよう。

第 | 55 | 章

打ち明け話：
私が 33 歳で引退できた理由

働き始めたときから、私の目標は早く引退することだった。働きたくない
とか、怠け者だったというわけではない（確かに、私には楽したいという気
持ちはあるが）。自分の時間、自分の人生を自分のしたいことのために使う
自由がほしかったのである。

あなたが同じような希望を持っているなら（私ほど早くに引退したいとい
うわけではなくても）、私の話には興味を持っていただけるだろう。私は、
自分の引退に成功するまで、ほかの人々がどのようにして早期引退を勝ち取
ったのだろうかということをいつも考えていた。スタートアップを設立して
大当たりして金持ちになる以外に、ソフトウェア開発者の早期引退は可能な
のだろうかということもよく考えた。

この章では、私の個人史をお話しする。隠しごとはしていない。私が早期
引退のためにどのようなことをしたのかを説明し、その過程で自分が経験し
た誤りや大きな成功に触れていこう。

「引退」とはどういう意味か

話に入る前に、引退という言葉は人によって様々なイメージを呼び起こす
ので、この言葉の意味を定義しておきたい。

私が「引退した」という表現を使うときには、シャッフルボードで遊んで、
アーリーバードスペシャルを利用しながら、朝食と夕食はカントリーダイナ
ーでカントリーを聞きながら食べるというような意味ではない（今朝はボブ
エバンズで朝食を食べたが）。

私が定義する引退とは、マルガリータを飲みながら 1 年じゅう南のビーチ
で座っているといったものではない（もちろん、このような引退生活を排除
するものではないが）。私のイメージする引退は、何もしないことではない。
実際、どこから見ても、私は何もしていないわけではない。この本を書いて
いるのだ。

318

私が定義する引退は自由だ。もう少し限定すると、金銭的な自由である。時間の使い方を強制されず、金銭上の制約のために自分の時間を使わないでいられることだ。

　私は、仕事をしない状態になることを望んだことは1度もないが、働きたくないときに仕事をすることを強制されない状態になることはずっと望んでいた。私が今いるのはその状態である。私はインフレ対策までできた受動収入を十分に持っており、ビーチでマイタイをすすっていたければそうできるし、（金銭的な理由からではなく）面白そうだという理由だけでやりたいプロジェクトの仕事を進めることもできる。

　ただし、まったくその通りにできているわけではないことは、最初に認めておこう。お金を稼ぐ目的だけのために何かをするという習慣は、なかなか破れないものだ。私は今でも必ずしもやりたいわけではないことをするために、かなりの時間を使っている。しかし、少なくとも、それは自分で選んだことだというのが、以前とは異なる。自由だということは、見かけほど簡単なものではない。しかし、本書執筆時点では、私は「正式に引退」してから1年くらいしかたっていない。それでも、私はついに自分の人生を買い戻すことができた。私は、自分がどのように生きたいか、自分の人生で何をしたいかをはっきり知るためにかなりの進歩を遂げたと思う。

どのようにしてキャリアをスタートさせたか

　第50章で触れたように、私は20代初めに年15万ドルを稼いでいたが、それにもかかわらず、多くのことを犠牲にして耐えなければ、100万ドルに到達するだけでも15年もかかることに気づいていた。そしてその線に達しても、インフレと闘うしっかりとしたプランがなければ、自分が「引退」できないことも知っていた。

　最初はこのことにとてもがっかりしてしまった。倹約し、お金を貯めながら、いつか引退できる日を夢見て、それから20年、30年と懸命に働かなければならないのではいやだと思った。50歳、60歳になるまで自分の人生が自由にならず、そのときになってやっと自分のしたいことができるようになるなどとは考えたくなかった。

　この徒労感のおかげで、私は必死に考えた。すでに説明したように、不動産投資を始めた最大の動機はこれだった。私は、不動産投資こそ、競争社会

から抜け出すためのチケットだと思った。それでも、若いうちに引退できない可能性はあったが、少なくとも資産を完済すれば豊かになって引退できる。私は進んでリスクを引き受けた。

私は人が早期引退を準備するために行うべき賢明なことをすぐに始めた、出費をほとんどなくして稼いできたお金をほぼすべて貯め、賢い投資をすぐに始めた、と言いたいところだが、実際にはそうではなかった。

私は19歳で年収15万ドルも稼いでいた。そして、カリフォルニア州サンタモニカの、すぐ先にビーチがあるようなところに住んでいた。ダッジ・バイパーのディーラーに行ったら、7万ドルの車なら手が届くものの、サンタモニカ周辺で19歳が赤のダッジ・バイパーを運転するためにかかる保険料は、車の料金と同じくらい高かった。すんでのところで、災難を免れたわけだ。

しかし、嘘をつくわけにはいかない。私はお金の使い方で大きな過ちを犯した。結局、32,000ドルでホンダ・プレリュードの新車をかなりまずい条件で買ってしまった。しかし、全体としてはかなり倹約していた。私は稼いできたお金の大半を貯金にまわし、それはかなりの額になっていた。

私には、短いながらモデル、俳優のキャリアもある。サンタモニカに住んでいたら、ぜひ挑戦してみたいことである

トラブル続きの賃貸物件

本当はスキルなどない19歳のソフトウェア開発者に時給75ドルの仕事など、話がうますぎると誰もが思うところだろう。実際、そうだった。私のポストは長持ちしなかったのである。約1年半後、私が契約した会社は、引き締めのためのレイオフを始めた。プロジェクトはあまりうまく進んでおらず、そのために高い労賃を投げ出しても役に立たない。私にとってはびっくりである。

私は新たな職を探さなければならなかったが、数年前に見つけた大チャンスに匹敵するようなものは見つからなかった。私はアリゾナ州フェニックスに引っ越し、契約社員の職を確保した。実入りは以前ほどではないが、とても不満を言えたものではなかった。

同じ頃、アイダホ州ボイシにある私の自宅を賃貸物件として借りていた人が、宅内をかなりめちゃくちゃにした上で引っ越していった。そして、私は新しい勤め先での仕事を始めた1週間後に結婚することになっていた。楽しい時期である。

ボイシの物件を借りた人は数人になったが、いつも何かしらトラブルがあった。賃料はきちんと払ってもらえず、ものは壊れていった。しかも、道の反対側には、私の物件のなかで繰り広げられていたとんでもない違法行為を逐一録画していたおかしなご近所さんがいた。ある会社がその物件を買いたいとオファーしてきて、最終契約を結ぶ前にリノベーションを始めたいと伝えてきた。その会社は家全体をズタズタにしてしまった。それで？ 結局、契約しなかったのである。私はこの資産に対する希望を失い、もう諦めようと思った。

おそらく、不動産投資は私には向かなかったのだ。ぼろぼろになって賃貸に出すことさえできない不動産を抱え、その物件は経費さえかかる。アリゲーター（風化してワニ皮のようにひび割れたもの）というやつだ。もっと資産を蓄積して、不動産王になるという私のプランを実現するためにはどうすればいいのだろうか。

事態の好転

それから数年間に起きたことを細かく話すと退屈なので簡単に済ませよう。

結局、ボイシの物件は、私が諦めきれず、持ち続けた。そして、私自身は、フロリダ、ニュージャージー、再びフロリダと国中を動きまわった。妻と私はフロリダに住むつもりだったが、職が見つからなかったのである。結局、ボイシに戻ってヒューレット・パッカード（HP）に籍を置くことになった。

　その数年間、私はけっこうお金を蓄えることができた。妻と私は倹約し、蓄えはかなりの額になった。ボイシに戻ってくる頃には、2万ドルくらいの貯金があった。意識的にいくら貯めると決めるまで2年くらいかかった。それまでは毎月残った額を貯蓄にまわしていたが、これはあまりうまいやり方ではない（今考えると、あの時期になぜもっとお金を貯めておかなかったのだろうと思う）。

　私たちはボイシに戻ってきて、住む場所を探した。私たちは、いずれ賃貸に出せるような家を買うことにした。ある家で数年暮らしてから、新しい家に引っ越して、元の家は賃貸に出すという計画である。私たちはタウンハウスを1軒、約12万ドルで買うことにした。これなら、頭金として10%程度を出すことができる。このタウンハウスは、月800ドルほどで賃貸に出すことができる。担保付き融資の返済額も同じくらいだったので、毎月の収支がトントンになると思った（しかし、税、保険、地主家主協会の会費、修繕費などがかかるので、実際にはそうはいかなかった）。

ボイシの賃貸物件の隣にある私たちの自宅

すると、そのタウンハウスの隣のタウンハウスも売りに出ていることがわかったので、不動産投資計画を前倒しにすることにした。その隣の物件も買いのオファーを出し、さらに 10% の頭金を入れて、第 2 の賃貸物件を手に入れた。全部で三つめの不動産である。

この時点で、私はプロの不動産管理会社を使うことにした。私はあまり調査せずにある不動産管理会社を使うことにしたが、これは無能な会社で、賃借人を確保し続けることができず、しょっちゅう嘘の修理費を請求してきた。いい会社を見つけるまでは少し時間がかかった（最初の不動産管理会社は、正確に言うと無能だったのではなく、クライアントの大家を犠牲にして私腹を肥やすことがうまかったのである）。

必死でがんばる

不動産投資計画は数年かけて前進していた。私は数件の物件を取得し、毎年ひとつずつ新しい物件を購入するという目標を達成していた。私は HP の仕事を続け、もっと物件を買うためにできる限り多くの資金を貯えた。頭金のための現金の貯えがなくなったので、新しい物件を購入するために、既存の物件の一部を住宅担保ローンの対象に追加していった（これはリスキーな方法だが、当時の住宅担保ローンの利率は非常に低かったので、うまく機能した）。

私はとても盛んに不動産投資を行っていたので、1 歩進んで不動産売買の免許を取ることにした。そうすれば、自分で契約を進めることができ、不動産売買手数料にかかるかなりの額を節約できる。妻と私はともに不動産売買免許の講座に出かけて、試験に合格した。私たちは正式な不動産代理人になったのである。

当時、私は約 6 件の物件を持っていたが、どれひとつとして収入を生み出してはいなかった。それどころか、毎月かなりの赤字を出していた。私は自分が買った不動産のコスト計算を間違え、不動産の維持のために毎月 2,000 ドルから 3,000 ドルを支出しなければならなかった。ほとんどの月は、妻の給料全額が賃貸物件の赤字の補填に注ぎ込まれていた。

これは非常に悪い状況のように見えるかもしれないが、毎月 3,000 ドルずつ支出していても、かなりの額のお金はローンの元本の返済に使われており、不動産を持っていることによってかなりの額の税金が免除されていた。私は

第 55 章　打ち明け話：私が 33 歳で引退できた理由　　**323**

前進していた。……非常にゆっくりとだが。

近道を行く？

不動産売買免許を取得した直後、私は安定していて高給が得られるHPの仕事を辞めて、友人の一人が経営していたトレーディングカードゲームのオンライン販売ビジネスに、パートナーとして参加することになった。同時に、不動産販売でも彼と提携した。また、非常に短い期間だったが、ガムボールマシンのオペレーターにもなった。『金持ち父さん 貧乏父さん』を読んで、不動産と株式以外で考えられる資産はガムボールマシンしかないと思ったのである。

あと知恵で考えると、このような選択をしたもっとも大きな動機は、金銭的な自由を達成してではなく、「自分がやりたいことをして」、ショートカットで本物の「引退」生活に到達したいと思ったことなのではないかと思う。

言うまでもないが、これはうまくいかなかった。私は未熟で愚かだった。どうがんばればいいのかわかっていなかった。私はビジネスパートナーとして最悪であり、両立しないものを両立させたがっていたのである。

結局、私はそのベンチャーを辞め、再びフルタイムの職に就いた。ただし、そのときにはまだ20台のガムボールマシンをビジネスパートナーに送り返していなかった。おそらく、私に起業家は向かないのだろう。

さらに必死でがんばる

それからの数年間、私は普通の仕事を必死にがんばり続けた。妻も数年前から仕事を始め、技術分野に進み、キャリアを上げ、給料も増えていた。私たちは二人で稼いだお金を不動産投資に充てた。

私はまだ不動産投資の担保付き融資のために毎月かなりの額を支出していたが、それから数年は不動産の購入を止めた。私は3軒のシングルファミリー用住宅、1軒の4世帯住宅、2軒の2世帯住宅、2か所の商用オフィススペースを持ち、どれも毎月少しずつ返済が進んでいた。

二人の友人が始めたペイデイローンの会社から、私が彼らのために新しいソフトウェアシステムを作ったら私をパートナーにして給料を払うというオファーが来たとき、私は少し回り道をして再び起業家になろうとした。そし

私は一時ガムボールマシンを借りていた

て失敗した。このときも私は愚かで未熟だった。そして、たぶん少し気を抜いていた。ベンチャーは1年後に倒産し、私はまた新たに会社勤めの仕事を探すことになった。

　この時期、どの会社勤めでも、19歳のときのサンタモニカの職よりも高い給料は決して稼げなかった。つまり、アイダホ州の契約の仕事を手に入れるまでのことだ。この仕事でやっと10年ぶりに時給75ドルを実現した。早い時期に高給が得られる仕事に就けて自分がいかに幸運だったかをようやく認識したのはこのときだった。

　この時期、不動産市場は激しく落ち込んだ。不動産に投資していた友だちの多くはパニックに陥り、自分の資産の空売りをしていた。幸い、私はすべての物件を30年固定金利で購入しており、不動産価格の下落の影響は受けなかった。確かに、私の資産の価値は大幅に下がったが、担保付き融資に変わりはなく、同じ賃料が入ってくるので何の問題もなかった。

　私に影響が及んだのは、銀行が新規貸付で始めた貸付制限だった。私のプランは、15年間に渡って毎年1件ずつ不動産を手に入れ、それからもっとも古い物件を売り始めて、その利益で生活するというものだった。しかし、銀行が一人の貸付件数を4件に制限するようになって、私のプランは大きな

第55章　打ち明け話：私が33歳で引退できた理由

打撃を被った。

　結局、ミズーリ州カンザスシティで大きな買物をするための資金は、住宅融資ではなく、商業融資を使うことにした。この地域に住む友人が不動産投資の始め方を尋ねてきたときに、この地域の状況を見て、価格は極端に安いのに賃料はきわめて高いことがわかったのである。

　私は、2軒の4世帯住宅をそれぞれ22万ドルで購入する予定だった。私としてはそれまでで最大の投資である。しかし、この物件の収支を試算してみたところ、ちょうど10%引きなのに、毎月少なくとも1,000ドルの出費になることがわかっていた。問題は、私がローンを受けられないことだった。

　しかし、私は運がよかった。その不動産を所有していた銀行が、バランスシートからその物件を取り除くために、自ら私に貸付をしてくれることになったのである。銀行は非常に有利な条件を提示して取引は決まった。拡大する私のバランスシートに、8世帯分の物件が追加されたのである。

　それでも、この取引はきわめて恐ろしいものだった。この時点でも、私はすでに投資物件のための担保付き融資の返済で毎月数千ドルを支払っていた。不動産市場は真っ逆さまに落ちてきていた。そして、私は今まで見たこともないようなふたつの巨大物件に約5万ドルの頭金を投入しようとしていた。私はこの投資で大成功を収めるかボロボロになるかのどちらかだろうと思った。

転機を迎える

　ミズーリ州のこの4世帯住宅（ちなみに、下見していない）の購入とともに、状況は好転し始めた。私はキャッシュフロー的には依然としてかなりの赤字だったが、非常に多くの不動産を抱え、それらは主として賃料によって返済されていた。私は、最悪でも20年以内に楽勝で引退できる自信があった。何よりもいいのは、引退したときの収入が悪くないことだ。すべての物件の返済が終わると、受動収入だけでおそらく年10万ドルになる。

　私は、給料のいい契約の仕事を辞め、在宅勤務のチャンスを与えてくれた小さな会社に移った。私はずっと在宅で働きたいと思っていた。給料こそ減るが、行きたいところに行く自由が手に入り、通勤しなくて済む分、使える時間が増える。

　この新しい仕事を始めたとき、私はサイドビジネスで自分のソフトウェア

を作り始めることにした。受動収入を得るための別の方法を見つけたかったのと、キャリアのなかで、自分はほとんど何でも作れるという自信が持てるところに達していたのである。私は、ランナーが一定のペースで走れるように、走っているときに「スピードアップ」、「スローダウン」と指示してくれるAndroidアプリケーションを作って、Android開発の勉強を始めた。

この在宅の職を手に入れてからすぐ、私は自分の人生を変えることになる人物、デビッド・スターに紹介された。デビッドは今、Scrum.orgのCOO（最高執行責任者）になっているが、当時の彼は妻が働いていた会社のチーフソフトウェアアーキテクトだった。

その数年前、私はブログを始めていた。それほど人気を集めていたわけではないが、一部の記事、特にScrumについて書いたものは、注目された。デビッドは私のブログポストの一部を見ており、私はボイシのコードキャンプで彼と話をした。デビッドは、プルーラルサイトという新しいオンライン教育サービス会社の仕事をしていた。彼は、私が開発したAndroidアプリのことを聞いており、プルーラルサイトはAndroidアプリの提供とAndroidアプリ開発についての講座開設のふたつを検討していると私に言った。

私自身は、企業向けのAndroidアプリを開発したりAndroidアプリ開発講座で教えたりする気になるか、はっきりわからなかった。結局のところ、この時点では、私は自由時間を使ってAndroidアプリを開発し、受動収入を確保しようと思っていたのである。妻はプルーラルサイトには可能性があることを私よりもよく見抜いており、「プルーラルサイトの講座も作ってみた方がいいわよ」と言った。そこで私もこの仕事をするようになった。

幸運が舞い降りる

この時点では、私の不動産投資はかなりうまくいっており、私の新作Androidアプリは、女性のフィットネス雑誌として有名なShapeで取り上げられ、受動収入を生むようになっていた。私は週に2回ずつブログを書き、ソフトウェア開発と不動産投資についての本をよく読んだ。

私がプルーラルサイトからチャンスをもらう直前に、妻が妊娠した。同社の講座の開始時期が迫っていたので、デモモジュールを提出して講座のオーディションを受けた。すると、驚いたことに受け入れられたのである。

プルーラルサイトがすばらしいのは、講座の製作料を支払ってくれるだけ

でなく、講座のロイヤリティも支払ってくれるところだった。プルーラルサイトと受講契約を結んだ開発者が私の講座を視聴すると、四半期に1度ずつ印税をもらうことができた。当時は、これがどれだけありがたいことか私にはわかっていなかったが、妻は間違いなくわかっていた。

　最初の講座を作り終わった直後に、私たちは大きなことをふたつ決めた。ひとつは子どもがまもなく生まれるので、家族が仲良く暮らすためにフロリダに引っ越すこと。もうひとつはランニングアプリのiOSバージョンを作ることだ（ふたつめは大きな話ではない感じがするだろうが、これのおかげでiOS開発についての第2、第3の講座を作ることになったので、非常に大きな仕事になったのである）。

　娘はその年の4月に生まれた。家族みんなで車に乗り込んで、アイダホ州ボイシからフロリダ州タンパまで長いドライブをしてから4か月後だ。その間、私はiOSアプリを開発するか、プルーラルサイトの講座を作っていた。フルタイムの仕事でも働いていたことは言うまでもない。

　私の作業環境は、あまりいいものではなかった。私には、妻と私が「ベッドオフィス」と呼んでいるスペースがあった。私たちはベッドルームがふたつの小さなアパートに住んでいたので、私のデスクはベッドルームの壁に接しており、ベッドにもほぼ接していた。私は文字通り昼も夜もその部屋にいた。昼間は本業の仕事をして、夜になるとサイドプロジェクトの仕事をした。

　初めてロイヤリティを受け取ったとき（ひとつの講座だけで5,000ドル近い額になっていた）、これは本当に幸運なことで、引退に向けてのプランを加速させられると思った。あとは必死に働いて、このチャンスを最大限に活用するだけだ。

ハードワークモード

　それからの数年、自分がどのようにして生き残ってきたのか、どうにもはっきりわからない。当時したことを今するために、どれくらいのエネルギーが必要なのか想像もつかないくらいだが、プルーラルサイトにもらったようなチャンスは、人生に1度しかやってこないものだとわかっていた。

　それからの2年ほど、昼の8時間は本業の仕事のために使い、夜の4時間から5時間はプルーラルサイトの講座の製作に充て、さらに週末にも講座を作った。約2年半の間に、私は60もの講座を作り、そのなかの55本が公開

された。全部聞こうと思ったら、1日24時間ぶっ通しで1週間以上かかるくらいのチュートリアルビデオを録画したのだ。

この時期、私は週1度ずつブログを書き続け、「Get Up and CODE」（http://getupandcode.com）という開発者向けのフィットネスについてのポッドキャストを新たに始め、モチベーションについてのYouTube動画も毎週作るようになった。大変なことではなくすべての時間を楽しんだと言いたいところだが、実際にはみじめなハードワークであり、いつか自由になりたいとずっと思っていた。

複数の受動収入

この時点で、私は複数の受動収入を持っていた。私のブログは、広告とアフィリエイトの売上からお金になり始めていた。AndroidとiOSのランニングアプリを販売しており、プルーラルサイトのロイヤリティは四半期ごとに入ってきてどんどん増えていった。そして、不動産投資についても、キャッシュフローがプラスになる月が出てきた。

タンパに引っ越してすぐ、持っている不動産のローンの利率を下げるために、借り換えを始めた。これで支払いは月に1,600ドル以上削減できた。また、プルーラルサイトの講座から得たほぼすべての収入、その他の本業から貯蓄していたすべてのお金も不動産の返済に注ぎ込み始めた。

私の目標は、受動収入を毎月5,000ドル確保することだった。その状態になれば、正式に引退できる。そして2013年1月、その水準に達したことが明らかになった。私は上司にメールした。もっといい仕事を見つけたからでもなく、今の仕事がいやだからでもなく、もう働く必要がなくなったので会社を辞めると。私は自由になった。

簡単な分析

私の物語はいくらか奇妙だ。最初は少し多難な感じだったが、たったひとつの幸運に巡り会って急上昇し、引退することができた。確かに、私は幸運を引き当て、そのおかげで引退のためのプランは加速したが、話はそれだけではなかった。

幸運を引き当てただけでは不十分だったのである。実際に引退するために

は、プルーラルサイトの講座で稼いだお金にさせる仕事が必要だった。私は100万ドルでも200万ドルでも稼ぐことができたかもしれないが、そのお金をどのように投資すればいいかがわかっていなければ、あるいは不動産のような投資先を持っていなければ、引退することはできなかった。100万ドルや200万ドルでは、今後50年、60年と暮らしていくことはできないので、私はまだ働かなければならなかっただろう。

　私の成功で決定的に重要だったのは、不動産投資だった。プルーラルサイトは、不動産投資プランをスピードアップさせられただけだ。私にプルーラルサイトのチャンスがなくても、実際に引退できた年から10年くらいまでの間には引退できていただろう。それは43歳ぐらいの時点であり、そう悪くない。

　私が自分をマーケティングして名前を広めていなければ、プルーラルサイトの講座の仕事をするというチャンスにも巡り会えていなかっただろう。私がデビッド・スターと出会えたのは、自らのブログのおかげであり、コードキャンプでの講演のおかげである。また、私は門戸を開くためにいつも努力していた。様々なプロジェクトに関わり、自分のスキルとキャリアを伸ばすために投資をしていた。プルーラルサイトのチャンスがなくても、何かほかの人生を変えるようなチャンスがやってきただろうと思っている。実際、私はほかのチャンスを断らなければならなかったので、それは間違いないはずだ。

　言いたいのは、幸運が必要なのは確かだが（自分が特に幸運ではなかったというふりをするつもりはない）、幸運はある程度までは自分で引き寄せるものだということだ。外を歩き回り、一所懸命働き、自分とその周囲をよくしようと努力すれば、幸運を引き当てる可能性を大きく引き上げることができる。

　方程式の最後のピースはハードワークだ。私と同じチャンスを手に入れたプルーラルサイトの講座の製作者はたくさんいる。彼らがあまり働いていないなどと言うつもりはないが、私はライブラリにもっとも多くの講座を持つ製作者になることを積極的に選択した。何年にも渡り、夜遅くや週末も一所懸命働いて夢を引き寄せたのである。

　たとえ一生に1度の大きなチャンスでも、チャンスを手に入れただけでは不十分だ。そのチャンスを最大限に活用しなければ、チャンスは本当に意味のあるものにならない。

330

この話を締めくくる前に、妻と私がともに信じているものが、私たちの成功の非常に大きな要因になっていることに触れておきたい。あなたが信心深い人かどうかはわからない。私はこの本で自分の信仰を説いて、あなたにも信じさせようなどとは思っていない。この本はそういうものではない。しかし、妻と私がともにキリスト教徒で、信仰の一環として、収入の約 10% を寄付していることに触れなければ、正直な話にはならないだろう。

私たちが早期引退への旅に出発した頃から、私たちはすべての収入の10%を納めることに決めていた。実際には、このお金は、インドの孤児たちを支援するチャリティに送られている。初めて 10% の寄付をしたときには、その翌週に私たちが寄付に充てているのとちょうど同じ額だけ妻の給料が上がった。個人的には、私たちの成功のかなりの部分は、この 10% の寄付（今も続けている）のおかげだと思っている。

読者は信心深いタイプではないかもしれないが、これには論理的な説明を与えられると思っている。私は、お金にしがみつけばしがみつくほど、成功するために必要な賢い投資をするのが難しくなると思っている。10% の寄付のように収入の決まった割合を自発的にチャリティにまわすと、お金に対する考え方が変わる。考え方の変化は、主人からまわりに伝わる。

それはともかく、私の物語から刺激を受けていただけただろうか。少なくとも、早期引退は可能だということが伝わってくれればと思っている。私の物語を披露したいと思った理由のひとつは、私が早期引退を勝ち取るまでの過程で犯した過ちを見てもらうことである。今わかっている知識と経験があれば、私はもっと早く成功に到達できていたはずだ。おそらく、あなたは私の過ちから教訓を学び取って、そのような過ちを避けられるだろう。

第 6 部

やっぱり、体が大事

人間の身体は、その魂をもっともよく描き出している。
—ルードヴィッヒ・ヴィトゲンシュタイン

ソフトウェア開発者のために書かれた本にフィットネスの部があるのは奇妙に感じるかもしれないが、私は全然そうは思っていない。実際、この部を入れることは私の義務だと思っている。私は、身体の健康にまったく注意を払わなければ、もっとも優秀なプログラマーになれる人でもそうはなれないと思っているのだ。

私は、ずっと前からソフトウェア開発コミュニティには身体フィットネスの分野での教育と奨励が必要だと思っている。私が初めてプログラミングを始めた頃のソフトウェア開発者の典型的なイメージは、太縁メガネをかけ、鉛筆サックを持った社会性のない痩せこけた男というものだった。最近はこのイメージも変わったようだが、それは悪い方向にだ。今、多くの人々がソフトウェア開発者と言われてイメージするのは、首まで届く長いひげを生やし、汚れた木綿の白Tシャツを着て、ピザをくわえている太った男だ。

当然ながら、どちらのイメージも間違っている。世の中には、このようなステレオタイプにはまらない男女のソフトウェア開発者がたくさんいる。しかし、私からすると、古いイメージよりも新しいイメージの方がぞっとする。というのも、一部の開発者がまるで自分だと思うのではないかと感じてしまうからだ。

第6部の目標は、フィットネスの基礎を学び、ステレオタイプを破ってソフトウェア開発者だからといって健康になれないわけではないということを認識し、きりっとしたイケメンに（女性なら、目が覚めるほど

美しく）もなれるという自信をつかんでいただくことだ。あなたも身体を鍛えられるし健康になれる。しかし、すべてが始まるのは、教育と自分の可能性に対する信念からだ。

　読者は、私に食事、栄養、身体フィットネスについて語る資格があるのだろうかと疑問に思ってもいるだろう。私は栄養学の学位を持っているわけではないし、認定個人トレーナーでさえない。しかし、私には経験がある。私は16歳の頃からフィットネスと栄養について学んでいる。初めてボディビルのコンテストに参加したのは18歳のときだ。身体を丈夫にしたい、体重を減らしたい、筋肉をつけたいなど、フィットネスの様々な目標を持つ多くの人々（もちろん、ソフトウェア開発者も含まれる）を手助けし、コーチしたこともある。私はエキスパートではないが、この分野には幅広い知識があり、経験の裏付けもある。

　また、この部から外して付録に回してあるが、栄養学の基礎を扱うふたつの章も書いた。カロリーがどのように機能するか、身体がカロリーをどのように使うかを正確に知りたい読者は、まずそちらから読むといいだろう。

第 56 章

なぜ健康をハックする必要があるのか

> 身体フィットネスは、健康な身体にとってもっとも重要なもののひとつであるだけでなく、ダイナミックでクリエイティブな知的活動の基礎でもある。
>
> —ジョン・F・ケネディ

どうすれば身体を丈夫にしようという気持ちになってもらえるだろうか。そうだなあ……心臓病が世界の死因第 1 位で、次が脳卒中というときに、鍛えれば長生きできるよというのはどうか。それとも、エクササイズをすると、頭がよく動いてクリエイティブになることがわかっているよというのはどうだろうか。ダメ？ 確かにそういう答えは何度も聞いた。身体的にもっと魅力的になりたくない人がいるだろうか。私は魅力的になりたい。ウェイトトレーニングをして脂肪を落とせばもっと魅力的になれる。そしてほら、あれを増やすための選択肢が増える。あれだよ、あれ、子孫……。

現実を直視しよう。ほとんどのソフトウェア開発者は、デスクの前で非常に長い時間を過ごす。一日じゅう座っている。私たちの仕事は健康とは逆の方向に私たちを引っ張り込もうとする傾向があるのだ。だからこそ、ソフトウェア開発者が健康になる方法を学べば大きな利益が得られる。

この章では、身体を丈夫にすべき理由を深く考えてみよう。そして、明日や来週ではなく、今すぐ身体を鍛え始めるべきだと考えるようになっていただきたい。健康を手に入れれば、あなたはもっと優秀なソフトウェア開発者になれる。その理由を説明しよう。

自信

健康になりたいという実際の気持ちにアピールするのとは別のところからスタートしよう。私たちは誰もが健康になりたいと思っている。そして、ほとんどの人は、より健康になるために何をする必要があるかについて、少な

くとも何らかの考えを持っている。それでも私たちは、ついペパロニピザを口に運び、深夜にタコベルに走ってしまう。健康になるということだけでは、身体を鍛えるための動機としては弱い。少なくとも、直接的に生命の危機を感じるようにならない限り、そんな気にはならないだろう。ただし、このことについてはすぐあとで触れる。

そういうわけで、最初は健康な食事とエクササイズのもっとも重要なメリットのひとつである自信に注目する。自信はそれほど重要なものではないだろうと考える人も、「兄弟、俺はもう十分に自信に満ちているよ」という人もいるだろう。しかし、すでに自信は分けてあげたいくらいある人にも、自信の重要性を感じない人にも、自信をつけた方がいいし、つけられるだけつけた方がいいという理由を言おう。

カリフォルニア大学バークレー校のハース・スクール・オブ・ビジネスの研究者たちの研究によれば、自信は才能以上に成功を呼びこむという（http://haas.berkeley.edu/faculty/papers/anderson/status%20enhancement%20account%20of%20overconfidence.pdf）。同じような相関関係を示すほかの研究もある。

しかし、健康になればなぜ自信が得られるのだろうか。単純なことだ。健康だと自己イメージがよくなり、設定した目標を達成できるようになる。自信は外にも現れ、他者との対話ややり取りに投影される。そして、科学的根拠は少し劣る説明だが、いい感じに見えれば、いい感じになれる。

スリムなジーンズが似合い、シャツの腕の部分がすっと伸びれば、どんなに気持ちいいかを想像してみよう。自分は健康だと感じることができれば、行動様式が変わる。自分自身に対する見方が変わり、周囲の人々とその業績をどれくらい脅威に感じるかも変わる。そして、他人があなたをどのように見るか、どのように感じるかも変わってくる。

この本に書かれていることの多くは、外に出て行って、ある程度の自信が必要なことをしようということだ。自信について考えても自信を生むのは難しい。しかし、私がウェイトルームでトレーニングを指導した人や体重を下げる手伝いをした人は、ほとんど全員が突然、自分にあるとは思っていなかった自信を示すようになる。

脳のパワー

　エクササイズで賢くなるというのは本当だろうか。賢くなるかどうかはわからないが、スタンフォード大学の最近の研究によれば、ウォーキングは創造性を60%も伸ばすことができるという（http://psycnet.apa.org/psycinfo/2014-14435-001/）。この研究で、オペッツォ教授は、学生たちにある創造性テストを受けさせている。テストはものの使い方を考えるなどの創造力を測る活動から構成されている。

　学生たちは、最初はデスクに向かい、座ってテストを受ける。そのあとで、トレッドミルで歩きながら同じようなテストを受ける。ほぼすべての学生が、創造力の大幅な向上を示した。歩いてから座る学生にも同じテストを実施したが、結果はやはりウォーキングの効果を示した。

　これはどういうことだろうか。ウォーキングには、少なくとも脳のひとつの機能（創造力）に大きな効果を与える。しかし、私はもっと多くの機能にも影響を与えるのではないかと思う。

　個人的な経験からは、エクササイズをして健康になればなるほど、私は仕事のパフォーマンスが上がっているように思う。身体的にベストの状態になっているときには、集中力がかなり上がり、仕事がはかどることを感じる。私の「Get Up and CODE」ポッドキャスト（後述）では、ジョン・パパやミゲル・カストロなどの有名な開発者のゲストにインタビューしているが、彼らもやはり同じ経験をしていると言っている。

　実際のエクササイズや体脂肪率によって自分が賢くなり、集中できるように脳内で化学的変化や構造的変化が起きるのか、それともただ気分がいいので仕事に集中できるのかをはっきりと言うことはできない。でも、理由がどちらなのかは大切なことだろうか。

　いつも疲れていて仕事にやる気が出ないとか、ピークの力で仕事ができていない感じがするなら、食事を変えてエクササイズすれば、身体と頭の両方を甦らせることができるかもしれない。

恐怖心の除去

　すぐに恐怖心に訴えたりはしたくはないが、それでも肥満になっていたり全般的に不健康になっていると、本来なら防げる様々な病気にかかるリスク

第56章　なぜ健康をハックする必要があるのか　　**337**

を抱えることになる。

私は「Get Up and CODE」（http://getupandcode.com）という開発者向けのフィットネスについてのポッドキャストを製作している。このポッドキャストで多くの開発者たちにインタビューをした。彼らは、自信をつけたり脳のパワーを上げたりするためではなく、死に近づいていることを感じたために、何とか健康を取り戻した人々だ。

特によく覚えているのは、ミゲル・カストロの健康への道のりについての話だ。彼はもともと体重や健康のことなどにあまり注意を払わないソフトウェア開発者だったが、ある日、病院に担ぎ込まれるような恐怖を経験し、そこから生活習慣を非可逆的に一変させたのである。

ある日、ミゲルは車でデイケア施設から息子を連れて帰ってきていた。そして、突然左手にしびれを感じた。彼は、外が寒いからだろうとか、どこかに強く手をぶつけたからだろうと思い、無視した。

その日の夜、ミゲルは横になってうたた寝をした。ほとんどいつも夜遅くまで起きていたので、これは彼としては奇妙な行動だった。彼の妻は、この奇妙な行動について夫に尋ねた。彼は左半身全体がしびれたような感じだと答えた。妻は、彼を病院に連れていかなければと強く思った。脳卒中を起こしたのではないかと思ったのである。

病院に着くと、彼の血圧は190/140になっていた。これはよくない、まったくひどい数値だ。

結局、ミゲルは無事だった。大ごとにはならなかった。病院は彼を検査して翌日帰したが、それから1か月間、彼をモニタリングし、様々な検査を実施した。彼はこの経験ですっかり怖くなり、きっぱりと生活を切り替えた。

180日で33kgも体重を落としたのは、ワークアウトプログラム、特別な食事、ジム通いなどによるものではなく、精神状態によるものだとミゲルが言ったときのことははっきりと覚えている。このときの怖い経験から、彼は健康やフィットネスについて真剣に考えるようになった。ソフトウェア開発者として積んできたキャリアを投げ捨てて、ほかの人の健康目標達成を手伝い、励ますフィットネスコーチになったほどだ。

この話をしたのは、読者を怖がらせるためではない……いや、実際には怖がらせるためか。しかし、あなた自身の話ではなくミゲルの話から怖がっていただきたい。自分の話になったときには手遅れかもしれないのだ。ミゲルは、怖い思いをしたものの、大したことではなかったので幸運だった。しか

338

し、それほど幸運ではない人も多い。警告抜きでやってくることだってある。本気になる前に心臓発作で死んでしまったり、ほかの病気でひどい状態になることだってある。手遅れになることだってあるのだ。

　手遅れになるようなことがあってはならない。今すぐ本気になろう。健康問題を抱えるようになるまで健康に無頓着であってはならない。本書を買ったのは、健康になろうと思ったからではないだろう。あなたがもっといい職に就き、キャリアを積んでいくお役に立てればすばらしいし、私にとってもうれしいことだ。さらに、あなたが健康になり、子どもたちの成長を少しでも長く見守るためのお役にも立てれば、この本はもっと大きく成功したと思えるだろう。

やってみよう

□ 第6部をさらに読む前に、健康のためにいいことをしよう。あなたはすでに健康で、あとの章は復習に過ぎないかもしれない。しかし、もっと健康にならなければならないことがわかっている読者は、健康のことを真剣にとらえて生活を変えよう。第6部では、私が知っている限りの健康とフィットネスの情報をお伝えする。それでも、あなた自身が変えるための行動をしなければ、何の役にも立たない。

第 57 章

フィットネスの目標の設定

　何を目標にしてフィットネスに取り組むにしても、目標がなければ決して達成することはできない。自分が書いているコードが何をするはずのものかを知らなければならないのと同じように、汗をかき、腹をすかせて実現したい最終結果が何なのかを知る必要がある。そうでなければ、時間を無駄にするだけだ。

　この章では、フィットネスの旅のために、現実的で達成可能な目標をどのように設定するかを考える。より良い結果を得るために、短期的な目標と長期的な目標の両方を使う。そして、長期的な変化は、破滅的なダイエットや4時間のカーディオセッションではなく、全力で健康なライフスタイルを実践しなければ得られないことを示す。

　長時間に渡ってデスクに向かい、時には猛烈に働かなければならないソフトウェア開発者は一般に、健康なライフスタイルで過ごすことが普通の人よりも難しい。最初からハンデがある。だから、健康になるためには明確な基準を設定することが特に大切だ。

明確な目標を選ぶ

　「体を鍛える」ことを目標としてフィットネスルーチンやダイエットを始めるという話をよく耳にする。いいゴールのように聞こえるかもしれないが、これでは明確な基準がない。「体を鍛える」とはいったいどういう意味だろうか、「身体が鍛えられた」ときをどのようにして判断するのだろうか。

　具体的な成果のイメージが頭のなかにあろうがなかろうが、明確な目標がなければエクササイズと正しい食事を進めてもいい結果が得られないというのではない。明確な目標を持たなければ、どんなプログラムでも忠実に守るという意識が薄れ、現実的な変化が起きないということだ。

　フィットネスのために選べる目標は様々だ。しかし、同時にふたつの目標を立ててはならない。体重を落としたいのなら、筋肉をつけることは考えず、

体重を落とすことに集中しよう。ランニングによって心肺機能の健全性を高めたいなら、その過程で体重が少し落ちるかもしれないが、心肺機能のことだけを考えよう。

　同時に複数の目標を達成するのが非常に難しいのは、それらが互いに直接矛盾し合うことがよくあるからだ。たとえば、筋肉をつけるためにはカロリーを過剰摂取しなければならないのに対し、脂肪を落とすためにはカロリー不足にしなければならないので、同時に筋肉をつけて脂肪を落とすのはきわめて難しい。

フィットネスの目標として適切な例
- 体重（脂肪）を落とす。
- 筋肉をつける。
- 筋力を増強する（必ずしも筋肉をつけるのと同じではない）。
- 筋持久力を上げる（スポーツのパフォーマンス向上のために）。
- 心肺機能の健康向上。
- あるスポーツで上手になる。

マイルストーンを作る

　6年ほど前に、私は右の胸筋を肉離れしてしまったことがある。重いダンベルを使ってベンチプレスをしていたところ、補助をしようと人が来た。私は補助を受け入れたが、補助者が私の腕を上に引っ張るのではなく、外に広げるように引っ張ろうとしたので、すぐに後悔した。腕がぐにゃっとして私の身体の方に落ちてきたときの破裂音をはっきりと覚えている。筋肉が骨から完全に離れてしまったのだ。これは痛い。

　言うまでもないが、その事故のあと長い間ウェイトトレーニングをしなかった。ベンチプレスさえできなくなってしまったので、モチベーションがなくなってしまったのである。私はそのようなときにありがちなことをした。エクササイズを止めて太ったのである。

　ある時点では、体重が130kgほどになっていた。これは、私の身長、190.5cmの理想の体重から考えると40kgも重い。太ったという自己嫌悪を吹っ切り、ようやく我に返って40kgほど体重を落とさなければと思った。

　40kgも体重を落とすのはほとんど不可能な目標だと思った。40kgも体重

を落として再び丈夫な身体に戻るにはどうすればいいだろか。どれくらいの時間がかかるのか。40kg落とそうと思ってもどうしてもやる気が出なかった。大きな課題をもっと小さく見せる方法を考えなければならなかったのである。

　私はいいことを思いついた。2週間ごとに2.5kgずつ落とすという小さな目標を立てるのである。40kg落とすことは最終的な目標には違いないが、こうすれば40kgの方は気にしなくて済む。2週間の目標のことだけを考えればいい。体重計に乗って、2週間前よりも2.5kg軽くなっていればいいのだ。

　2週間を何度も繰り返さなければならなかったが、私は最終的に目標とした40kgの減量を達成し、お釣りが出た。その過程で小目標を達成できなかったことはただの1度もなかった。ポイントは、大きな目標を小さなマイルストーンに分割し、成功への道しるべとすることだ。

　フィットネスのメインの目標を決めたら、最終目的地に達するまでの過程に一連のマイルストーンを設置する方法を編み出そう。体重を落とそうとしている場合には、毎週、あるいは私のように2週間でどれだけの体重を落とすかを決めればいい。筋肉をつけようとしている場合には、同じような間隔で脂肪を除く体重をどれだけ増やすかを決める。

　節目の目標となるマイルストーンは、必ず到達可能なものにしよう。毎週4.5kgずつ減らそうとすると、目標に近い数字にさえならなくてすぐにやる気が失せてしまうだろう。ほとんど到達不能な目標を立てるくらいなら、簡単に達成できる甘いマイルストーンを設定した方がまだいい。成功した勢いが前進する力になり、最終目標を目指すモチベーションが上がるのである。

時間がない場合にはどうすればいいのか

　あなたはソフトウェア開発者なのできわめて多忙な場合があり、旅行にさえ長い間行っていないかもしれない。そのようなあなたがダイエットとエクササイズのための時間を見つけてフィットネスの目標を追求するにはどうすればいいのだろうか。この問題には簡単な答えはない。私ができる最大限のアドバイスは、フィットネスの優先順位を上げることだ。以前、私はランニングやウェイトトレーニングの予定に合わせてカレンダーに「会議」と書いていた。プランをきちんと実行するのが難しい場合には、同じことをするといいだろう。あなたの午前7時の会議が、実際はランニングだということなど、誰も知る必要のないことだ。

進歩の度合いを計測する

　目標を目指してするべきことをしたら、進歩を適切に計測する手段を用意することがとても大切だ。定期的に自分が正しい方向に向かっているかどうかを確認できるようにする必要がある。

　達成しようと努力している目標に向かってどれだけ前進したかを計測するための最良の方法を考えよう。体重を減らしたり増やしたりしようとしているときには、基本的な計測方法は体重計だ。筋力を上げたり筋肉を大きくしたりするには、どれくらいのウェイトを持ち上げられたか、そのウェイトを何回持ち上げられたかを記録して進歩を測ればいい。

　しかし、私はあまり計測し過ぎないようにしている。計測し過ぎるとあっという間に目標の大きさに圧倒されてしまう。私は、進歩を測るための方法を通常はひとつに絞り、ほかの計測方法はもっと長い間隔で使うようにしている。

　おそらく、もっとも一般的な計測方法は体重計だろう。しかし、何を食べたか、その時点で抱えている水の重量はどれくらいかによって、体重の計測値は大きく変動することがあるので、少し注意しなければならない。

　私なら、毎日体重を測っても、進歩のグラフの作成用には、週に１度の計測だけを使うことをお勧めする。私は、同じ日でも4.5kgもの体重変動を経験したことがある。体重計測を毎日１度ではなく週に１度にすれば、身体がしょっちゅう経験している体重変動の大きな波に飲み込まれる危険は下がるだろう。

健康的なライフスタイル

　フィットネスの目標を達成すると、最初はすばらしい気分になるが、そのすばらしい気分はあっという間に落ち込み、絶望に劣化し、結局元に戻ってしまうことがよくある。嘘ではない。私は、フィットネスの大きな目標を達成したあと、何度もこの落ち込みを吹き飛ばしてきた。実際、ダイエットして体重を落とした多くの人々は、最終的にまた体重を増やしてしまう。その理由の一部は空腹感を強めるホルモン（http://www.nejm.org/doi/full/10.1056/NEJMoa1105816）だが、もとの習慣に戻ってしまうことも大きな原因だ。

フィットネスの目標を達成しても、闘いは終わらない。実際のライフスタイルを変えなければ、達成した進歩はあっという間に失われる。ダイエットに永遠に頼っているわけにはいかないので、苦労して達成したフィットネスレベルを維持できるような生活の形を見つける必要がある。

フィットネスの目標を達成したあと、すぐに「通常の生活」に戻るのではなく、行っていたダイエットやエクササイズプログラムを徐々に緩めていくようにすることをお勧めする。目標達成のために行っていたことと以前行っていたことの中間のどこかに、「通常の生活」を作ることが目標だ。23kgの減量に成功したあとで大食いをすれば、もとの体重、あるいはもっとひどい状態にリバウンドするための近道である。

生活に健康的な習慣を組み込み、エクササイズや健康的な食事が生活の一部になるようにする方法を考え出さなければならない。これは、特に過激なダイエットやフィットネスプログラムを行っていた場合には容易なことではない。空腹を我慢して短期間で体重を落とした場合でも、ずっとやっていけるような水準より少し厳しいダイエットやエクササイズプログラムを組み込むように努力しよう。

このあとのいくつかの章では、そのために役立つツールを紹介する。体重を維持するために身体が必要とするカロリーはどれくらいかを知るための方法、健康的な食生活の方法、エクササイズの方法について話す。これらのことを知っていれば、フィットネスの目標の立て方がわかるだけでなく、目標達成後に継続できるルーチンに基づいて健康なライフスタイルを築く方法というもっと大切なこともわかるようになる。

やってみよう

☐ フィットネスの大目標を立てて書き出そう。

☐ 次に、その目標を達成するための現実的なマイルストーンを書き出そう。

☐ 最初のマイルストーンを達成するためにできることを考え出そう。

第 | 58 | 章

熱力学、カロリーと人間

　体重を減らしたり増やしたりしたいのなら、何によって体重のもとが作られたり、取り除かれたりするのかを理解する必要がある。しかし、驚いたことに、フィットネス産業では、体重の増減の直接的な要因は、食べたカロリーの数なのか燃やしたカロリーの数なのかについての大論争がある。

　そんなことは簡単に白黒をつけられそうな感じがする。つまり、体重の変化の原因となっているのはある程度まではカロリーだということだ。しかし、カロリーがどれくらいの影響を及ぼすかについての論争は、そう簡単には解決できない。

　この章で決定的な答えを出すことを約束はできないが、私が体重の増減のもっとも重要な要因をカロリーと見る考え方に味方しがちな理由ははっきりと説明しよう。また、カロリーとは何か、1日にどれくらいのカロリーを燃焼させているかはどうすればわかるかについても説明する。

カロリーとは何か

　カロリーが体重にどれくらい影響を及ぼすかを正確に知るためには、まずカロリーとは何かをはっきりさせておく必要がある。カロリーとは本当のところ何で、なぜこのようにカロリーについて気にしなければならないのだろうか。

　カロリーとは、基本的にエネルギーの計測値である。具体的には、カロリーとは、1kg の水の温度を摂氏1度分上げるために必要な熱量のことだ。[※1]

　あなたの身体の主要なエネルギー源は、あなたが食べる食事だ。食事がカロリーを単位として計測されるのはそのためである。消費するエネルギーの量もカロリーを単位として計測する。

　身体のなかに入ってきたカロリーは、使われるか蓄積されるかのどちらかだと考えて大体間違いない。一部のカロリーはただ無駄になるが、人体は非常に効率のよい機械である。

第 58 章　熱力学、カロリーと人間　　345

食事が異なれば、身体に入るカロリーの数値も異なる。カロリーは、食事の量によって決まるわけではない。ブロッコリーによって入ってくるカロリーは、同じ量のバターの塊によるカロリーよりもはるかに少ない。

　炭水化物、タンパク質、脂肪は、それぞれグラムあたり異なる数値のカロリーを供給する。そのため、ある食品は別の食品よりもカロリー密度が高い。炭水化物とタンパク質はグラムあたり約4カロリーになるのに対し、脂肪はグラムあたり約9カロリーになる。そして、繊維質は消化できないので、繊維源に含まれるカロリーは、基本的に差し引くことができることを覚えておこう。

体重を落とすのは単純なことだ

　カロリーがエネルギーを表すもので、身体がエネルギーを獲得できるのは食べたものだけなのだとすれば、体重を落とすための方法は簡単にわかる。燃やしているカロリーよりも食べるカロリーを減らせばいい。燃やすカロリーよりも食べるカロリーを減らせば体重が減るということに反対する人がいるとは考えられない。実際に燃焼させているカロリーがどれくらいかを正確に計算すれば、論争は終わる。

　1日に燃焼、または消費するカロリーの数値を確実に知ることはできないが、いい目安を得ることはできる。そして、合理的な範囲の誤差を認めれば、確実に体重を減らしたり増やしたりすることができる。ポイントは、いい目安だ。

　いい目安を得るための第1歩は、脂肪を減らすためにどれくらいのカロリーを消費しなければならないかを知ることである。この話は、あなたが減らしたいと思っているのは筋肉ではなく脂肪だということを前提として進めている。1ポンド（約0.45kg）の脂肪は、エネルギーに換算すると、約3,500カロリーに相当する。1ポンドの脂肪を減らしたいなら、食べたカロリーよりも3,500カロリー多く燃焼させなければならない。ごく単純なことだ(なお、これは男女双方に当てはまる)。

　しかし、実際には話はそれほど単純ではない。残念ながら、体重を減らすときには、脂肪だけを減らすわけではない。3,500カロリーのマイナスを作って体重を減らせるようにしたとしても、減る分はすべて脂肪ではない。筋肉も減ってしまう。

それはともかく、体重を減らすためには、身体に入るカロリーを燃焼させるカロリーよりも少なくする必要がある。カロリーをどれだけマイナスにできるかによって、どれくらい体重を減らせるかが決まる。つまり、体重を減らしたいなら、自分がどれだけのカロリーを身体に入れているかとどれだけのカロリーを燃焼させているかのふたつの値を知る必要があるということだ。

摂取しているカロリーはどれだけか

身体に入るカロリーがどれだけかの計算は、それほど難しくない。買ってくる食品のほとんどには、単位あたりのカロリー数が書かれているラベルが貼ってある。ラベルが貼られていない食品については、CalorieKing（http://www.calorieking.com/）のようなアプリで食品ごとのカロリー数を調べることができる。

実は、食品のラベルの表示は、必ずしも 100% 正確だとは限らない。ラベルの数値には 10% の誤差が含まれているものと考えるべきだ。レストランで食べるときには、もっと大きな誤差を見込む必要がある。シェフがあらゆるものを完璧に計測して食事を作っていると思ってはならない。料理に少しバターを足しただけで、カロリーの総量は大きく増える。

また、食事の内容が複雑になればなるほど、カロリー数を正確に計算するのは難しくなる。だから、私は自分がダイエットするときには、ごく単純な食事をするように努力している。また、カロリー数をいちいち調べなくても済むように、同じものを何度も食べるようにしている。

燃焼させているカロリーはどれだけか

どれだけのカロリーを燃焼させているかの計算は、取り込んでいるカロリーよりも計算が少し難しいが、いい目安を得ることはできる。

レースで走っていようが、長椅子で寝てようが、身体はカロリーを燃やしている。生命維持のためには、身体は一定量の燃料を必要とする。体重 1kg あたりのこのカロリーの基本量を基礎代謝率（BMR）、それに体重を掛けた値を基礎代謝量と言う。

おおよその基礎代謝量は、体重、身長、年齢、性別の組み合わせで計算できる。この計算によって得られた値は、ただ生命を維持するためにどれだけ

第58章 熱力学、カロリーと人間　**347**

のカロリーを燃焼するかを示す。そこで、1日に燃やすカロリー量を計算するための出発点として優れている。少なくともそれだけの量のカロリーを燃やしているということがわかる。

　基礎代謝量を簡単に計算するには、オンラインツールを使えばいい。「BMR calculator」をサーチするか、次のウェブサイト（http://www.bmi-calculator.net/bmr-calculator/）にあるものを試せばいい。たとえば、私は身長が6フィート3インチ（190.5cm）、体重が約235ポンド（106.6kg）で、年齢が34歳なので、私の基礎代謝量は1日2,251カロリーである。

　さて、私たちのほとんどは、1日じゅう何もしないで座っているわけではない。そのため、基礎代謝量は実際に燃焼させるカロリーの計測値にはならない。より正確な推計を手に入れるには、ハリス・ベネディクト方程式（**表58.1**参照）を使って、活動レベルに基づく燃焼カロリーの概数を計算する。

表58.1 ハリス・ベネディクト方程式

ほとんど身体を動かさない	基礎代謝量×1.2
軽いエクササイズ（毎週1日から3日）	基礎代謝量×1.375
ほどほどのエクササイズ（毎週3日から5日）	基礎代謝量×1.55
ハードなエクササイズ（毎週6日から7日）	基礎代謝量×1.725
非常にハードなエクササイズ（1日に2回）	基礎代謝量×1.9

　私は週に3回走り、週に3回ウェイトトレーニングをするので、ハリス・ベネディクト方程式で計算すると、毎日燃焼しているカロリーは、2,251 × 1.725=3,882カロリーとなる。しかし、体重を落としたいのなら、確実を期してランクをひとつ下げることにしている。1日に燃焼するカロリーの控え目な推計は、2,251 × 1.55=3,489カロリーとなる。

　あなたの統計値を使えば、あなたが毎日どれだけのカロリーを燃焼するかがわかる。しかし、実際に計算する前にどれくらいか推測し、実際の計算値とどれくらい近いかを比較してみよう。

目標達成のためのカロリー消費

　これでカロリーがどのように機能するのか、身体が消化するカロリーはどれだけかと、身体が燃焼するカロリーはおおよそどれだけかの計算方法がわかった。この情報を使えば、体重を増減させるための基本プランを作成でき

る。

　たとえば、体重を落としたいものとする。週に 1 ポンド、0.45kg ずつ減量するという目標を立てたとして、今知っている情報を使ってどのようなフィットネス、ダイエットプログラムを作れば、目標を達成できるだろうか。

　まず、毎日燃焼するカロリーから計算する。私がルーチンをまったく変えなければ、私は毎日 3,500 カロリーを燃焼する。1 日何も食べなければ、1 ポンド減量できる。その場合、私はかなり不機嫌になるだろう。

　1 週間で 1 ポンド落としたい場合、1 週間のカロリーのマイナスの合計を 3,500 カロリーほどにしなければならないことになる。3,500 を 7 で割ると 500 となる。つまり、1 日に約 500 カロリーずつマイナスにする必要がある。

　毎日 3,500 カロリーずつ燃焼するのなら、最大で 2,500 カロリーまで食べても、約 500 カロリーのマイナスになるはずだ。しかし、理屈ではそうなのだが、現実にはこれでは期待する結果は出ないだろう。

　数値から考えれば、1 週間に 1 ポンド減るはずなのに、そうならない理由は様々だ。たとえば、食品のカロリー計算を誤り、1 食 100 カロリーずつ低い値だと思ってしまうと、実際に摂取するカロリー数は、思っている値よりも 300 カロリーも多くなってしまう。逆に、見積りほどのワークアウトができておらず、カロリーの燃焼量が減ってしまう場合もある（一応、最初から低めに見積もってはいるが）。

　目標を確実に達成するためには、実際には摂取するカロリーを約 10%、すなわち 250 カロリー減らすようにしたい。すると、1 日に摂取するカロリーは、約 2,250 カロリーくらいにすべきだということになる。こうすれば、目標を達成できるという自信が持てる。

　自分の数値に合わせて同じような手順を使えば、体重を増減するためのプランを立てることができる。しかし、体重を減らしていくと基礎代謝量も減っていくので、体重を減らし続けたければ、摂取するカロリーをさらに減らすか、エクササイズを増やす必要があることに注意しなければならない。

※ 1　1kg ではなく 1g の水でカロリーを表す場合が多いが、本書では原著に倣い、1kg の水を単位としたカロリーで示す。

やってみよう

☐ 少なくとも3日間、自分が食べているカロリー数を追跡してみよう。すると、自分の基礎代謝がどれくらいかよくわかるはずだ。実際に測る前に、推測値を出して、最終的にどれくらい近かったかを見てみよう。

☐ 自分の基礎代謝量を計算し、さらにハリス・ベネディクト方程式を使って毎日どれくらいのカロリーを燃焼しているか、概算値を計算してみよう。そして、食べているカロリーの数値と比較しよう。あなたは体重が増える方向に進んでいるのだろうか、それとも、減る方向に進んでいるのだろうか。

☐ 以上の情報を使って、カロリーと活動量の範囲で、体重を増減するための基本プランを立ててみよう。

第 59 章

モチベーションを高める

　フィットネスの目標を達成するためにもっとも難しい部分は、実際に目標を設定することや目標の達成方法を明らかにすることではなく、目標達成のために必要なことをすることでさえない。目標達成のためにもっとも難しいのは、そのためのモチベーションを生み、維持することだ。

　あなたはソフトウェア開発者なのでおそらく忙しいだろう。気になるビルドを失敗させてしまったり、フィックスしなければならないバグが見つかったりする。ワークアウトを延期し、ダイエットを始めるのを先延ばしにする理由ならいつでもある。

　減量に成功したり、もっとも筋肉質なプログラマーになったり、あるいは単純に健康になったりすることに成功したければ、自分にモチベーションを与え、そのモチベーションを維持する方法を学ぶ必要がある。この章は、フィットネスプランについて考えるのを止め、実際に行動に移し、それを守るために必要なすべてのことを取り上げる。

何からモチベーションを得るか

　私たちはみな、異なる様々なものによってモチベーションを得ている。あなたのモチベーションになるものでも私のモチベーションにはならず、私のモチベーションになるものでもあなたのモチベーションにはならない。少し時間を割いて、自分のモチベーションがもっとも上がるのはどういうものかを考えることが大切だ。起きて1日を始めようという気持ちになるのは何か。逆に、逃げ出したり隠したりしたくなるものは何だろうか。

　フィットネスの目標を達成する上でもっともモチベーションが上がる要因を見つけたら、それを使って腰を上げ、動き出そう。たとえば、私があなたに店に行って何かを買ってきてくれと言っても、あなたはそんなことをする気にはならないだろう。しかし、1,000ドルをあげるから店に行ってきてくれと言えば、あなたは私が言い終わる前に車に乗り、店に向かってくれるか

第59章　モチベーションを高める　　**351**

もしれない。モチベーションを上げる適切なものがあれば、大きな違いが生まれる。

自分に対する早過ぎるご褒美

　モチベーションをなくしたければ、仕事を終える前に、仕事をしたことに対するご褒美を自分に与えてしまうという間違いを犯せばいい。

　つい先週のことだが、私は前払いをしてくれたクライアントのための仕事をした。クライアントは、私が実際に仕事をする前に、24時間分の仕事の対価を払ってくれた。普通、ひとつのクライアントから、1週間で請求書にして24時間分の仕事をもらえれば、とてもやる気になるのだが、このときはまったくやる気が出なかった。なぜだろうか。

　それは、私の銀行口座に大きな金額がすでに支払われていたからだ。実際に仕事をする前に報酬を貰っていたので、いつもほどやる気が出なかったのである。

　あなたにも同じことが起きる。私はそういう例をしょっちゅう見ている。新しいワークアウトプログラムを始めようというモチベーションを上げるために、多くの人が高価なランニングシューズや真新しいトレッドミルを買っている。新しい400ドルのミキサーを買えば、健康的な食事に対するモチベーションが上がるのではないかと思うかもしれない。しかし、起きるのは逆のことだ。すでにご褒美を買ってしまったので、モチベーションは消えてしまう。ご褒美を稼ぐ前に自分に与えてしまうと、自分のモチベーションを下げてしまうのである。

　そうではなくて、3か月コンスタントにランニングをしたら、ご褒美に新しいトレッドミルとランニングシューズを買おうと自分に言い聞かせるようにすべきだ。1週間ずっと健康的な食事ができたら、ホールフーズ・マーケットに出かけて健康食品を買おうと思うのである。必ず、褒美は苦労して獲得するものにしなければならない。そうすれば、ゴールに到達しようというモチベーションはずっと高くなる。

　実際には、この考え方には科学的な証拠がある。意志の力については、ケリー・マクゴニガルの『スタンフォードの自分を変える教室』（大和書房だいわ文庫、2015年[※1]）に面白いことが書いてある。この本では、目標を達成する前に自分に褒美を与えると、すでに目標を達成したような気分になって

しまうことを示す複数の研究が紹介されている。

モチベーションを維持するためのアイデア

　新しい今までよりも健康的な自分になる努力を始めるために、モチベーションが上がるすばらしいものをもう用意したかもしれないが、そのすばらしいものの効果はいずれ失われるかもしれない。いや、必ず失われると言って間違いない。私自身、数えきれないほど自分のモチベーションを失ってきた。ダイエットを始めたのに止めてしまった人と話をすると、同じ問題があることを聞かされるだろう。モチベーションを上げるためには、何かほかの方法を見つけ出さなければならなくなるのである。

　たとえば、自分がどのようなスタイルになりたいのかを思い出せるように、ありとあらゆる場所に目標となる人の写真を貼り出すのは、モチベーションを維持するための方法として優れている。そういう写真を見れば、脱線せずに目標に集中しようという気持ちになりやすいだろう。次にチョコケーキを見たときには、アーノルド・シュワルツェネッガーがあなたを正面からじっと見つめて「お前はそのケーキを食べるつもりなのか」と問い詰めてくるだろう。

　進歩をグラフ化してどこまでやってきたかを絶えず思い出せるようにするのも効果がある。今晩、私はこの本をもう書こうという気にはならなかったが、第59章まで来ていることを見て、続きを書こうという気になった。すでに非常に長い距離を歩いてきたということを確認するだけで、その道をもっと歩き続けようという気持ちになることがある。長い勝利の軌跡を止めてしまうのは誰でもいやなものだ。

　ゲーム化も、モチベーションを維持するための強力なテクニックである。ゲーム化の背後にある考え方はごく単純なものだ。やりたくないものを選び、それをゲームにしてしまうのである。ワークアウトや健康維持のための習慣をゲーム化するために役立つフィットネスアプリは、すでにかなりある。

ゲーム化アプリ
- Habitica（https://habitrpg.com/static/front）
- SUPERBETTER（https://www.superbetter.com/）
- FITOCRACY（https://www.fitocracy.com/）

• ZOMBIES, RUN!（https://www.zombiesrungame.com/）

　ウェイトトレーニングやランニングのパートナーを見つけてきたり、友人とともに新しいダイエットプログラムやチャレンジを始めるのもいい。話ができる相手がいて、いいものであれ悪いものであれ自分の経験を打ち明けることができれば、長い旅が楽しいものに見え、モチベーションを維持できる。私も、ウェイトトレーニングのパートナーがいるときには、安定したペースでジムに行けているのだ。

　モチベーションを維持するためのその他の方法を **表 59.1** に簡単にまとめよう。

表 59.1 プログラムをやり続けるためのモチベーション

オーディオブックを聞く	私は走ったりウェイトトレーニングをしたりするときに、いつもオーディオブックかポッドキャストを流している。毎日これを聞くのが楽しみになっている
トレッドミルでテレビを見る	トレッドミルにいるときだけテレビを見てもいいというルールを作ると、走ろうというモチベーションが上がるだろう
外に出る	アウトドアが好きな場合は、走るために外に出ればモチベーションが大きく上がる
子どもから離れる	息を抜いて自分自身のための時間を持つことは誰もが必要としていることだ。多くのジムが、ワークアウト中に子どもの面倒を見てくれるデイケア施設を備えている

とにかくやれ！

　いつもモチベーションを維持できればすばらしいことだが、モチベーションがあろうがなかろうが、歯を食いしばってプランにしがみつかなければならないときもある。取るべき行動を取るように自分を仕向けるための決定は、事前にしておくようにしよう。

　たとえば、朝起きて疲れを感じるときは、走るかどうかを決めるタイミングとしてあまりいいものではない。オフィスでただで食べられるドーナッツを見せられたときは、ダイエットのルールを守り抜くかどうかを決めるべきタイミングではない。将来のある決まった日が来るまでは、どう感じることがあっても、ルールを守り抜くと決めておくと、効果がある。

　ずっと前にプランを立てて生活の中からできる限り判断というものを取り除こう。毎日何を食べ、何をすべきかを正確に把握し、誤った判断を下す可

能性を減らして、モチベーションにあまり頼らないで済むようにすべきだ。

モチベーションが枯渇したときには、モチベーションの代わりに原則を使おう。疲れてきてランニングを終わりにしたくなってきたときに、私は、自分が大事にしている原則は最後まで踏ん張ることだということを思い出さなければならない。生活を規律する一連の原則を作り、状況が難しくなってきたときにはそれを堅持しよう。

生活を支える基準

- 必ず最後まで踏ん張る。
- 勝者は決して途中で止めず、止める者は決して勝利しない。
- 苦しみがなければ何も得られない。
- 時間は短い。人生で何かをしたければ、今すぐすることだ。
- これも必ず成功させる。
- 首尾一貫したプロセスは成功を生む。

やってみよう

- [ ] 身体を丈夫にしたり、健康を増進したりする理由をリストにまとめよう。そのリストから、もっとも大きなモチベーションになりそうなものを三つ選び出す。それら三つのモチベーションのもとを印刷し、毎日見られる場所数か所に貼り出そう。
- [ ] この章で触れたモチベーションを生むためのアイデアを選び、それを生活に組み込もう。おそらく、モチベーションを生んでくれる人の写真を探して見られる場所に貼り出すか、ワークアウトが楽しくなる新しいフィットネスアプリを探してくることになるだろう。
- [ ] フィットネスの最終目標までの旅の過程である特定のマイルストーンに到達する時に自分自身に与える褒美を選ぼう。目標までの進行状況をグラフにまとめ、到達したときには、自分にご褒美を与えよう。
- [ ] 努力してきたことを止めたくなったときには、立ち止まって、あきらめないでいたら、3か月後、あるいは1年後にどう感じるかを自問自答してみよう。時間はどちらからでもやってくる。

※1　Kelly McGonigal, "Willpower Instinct," Avery, 2011

第59章　モチベーションを高める　**355**

第 60 章

筋肉のつけ方：オタクでも膨らむ上腕二頭筋

　ちょっとそこのあなた、そうあなたのことだ。筋肉をつけたくはないか。本当に？　よろしい。私がお手伝いしよう。違法物質は不要だ。筋力トレーニングの基礎を学ぶだけでいい。

　この章では、筋肉のつけ方を話す。やる気があれば難しいことではない。どうすれば筋肉が成長するかを説明し、自分の身体の筋肉に刺激を与える方法を示す。また、ダイエットの話題に少し戻り、どのようなものを食べれば最大限の前進が得られるかを示そう。

　コンピューターオタク……もといコンピュータープロフェッショナルが筋肉をつけると大きなメリットがある。スタイルがよくなりいい気分になるだけではなく、この職業の多くの人々に与えられたステレオタイプを破ることができる。ユニークな分、キャリアを伸ばすために役立つ場合もある。

　あなたが女性なら、あまりごつい身体になりたくはないだろう。私でも、女性がインクレディブル・ハルクのようになってもあまり魅力的ではないと思う。しかし、心配はいらない。ウェイトトレーニングをしたからといって、余分なテストステロンがなければ、ごつい身体になってしまうわけではない。

　あなたが男であれ女であれ、この章で説明することはあなたに当てはまる。男女でウェイトトレーニングの方法を変える必要はない。あなたが女性なら、ウェイトトレーニングは、容姿にアクセントを与え、体格をよくする。ごつく見えるところまで達するのはきわめて難しい。女性には、ごつくなるための化学ホルモンがないのだ。だから心配せずにウェイトトレーニングをしよう。そしてスクワットも忘れずに！

筋肉はどのようにして成長するか

　人間の身体は驚くほど順応性が高い。手で硬いものをつかむと、手の皮は自分を守るために硬化する。長距離を走ると、走りやすくなるように心肺機能が適応してくる。重いものを持ち上げれば、身体は筋肉を増強させる。

ポイントは、身体が非常に効率よくできていることだ。身体は、持ち主が筋肉質に見えるようにしたいからといって筋肉を成長させたりはしない。ヘラクレスのようになりたいと思って毎日鏡に全身を映しても、実際にウェイトトレーニングをしなければ何も起きない。

　ウェイトトレーニングをしたとしても、ウェイトが十分重くなければ、つまり身体にとって十分な負荷になっていなければ、やはり筋肉は成長する理由がないので成長しない。筋肉が成長してきたら、それに反応するような形で負荷を上げていき、筋肉にだんだん大きな過負荷を与えることが大切だ。もっと大きな筋肉が必要だということを身体に納得させなければ、身体は筋肉を作らない。

　筋肉を成長させるのは、筋肉が過負荷に対して適応する様々な方法のひとつに過ぎない。筋肉は、強度や筋持久力を上げるという方法を取ることもできる。筋肉の成長を最適化したいなら、筋肉に適切な種類のストレスを与えなければならない。

ウェイトトレーニングの基礎

　ウェイトトレーニングというと、ちょっと威圧感があって始めにくいかもしれない。エクササイズにはありとあらゆる種類があり、どれをすべきかなかなかわからないかもしれない。しかし、基本はごく簡単なことである。

　通常、ワークアウトは、種類の異なるエクササイズ（種目）に分割される。エクササイズごとに数セット実施し、個々のセットに反復動作、すなわちレップが含まれる。

　エクササイズは種目のことであり、特に説明しなくてもいいだろう。セットは、エクササイズのひとつながりのセッションである。レップは、エクササイズの1回分のサイクルである。

　一般に、エクササイズのレップを数回繰り返してから休憩を取る。このレップのつながり全体をセットと呼ぶ。個々のエクササイズについて、セットを数回繰り返す。具体例を見てみよう。

　スクワットというリフトのエクササイズを行うものとする。スクワットとは、スタンディングポジションからスクワットポジション（上半身を起こしてしゃがんだ状態）に移行することだ。目標は、10レップのセットを3セット行うことだとする。これは、10回スクワットをして休みを入れることを3回繰り返すことである。

第60章　筋肉のつけ方：オタクでも 膨らむ上腕二頭筋　　**357**

目標が異なる筋トレの方法

　筋肉が様々な形で負荷に反応すると言ったことを思い出していただきたい。筋肉がどのような反応をするかは、どのようにウェイトを持ち上げるかによって決まる。レップとセットの意味がわかったので、異なる目標を達成する方法を具体的に説明しよう。

筋力向上

　レップを少なくしてセット間の休憩をしっかり取ると、筋肉は筋力を強化することによって対応しようとする。当然ながら、筋力を上げようとすれば、筋肉自体も大きくなるが、同じサイズの筋肉でも筋力には大きな差が生まれる。筋力を上げたからといって、必ずしも筋肉のサイズが大きくなるというわけではない。少なくとも、ほかのトレーニング方法で大きくできるほどには大きくならない。

　一般に、筋力を上げるのが目標なら、レップを1から6の範囲にする。しかし、レップを制限しただけでは不十分だ。そのレップの範囲でできる限り重いウェイトを持ち上げるようにする。4レップを目標とする場合、そのウェイトでは5度目は持ち上がらないようにする。

筋肉のサイズ

　次に考えられる目標は、筋肉のサイズを上げることで、おそらくもっとも一般的な目標だろう。筋肉のサイズの成長は、肥大と呼ばれる。レップを多くも少なくもない中間的な範囲にして、ほどほどの休憩時間を挟むと、筋肉は大きくなる。筋肉肥大の効果をもっとも上げたい場合には、レップは8から12の範囲にする。この場合も、レップの回数だけ持ち上げられるウェイトのなかでもっとも重いものを持ち上げる。レップの範囲が大きくなると、筋肉が動かなくなるまでにかなりの燃焼を感じるだろう。痛みなくして得るものなしということである。

筋持久力

　最後は、筋持久力を増強したい場合だ。その方法は大体見当がつくだろう。レップをさらに増やすのである。レップを増やし、休憩時間を短くすると、筋肉は筋持久力を上げるという形で反応する。これは、負荷がかかっても身

体がそれほど簡単に疲れてしまわないようになるということだ。

筋持久力増強の効果を出すためには、レップを13以上にしたい。20レップ以上にすると、筋持久力が上がる。しかし、注意しなければならないのは、筋持久力を上げようとしているときには、サイズはあまり大きくならないことだ。短距離ランナーと長距離ランナーの違いを考えれば、どういうことかイメージがわくだろう。

さあ、始めよう

あなたはきっと、どのような種類のトレーニングをすべきか、どのようにして始めたらいいのかが気になりだしているだろう。フィットネス雑誌や達人と呼ばれる人々が言うほど複雑なものではない。最小限の時間で最大限の効果が得られる基本的なトレーニングがあるのだ。

まず、週のなかでルーチンをどのように割り振るかから始めよう。私は、週3日のワークアウトルーチンがとても気に入っているが、あなたの希望に応じて、これから説明する基本プランに修正を加えて頻度を上げてエクササイズしてもいいだろう。

始めたばかりのときには、おそらく、全身を対象としてトレーニングすべきだ。ただし、最終的には、決められた日に決められた部位を鍛えるよう、トレーニングを分割しなければならなくなる（身体が負荷に反応し続けるようにするために、ワークの量を増やす必要がある）。

私は、エクササイズをプッシュ、プル、レッグという三つのカテゴリに分類している。プッシュエクササイズは、ウェイトを押して身体から引き離す。この種のエクササイズは、胸（胸筋）、肩（三角筋）、三頭筋を使う。プルエクササイズは、ウェイトを身体に引き寄せるもので、背筋や二頭筋を使う。最後に、レッグはもちろんレッグ、足を鍛える。

最初のうちは、プッシュ、プル、レッグをすべて同じ日に行いたい。部位ごとにひとつのエクササイズを行う（エクササイズの内容についてはすぐあとで説明する）。初めてウェイトトレーニングをしたときには、身体が非常に痛くなる。この痛みは、遅発性筋肉痛（DOMS）と呼ばれるもので、翌日に現れ、通常は一週間ほど続く。しかし、気にする必要はない。続けているうちに痛みは取れていき、痛みが出る頻度も減っていく。

2、3週間ほど全身ワークアウトを行ったら、ワークアウトを分割できる。上

第60章　筋肉のつけ方：オタクでも 膨らむ上腕二頭筋　**359**

半身と下半身に分ける2分割とプッシュ、プル、レッグに分ける3分割がある。具体例を**表60.1**に示そう。

表60.1 ワークアウトの具体例

	月	火	水	木	金	土	日
初心者	プッシュ、プル、レッグ		プッシュ、プル、レッグ		プッシュ、プル、レッグ		
中級者	上半身		下半身		上半身		
中上級者	プッシュ		プル		レッグ		

どのようなトレーニングをすべきか

　基本プランが用意でき、目標の達成方法もわかったので、次はどのような種類のトレーニングをすべきかを知る必要がある。この節では、私が身体の個々の部位のためにできる最良の総合的エクササイズと思っているものを紹介する。本書では、個々のエクササイズのやり方を詳しく説明しないが、私がもっとも気に入っているフィットネスサイト、BodyBuilding.com（http://www.bodybuilding.com/）には画像、ビデオ、ていねいな説明が含まれている。

　一般に、優れたエクササイズを選ぶには、できる限り複合的な運動をするようにするといい。複合的な運動とは、複数の関節が関わる運動のことである。関わっている関節が多ければ多いほど、動く筋肉も増えるので、1度のエクササイズでより大きな効果が得られる。

　また、最初は1、2セットというような少ないセット数で始めるようにしたい。そして次第に増やしてエクササイズあたり3〜5セットにする。一般に、私はワークアウトが全体で20〜25セットになるようにしている。そうすると、1時間くらいかかる。それ以上にやっても必ずしもメリットはない。

最良の総合的なエクササイズ

　できるエクササイズはほかにも多数あり、それらの変種もある。ここに示すのは、私が自分や他人のために作るルーチンにほぼ必ず追加する基本的な種目である。あなたは、これらのエクササイズからベストなものを選んでかまわない。

プッシュ

胸筋

- ベンチプレス—胸筋の主なエクササイズのひとつである。このエクササイズは、筋肉の異なる部分をターゲットとするためにデクライン、インクラインポジションですることもできる。
- ダンベルフライ—胸を大きくするために非常に役立つ、胸筋の優れたエクササイズである。

三頭筋

- オーバーヘッドトライセップエクステンション—私は座ってするようにしている。三頭筋のエクササイズ全体のなかでも特に優れているもののひとつだと思う。三頭筋全体を鍛え、腕を太くするために非常に役立つ。
- ケーブルプッシュダウン—三頭筋というよりも三頭筋の外側頭をターゲットとしたエクササイズで、すばらしい馬蹄型が得られる。

肩

- ミリタリープレス—立って行えば、腹部も鍛えることができる。ただし、このエクササイズには注意が必要だ。まず軽いウェイトで始め、正しいエクササイズの方法を学ぶようにしたい。全体として、肩のエクササイズとしては最高のもののひとつであり、優れた複合的な運動になっている。
- サイドラテラルレイズ—肥大させるのが難しい肩の側面を鍛えるエクササイズ。複合的な運動ではないが、強くお勧めする。

プル

背筋

- ワンアームダンベルロウ—かなり苦しい（少なくとも私にとっては）エクササイズだが、ほかのどのエクササイズよりも背筋を肥大させる。効果を最大にするために、片手ずつで行うようにする。
- 懸垂—背筋を鍛え、大きな広背筋を作るための基本エクササイズである。広背筋とは、背中の左右にある逆三角形の筋肉で、鍛えると翼を持っているように見える。自力で懸垂ができない場合は、自力で懸垂できるようになるまで、補助してくれるマシンを探すようにしよう。

第60章　筋肉のつけ方：オタクでも 膨らむ上腕二頭筋　　**361**

二頭筋

- オルタネーティングダンベルカール―二頭筋を鍛えるもっとも優れたエクササイズのひとつ。ほかの背筋エクササイズをしている場合には、それで二頭筋も鍛えられるので、あとはこのエクササイズをするだけでいい。とかく身体に反動をつけてチーティング（ずる）しがちだが、そうしないように注意する。

レッグ

- スクワット―ウェイトトレーニングの王者というべきエクササイズである。スクワットをやり終えたとき以上に気分のいいものはない。足のほぼすべての筋肉を活性化させ、身体の芯にも効果がある。正しい方法を学び、決して避けてはならない。
- デッドリフト―優れたエクササイズだが、学ぶのが少し難しい。気楽に考えて少しずつウェイトを上げていけばいい。このエクササイズは、ある程度まで身体全体を鍛えられるが、非常に骨が折れる。5レップを越えないようにすることをお勧めする。しかし、ぜひとも時間を作って、正しい方法を学ぶべきだ。正しい方法でしなければ腰を痛める場合がある。このエクササイズは、主としてハムストリングと腰を鍛える。
- カーフレイズ―ふくらはぎのエクササイズをどのようにするかはそれほど重要ではないが、必ず何らかのエクササイズをするようにしよう。身体は立派なのにふくらはぎは細いようだと奇妙な感じになってしまう。

　ごく一部のエクササイズだけを選ばなければならないとすれば、お勧めのものはいいものから順に、スクワット、デッドリフト、ベンチプレス、ミリタリープレスである。これらのエクササイズだけでも、はっきりと筋肉が肥大する。

　腹筋はどうだろうか。コラムで触れた基本トレーニングをしている限り、腹筋を直接鍛えることについては考える必要はない。スクワット、デッドリフト、ミリタリープレス（スタンディング）は、エクササイズのために自分を安定させようとするときに芯の部分を鍛える。必ず個々のエクササイズのやり方を調べて正しいやり方を学ぶようにしていただきたい。また、必ず軽めのウェイトから始めて少しずつ重くしていこう。

何を食べるべきか

　適切な食事をしなければ、ウェイトトレーニングでがんばっても何の効果も得られない場合がある。幸い、正しい食事は難しいことではない。カロリーを余分めに摂り、十分なタンパク質を食べることに注意する必要がある。

　体重のなかの脂肪を除く部分 1 ポンド（0.45kg）あたり 1〜1.5g のタンパク質を食べることをお勧めする。たとえば、体重が 200 ポンド（90kg）で体脂肪率が約 20% なら、脂肪以外の体重は 160 ポンド（72kg）なので、筋肉の増強のために十分な量を確保するために、少なくとも 160g のタンパク質を食べるようにすべきである。

　食べたカロリーの大半が筋肉を作るために使われ、脂肪を増やすために使われないように、健康的な食品を食べるようにしよう。しかし、脂肪が増えるのは避けられないことも知っていなければならない。筋肉をつけるときには、それに伴って脂肪も少し増える。これはそういうものなのだ。

　サプリメントということでは、何もいらない。ワークアウト直後にプロテインシェークがあれば役に立つ。クレアチンも好きなら試していい。私が実際に効果を感じたサプリメントは、クレアチンだけだ。クレアチンを使うと、少し重いウェイトを使えるようになり、筋肉が立派になる。最後に、筋肉を作り、修復するために十分な BCAA（分岐鎖アミノ酸）を供給するために、BCAA を摂取してもいい。しかし、繰り返しになるが、こういったものは一切不要であり、これら以外のすべてのものはほぼ確実に暴利をむさぼるものだ。

やってみよう

- □ ジムの会員になり、自分で個人用トレーニングプランを準備しよう。しっくりこない感じなら、最初の数週間は個人トレーナーを雇えばいい。しかし、今すぐ何かをしよう。待っていてはならない。
- □ http://www.bodybuilding.com/ に行き、この章で取り上げたエクササイズについて調べよう。ビデオを見て、エクササイズのやり方を学ぼう。そして、ウェイトなしで動きを練習しよう。

第 60 章　筋肉のつけ方：オタクでも 膨らむ上腕二頭筋　　**363**

第 61 章

ハッシュテーブル型腹筋のつけ方

　誰もが答えを知りたがっているフィットネスに関する疑問がひとつある。「どうすれば六つに割れた腹筋が手に入るか」だ。腹筋は典型的な体力と肉体的な魅力の指標のようになっている。腹筋があれば、通常の人間関係のオキテに縛られない特別なクラブの一員になれる。

　しかし、どうすれば腹筋をつけられるのだろうか。水着モデル、ハリウッドセレブ、古代ローマの彫像などのために予約されているフィットネスの一段高い地平に上るためにはどうすればいいのか。それは簡単なことではないが、驚くべきことに腹筋運動は答えとはほとんど無関係である。この章では、カーテンを開け、シャツを腕まくりして、あなたが夢見る美しい腹を手に入れるための方法を説明しよう。

腹筋は台所で作られる

　良い話と悪い話がある。良い話は、あの苦しい腹筋運動を止めていいということだ。腹筋運動では、腹筋を作る効果は得られない。悪い話というのは、腹筋を手に入れるためには、腹筋運動よりも無限に難しいことをしなければならないことである。節制して、体脂肪を非常に低い値まで落とさなければならないのだ。

　ほとんどの人々は、腹筋を繰り返し動かすことによって腹筋を作るのだと思っている。ほかの筋肉と同様に、次第に負荷を大きくしながら鍛えていけば、腹筋のサイズも増やせるのは間違いないが、ほとんどの人に腹筋らしい腹筋がないのは、腹筋の大きさが足りないからではなく、腹筋が見えないからなのだ。

　腹筋、レッグリフトその他の腹筋を鍛えるエクササイズをしたければすればいいのだが、体脂肪を大きく落とさない限り、腹筋は見えてこない。しかし、ウェイトトレーニングをしているほとんどの人は、直接的な腹筋運動をしなくても見事な腹筋を持っている。私もほとんど自分の腹筋を直接鍛えた

364

ことはない。問題は、腹部、特に男性の腹部は、脂肪の主要な貯蔵領域になっていることである。

遺伝的に恵まれていて、腹部にあまり脂肪が蓄積されないというのでもない限り、腹筋がかすかに見えるというだけの状態にするだけでも、体脂肪を非常に少なくしなければならないだろう。仮にそうでないとしても、私たちのウェイトトレーニングについての知識から考えるなら、普通の腹筋運動では筋肉肥大を起こすほどの抵抗がないため、腹部の筋持久力が上がるだけだ。

六つに割れた腹筋を手に入れたければ、スタート地点は台所だ。体重の落とし方についてはすでにかなり説明したが、5～10kg もオーバーウェイトになっているときに体重を落とすためにしなければならないことと、すでに健全な状態になっているときに脂肪を落とすためにしなければならないこととでは、大きな違いがある。

すでに体重がまともな状態になっていなければ、腹筋をつけることについて考えることさえできないのだ。しかし、今までの章のアドバイスに従えば、出発点にたどり着くのはそれほど難しいことではない。ただ時間がかかるだけだ。しかし、体脂肪が平均的な水準に達してからさらに体脂肪を落とすためには、厳格な規律が必要であり、おそらくかなりの犠牲を払わなければならない。

身体は腹筋をつけることを求めていない

見事な腹筋を持つフィットネスモデルの写真を見ると、私たちは「この人はすごいな」と思う。それに対し、私たちの身体は、ちょっと違うことを考える。身体が自分の心を持っていて、考えていることをしゃべれるとしたら、その反応は私たちとは大きく異なるものになるだろう。「げげっ！ この人は死にかけているぞ。飢えて死にそうなんだ。なんでこの人の身体はこの人を守ろうとしないんだろう？」

身体は非常に複雑な機械であって、水着を着たときのあなたがかっこよく見えるかどうかなど気にしていられないことを理解しなければならない。身体の主要な関心事は、あなたを生かし続けることに集中している。身体からすれば、腹筋が割れて見えるのは由々しき事態なのだ。腹筋が見えているということは、あと数週間で飢えのために死ぬという意味なのである。明日たくさんのものを食べる自信があなたにあっても、あなたの身体は長期的な災

第61章　ハッシュテーブル型腹筋のつけ方　**365**

難に備えておこうとするのだ。身体が脂肪を溜め込むのはそのためである。万一に備えて、脂肪を残しておきたがるのだ。

あなたを生かし続けるというこのひとりよがりな目標のために、身体はありとあらゆることを行って、脂肪の削減を妨害する。あなたが脂肪を減らすと、筋肉も少し落ちる。これはどうしようもないことだ。あなたの体脂肪率がすでに低い場合、あなたの身体は、あなたの脂肪を落とす努力を挫くという邪悪な意図のもと、筋肉の消費のペースを上げるのである。身体は、カロリーとして燃やすためにいつもよりも多くの筋肉を火にくべ、身体にとって大切な脂肪の貯蔵を守る。

考えてみれば、これは完全に合理的なことだ。筋肉は、維持のために毎日一定量のカロリーを必要とする。ついている筋肉が増えれば増えるほど、燃やすカロリーの量も増える。だから、カロリーの貯蔵が減って、あなたが飢えによって自殺しようとしているかのように見えると、身体は筋肉をカロリーとして利用することによって、追加のエネルギーを獲得するとともに、必要なエネルギー量を減らすという一石二鳥の効果を得るのである。

身体は、筋肉を削って水着が似合う身体に変身するというあなたの意図を挫くだけではなく、グレリンを増やし、レプチンを減らすという邪悪なことも行う。グレリンは空腹感を生むホルモン、レプチンは満腹感を生むホルモンである。そのため、脂肪を減らせば減らすほど、あなたは空腹になり、満腹を感じにくくなる。

ここで詳細には立ち入らないが、どういうことか要点はつかんでいただけただろう。体脂肪が一定の水準以下になると、身体はあなたを生かし続けるというばかげた目的のために、余分な防御策を総動員し始めるのである。

身体の反応にどう対処したらいいのか

残念ながら、この問題に特効薬はない。体脂肪を極端なところまで落とすプロのボディビルダーたちは、ステロイドなどの薬物を摂取して対処しているが、それは危険で有害なので、あなたは手を出すべきではないだろう。一部のプロボディビルダーやフィットネスモデルが体脂肪を落とすために使っている極端な薬物に興味がある読者は、Google で DNP をサーチしてみていただきたい。このきわめて毒性の高い化学物質は、ミトコンドリアを脱共役し、小学校で習った ATP サイクルを止め、身体全体を有毒なかまどに変え

る（免責条項の時間だ。体脂肪を落としたり筋肉をつけたりするために DNP、タンパク同化ステロイド、その他の違法物質を使わないように。そのようなことをしても意味がないし、死ぬ可能性さえある）。

　しかし、ミトコンドリアを脱共役するようなことはしたくないごく平均的な人はどうすればいいのだろうか。ダイエットのルールを厳格に守り、それを長期間続けることだ。腹筋が見える程度まで体脂肪を落としたければ、カロリーを丁寧に計算し、体重の落とし方を急激過ぎたりゆっくり過ぎたりしないようにしなければならない。そのためには、特に強くなる空腹感を処理するために規律が必要になるが、やればできることだ。

　ダイエットを忠実に守ってズルして食事をしないようにするだけでなく、まるで本当に筋肉をつけようとしているかのようにウェイトトレーニングも忘れずにする必要がある。負荷の高いウェイトトレーニングを続ければ、体重を落としつつ、筋肉の燃焼をかなりの程度まで抑えられる。しかし、カロリー制限食を食べながらウェイトトレーニングを続けるのは難しいかもしれない。ウェイトトレーニングを続けると、まだ筋肉を残しておかなければならないことを身体に知らせることができる。

　体脂肪を落とすためには、HIIT トレーニングと呼ばれているものを試してみるのもいいかもしれない。HIIT は、非常に短時間で高強度に行う有酸素運動だ。上り坂をダッシュしたり、1、2 分間できる限り速く走ったりする。この種の有酸素運動は、長距離走のような通常の有酸素運動よりも、筋肉を維持しながら脂肪を燃焼できることがわかっている。

　しかし、いずれにしても、六つに割れた腹筋を作りたければ、厳格な規律が必要になる。文字通り、死の脅威とバトルしている身体と戦わなければならない。

やってみよう

□ インターネットでサーチをして、様々な体脂肪率の人の写真を見つけてみよう。六つに割れた筋肉が見えるようにするために、体脂肪率をどれくらいまで下げなければならないかがわかるだろうか。この数字は、男女で大きく異なる。

第 61 章　ハッシュテーブル型腹筋のつけ方　**367**

第 62 章

ランニングプログラムの実行法

　体重を軽くしたい、あるいは、心肺機能を高めたいといった様々な理由で、読者はランニングに興味があるかもしれない。私が言うと意外に思われるかもしれないが、正直に伝えておこう。私はランニングが嫌いだ。好きになろうと努力はしてきた。トレッドミルの残り時間を数えていたり、スマホを見てあと何マイルかを確かめたりするたびに、今は楽しいことをしているんだぞと自分に言い聞かせてきたが、正直に言うと、私はランニングが好きではない。

　それでも、私はランニングしている。約5年前から、週に3回、4.8km（3マイル）ずつ規則的に走っている。嫌いなことでも規則的にしているので、今やルーチンになっている。しかし、最初は大変だった。走ったことがなければ、3マイルのジョギングのためにドアに向かうことがまずできない。いや、あなたならできるかもしれないが、私がランニングを始めたときには、1区画分すら走れなかった。

　この章では、ランニングを始めた方がいいのはなぜか、ランニングは身体にどのような影響を与えるか、どのようにしてランニングを始めたらいいのかを説明していく。

なぜ走るべきか

　私は、実際にはランニングが嫌いなので、見方が古臭かったとしてもどうか許してほしい。しかし、私のようにランニングにあまり熱心になれなくても、ランニングのメリットは無視できない。

　私が走り、多くの人々が走っている大きな理由のひとつは、心肺機能の健康である。当然ながら、ランニングは心臓を強化し、肺活量を増やすための唯一の方法ではないが、もっとも簡単な方法のひとつである。どこにいても、外に出て走るだけなら簡単だ。

　同じような考え方だが、ランニングは余分なカロリーを燃やすための方法

としてもちょうどいい。体重を軽くすることができるのはランニングだけではない。むしろ、体重を軽くするためには、カロリー制限に力を集中させるべきだ。しかし、ランニングは体重に影響を与えることができる。ランニングには食欲の抑制効果があることが明らかになっているので、お腹がすいたときに走りに行けば、体重減少の目標に二重に近づくことができる。

走っている間はあまりランニングを楽しめていないが、走ったあとは爽快な気分になる。これは私が実際に感じていることだが、複数の研究が一般にランニングは走った人を幸せな気分にするという見方を支持している（たとえば、http://news.utexas.edu/2006/01/17/education）。ランニングは、軽い鬱の優れた自然療法であり、自分に対して肯定的な気持ちになれる。ランナーズハイのことを聞いたことがあれば、ランニングによって化学的にも気分が上がることもご存知だろう。もっとも、私はランニングが好きではないせいか、この効果が出てくるほど長距離を走ることはあまりないが。

膝やその他の関節が強化される、骨量が増える、ガンのリスクが下がる、寿命が長くなる可能性があるなど、ほかにもメリットはたくさんある（これらのメリットには、証明しやすいものとそうでないものが含まれている）。

ランニングを始めるには

今まで長距離走というものをまったくしたことがなければ、数マイルを走るなんてとても無理だと思うかもしれない。しかし、ほとんど誰もが、マラソンを含めてかなり長距離を走れるところまで達することができる。

長距離を走れるようになるためのポイントは、時間とともに走る距離を増やしていけるようなスケジュールを組むことだ。マラソンには、30週間ほどで、単に4.8kmほど走れるというだけの状態からフルマラソンの42.195kmを走れる状態まで力を引き上げられる標準的なスケジュールがいくつか作られている。

しかし、マラソンを走ることを考える前に、3マイル、5km弱を走れるようになる必要がある。これはいい出発点であり、この状態に到達したら、様々な5kmレースに参加して、もっと大きな目標のためにトレーニングしていくかどうかも考えられる。

数年間のブランクをはさんで再び走り始めたとき、私は最近人気を集めるようになってきたCouch-to-5Kというランニングプログラムを使った。オリ

第62章　ランニングプログラムの実行法　**369**

ジナルの Couch-to-5K プログラムは、クールランニングというグループ（http://www.coolrunning.com/engine/2/2_3/181.shtml）が作ったものである。

このプログラムの考え方は単純だ。毎週走る距離を少しずつ増やしていくのである。最初はごく短時間歩いたり走ったりするというところから始め、最終的には 5km を走れるようにする（負荷の上げ方はいつもなだらかだとは限らない）。

このプログラムですばらしいのは、ランニングの経験がなく、身体がそれほど丈夫ではない人を対象として設計されていることである。プログラムを最後までやり切るためには約 2 か月かかる。このプログラムでは、週に 3 回ずつ、20 分から 30 分のランニングセッションを実践する。

私がこのプログラムに取り組んだときには、すべてがとても簡単になるモバイルアプリを使った。このアプリは、私がプログラムのどの位置にいるかを管理し、いつ走っていつ歩くかを指示してくれる。公式 iOS バージョンは、このウェブページ（https://itunes.apple.com/us/app/couch-to-5k/id448474423）にあり、「couch to 5K」でサーチすれば、すべてのモバイルアプリストアでアプリを見つけることができる。

始める人へのアドバイス

ランニングを始めたときにもっとも大切なのは、本気で実行することである。Couch-to-5K プログラムを始めても週に 3 回ずつきちんと走らなければ、進歩は見られないだろう。一貫性がなければ、前進するのではなく、後退してしまう。持久力は、築くためには時間がかかるが、失うのは一瞬だ。

また、始めたばかりのときは、進歩のことをあまりくよくよと考えてはいけない。最初の数週間は走りと歩きをミックスしなければならないはずだが、Couch-to-5K プログラムがこの方法を提唱していることには理由がある。時間とともに、走れる距離は長くなっていき、目標に到達することができる。忍耐が必要だ。焦ってがんばり過ぎると、やる気が失せて続けられなくなるだろう。

やってみよう

- □ クールランニングのサイト（http://www.coolrunning.com/engine/2/2_3/181. shtml）に行って、Couch-to-5K プログラムをチェックしよう。[※1]

- □ ランニングを始めてみたいと思うなら、Couch-to-5K アプリをダウンロードして、カレンダーで毎週何曜日に走るか計画を立てよう。そして、本気で実行してプログラムをやり遂げよう。いっしょにプログラムを始める人を見つけるといいだろう。いっしょにプログラムを進める人がいれば、まじめに取り組みやすくなるし、楽しくなる。

※1　Couch-to-5K のランニングプログラム「ソファーから5キロまで」の練習法が日本語で書かれたウェブページもある。
http://www.c25k.com/c25k_japanese.htm

第62章　ランニングプログラムの実行法　**371**

第 63 章

立ち机などの数々の小技

あなたがソフトウェア開発者として私と同じような考え方をするなら、フィットネスの目標を、より早く、より楽に達成するために役立つ近道やハックには興味をそそられるだろう。私はいつも楽に大きな効果を得るための方法を探すようにしている。

年月を重ねるうちに、体重を落とし、筋肉をつけ、フィットネスの目標に楽についていくために、日常のルーチンに取り入れている小技が私にはたくさんある。ほとんどのソフトウェア開発者は、一日じゅうコンピューターの前に座り続けているので、こういった小技は健康全般によい効果があるだろう。この章では、ボーナスとしてこれらの小技、ハックの一部を紹介したい。

立ち机とトレッドミル

仕事中にトレッドミルで歩いていることができれば、余分なカロリーをたくさん燃やせるのにと考えたことはないだろうか。私はある。それどころか、実際にやってみた。今はたまたまデスクに向かって座っているが、数歩先には、ラップトップが置ける棚を取り付けたトレッドミルがある。

昼間の仕事中、非常にゆっくりとしたスピードでトレッドミルを動かし、1、2時間歩きながら仕事をすることがよくある。こうすると、あまり労力をかけずに毎日かなりの余剰カロリーを燃焼させることができる。歩きながらタイプしたりマウスを動かしたりできるように、トレッドミルのスピードは十分に落としてある。

もともと、仕事中はずっとトレッドミルデスクを使うつもりだったのだが、それではあまり実際的ではないことがわかった。トレッドミルでゆっくり歩きながら仕事をするのは大変な労力というわけではないのだが、ある程度の労力を使うことは間違いない。それに、大きなモニターが置いてあるデスクの前で仕事をするのと比べてトレッドミルのマシンは不便だ。

しかし、トレッドミルの傾斜をゆっくりと上げていくと、かなり多くのカ

ロリーを余分に燃焼させられることがわかった。ペースは同じなので、タイピングやマウス、トラックパッドの操作は相変わらず楽なまま、ずっと多くのカロリーを燃やせるようになったのである。また、1日1時間前後までトレッドミルを使う時間を圧縮することもできる。

自宅で仕事していない場合はどうすればいいか

　もちろん、これをするためには、在宅で仕事をするか、職場がとても自由な環境でなければならない。そのような環境にいない多くの人々がこれよりもハードルの低い代用物として使えるのは、立ち机である。立ち机は、トレッドミルデスクほどカロリー燃焼効果は高くないが、1日の大半を立っていれば、かなり余分にカロリーを燃やすことができる。

　おまけとして、立っている方が座っているよりも明らかに健康のためにずっといい。長時間座っていると健康にとってきわめて有害だということを示す研究は無数にある（たとえば、http://apps.washingtonpost.com/g/page/national/thehealth-hazards-of-sitting/750/ 参照）。

　さらに、私のようにポモドーロテクニックを使っている場合には、5分間の休憩を使ってストレッチ、プッシュアップ、プルアップその他のエクササイズをすることができる。

食事についてのハック

　食事の扱いは、健康管理で特に難しいことのひとつである。健康的な食事を摂るためには通常、あらかじめ料理とその準備が必要になる。自分で食事を作るよりもレストランに出かけた方がはるかに簡単だ。しかし、健康になりたければ、かなりの割合で、自分が料理しなければならない。

　私は、健康なものをより簡単に食べられるようにするための方法をいつも探しており、食事についてのハックをいくつも開発している。

電子レンジによる卵料理

　食べるための最初の「ハック」は、卵である。卵はタンパク質を多く含んでおり、全卵を食べるか白身だけを食べるかの割合を調整すると、トータル

カロリーと脂肪をコントロールできるので、非常にすばらしい食品だ。ただ、黄身から白身を分離することと料理の大変なところだけが難点だ。

しかし、私はこの難点をかなり楽にする方法を編み出した。まず、全卵を買う代わりに、代用卵を買うことができる。代用卵というのは、基本的に白身だけの卵だ。食料品店に行けばカートンで売っている。代用卵は冷凍しなければならないが、ほぼ純粋なタンパク質源が手に入るわけで非常に便利だ。

しかし、料理の方はどうすればいいのだろうか。実は、全卵でも白身だけでも電子レンジで非常にうまい具合に料理できることがわかった。最初は半信半疑だったが、うまくなると、フライパンで料理した卵とほとんど区別できないくらいの仕上がりになる（スクランブルエッグでよければの話だが）。

ほとんどの日で、私が最初に食べる食事は、電子レンジによるスクランブルエッグ冷凍ほうれん草添えである。まず、冷凍ほうれん草を少し取り、レンジ用コンテナに入れて解凍する。次に代用卵、全卵、両者を混ぜ合わせたもののどれかを注ぎ込む（少なくとも全卵を1個入れると味がよくなるようだ）。卵を1、2分レンジにかけてからそれを混ぜ、さらにレンジでちょうどいい固さになるまで温める。

最後に、卵にチェダーチーズかサルサをかける。カロリーを低めにしておきたいときには、低脂肪のチェダーチーズを使う。この料理なら食材が少ないのでどこででも作れるし、作るために10分とかからない。ほうれん草を使うと、卵だけのときと比べてかなり量が増えるので、食欲を満足させられる。しかも、ほうれん草は身体にもいい。

私のハックの大半は、あまり料理せずにタンパク質を確保することを狙ったものだ。私はたいてい筋肉をつけようとしているか、体重を減らしながら筋肉を維持しようとしている。どちらの場合もタンパク質の割合の高い食事が必要になるのである。

脂肪分ゼロのプレーンギリシャヨーグルト

食事に関する次のハックは、どこでも使える料理なしのタンパク質源として、脂肪分ゼロのプレーンギリシャヨーグルトを活用するというものだ。ほとんどの食料品店で売っている脂肪分ゼロのプレーンギリシャヨーグルトは、カロリーが非常に低いほとんど純粋なタンパク質になっている。

唯一の問題点は、あまりうまくないことだ。味付きのギリシャヨーグルトはおいしいが、砂糖がたっぷり入っているので全然健康的でない。しかし、

心配はいらない。私は、この問題の解決方法を見つけた。

　少量のレモンジュース、バニラエキス、その他のローカロリーフレーバーをかけ、カロリーフリーの甘味料（私が気に入っているのはトルビアだ）を少し加えると、おそろしくタンパク質たっぷりでカロリーが低い味のいいヨーグルトができる。

　好みでフレッシュフルーツや冷凍フルーツを追加してもいい。フルーツを少し加えると味はかなりよくなるし、カロリーはほとんど増えない。

冷凍肉

　肉ということでは、いい方法をふたつ見つけた。私はずっとチキンを料理するのが嫌だった。時間がかかって難しいだけではなく、嫌いなのだ。チキンの胸肉がボディビルダーたちの基本食材のひとつだということはわかっているが、私はチキンが嫌いであり、料理できそうな気がしないのだ。

　しかし、冷凍食品でチキンの胸肉の照り焼きを買えることがわかった。少し脂肪が増えるものの、味のいいチキンもも肉の照り焼きもある。ブランドはいくつかあるが、アメリカの場合、もっとも多いのはタイソンのようだ。これらは、コストコ、サムズ・クラブ、BJ などの量販店に行けば売っている。

　手軽でうまく、健康的な食事として、冷凍チキンを電子レンジに入れれば、数分ですぐに食べられる。料理したてのチキンの方が少し健康的だが、この調理済みチキンは便利なので、外に出てファストフードを食べたくなる回数が減った。しかもなかなかうまい。

　同じような線で、冷凍の七面鳥ミートボールというのも見つけた。これを探したのは、ライアン・レイノルズが役柄に合わせてシェイプアップするときには、主として七面鳥ミートボールを食べるというのを読んだからだ。よさそうなアイデアだったので調べてみると、七面鳥ミートボールは、タンパク質、炭水化物、脂肪のバランスがいい食べ物だということがわかった。

　七面鳥ミートボールは、ほとんどの食料品店で見つかる。何個かを電子レンジに入れてチンすれば、数分で食べられるのでとても便利だ。

第 63 章　立ち机などの数々の小技　**375**

やってみよう

☐ この章で紹介したハックのなかに、あなたのフィットネスの目標達成を楽にするために、自らの生活に取り入れたいものがあるかどうかを考えてみよう。

☐ 現在のスケジュールとフィットネスプランを見て、ルーチンのなかでもっとも煩わしく、時間がかかっている部分はどれかを明らかにしよう。それを大幅に改善できるハックを開発するにはどうすればいいだろうか。

第 64 章

フィットネスのための
オタク向けテクニカル製品

　あなたはどうか知らないが、私は大のガジェットギークだ。テクノロジーを使って生活を楽にすることが好きなのである。座ってこの章をタイピングしている今も、私の顔は1台のコンピューターにつながっている5台のモニターの光を浴びている。こうする方が生産的だと言いたいところだが（ある程度はそうだと思う）、本当は、単純に画面がたくさんあるのが好きなのだ。テクノロジーに関するちょっとしたことが私のモチベーションになる。特にフィットネスではそうだ。

　この章では、フィットネスの目標達成に役立ったり、目標達成を目指す過程がとても楽しくなったりする技術製品を取り上げる。私たちは、今までになく自分自身について、身体がどのようにして動いているのかについて多くのことを知ることができる時代にいる。このような知識を QS（Quantified Self）という。この章では、フィットネスに関するテクノロジー全体を概観し、QS を見つけるために特に役立つ製品を紹介する。

歩数計で行動を変えよう

　この話題では、まず歩数計から話を進めるのが適切なやり方だろう。歩数計は、今日目にする機会が特に多いフィットネスのための技術製品のひとつだ。

　私は歩数計が大好きだ。歩数計は、自分がどれくらい活発に動いているかを知るために役立つ。そして、自分がどれくらい活発に動いているかを知るだけで、もっと活発になるように普段の行動を変えるきっかけが作れる。

　身に付けられる歩数計には様々な種類があり、もっとも人気があるもの（特に開発者の世界で）は、Fitbit（ https://www.fitbit.com/jp ）だろう。Fitbit には様々なモデルがあるが、基本的には1日に歩いた歩数を管理する。Fitbit は、スマホに自動的に同期できるので、自分のデータにすぐにアクセスできる。

　Fitbit や競合メーカーの同様の製品をまだ持っていないなら、ぜひ入手す

第64章　フィットネスのためのオタク向けテクニカル製品　**377**

るといい。値段は安いし、自分の日常の活動について教えてくれることには値段がつけられないほどの価値がある。私のオススメは、腕時計のバッテリーを入れれば数か月持つモデルだ。私の場合、Fitbit をいつも身に付けていたときに一番慌てたのは充電忘れだった。

それから、歩数計はいずれ使わなくなるときがくるようだ。私は 6 か月ほどいつも Fitbit を付けていたが、そのうち自分のルーチンと Fitbit に現れる数字を覚え、自分の歩数がどれくらいかだいたいわかるようになったので、Fitbit を外してしまった。

ワイヤレス体重計による変化の可視化

Withings（http://www.withings.com/jp/ja）という会社のワイヤレス体重計は、私が特に気に入っている製品だ。この体重計がすばらしいのは、体重計に乗るたびに、自動的にワイヤレスで私のデータをクラウドにアップロードしてくれるところである。小さくて単純なことのように見えるが、体重計に乗る以外何もしなくても、体重の完全な履歴データが簡単に手に入るのはすばらしいことだ。

この体重計は、体重だけでなく、体脂肪率も記録してくれる。体脂肪率の測定値の精度には疑問符が付くが、私が注意しているのは、時間とともにこの値がどのように変化しているかだ。完全に正確な値はわからないかもしれないが、相対的な変化がわかれば、上がっているのか下がっているのかがわかる。

このような体重計があれば、現在の体重と増減の傾向について高い意識を持てるので、持っていて損はないだろう。計測値はメーカーによれば日々改善されているという。すでに毎日体重計に乗っている場合でも、時間とともにどのように変化しているかをグラフで見られるようになると、そのグラフを正しい方向に動かそうというモチベーションが湧くはずだ。

先進のコンボデバイスに期待

フィットネス用のテクノロジーでまだ成熟には程遠いもののワクワクさせられる分野は、ゆっくりと市場に出てきているコンボデバイスだ。コンボデバイスは、様々なセンサーを通じて複数のデータポイントを計測し、自分に

ついてのかなり多様な情報を示してくれる。

私は、コンボデバイスを作っている Angel というスタートアップ（http://angelsensor.com/）の CEO にインタビューしたことがある。このデバイスは、心拍数、血中酸素濃度、身体の活動状況、気温を計測するものだ。彼は、Angel などの新しいデバイスによってフィットネスレベルの計測方法だけでなく、私たちの健康に関するすべて領域がどのように変わるか、そのあらゆる形を私に説明してくれた。

このデータがすべて手に入るなら、ワークアウトを最適化し、そのときにしていることが身体にどのような影響を与えているかについて、もっと多くのことを知ることができる。実際の Angel デバイスに触って試せるようになるのが待ち遠しい。

この分野には、Google とアップルも大きく投資してきた。本稿執筆時点では、アップルはフィットネス、健康関連の様々なセンサーを搭載したスマートウォッチを作ると噂されている[※1]。そして、Google は、スマートウォッチ上で動作するように設計された Android OS の特別バージョンを完成させた。将来は、その日に歩いた歩数、心拍数、その他の計測できるあらゆるものについてのデータを提供できるスマートウォッチが完成するはずだ。

PUSH デバイスの可能性

私が本当にわくわくしているデバイスに、PUSH がある（http://www.trainwithpush.com/）。私は、自分の「Get Up and CODE」ポッドキャストのために、この会社の CEO にインタビューする機会があった。

PUSH デバイスで面白いと思うのは、歩数や活動内容を記録するだけでなく、ウェイトトレーニングのワークアウトを改善するために設計されていることだ。基本的に、ウェイトトレーニングを行っているときに腕か足にデバイスを巻いておくと、PUSH がレップやセットを数えてくれる。それだけでなく、あなたが生み出した力の大きさ、あなたのバランスのよさ、あなたがウェイトを動かしているスピードなども計測する。

私にとっては、この種のデータは宝の山である。ウェイトトレーニングをしているときにレップやセットを数えるのは非常に面倒だし、ウェイトを持ち上げるスピードがワークアウト後に得られる結果にどのような影響を及ぼすかはいつも不思議に思っていたことだ。

第64章　フィットネスのためのオタク向けテクニカル製品　**379**

ヘッドフォン：いいものを買うこと

私のワークアウトで重要なテクノロジー製品のひとつはヘッドフォンである。私はワークアウトをしているときにポッドキャストやオーディオブックを聞くことが多いので、スマホに接続できるヘッドフォンとして優れたものを使いたいと思っている。

しかし、私が抱えている最大の問題は、ワイヤー付きのヘッドフォンである。私が小型イヤホンやワイヤーのあるその他のヘッドフォンを使う可能性はまずない。走っているときにワイヤーを引っ張り、イヤホンを乱暴に耳から引っこ抜くことになってしまう。しかも、小型イヤホンを取りに行くと、そのケーブルはいつももつれてしまっている。

幸い、私は優れたワイヤレスヘッドフォンに出会っていた。私は様々な種類のワイヤレスヘッドフォンを買ってきたが、私には AresX（http://www.aresx.com/）の製品（AresX Freedom 1.0 Wireless Bluetooth Sport Headphones）がもっとも合うようだ。このヘッドフォンは、基本的にワイヤレスのイヤホンとよく似ているが、ヘッドフォンがばらけない程度に柔軟なケーブルでつながれており、しかも私の動きの邪魔にならない。

ヘッドフォンはいいものを買うことを断固としてお勧めする。今日では、Bluetooth テクノロジーのおかげでワイヤレスヘッドフォンから簡単にまともな音を聞けるようになり、スマホに簡単に接続できるようにもなった。優れたヘッドフォンを用意すれば、ワークアウト中の時間を有効に使える。また、Audible（http://www.audible.com/t1/CJ?source_code=COMA0233WS020510）に申し込めば、オーディオブックを聞けるようになる。

忘れていけない身近なアプリ

アプリのことを忘れるわけにはいかない。様々な目的のために大量のフィットネスアプリが作られている。数があまりにも多いので名前を上げていく気にもならない。ここでは、どのようなアプリを探せばいいかについての考え方を示し、私が気に入っているものの一部を紹介する。

ランニングの状況を記録するアプリがある。私自身、最初はPaceMaker、今は Run Faster という名前に変わっている（登録商標が問題

になったため）Android と iOS のアプリを作っている。このアプリは、走り
の状況を監視し、走っている最中に「スピードアップ」、「スローダウン」な
どと指示して一定のペースを保てるように支援する。しかし、自分でこのよ
うなアプリを作っていながらあえて言えば、走りのトラッキング、記録のた
めにはもとずっといいアプリがある（ただし、Run Faster はペースの維持
のためには本当に役に立つ）。

　私が気に入っているランニング記録アプリは、Edmondo（ https://www.
endomondo.com/home ）で、今実際にメインで使っている。このアプリに
は様々な機能があり、スプリットタイム、エレベーションの変化など、ラン
ニングについての多彩な情報を見ることができる。

　私は、ウェイトトレーニングのワークアウトをトラッキングするアプリも
使っている。以前はペンとノートを使っていたが、ワークアウトをトラッキ
ングできるアプリを使った方がずっと簡単で便利だ。次に何をするかを教え
てくれるし、それまでに何をしたかもわかる。まだウェイトトレーニングの
トラッキングをしていないなら、ぜひすべきだ。

　私はほかのタイプのアプリもいくつか試しているが、とてもいいと思った
ものはない。実際に試してみて一番の問題だと思ったのは、ワークアウトを
作り（これは時間がかかる）、それを他人にシェアすることだ（私は妻とい
っしょにウェイトトレーニングをしているが、彼女のスマホにもワークアウ
トプログラムを手で全部再入力しなければならないのはいかにもよくない）。

　結局、私の場合は Bodybuilding.com のアプリ（http://www.bodybuilding.
com/store/bodyspace_app_2013.html）を使うところに落ち着いた。このア
プリが気に入ったのは、実際のワークアウトをウェブサイトを通じてオンラ
インで作れることである。そのワークアウトを保存すれば誰とでもシェアで
きる。このアプリもそれほどわかりやすくできていないので少し苦労するか
もしれないが、そこを通過したら、私にとってはなかなか使い勝手のいいア
プリになっている。

※１　アップルは、Apple Watch（http://www.apple.com/jp/watch/）を 2015 年 4 月に発売した。

第 7 部

負けない心を鍛えよう

自分を制圧できなければ、自分に制圧される

―ナポレオン・ヒル

　この本全体を通じて、私たちは実践的な意味での「キャリアの伸ばし方」、「チャンスをつかむためのドアを開き、チャンスの奔流を解き放つためのマーケティングの使い方」、「学び、教えることを通じた知識の広げ方」、「粘り強さにより火がつく集中力によって生産性を引き上げる方法」、「お金の問題の基礎と、富のために働くのではなく、あなたのために富に働かせるようにするという考え方」、「身体を強化し、美しくする方法」などを取り上げてきた。しかし、これらをひとつにまとめる重要なものにまだ触れていない。

　私たちが単純な機械なら、それでかまわないだろう。しかし、私たちは機械ではない。人間なのだ。私たちは「頭がついている身体」ではない。自分に命令を下せばその通りになるわけではない。私たちを動かす力はほかにもある。この力は強力で、私たちを成功への道に送り込むことも、破滅に突き落とすこともできる。この力には人それぞれの名前がつけられているが、本書では「心」と呼ぶことにしたい。

　第7部では、私たちを行動に導き、最終的に私たちが可能性をすべて開花させるか、どん底まで落ち込んで自分を環境の犠牲者だと思い込むかを左右する心と身体の間の目に見えないつながりについて考えていきたい。第7部の目標は、あなたが今後直面する最大の敵、すなわちあなた自身を制圧するための道具をあなたに贈ることだ。

第 65 章

心は身体に
どのようにして影響を与えるか

この本で今まで書いてきたことは、すべて少なくとも何らかの科学的な証拠の裏付けがあるものだったが、ここからは、定量化できない領域に踏み込もうとしている。これからのテーマでは、主として私の経験と持論の組み合わせを述べていくことになる。

なぜ、このようなテーマについて私が言うことを真剣に受け止めなければならないのだろうか。もっともな疑問だ。ここで私が伝えることは、「私が成功できた理由」である。しかし、あなたは、私のようになりたくないかもしれないし、私にあまり感心しないかもしれない。そのような場合でも、第7部で取り上げる考え方は、私の考えだけではないと言えば、より説得力が増すかもしれない。

第7部で紹介する考え方の多くは、私よりも有名で大成功を収めている作家たちの優れた書物から派生してきたものだ。さらに、もっと重要なことだが、これらの本から取り出してきた考え方（具体的には、心が身体に大きな影響を及ぼすという考え方）は、20世紀のもっとも偉大な思考の持ち主たちの折り紙つきなのである。

私は、有名な人や大成功を収めた人に話を聞くチャンスが与えられたときには、「人生でもっとも影響を受けた本を1冊だけ選ぶとすれば何か」を尋ねるようにしている。驚くべきことに、信じられないほどの数の人々が同じ2、3冊の本を答えるのである。それらの本は、第69章「私の成功本リスト」で紹介する。

すべては心から始まる

自分はできると信じないでできることはほとんどない。心があなたの身体や成功する能力にいかに大きな影響を与えるかは驚くほどだ。信じられれば達成できるという考えをすぐに否定するのは簡単なことだが、この考えには、重大な真実が含まれている。少なくとも、信じないものは達成できないとい

うこの命題の逆には、もっと大きな真実が含まれている。

　自分で考えたもっとも小さなプランでも、実行に移せるようにしたければ、心を制圧して、心が持つ力を制御する方法を学ぶ必要がある。しかし、これは簡単なことではない。意志の力で自分に何かを信じさせることはできないからだ。あなたは、座って自分に何かを信じ込ませようとしたことがあるだろうか。

　よかったら今、試してみていただきたい。象はピンクだと信じるよう努力してみよう。自分にこれを信じ込ませることができるだろうか。生命がかかっていたとしても、こんな単純な考えはどうしても変えられない。何らかのでたらめな情報を心に信じ込ませるためにできるトリックはないのだ。

　しかし、だからといって、象はピンクだと信じることは決してないというわけではない。反対できないような証拠があれば、あなたの心は一瞬で切り替わる。しかし、非論理的な偽りを信じ込ませるほど強力な証拠が見つかることは考えられない。実際、象の色について現在思っていることを根底から覆すような強力な証拠を見せられても、心は非常に強力なので、現在信じていることをそのまま信じる場合もある。その方が楽なのだ。

　ここからも、心を支配する力は、見かけほど簡単に得られないことがわかるだろう。私たちは、ある程度までは脳の生物学的プロセスの餌食になってしまうのだ。しかし、私たちは動物ではなく人間なので意識を持っている。そのため、私たちにはこの基本的な生物学的プロセスを制圧する能力を持っている。それは選択の自由、自由意志だ。

　象はピンクだと自分に信じ込ませることはできないかもしれないが、繰り返し言い聞かせることにより、自分が信じ込んでいることを自分の好みの考え方に切り替えることはできる。私は、あなたと同様に、自分の思考を形作る力を持っているのだ。

　しかし、信じ込んでいることを変えられたからといってどういう意味があるのだろうか。自分の思考や思考方法を変えられる例外的な能力を持っているかどうかが、なぜ重要だというのだろうか。あなたの現実認識に合わせて物理的な世界が変わるというのだろうか。

　話が面白くなってくるのはここからだ。私はこの質問に「そうだ」と即答したりはしない。そんなことをすれば、あなたはここでこの本を読むのを止め、ゴミ箱に放り込むだろう。もちろん、物理的な現実はあなたの思考や信念によって完全に形を変えたりはしない。そうですよね？

この問いに答える前に、一歩下がって話を続けよう。物理的な世界は実際にどのようにして変わるのかを考えてみる。テーブルの上にブロックがあり、あなたはそのブロックをほかの場所に移したいとする。移すことが可能だと思わない限り、移すことを試そうとさえしないだろう。しかし、移すことは可能だと考え、自分は手を動かし、ブロックを持ち、テーブルからどけることができると考えるなら、あなたは心を使って身体を制御し、その行動を起こすことができる。厳密に言って、これはあなたが信じていることが、現実を形作る力を備えているということではないだろうか。身体を使うことが必要な分、形成力としては間接的だというだけのことだ。

　意識が神経系に信号を送って四肢を動かせる仕組みは神秘的である。確かに化学プロセスや物理プロセスの仕組みはわかっているが、何がそのようなプロセスを引き起こすかについてはわかっていない。私たちがみな持っている、「形のない心」というものが、物理的な世界を直接操作できる仕組み、最初のニューロンに火を付ける仕組みはわからない。

　この仕組みはわかっていると言う人がたくさんいることは、私も承知している。私たちは環境と相互作用を起こしている化学物質の塊で、自動操縦装置がずっと入った状態になっており、完全に環境に基づいて化学的な連鎖反応を起こしているという主張である。しかし、もしそうだとすると、あなたがこの本を読むという選択をすることができるのは、どう説明できるのだろうか。私がこの本を書けることは、どうだろうか。複雑な連鎖反応によって、本を読んだり書いたりする行動は不可避であり、私たちは選択肢を持たずに成り行き任せでこううなっているのだろうか。それとも何かほかのもの、明確にはわからない何か……自由意志すなわち「選択する力」を与えるものがあるのだろうか。

心と身体のつながり

　私が「心と身体」という表現を使うとき、心とは身体のなかの肉体的ではない部分を指している。それを精神と呼ぶか意識の機械的メカニズムと呼ぶかにかかわらず、心は脳を含む身体の下位機能からは区別されるものだ。

　この区別は重要である。心が身体に影響を及ぼすと私が言うとき、心は脳にも影響を及ぼすという意味になるのである。身近なできごとで、このことは証明できる。偽の薬を与えられたにもかかわらず、脳が正しい薬を与えら

れたと思う偽薬効果は十分に説明されている。ダンボが羽によって飛ぶ力を手にしたように、心は意識が制御できないような形で、身体に影響を及ぼすことができる。

　私たちは、心が思考の力を通じて世界を操作できることを知っている（思考の内容は身体の行動によって実現される）ので、私たちが信じたり考えたりしていることが物理的な現実に影響を及ぼすことができると言うこともできる。

　言葉にもっとも忠実に言えば、これは考えたことが現実になるという意味だ（少なくとも、身体と心の能力の範囲内であれば）。この原則は、様々な形で表現されており、哲学にも組み込まれている。よく知られているのは、「似たものは似たものを引き付ける」という引き寄せの法則である。マイナスのことを考えればマイナスの結果が起き、マイナスの結果はマイナス思考を呼ぶ。これについては次章で詳しく考えよう。

　ロンダ・バーンの『ザ・シークレット』（角川書店、2007年[※1]）という本について聞いたことがあるだろうか。この本は私の好みからすると神秘主義的過ぎ、騒がれ過ぎだ。それでも、過去に様々な形で明らかにされ、これからも繰り返し発見され、再発明され続ける重要な真実に触れていることは確かだ。それは、積極的に意識することを通じて自分が信じ込んでいることを変え、思考を制御できている人々が、考えたことを現実化できていることである。

　ここであなたを神秘主義に引き込むつもりはまったくない。私は現実的な人間だ。だから、このメカニズムが機能する仕組みについて、現実的な説明があり得るはずだと思っている。しかし、それと同時に、無視できない神秘主義的な要素を無理に否定するつもりもない。

　　　信念が変われば、思考も変わる。
　　　思考が変われば、言葉も変わる。
　　　言葉が変われば、行動も変わる。
　　　行動が変われば、習慣も変わる。
　　　習慣が変われば、人格も変わる。
　　　人格が変われば、運命も変わる。

　　　　　　　　　　　　　　　　　　　―マハトマ・ガンジー

メカニズムがどのような仕組みかにかかわらず、あなたが考えることは、あなたが生きる現実に少なからず影響を与え、形を与えるという事象を、理解することが大切だ。この文に含まれる真実を知るためには、この章を読む必要さえない。単純に周囲を見てみよう。

　日常でやり取りしている人々のことを考えたとき、特定のパターンの思考が特定のパターンの行動や結果を引き起こしていることに気づくはずだ。人生に対してマイナスの態度を崩さず、自分や他人に対して確信や信頼を持たない人で、大きな成功を収めている人はいるだろうか。外部的な要因もないのに（でも、本人はそう主張しているが）、繰り返し犠牲者になってしまう人を見たことはないだろうか。自分自身のことも考えてみよう。もっとも怖れ、過度に意識してしまった考えが、どうしたものか実際に起きてしまったことがどれくらいあっただろうか。

　人生の方向性を形作り、コントロールしたいと本当に思うなら、心の力、思考の力をコントロールする方法を身に付けなければならない。心と身体の結び付きについてのこの章の説明に説得力を感じたかどうかにかかわらず、マインドセットや信念が人生にプラスにもマイナスにも影響を及ぼすということをほんの少しでも信じるなら、これからのふたつの章では、あなたの成長のためにもっとも生産的なマインドセットを形成するにはどうすればいいかについての実践的なアドバイスを贈ろう。

やってみよう

- 心と身体のつながりを探そう。自分の人生で、自分が考えたことが現実に対してプラスの方向に、あるいはマイナスの方向に影響を及ぼした例を見つけてみよう。
- 最後に大きな成功を収めたときのあなたのマインドセットはどのようなものだっただろうか。
- 最後に大きな失敗をしてしまったときのあなたのマインドセットはどのようなものだっただろうか。

※1　Rhonda Byrne, "The Secret," Atria Books/Beyond Words, 2006

第 | 66 | 章

正しい心構えを持つ：リブートしよう

　ひとつ質問をしたい。あなたは、主としてプラス思考をする方か、それともマイナス思考をする方か。これは、楽観論者、悲観論者というラベル以上の意味を持つ。表向きはベストを望みながら、内面ではありとあらゆるマイナスの思考や感情を抱えて自分の努力を台無しにしている楽観主義者はいくらもいる。

　プラス思考（単なる表向きの楽観主義者ではなく、それ以上のもの）は、健康によく、寿命を延ばし、人生にあらゆるメリットをもたらすという見方には、実際に科学的な証拠があることがわかっている。一方、おそらくもっと重要なことだが、マイナス思考にはまったく逆の効果がある。マイナス思考は実際にあなたを傷めつけ、人生で成功をつかむための努力を妨害する（http://www.ncbi.nlm.nih.gov/pmc/articles/PMC3156028/ 参照）。

　この章は、正しい心構えを持つことについて様々な角度から述べていく。まず、プラスの態度とは実際にどういう意味かを検討し、プラス思考が幸福のために重要なのはなぜか、実際に伝染するくらい強力にプラスの態度を育てるにはどうすればいいかを明らかにする。

プラスの態度とは何か

　おそらくあなたはプラスの態度をとることの意味をご存知だろう。しかし、このフレーズは非常に頻繁に使われるので、次第に意味を失い始めている。さらに、あなたが一般にマイナスの態度を示すなら（現実を直視しよう。ほとんどの人はそうだ）、正確なところ、プラスとはどういう意味なのか、なぜそれが重要なのかをちょっと思い出しておいてもバチは当たらないだろう。

　多くの人々は、非現実的な楽観主義は破壊的だと確信しているので、プラス思考をすぐにはねつけてしまう。頭のなかを虹や一角獣や熱帯のビーチのビジョンでいっぱいにするという考え方に反対する言葉としてよく耳にするのは、「私は現実主義だ」というものである。

第66章　正しい心構えを持つ：リブートしよう　**389**

しかし、私は逆にリアリストであることはプラス思考と矛盾するものではないと言いたい。それどころか、プラス思考の実践はリアリズムの究極の形だと言いたい。プラス思考とは、自分には現実を変えるパワーがあり、周囲の環境の犠牲になったりしていないという信念なのだ。

　プラス思考の根っこは、自分は単なる環境などよりも大きな力を持っているというこの信念にある。状況がどうであれ、自分には自分の未来を変えるパワーがあると考えるので、将来にはいいことがあるという見方になる。プラス思考は、世界の力として人間の達成力を信じる崇高な考え方だ。自分は何らかの形でそのパワーを身に付けられ、そのパワーは自分のなかにある（おそらく眠っているのだろう）のだという信念であり、リアルでないということは決してない。

　プラスの態度は、この種の思考の蓄積によって得られるものであり、時間とともに、内側からあなたを変えていく力を持っている。あなたがプラスの態度を持っているとき、あなたは現実から離れたファンタジーの世界に住んでいるわけでは決してない。あなたが住んでいるのは理想の世界であり、それは可能な限りでもっともいい未来が見え、そのような未来のビジョンを現実のものにしようと努力する世界である。

　より実践的なレベルでは、プラス思考とは、悪いことではなく、いいことを考えることを選ぶことだ。あなたが人生のなかで出会うすべての状況は、あなた自身の解釈に委ねられている。状況は、自分で善悪がわかるように姿を現したりはしない。あなたが状況を解釈して、それがいいものか悪いものかを決めるのである。プラスの態度を持つ人は、状況を悪いものとしてではなく、いいものとして解釈する傾向がある。それは、これらの状況が客観的に良いか悪いかのどちらかだからではなく、彼らが状況の良し悪しを自分の選択する力の範囲内だと見ているからだ。

　これから紹介するのは、このポイントを私より上手に示す物語で、私はこの物語がずっと好きである。話の起源がどこなのかは知らない。[*1]

　　昔、一人の農夫がいた。ある日、農夫が飼っているたった1匹の馬が柵を破って逃げてしまった。農夫の隣人たちは、馬が逃げたという話を聞いて、柵を調べるために農夫の家にやってきた。隣人たちはそこに立ち尽くして口々に言った。「ああ、なんて運が悪いんだろう」。農夫は答えた。「なんで悪いとわかるんだ？」

1週間ほど後、逃げた馬が野生の馬の群れを率いて戻ってきた。農夫と息子は急いで柵のなかに囲い込んだ。隣人たちは馬を柵に入れたと聞いて、集まってきた。隣人たちは馬がいっぱい入った柵を見て口々に言った。「ああ、なんて運がいいんだろう」。農夫は答えた。「なんでいいとわかるんだ？」

　数週間後、農夫の息子は、新しく来た野生の馬を馴らそうとしていたときに、そのなかの1頭に投げ飛ばされて足をひどく痛めてしまった。そして数日後、足の傷口から感染症にかかり、熱でうわ言を言うようになった。隣人たちはその話を聞いて息子を見舞うためにやってきた。隣人たちはそこに立ち尽くして口々に言った。「ああ、なんて運が悪いんだろう」。農夫は答えた。「なんで悪いとわかるんだ？」

　同じ頃、中国では二人のライバルの将軍たちの間で戦争が始まった。兵士が必要になって、一人の隊長が戦争に使える若い男たちを召集しにやってきた。農夫の息子も連れていこうとしたところ、そこにいたのは足を壊し、熱でうわ言を言っている若者だった。この息子ではどうやっても戦わせることはできないと思い、隊長は息子を連れて行かなかった。数日後、息子の熱は下がった。息子が戦争に取られず、健康に戻ったという話を聞いた隣人たちは、息子の様子を見に集まってきた。隣人たちはそこに立ち尽くして口々に言った。「ああ、なんて運がいいんだろう」。農夫は答えた。「なんでいいとわかるんだ？」

プラス思考でいることのプラスの効果

　プラス思考には、現実的で形のある効果を人生にもたらし、このことには科学的な証明もあると言ったことを思い出していただきたい。私は冗談を言っていたわけではない。次に示すのは、プラス思考の効果が確認された事例のリストである。これらの結果は、実際の科学的研究から抜き出したものである（詳しくは http://www.ncbi.nlm.nih.gov/pmc/articles/PMC3156028/ 参照）。

• 友情の発展
• 結婚生活の満足
• より高い収入
• より良い身体的健康
• より長い寿命

第66章　正しい心構えを持つ：リブートしよう　**391**

これらの科学的に証明できる結果だけでも、私なら月曜病を治す方法を見つけなければと強く思うところだが、科学的研究では証明が難しい結果もある。私は、自分の態度が仕事の生産性に直接影響を及ぼすことを感じている。自分自身の生産性によってそれを測ったことがある。プラスの態度で仕事に臨むと、直面する障害に対処できることが多く、マイナスの状況が自分に脅威を与えていると考えるのではなく、乗り越えるべき挑戦と考えるようになるのである。

それに、プラスに考える理由がほかになくても、プラスの態度になれば気持ちがいい。それだけでも十分ではないだろうか。マイナスの感情になるよりもプラスの感情になる方が、いい気持ちになるものだ。抵当権を設定したり、偉大になりたいと思ったり、サッカーをプレーしたり、テレビを見たり、深夜にスナック菓子をバリバリ食べたりするときの人生の目標は、気持ちのよさではないのだろうか。ただ幸せになりたいと思っているのではないだろうか。もしそうなら、その気持を止める必要はないのではないか。

態度をリブートするための方法

単にプラスの態度になりたいと思うだけでは不十分だ。望みが絶たれて自分を責めているときでも、同時にプラスの態度をとりたいと必死に思えるようにならなければいけない。

思い込んでいることを簡単に変えることはできないと言ったことを思い出してほしい。マイナスに傾いた世界観をプラスに向かう世界観に変えるのは、そう簡単ではない。奇妙なことだが、反対の方に行く方がはるかに簡単らしいのである。

思考を変える

態度を変えたいなら、思考を変えなければならない。思考を変えたいなら、思考パターンを変えなければならない。思考パターンは習慣によって決まる。だから、人生を大きく変えたいときの王道ともいえる方法に戻る必要がある。プラスの方向に考える習慣を育てるのである。

しかし、プラス思考の習慣はどうすれば育てられるのだろうか。それはほかの習慣を作るときと同じである。意識下を支配するものが入れ替わるまで、意味のある形で徹底的に意識的な切り替えの努力を繰り返すのである。

事故を起こしたときにプラス方向に考えるパワーはないかもしれない。留守番メッセージをチェックするためにスマホをいじくっていて前の車に追突したときに、「すべての試練はいいことのためだ」とか「もっと悪いことが起きていたかもしれない」と考えるよう自分に言い聞かせるのは難しいだろう。言い訳をがなりたてたくさえなって、ついマイナスのことを考えてしまうだろう。

しかし、選択を求められたときには、プラス思考を生むパワーを持てるだろう。今すぐにでも自分がしていることを止めて、プラス方向に考えることができるはずだ。サンクスギビングデーのテーブルについているかのようにふるまい、幸せなことを考えよう。簡単なことだ。ポイントは、1日を通じてこれを意識的、積極的にすることだ。そして、たとえ状況に対するとっさの反応をうまくコントロールできなくても、経験したことをどのように考えるかを選ぶときには、自分をコントロールできるということを思い出すことだ。

この種の思考をより実践に移せるようになればなるほど、そしてプラスのイメージを作って希望の兆しを探すように自分を言い聞かせられるようになればなるほど、それが習慣になっていく。そのうち、事故が起きたり不運な目に遭ったりしても、プラスの方向に反応できるようになっていくだろう。マイナスに向かう視点ではなく、プラスに向かう視点から物事を見るように脳を訓練するのである。

瞑想する

私は自分が瞑想者ではないことを認める。しかし、瞑想を習慣化するために真剣に時間を捧げたいと思っている。一部の研究によれば、瞑想をする人は、プラスの感情を経験しやすいという。だから、プラスの魔法の力を強めるための方法のひとつとして瞑想を試してみるといいだろう。

もっと遊ぶ

英語には、「よく学びよく遊べ」と同じような意味で、「働いてばかりで遊ばないと無気力になる」という言葉がある。遊ばなければ、マイナスに傾いて怒りっぽくなることもわかっている。私は、マイナスの感情を生んだ思考の糸をたどっていくと遊びを忘れていたことに気づく。時間を割いて楽しいことをすると、ずっとプラスの態度をとりやすくなる。おそらく、大きくシ

ョックを受けるようなことではないが、よく考えてみるべきことだ。

本を読む

　第 69 章では、プラスの態度を育てるために役立つ本を何冊か紹介するつもりだが、今すぐ何かを読みたいというのなら、ノーマン・ビンセント・ピールの『積極的考え方の力』（ダイヤモンド社、2003 年[*2]）を試してみよう。

　ポイントは、プラス思考は偶然に任せておけばやってくるというものではないし、ひと晩で身に付けられるものでもないということである。心をプラスの方向に動かすための様々な努力が必要だ。しかし、それは払うだけの価値のある努力である。健康で成功した人生を長く過ごせる可能性が高くなるだけではなく、人生を間違いなくもっと楽しくすることができ、まわりの人たちの人生もおそらく楽しくすることができるのだ。

やってみよう

☐ 自分の思考をつかまえてみよう。頭のなかで何が起きているのかを理解し、心を集中させたいものに集中させるためには、考えたことを書き出すと役に立つ。今週 1 週間、思ったことを書き出す日記をつけよう。チャンスをつかむたびに、それについて考えたことを書き出し、それがプラス思考かマイナス思考かを書こう。1 日のうちに何か大きなことが起きるたびに、記述を追加すること。また、一定の間隔で 1 日全体の記述も追加すること。

☐ 前項の日記を解析しよう。主としてプラス思考の表現で埋まっているか、それともマイナス思考の表現が多いのか。マイナス思考はどこから生まれているのか。プラス思考はどうか。

☐ 積極的に思考をコントロールして、できる限りプラス思考を引き出すように努力しよう。何かが起きたときには、少し時間を使ってでも、世界はあなたに敵対しているわけではなく、あなたに対して両義的な態度をとっているだけなのだと自分を納得させよう。すると、そのように個人的なものの捉え方をしなくなっていく。そして、希望の兆しを見つけるように自分をコントロールする。単にマイナス思考を取り除くだけでなく、プラス思考に置き換えていこう。

※ 1　人間万事塞翁が馬ということわざのもとになった『淮南子』の記述が起源。

※ 2　Norman Vincent Peale, "The Power of Positive Thinking," Touchstone; reprint edition, 2003

第 67 章

プラスの自己イメージを築く：
脳をプログラミングする

　幸せなことを考え、肯定的な態度をとるだけでは不十分だ。確かに、態度をマイナスからプラスに変えれば、健康上のメリットは言うに及ばず、成功することが多くなってくる。しかし、人生のなかで達成したいと思っていることで本当に成功を収めるためには、目的達成のために自分自身の脳をプログラミングする方法を身に付ける必要がある。

　　　どうしてもやる気が出せない人は、ほかの才能がいかにあっても、凡
　　庸に満足してしまっているに違いない。

　　　　　　　　　　　　　　　　　　　　　　　　　　　—アンドリュー・カーネギー

　あなたの本当の戦いの相手は凡庸であり、その戦いは脳内で始まる。あなたが自分について思っていることは、力を抑制する方向にも、あなたを大きく前進させる方向にも、恐ろしい力を持っている。

　この章では、自分自身の脳をプログラミングしてプラスの自己イメージを作る方法を考えていく。そのような自己イメージができれば、脳を自動操縦モードに切り替えても、目標を達成できるようになる。

自己イメージとは何か

　自己イメージとは、自分についてほかの人々に言われたあらゆることを取り除き、さらに自分をよく見せるために使った嘘や偽りを全部取り除いたときに、自分がどのように見えるかである。

　自己イメージは、意識下の深いところに埋められているので、本当の自己イメージを正しく知ることさえできないことがよくある。自分にも他人にも、自分について考えていることの半分本当で半分嘘という内容を話しているかもしれないが、意識下の部分には、嘘をつけない。意識の下の方には、脳から見た自分自身の真実を反映した究極の自己イメージがある。

脳は、自分の自己評価を破るようなことをあなたにさせない傾向があるので、この自己イメージは強力だ。これによって、克服することがとても難しい人工的な制限が加えられてしまうのである。自分自身でそういうものが存在することを意識していないため、この制限は簡単に克服できない。

　自分はピッチャーとしてボールを投げるのが不得手だと思っている少年がいたとする。彼は偉大なピッチャーになれるだろうか。おそらく無理だろう。自己イメージを変えることを学び、自分自身に別の光を当てられるようにならなければ、決してなれない。彼の脳が自分自身に心理的な制限を加えているため、彼はその自己イメージから抜け出せないのである。

　あなたも、自分では気づいていないが、同じような限界を抱えている。あなたはそれを変更できない現実として、人生はそういうものだとして、当然視しているかもしれない。あなたは不器用か？ 怠け者か？ 数学が苦手か？ 人付き合いが苦手か？ 集中が長続きしない？ 内気で人と打ち解けられないか？

　こういったことは、身長や眼の色と同じようにDNAで決まっている性格のようなものだと思うかもしれないが、実際は違う。確かに、自分では変えられない肉体的特徴というものはあるが、自分の性格だと思っているほかの多くのことは、不作為に獲得してしまった自己イメージを反映したものに過ぎない。

　おそらく、まだ幼い頃、何かのディナーパーティーに出かけて両親の後ろに隠れてしまったときに、「太郎ちゃんは恥ずかしがり屋さんね」というような言葉を聞いたのだろう。そのときまでは、あなたは決して内気でもなんでもなかったかもしれないが、その一瞬があったために、脳が突然その言葉にくっついてしまい、それが自己イメージに組み込まれてしまったのである。

自己イメージを変えるのは難しい

　人間には、自己イメージを変える力があることがわかっている。第16章「うまくやり遂げるまではできたふりをする」でその方法はすでに説明した。うまくやり遂げるまでできたふりをするということの背後にある考え方は、自分がなりたい状態にすでになっているかのように行動することを繰り返していれば、最終的になりたい状態になっているというものだ。

　単純なことのように見える。そして、率直に言えば本当に単純だ。しかし、

私たちがこのように考えることはまずなく、自分の本来の姿の一部だと思っている性格を変えられると考えることさえ難しい場合がある。

まるで、私たちは何か病的で嗜虐的なマイナスの力を抱えていて、自分が自分であるために必要不可欠な要素として弱点や限界を大事に抱え込んでしまうかのようだ。短気な人にその性格を変えたいかと尋ねれば、かなりの確率で「ノー」という答えが返ってくるだろう。彼は、短気な性格のことを自分の本質的な部分だと深く信じ込んでおり、その拘束から自分を解放することは自分自身に対する最悪の裏切りだと思っている。だから、短気な性格を変えたいかと尋ねられるのは、まるで腕か足をもいでしまえと言われているような気分なのだ。これは、心の意識下の部分が、自己イメージを抱え込むということに関していかに強力かをよく示している。

しかし、社交的な場面で気まずく感じてしまうとか、ちょっとしたことで激怒するといったことは、本当は変えられない性格などではない。あなたがそういった性格でないということは、着ている服があなたではないのと同じだ。実際、どのような服を着るかは、自己認識に劇的な影響を与えることがある。短パンサンダルでいるときと、スーツでドレスアップしているときとでは、感じ方も行動も違っていることに気づくはずだ。

自己イメージを変えることは、ほんの一時的なことであれば、それほど難しいことではない。難しいのは、変えることが可能だと信じ、実際に変えたいと思うことだ。自分はこういうものだと固く信じている部分を実際には変えられるということを受け入れれば、あなたは自己イメージを好きなように変えられるようになる。

なりたい自分になれる力を想像してみよう。内気で社交が苦手な人から、何の憂いもなく魅力的に羽ばたく社交界の蝶のような存在になれることを想像してみよう。なりたいと思っていたリーダーになれたり、スポーツが得意になったりするところを想像してみよう。

どれも可能だ、私はそれを事実として知っている。何しろ、私には自分自身の自己イメージを様々に変えてきた経験があるのだ。若い頃の私は、自分のことをバカだと思っていた。自分は頭が切れる方だとは思っていたが、アカデミズムで学んだこともアカデミズムに積極的に関心を持ったこともなかったので、ナードとは言えないと思っていた。私は社交が苦手でとかくいじめられがちであり、極端に内気だった。知らない人に電話をかけて話すことさえ怖がるほどだった。

第67章 プラスの自己イメージを築く：脳をプログラミングする **397**

高校2年ぐらいのときに何かが起きた。それが正確なところ何なのかは、自分でもよくわからないので言えない。偶然の幸運からか、フラストレーションからか、私は自分がどういう人になりたいのかを自分で決めたいと思うようになり、単純に思ったような人になった。

　変化は瞬間的なものではなかったが、急速なものではあった。私はそれまでの服を捨て、自分がなりたい人に似合いそうな新しいワードローブを買った。ウェイトトレーニングを始め、レスリングやトラック競技に参加した（それまでは、自分はスポーツマンではないと思っていたので、あまりスポーツをしていなかった）。内気でいたくないと思ったので、内気ではないふりをした。自分を気まずい状況に追い込むこともした。そして今の自分がどういう人間なのかを絶えず再確認し、自分に言い聞かせた。私の頭のなかには自分についてのイメージがあったが、それは新しい形のものだった。

　それはおそろしくうまくいった。もちろん、私はコンピュータープログラマーになったが、高校を卒業したあとはモデルと俳優の仕事もした。内気な性格から内気とは正反対の性格になった。運動をしない人から、ランニングとウェイトトレーニングを毎週欠かさない人になった。そして、今になっても、私は自分がなりたい人のイメージを磨いている。そして、自分の足を引っ張らず、自分のためになるように自己イメージをコントロールしているのだ。

脳をプログラムし直す

　意図的に自分の脳をプログラムし直すには、そして私がずっと前にしたように自己イメージを変えるには、どうすればいいのだろうか。公式は比較的単純だ。正しく実行するためには、時間と忍耐が必要だというだけである。

　まず、なりたいイメージをはっきりさせるところから始める。脳は、自分の前に置かれた目標を追求するということでは、驚くべき能力を発揮する。目標を明確にイメージしさえすれば、脳は目的地までの道を案内してくれる。

　理想の自分をイメージしよう。自分に制約が加わらなければどのようになりたいのかについてのしっかりとしたイメージを頭に叩き込むのである。自信に満ち、大胆に部屋に入っていく自分をイメージしよう。自分の足につまずくのではなく、優雅に走ったり跳ねたりする自分をイメージしよう。他人にインスピレーションを与えたり、とてもファッショナブルだったりする自

398

分をイメージしよう。明らかに変えることのできない肉体的な特徴を除き（た
とえば、背が高くなればもっと自信が出るかもしれないからといって、背が
高くなった自分をイメージするのはよくない。イメージによって背が伸びる
と思ってはならない）、自分に人工的な制限を加えないようにするのだ。

　頭のなかにイメージができたら、次は「まるで〜のように」行動すること
を始める。「まるで自分がなりたい人にすでになったかのように」行動する
のである。なりたい人がするように会話し、語りかけ、服を着こなし、歯を
磨く。リアリティに注意を払ってはならない。人々があなたの「変化」につ
いて言うことに耳を貸してはならない。自分がすでに目標を達成したかのよ
うに行動する。新しい個性の自然な延長線上で行動するのである。

　また、心の意識下の部分にこの新しい思考方法の種をしっかりと蒔くため
に、自分自身に対してプラス評価をたくさん与えよう。このプラスの言葉は、
ナルシスティックな人がぶつぶつ言っているわけのわからない言葉とは違う。
自分にそれを十分に言い聞かせると、脳は実際にそれを信じ始める。信じ込
んでいることを変えるのがいかに難しいかという話を思い出しただろうか。
しつこく同じメッセージを送り込めば、信じ込んでいることを変えることが
できるのである。

　お勧めしたいのは、なりたいと思っている新しい心理状態を思い出せる言
葉やイメージを見つけることだ。そして、新しい信念を確認し、強化する肯
定的な断言で一日を埋め尽くすのである。時間を割いて、自分がなりたい自
分を頭のなかでイメージしよう。スポーツ選手の多くが、パフォーマンスを
上げるためにまったく同じことをしている。大きな大会で力を競い合う前に、
心のリハーサルをするのである。彼らは、心のなかの大会で実際にプレーし、
自分が成功するところを思い描いている。研究によれば、この種のフェイク
の練習は、本物の練習と同じくらい実際に役に立つことがわかっている。あ
るプロフットボールチーム（シアトル・シーホークス）が瞑想のセッション
を実施しており、そこでプレーヤーたちは成功をイメージせよと指示される
という話を読んだことがある。

　しかし、何よりも重要なのは、自分が言ったことを見ることである。自分
について言ったことを信じることだ。心の意識下の部分は、あなたの声を聞
き、あなたが言っていることを信じる感じやすい子どものままなのである。
自分は不器用だとか物忘れがひどいと何度も言えば、心の意識下の部分はそ
れを信じてしまう。

第67章　プラスの自己イメージを築く：脳をプログラミングする　　**399**

やってみよう

☐ あなたのいいところ、悪いところをすべてリストアップしよう。自分で自分のことをどう見ているかだけではなく、ほかの人が自分をどう見ていると感じているかも考えるようにする。このリストは正確ではないかもしれない（自己イメージの多くの部分は、意識下の奥底に埋められている）が、いい出発点になる。

☐ リストに書かれたことのうちいくつは変えられないと思うだろうか。それはなぜだろうか。それらは永久的なものなのか、それとも自分の思い込みにより自分自身に加えてしまった限界なのかについて考えてみよう。

☐ 自己イメージのうち、マイナス方向だと思うものを少なくともひとつ変える努力をしよう。この章のアドバイスを使うようにする。「うまくやり遂げるまではできたふりをする」アプローチを試し、新しい信念を強めるために肯定的な断言を活用しよう。

第 68 章
恋愛と人間関係：
コンピューターはあなたの手を握れない

　この章を入れるべきかどうかは議論になった。私は人間関係の専門家ではないし、この本は恋を見つけることについての本ではない。しかし、少なくともこのテーマに全く触れないでソフトウェア開発者のライフマニュアルを看板に掲げることはできないだろうと思ったのである。

　恋愛と人間関係については言うべきことがあまりにもたくさんあるので、ひとつの章ではとてもすべてをカバーすることはできない。そこで、男であれ女であれ、ソフトウェア開発業界で働く人を悩ませそうな問題のなかでももっとも重要で、もっとも大切な問題に、内容を絞り込むことにした。

なぜソフトウェア開発者は恋愛で苦労しがちなのか

ずっとぼっち

　この問題にアプローチするために、ステレオタイプ的なソフトウェア開発者像を振り返ってみよう。もちろん、あらゆるステレオタイプというのはそういうものだが、オタクっぽく社交下手なソフトウェア開発者というステレオタイプは、あなたには当てはまらないかもしれない。しかし、ぴったり当てはまる場合、あるいは少しでも当てはまる場合は、ここで私が言おうとしていることの一部は、たぶんあなたにも無関係ではないだろう。

　インターネットには、「Forever Alone」（ずっとぼっち）という有名なミーム（流行りネタ）がある。基本的に、永遠に恋人を見つけられず孤独だという意味である。私の経験では、多くのソフトウェア開発者、それも若い人々がこのミームに共感しているようだ。

　しかし、このミームと感覚に一体化してしまうと、問題を悪化させること

になる。どのようにして人が人を愛し、どのようにして人間関係が機能するかは奇妙なものだ。それは、実際には猫とねずみのゲームである。ある一時点では、片方が追いかけ、もう片方が追いかけられている。時々、攻守ところを変えていれば、問題はない。しかし、片方がいつも追いかけていると、もう片方はどんどん離れていってしまうものだ。

こうした深追いはよくあることで、多くの人々が直面している。実際に深追いし過ぎると、自暴自棄になっている感じが漂ってくる。自暴自棄になると反感を買い、自尊心が傷つくことになりがちで、そうするとさらに自暴自棄になる。これは多くの人々がはまってしまう悪循環で、彼らはどうすればそこから抜け出せるかわからなくなってしまう。

この状況にはまってしまった多くの人々は、思いを包み隠さず話す傾向がある。彼らは、ほかの人々に向かって自分が感じている苦痛と孤独のオーラを発散させ始める。「彼らが私の苦痛を感じ、自分たちがいかに私を傷つけているかを知れば、彼らも理解してくれるだろう」。自分がいかに悲しく孤独かを世間に知らせて、なりふりかまわず注意と同情を求めるこのようなポストを Facebook で見たことがあるだろう。

しかし、あなたもご存知のように、このような行動は逆効果だ。自分は弱くて傷つきやすいと主張すればするほど、人々はあなたを避けるようになる。遠慮なしに言えば、誰もこのような性格を魅力的だとは思わないのである。

ゲームの性質を理解する

恋愛はゲームである。嘘ではない。このシステムからどんなに抜け出そうとしても、抜け出すことはできない。多くの人々が、「自分はこんなゲームをしたくない。自分らしさを失わず、自分が感じることに正直でいたい」と思う。こういう気持ちになるのはわかる。しかしながら、あなたがこの章を読んでいる以上、私としては、それがあなたにどういう効果をもたらすのかと尋ねざるを得ない。

悪く思わないでいただきたい。嫌らしくなれとか不誠実になれと言っているわけではない。しかし、異性を惹きつけようと思うなら、裏がなく直接的でありすぎるのもよくない。何が言いたいかというと、あなたは文字通りゲームをしているのだということを認識して、戦略というものを少し考える必要があるということだ。

402

たとえば、（私は男の視点しか知らないのでその例を使うが）何週間も前から目をつけていた魅力的な女性につかつかと近づいていって、「あなたが好きです。初めて見たときから、ずっと好きです」と言ったとする。ロマンティックなことを言い、新しく見つけた恋愛対象にありったけの気持ちを注ぎ込んでいるように見えるかもしれないが、このような行動過程では、拒絶的な反応を受ける可能性が高いだろう。猫とねずみのゲームでは、これはあまり戦略的だとは言えない。

　別に心理学者でなくても、私たちは一般に、「自分は持てない上に他人もいいなと思うもの」をほしがるということはわかる。逆に、あなたが手に入りやすいものほど、あなたはほしいと思わない。小さい頃、いっしょに遊ぶ相手を確保しようとしてほかの子と追いかけっこになったことはないだろうか。人生は大きなプレイグラウンドだ。誰かに逃げてもらいたければ、追いかけることだ。

　しかし、じっと座って何もせず、好きな相手がこちらにやってきてくれるのを待つのもいい戦略とは言えない。とても長い間、待つことになるだろう。正解は、行動の端々から自信に満ちたオーラを発散し、話しかけやすいけれども威厳があるという感じで人に近づいていくことだ。「私は自分に満足しているし、あなたがどうしても必要というわけではないけど、あなたは面白そうだと思うので、もうちょっとあなたのことをよく知りたい」（もちろん、私ならこの通りに言ったりはしないが）。

　ポイントは、こういうニュアンスを実際に伝えることだ。あなたは、「自分が幸せになるために他人は必要ない」と本当に信じるために、十分に自信を持っていなければならない。また、あなたが近くにいることによって、その人の人生がよくなると本当に思っていなければならない。あなたは自分自身を大切にしているので、自分が望まれているところにしか現れず、自分を求める人としか時間を共有するつもりはないということは伝えなければならない。

　だからといって成功が保証されているわけではない。成功の保証などない。しかし、人間関係の大半を支配しているらしい追いかけっこの心理学を意識することができれば、本当に愛する人を見つけられる可能性はぐっと上がるだろう。そして、これは恋愛だけの問題ではない。あらゆる種類の人間関係に当てはまる。テンパっていて愛情に飢えた人と見なされたら、友だちをなくすだろう。街頭で腹をすかせ、お土産を探している人という感じで採用面

第68章　恋愛と人間関係：コンピューターはあなたの手を握れない　**403**

接を受ければ、同じような嫌悪感を抱かれるに違いない。

要するに自信を持てばいいってだけのこと？

いやいや、言うは易く行うは難しだ。突然自信を持とうとしてもそんなに簡単なことではない。自信を装うことだってかなり難しい。それなら、男は（そして女は）どうすべきなのか。

まずは、第66章と第67章に戻り、正しい心構えとポジティブな自己イメージをプログラミングしよう。本当の意味で自信のある人間になれない理由はない。時間と努力が必要なだけだ。

フィットネスを伝えた第6部も読むといいだろう。健康でスタイルがよくなれば、自信を持つための努力をしなくても自信をつけられる。私は、多くの人がウェイトトレーニングと減量による肉体的な変化の副産物として、精神的にも変わったのを見ている。

また、自信を持つとはどういう意味でどのように見えることかを考えてみよう。勇気という要素は含まれるだろう。魅力的だと思った人に躊躇せずにすぐにアプローチするつもりがあるなら、それは自信を示すことになる。この考え方を「3秒ルール」と呼んでいるグループもある。基本的に、会いたいと思う人を見かけてから、その思いを実行に移すまで3秒の猶予を与えるということだ。3秒以内に行動できなければ、その躊躇が自信のなさを示し、物事はうまくいかない可能性が高くなる。簡単に従えるルールではないことは私も認めるが、実際にそうしてみてあなたが本当に失うものがあるだろうか。私が次に言いたい最後のアドバイスは、物事の可能性に関することだ。

恋愛は数のゲームだ

人というのは奇妙なものである。全体として見れば、あらゆるものを気に入る。インターネットを少しサーチしてみれば、今言ったことの正しさを示す奇妙な結果が得られる。私は何を言いたいのだろうか。あなたがどんなに変人でも、あなたが自分にどんな欠点を感じていても、完璧な微笑や割れた腹筋を持っていなくても、世の中にはあなたのことを気に入ってくれる人がおそらくいる。それもたくさんだ。実際、あなたがどれだけ奇怪な人であっても、この広い世界のなかには、あなたにお似合いの人がきっとたくさんい

る。

　要するに、これは数のゲームなのだ。あまりにも多くの人が自分を「幸せ」
にしてくれる一人の完全な少女や青年にこだわる余り、一人の人を選び、そ
の人を理想の人だと信じ込む誤りを犯している。そのような一人がいると思
い込むことがバカげているだけでなく、戦略的にもダメだ。サーチの対象を
広げた方がもっといい結果が得られる可能性が高くなる。

　第70章で話すつもりだが、失敗を恐れてはならない。たくさんの失敗を
しよう。拒否されていい。大切なことだ。起き得る最悪のことはどういうこ
とかわかるだろうか。ひとつの売上を上げるためには、百軒の家で目の前で
バタンとドアを閉められてもへこたれない飛び込みの営業マンのようになら
なければならないのだ。

　そのように拒絶されることにより、あなたと一緒にいたいと思う人にいず
れ巡り会えるのである。そうでない誰かと一緒にいるよりもずっといいので
はないだろうか。そして、必要なことはまさに失敗を恐れないことではない
だろうか。

やってみよう

- □ 自分がテンパっているオーラを出しているかもしれない状況をいくつか考えて
  みよう。自分とほかの人のコミュニケーション、ソーシャルメディアでの動き、
  友人たちとのやり取りを検討しよう。あなたの言葉や表現は、自信を示してい
  るだろうか、それとも愛情に飢えた感じを示しているだろうか。

- □ あなたは、人のどのような特徴（肉体的ではないもの）に魅力を感じるか。そ
  れに対し、反発を感じるのはどういう特徴か。

- □ あなたのネットワークはどれくらい広いか。「本物の恋人」を見つけるために自
  分に十分なチャンスを与えているか。外に出かけて、何度か衝突、炎上を繰り
  返し、それがどのような感じなのかを覚えよう。大したことないと思うなら、
  結果を恐れないということであり、もっと自信を持って人に接することができる。

- □ フィットネスプログラムなど、自分に対していい気分が得られるようなことを
  始めて、自信を上げるための実際のステップを経験してみよう。

第68章　恋愛と人間関係：コンピューターはあなたの手を握れない　**405**

第 | 69 | 章

私の成功本リスト

　私の信じていることや私の行動様式に大きな影響を与えた優れた本がたくさんある。私は、何らかの形で生活を向上させるために、本を読んだり、そのオーディオ版を聞いたりすることのために、毎日少なくともある程度の時間を使っている。

　キャリアを歩み始めたばかりの頃は、ソフトウェア開発に関連した本を読むためにかなりの時間を使っていた。今はもっと応用範囲が広い本を読むために使う時間が増えている。

　私は、有名な人や大成功を収めた人に会うと、「オススメの1冊」を教えてもらうことを習慣にしている。この習慣を通じて、影響力のある多くの本を知ることができ、それらが文字通り、私の人生を変えてくれた。

　この章では、私が今までに読んだなかでもっとも優れていてもっとも影響を受けた本のリストを公開する。ソフトウェア開発の本もあればそうでないものもある。

自助、自己啓発の本

スティーブン・プレスフィールド『やりとげる力』（筑摩書房、2008年）[※1]

　今まででもっとも気に入っている数冊から始めよう。この本は、仕事に関して長い間感じていた不満は何か、ただ座って仕事をすることが難しいのはなぜか、を解明してくれた。

　プレスフィールドは、私たちが座って何か意味のあることをしようとしたときに必ず姿を現す「不思議な力」を明らかにしている。この力、抵抗こそ、私たちが自分を向上させるために試みるあらゆることを破壊する「内なる障害」だと彼は言っている。

　私たちのなかにいるこの共通の敵を知ることにより、この敵に打ち勝つパワーを獲得するための努力を始められる。仕事が遅れて困っていたり、しなければいけないことを先延ばしにしている気持ちを自分のなかに見つけたと

406

きには、この本がとても役に立つはずだ。

デール・カーネギー『人を動かす』（創元社文庫版、2016年[※2]）

　この本も、今までに読んだなかでもっとも強く影響を受けた1冊だ。この本のおかげで、ものの見方が様々に変わった。以前ならできると思わなかったような形で人と折り合えるようになったのもこの本のおかげだ。

　この本を読む前は、他人の行動を変えさせたければ、マイナスを強調すべきだと固く信じていた。自分自身に向けた厳格な規律を、そのまま他人に押し付けなければならないと思っていたのだ。誰かが間違っていると確信したときには、本人にそう言うことが大切だ、処罰されるという脅威こそが人をやる気にさせる最良の方法だ、と思っていた。

　しかし、この本を読んでから、私の考え方は180度変わった。ネガティブ面を強調しても、そのほとんどが不毛に終わることを理解した。自分がさせたいと思っていることを人にさせるには、それをやりたいと思わせるしかない。

　このリストのなかに必ず読まなければならない本があるとすれば、この本だ。私は、あらゆる人がこの本を読むべきだと考えている。私は少なくとも12回読んでいるし、読み返すたびに新しいヒントを手に入れている。

ナポレオン・ヒル『思考は現実化する』（きこ書房文庫版上下、2014年[※3]）

　初めてこの本を読もうとしたときには、不満に思って途中で止めた。2度目に読んだときには、最初よりも読み進めたものの、それでもやはりちょっと突飛なところがあって好きになれなかった。そして、大成功を収めた複数の人々がこの本を推薦し、そのなかの数人が成功したのはすべてこの本のおかげだと言ったので、もう1度読む決心をした。

　この本は少し奇妙だ。基本的に、あることを信じ、その信念を持ち続け、強めていくと、それが現実になるということを主張している。このアプローチは、あまり科学的ではないことは警告しておく。説明のために科学を持ち出そうとする気配さえない。しかし、どういうしかけなのかわからないが、言っている通りになる。私自身、人生のなかでそうなっているのを見た経験があるし、ほかの多くの人も同じように言うだろう。

　「マスターマインド」グループのアイデアは、この本から生まれている。この本には、自分が信じ込んでいることを変える方法を学ぶために役立つ重

要な考え方がほかにもいくつも含まれている。それらはあなたの人生に強い影響を及ぼすだろう。

マックスウェル・マルツ『自分を動かす』（知道出版、2008年[※4]）

この本は様々な意味で『思考は現実化する』を思い起こさせるが、その「科学的バージョン」になっている。著者のマルツは整形外科医で、人の顔を変えたら個性まで変わったことに気づいた。そこで、彼は自己イメージの研究を始め、自己イメージというものが私たちの人生を良い方向にも悪い方向にも変える力を持っていることを発見した。

この本は、心の仕組み、心が身体に影響を与える仕組みについて、非常に優れた洞察を示していると思う。この本には、あなたの姿勢、自己イメージを変え、思い込みをポジティブな方向に変えるテクニックのあらゆる活用方法が詰まっている。

ノーマン・ビンセント・ピール『積極的考え方の力』（ダイヤモンド社、2003年[※5]）

あらかじめ警告しておくと、この本は少し宗教がかっているが、全体としてのメッセージは非常に強力。ポジティブ思考が人生に深い影響を及ぼすという考え方を、私も強く支持する。よりポジティブな態度を育てたいと思うなら、この本は間違いなく役に立つだろう。

アイン・ランド『肩をすくめるアトラス』（アトランティス文庫版第1部〜第3部、2014〜2015年[※6]）

この本は大好きになるかもしれないし大嫌いになるかもしれないが、いずれにしても考えさせられる。この本はフィクションであり、原著で約1,200ページもある大作だが、人生、経済、仕事についての真剣な問題を問いかけてくる。

ソフトウェア開発関連の本

スティーブ・マコネル『CODE COMPLETE』（日経BP社；第2版上下、2005年[※7]）

私のコードの書き方は、この本のおかげでがらりと変わった。自分がコー

ドを書いていると初めて感じ、優れたコードとは何かが理解できたと思ったのは、この本を読んでからだ。この本のサンプルは主としてC++で書かれているが、コンセプトは特定の言語を超えるものである。

　この本は、優れたコードを書き、非常に低いレベルでコードを構造化するための包括的なガイドブックである。ソフトウェア開発の専門書の多くは高水準の設計に力を注ぐが、変数にどのような名前を付けるか、この本は、アルゴリズムのなかで実際のコードをどのように構造化するかなどの細部に重点を置いている。私が知る限り、そのような本はこれ以外にない。

　もし私がソフトウェア開発会社を作るようなことがあれば、この本を社員の開発者全員の必読書とするだろう。この本は、私が読んだことのあるソフトウェア開発書のなかでももっとも影響を受けたものである。

ロバート・マーティン『Clean Code アジャイルソフトウェア達人の技』（アスキー・メディアワークス、2009年[*8]）

　この本を読むのは本当に楽しい経験だった。『CODE COMPLETE』は優れたコードの書き方を教えてくれたが、『Clean Code』はその知識を磨くとともに、その知識をコードベースと設計全体に活かす方法を理解するために役立った。

　この本も、あらゆるソフトウェア開発者の必読書だと思う。この本に書かれていることは、より優れた開発者になるために、また単純でわかりやすいコードの方が巧妙なコードよりも優れている理由を理解するために、役立つだろう。

エリック・フリーマン、エリザベス・ロブソン、バート・ベイツ、キャシー、シエラ『Head First デザインパターン―頭とからだで覚えるデザインパターンの基本』（オライリー・ジャパン、2005年[*9]）

　古典的な『オブジェクト指向における再利用のためのデザインパターン』よりもこの本を勧めるのは少し奇妙な感じがするかもしれないが、デザインパターンを手が届き、理解できるものにしたという点でこの本の功績は大きい。

　悪く思わないでいただきたいが、『オブジェクト指向における再利用のためのデザインパターン』は、ソフトウェア開発の世界に古典的なデザインパターンの概念を導入した偉大な本である。しかし、デザインパターンの説明ということでは、こちらの本の方がはるかに優れている。デザインパターン

第69章　私の成功本リスト　**409**

の本を1冊読むつもりなら、こちらを読んだ方がいい。

投資

Gary Keller, "The Millionaire Real Estate Investor," (McGraw-Hill, 2005)

　不動産投資についての本を1冊だけ勧めなければならないとすれば、この本を選ぶことになるだろう。この本は、不動産投資がいかに優れているか、どのようにして利益を生み出すかを説明し、そのためのプランを示してくれる。

　この本には、不動産投資が長期的に採算の取れるものだということを示すグラフがたくさん含まれており、無意味な部分で埋め尽くされていない。

ロバート・キヨサキ『金持ち父さん 貧乏父さん』（筑摩書房、初版2000年、改訂版2013年[※10]）

　この本によってお金と金融に対する見方が変わったので、私にとって人生を変える1冊だったと言える。本書でお金がどのように機能するか、職を持つということ、他人のために働くということはどういう意味を持つのかに対する見方が変わった。この本を読んでからは、資産を作り、出費を削減することがいかに大切かをはっきりと理解するようになった。

　この本に対する唯一の不満は、やり方を教えてくれないことだ。それでも、この本（そして、『金持ち父さん』シリーズ全体）には価値のあるアドバイスが含まれている。読むことを強くおすすめする。

Kerry Given, "No-Hype Options Trading：Myths, Realities, and Strategies That Really Work," (Wiley, 2011年)

　金融関係の多くの本はばかばかしいほどの儲けを約束し、法外な主張をしているが、この本はそうではない。事実を示し、オプション取引がどのような仕組みで機能しているかについての現実的な理解を助け、利益を出すために使える実践的な戦略とそれが招く本質的なリスクを説明する。オプション取引を始めることを考えている人やオプション取引というものをもっと理解したい人には、この本を強くお勧めする。

410

※ 1   Stephen Pressfield, "The War of Art," Black Irish Books, 2002

※ 2   "How to Win Friends and Influence People", Gallery Books, Reprint, 1998。オリジナルは Simon & Schuster, 1936

※ 3   "Think and Grow Rich," Wilder Publications, 2007

※ 4   "Psycho-Cybernetics", Reprint, Pocket Books, 1989

※ 5   Norman Vincent Peale, "The Power of Positive Thinking," Touchstone; reprint edition, 2003

※ 6   Ayn Rand, "Atlas Shrugged," Signet; reprint edition, 2005

※ 7   Steve McConnel, "Code Complete," Microsoft Press; 2nd edition, 2004

※ 8   Robert Martin, "Clean Code：A Handbook of Agile Software Craftsmanship," Prentice Hall, 2008

※ 9   Eric Freeman, Elisabeth Robson, Bert Bates, and Kathy Sierra, "Head First Design Patterns," O'Reilly Media, 2004)

※ 10   Robert Kiyosaki, "Rich Dad, Poor Dad," Demco Media, 2000

第 70 章

失敗に正面からぶつかれ

七転び八起き

—日本のことわざ

　本書もいよいよ終わりが近づいてきたところで、これまで伝えたほかのどのアドバイスよりも役に立つかもしれない、最後のアドバイスを贈りたい。あなたは自分を成功に導く人生のあらゆるスキルを持っているかもしれないが、忍耐という重要なスキルがなければ、トラブルの最初の兆候が見えたときに諦めてしまうだろう。それではすべてのスキルが台なしになってしまう。そして、人生には一定量のトラブルはつきものだ。

　それに対し、仕事についての教育が深刻なまでに足りず、社交的なスキルや金融の知識もとてつもなく低くても、信じられないほどの粘りがあれば、いずれ切り抜けて自分の居場所を見つけるはずだ。

　ソフトウェア開発者は、人生やキャリアで非常に多くの困難にぶつかるはずなので、忍耐力はとりわけ重要だ。ソフトウェア開発は難しい。この仕事に引き寄せられた理由のひとつは、おそらくそこにあるのだろう。この章では、粘り強さの重要性について、何があってもひるまないという断固たる決意で失敗に立ち向かう能力を養うことがなぜ必要なのかについて話していきたい。

それでもなぜ私たちは失敗を恐れるのか

　失敗に対する恐れは、ほとんどの人々に本能として組み込まれているらしい。私たちは得意なことをしたいと思うものであり、自分の無能やスキル不足が露呈するものを避けたがる。私たちは、先天的に失敗を恐れるものらしい。

　失敗を恐れる気持ちは、私の3歳の娘にさえ見られる。彼女には妻が読み方を教えており、すばらしい進歩を遂げている。それでも、彼女が自信を持

412

てない単語を読むときはすぐわかる。その単語を恐る恐る発音するのである。知っている単語なら、自信を持って大声で発音する。難しい単語や彼女の能力では手に余るその他の課題を与えると、彼女は諦める傾向がある。「お母さんが読んでよ」

ほとんどの大人には、同じ傾向がもっと拡大して現れる。ほとんどの人々は、大きな課題に直面したり、確実にすぐに失敗しそうになると、その状況を避けようとする。ナイトクラブであなたを簡単にぶちのめしそうな140kgの巨漢とケンカになりそうになったときの反応としてはそれで正しいだろうが、壇上でスピーチしなければならないときや新しいプログラミング言語を学ばなければならないときにはそれではいけない。そういう場合に失敗しても実害は起きないのだ。

ほとんどの人々は、なぜ失敗を過度に恐れるのだろうか。それはおそらく壊れやすい自我を守ることが何よりも大事だからなのだろう。失敗を恐れるのは、たぶん、失敗を個人的な体面の問題として捉え過ぎてしまうからだ。特定の分野での失敗は、自分自身の個人としての価値を傷つけると思ってしまうのである。

この自我を傷つけることへの恐怖は、失敗の性質についての単純な誤解によっても強められていると思う。私たちは、失敗は悪いものだと教えられ、そう考えている。失敗にポジティブな光を当てて考えることをせず、終わりだと考えてしまう。失敗という言葉自体が、成功に向かう道の一時的なでこぼこではなく、行き止まり、最終的な到達点という意味を含んでいる。私たちの頭のなかには、失敗した人々が送られる島のイメージがある。彼らは助けてもらえるという希望もなく抑圧されて浜辺に座り込んでいる。彼らの人生は失敗であり、彼ら自身が失敗なのだ。

失敗が終わりではないことはわかっているはずだが、私たちはそのように感じてしまうらしい。私たちは自分を少し深刻に捉え過ぎ、失敗にかなり重いチップを賭けてしまうようだ。失敗を成功への道と考えるように訓練されていないので（本当は成功への唯一の道だという場合も多いのだが）、何がなんでも失敗を避けようとするのだ。

失敗は敗北ではない

失敗は敗北と同じではない。失敗は一時的なものだが、敗北はずっと続く。

失敗は自分に降りかかってくるものであり、自分で完全にコントロールできないものだ。敗北は選んだ結果であり、失敗を永久に許容し続けることである。

失敗に対する恐怖を拭い去るための第1歩は、失敗が終わりではないことを理解することだ。ただし、自分で失敗を終わりにしてしまえば別だが。人生は難しい。必ず打ちのめされることが起きる。しかし、そこから立ち直るかどうかを決めるのはあなただ。持つ価値のあるほとんどのものは、戦ってでも勝ち取る価値があると思うかどうかはあなた次第で決まる。達成することの喜びや楽しみは、主として達成するまでの困難と苦闘から生まれるものだとあなたが考えられるかどうかだ。

簡単に勝てないテレビゲームで遊んだことがあるだろうか。最後にボスキャラを倒したときの達成感を覚えているだろうか。あなたはそれまでに何度も何度も失敗したかもしれないが、最後に成功したときの気分のよさは格別だったはずだ。同じくらい難しいテレビゲームでも、隠しコマンドを使って無限の生命力を手に入れたり無敵キャラになったときはどうだろうか。面白かっただろうか。達成の喜びはあっただろうか。

まだテレビゲームの話を続けるが、初めて自分のキャラが死んだときに頭にきてコントローラを放り出したらどうなるだろうか。経験全体が楽しめるものになるのは、ある程度まで、何度も何度も失敗したけれども最後に成功したということを感じているからではないだろうか。もしそうだとすれば、人生の失敗を永遠に続く状態だと思って避けているのはなぜだろうか。テレビゲームのコントローラを握ったら、落とし穴に落ちたり火の玉に飲み込まれたりせずにゲームに完勝できるなどとは思わないだろう。それならなぜ、失敗を経験せずに人生を生き抜けると思うのだろうか。

失敗は成功への道

失敗を恐れるのではなく、喜ぼう。失敗は、敗北と同じでないというだけでなく、成功に到達するために必要不可欠なステップだ。人生のなかで取り組み、達成する価値のあるもののなかで、達成までの過程で少なくとも小さな失敗を何度かしないで済むものなどほとんどない。

問題は、失敗にネガティブな光を当てて見ることしか学んでいないことだ。学校で課題に「不可」と書かれてしまうと、それを前進だとは思えない。失敗は、自分を目標に近づけてくれる学習の経験だと考えるようには教わらな

いのだ。ただただ、ネガティブなことと見るように教え込まれてしまうのである。

　しかし、実際の人生はそうではない。試験勉強などせず、学習のための経験と成長のチャンスとして不可をもらってこいと言うつもりはないが、実際の人生で犯す失敗は、たいていの場合、最終的な成功にどんどん近づくために必要なマイルストーンだということは間違いない。

　現実の世界では、何かの失敗を犯すと、その経験から何かを学び、成長するものである。私たちの脳は、そのように働くように訓練されている。ジャグリング、野球といった協調的な運動が必要とされることを学ぼうとすると、成功するまでに何度も失敗することを覚える。

　私は、自分が初めてジャグリングを練習したときのことを覚えている。3個のボールを投げて、3個とも地面に落ちてしまう。たったひとつも取ることができないのだ。そこで「ぼくはジャグリングなんかできない」と言って諦めてしまってもよかったのだが、どうしたものか、私は諦めなかった。ほかの人だってジャグリングできるようになるのだから、自分もできるようになるはずだと思って、練習を続けたのである。何百回、いや何千回もボールを落としながら、やっと失敗しなくなった。脳が失敗の繰り返しから学習し、時間とともに少しずつ修正していったのだ。このプロセスは、私がコントロールしたわけではなかった。私は、ただ最初に挑戦を始めることを嫌がらず、挑戦し続けるだけでよかったのである。

失敗を喜ぶことを覚える

　繰り返しになるが、この本のほかのアドバイスは全部無視したとしても、これだけは聞いてほしい。失敗を喜び、期待し、受け入れ、正面からぶつかることを学ぼう。

　単に失敗に対する恐怖を取り除いただけでは不十分であり、さらに失敗を求めるようにすべきだ。成長したければ、確実に失敗することが保証されているような状況に身を置く必要がある。私たちが停滞しがちなのは、危険で困難なことをするのを止めてしまうからだ。私たちは、人生のなかで安住できる場所を見つけると、ドアを占め、隙間を埋め、嵐をしのぎ、雨のなかに戻っていこうとはしなくなる。

　しかし、ときどき私たちは少し雨に濡れる必要がある。自分を成長させる

第70章　失敗に正面からぶつかれ　**415**

ために、ときどき自ら居心地の悪い状況に身を置く必要がある。船の操舵に失敗してひどい目に遭えば遭うほど、逆に成功に向かって背中を押してくれる強い風が吹くということを知った上で、ときどきそのような状況を見つけるために積極的に外に出てみる必要がある。

　どうすれば失敗を喜べるのだろうか。どうすれば波立ち騒ぐ海に飛び込もうと思えるのだろうか。まずは、失敗を人生の一部として受け入れることだ。人生では無数の失敗に直面することになり、それらはほとんど避けられないということを認識しなければならない。最初からすべてを完璧にすることはできないのだ。あなたは必ず失敗する。

　また、失敗してもかまわないということを認識しなければならない。ミスを犯してもいいのだ。ミスを避けようとすることは間違いではないが、失敗によって自我が傷つくことを恐れてチャンスをみすみす流すようなことをしてはならない。失敗してもかまわない、自分の価値は、失敗そのものではなく失敗にどう向き合うかによって決まると思うようになれば、失敗をひどく恐れないようになれる。

　最後に、過度なくらいに失敗に身を晒すことを提案したい。外に出かけて居心地が悪いと感じるようなことをしよう。この本の前の方で、バカみたいに見えるのを恐れるなということを話したが、失敗も同じだ。実際、ふたつは深いところでつながっていることがある。外に出掛けて、何らかの失敗を犯すことは避けられないような困難な状況にわざと身を置いてみよう。しかし、大切なのは諦めないことだ。失敗を成功に向かうためのエネルギーにしよう。十分な数の失敗を経験すれば、失敗自体に対する恐怖の支配力は失われていく。

　最後に、ナポレオン・ヒルの『思考は現実化する』から、失敗に関する次の言葉を送って締めくくることにしよう。

　　もっとも偉大な人々は、最大の失敗を乗り越えてたった1歩進んだと
　　きに最大の成功を獲得している。

やってみよう

- □ 失敗への恐怖はどのようにしてあなたの行動を止めているだろうか。やってみたいけれども、一時的に気まずい思いをしたり失敗によって自尊心が傷つくためにできないでいるすべてのことについて、考えてみよう。

- □ 失敗を恐れて避けてきたことのうち、少なくともひとつを本気でしてみよう。腰が引けた形でするのもいけない。多くの人々は、自分が失敗することを知りながらあることを「試み」、しかもそのことと自分との間に距離をとって、「本気でやってみたわけではないから」という理由で本当に失敗したと感じないように守りに入る。本気で試し、本気で失敗しよう。

第70章　失敗に正面からぶつかれ　**417**

第 71 章

別れの言葉

　さあ、これで終わりだ。私たちはついにこの本の最後にやってきた。ここで「私たち」と言ったのは、私にとってこの本を書くことが冒険だったのと同じように、あなたにとってこの本を読むことが冒険だったら、という願いを込めてである。この本を初めて書き始めたときには、こんなに大きくて長い本を書くことがいかに難しいか、私には何もわかっていなかった。ただ、私のソフトウェア開発者としてのキャリアを通じて学んだ重要な教訓の一部をシェアするような本、いいコードの書き方やキャリアの進め方の教訓だけでなく、私が一人の人間としてより良い存在になるために学んできた教訓や、人生から最大限の価値を引き出し、同時に他者にもいいものを与えるためにはどうすればいいかについての教訓も集めた本を書きたかっただけである。

　私は天才ではない。数十年の人生経験を振り返って50年分の知恵をあなたに与えられる老人ですらない。だから、この本で私が言っていることを福音のように受け取らないようにしていただきたい。この本は、私の経験と、私がこれまでの人生で成功してきた要因をシェアする、私についての本である。たとえ、私が言っていることにすべて賛成できなくても（それでかまわない）、書いたことの一部があなたのお役に立てればと思っている。

　今言ったことは、この本の重要な論点のひとつでもある。他人が言ったことを福音のように思ってはいけない。真理を独占している人はいないのだ。現実の多くの部分は、あなたが作るものである。それは、世界についての当然すぎる真実を無視して自分の好きなようにしていいという意味ではなく、どのような人生を生きたいと望み、どのようにしてその人生を生きていくかを自分で決められるという意味である。成功、お金、健康、自らの精神状態などを支配する基本原則を学ぶことができれば、それらの原則を使って自分の現実を作っていくことができる。

　たぶん、あなたは、この本を読んだあと、子供の頃に通れと言われた狭くてまっすぐな道、すなわちいい成績を取って失敗せず、大学に行き、就職し、引退できることを期待しながら50年間働くという道だけが選べる道ではな

418

いという結論に達してくれたのではないだろうか。確かにそれを望むならその道を通ればいいが、もしあなたがこの本を読んでいるなら、おそらく人生は今まで嫌だと思ってきた9時5時の職場で働くという生活よりもはるかにいいものだと考えているのではないだろうか。

たぶん、あなたは、この本を読んで、自分はチャンスを自由に活かせる場所にいることを理解したのではないだろうか。キャリアをうまく管理してより多くのものを引き出すことも、まったく新しい方向に進むことも、自分の個人ブランドを確立して売り出すこともできる。あなたは、ソフトウェア開発者のキャリアをもとに、自分では可能だとは思っていなかったようなレベルまで駆け上がり、同時にほかの人々の人生にも影響を与えることができるのだ。

たぶん、この本は、あなたに情報を学び、吸収するための新しい方法を教え、あなたは自分よりも大きなものの一部なのだという自信をあなたに与えただろう。成長の過程のどのあたりにいるかにかかわらず、あなたは情報を学ぶために学ぶだけでなく、あなたの知識によって利益が得られるほかの人々に学んだことをシェアするためにも学ぶことができるのである。

たぶん、たとえこれ以上続けるモチベーションが湧かないと思うときがあっても、この本は、もっと生産性を上げ、もっと時間を綿密に管理して時間を最大限に活用しようという意欲、ハードワークに価値を見いだし、行動しようと思う気持ちをあなたに与えただろう。

たぶん、あなたはこの本を読んで、もっと健康に気を使おうと思い、実際に身体を鍛えられることを知っただろう。そして、ソフトウェア開発者でも、自分で望めばきわめて力の強いスポーツマンにもなれること、そして少なくとも健康を積極的にコントロールできることを知っただろう。

そして最後に、この本を読んで、心はあなたを前進させることも、学んだことを活用するチャンスさえ与えずにあなたを破壊してしまうこともできる、強力で重要なツールだということを認識しただろう。そして、あなたにはなりたい自分になれるパワーがあり、ポジティブ思考と粘り強さの力で自分を変えていくことができることもわかっていただけただろう。

確かに、これは1冊の本、それもソフトウェア開発に関連したものとして書かれた本の目標としては盛りだくさんだ。しかし、あなたの人生が、これらの分野の少なくともひとつでこの本を通じて少しでもいい方向に進むなら、この本は成功したと考えたい。

第71章　別れの言葉　**419**

あなたがこの本を閉じる前に、ひとつだけ小さなお願いをしたい。もし、あなたがこの本は自分にとって役に立ったと思い、ほかの誰かもこの本を読めば役に立つだろうと思うなら、どうかシェアしていただきたい。これは、この本の売上を飛躍的に上げたいから言っているのではない（確かに、私には本を売りたいという気持ちはあるが）。私がこの本を書いたのは、利益を上げたいからというよりも（私には500時間をもっと大きな利益を生み出すために使う使い方がほかにたくさんある）、単にソフトウェア開発者としてではなく、一人の人として私たち全員がすべきだと思っていることをするためなのである。ほかの人を助けたいということだ。

　この本を読むために時間を割いていただき、ありがとうございました。あなたがこの本に長く続く価値を見いだしてくれることを心から願っています。

ジョン・ソンメズ、http://simpleprogrammer.com

付　録　A

コードを書けるなら
金融は理解できる

　率直に言って、ほとんどのソフトウェア開発者は、金融についてあまり知らない。あなたはそうではないかもしれないが、初めてソフトウェア開発の世界に飛び込んだ頃の私には、世界がどのようにして動いているのかはまったくわからなかった。株の売り買いということを除いて、株式市場が実際にどのように機能しているのかもまったく知らなかった。担保付き融資や銀行の仕組みもわからなければ、オプションやデリバティブとは何かも見当がつかなかった。保険会社がどのようにしてお金をもうけているのかもぼんやりとしかわからなかった。

　どうして私がこういったことをほとんど学んでいないのかはよくわからない。たぶん、学校で教えられておらず、親が教えてくれるようなことでもないのだろう。しかし、私は最初から借家ではなく持ち家に住みたいと思っていたので、お金について独学で勉強した。そしてそれがあとでとても役に立ったのである。

　この種のお金の知識が私にとってはとても役に立ったので、その知識の一部をあなたにも伝えたい。勉強してみると、経済の世界には非常に複雑な仕組みも含まれるが、ほとんどの仕組みはごく単純なことがわかった。経済の仕組みを理解するために時間を割く人がほとんどいないのはそのためだろう。

　付録Bでは、そのベールをはぎ取って、世界の経済はどのように動いているのか、株式を取引しているときに何が実際に起きているのか、銀行はどのようにして担保付き融資をしているのか、そのための資金をどこから調達するのかを明らかにする。しかし、詳細に踏み込む前に、お金そのものについての基本的な知識や金融全般が動いている仕組みを理解しておくことが大切だ。

　この付録Aでは、金融システムの基礎を説明し、あなたの手中にあるドル札とは何で、どのようにしてやってきたのかを正確に理解してもらおう。この基礎の部分が理解できると、もっと複雑なテーマについて進むことができる。お金とはいったい何で、どのような仕組みで機能しているかについて

付録A　コードを書けるなら金融は理解できる　　421

のあなたのマインドセットを変えるためにおそらく役立つだろう。すでに経済のことをよくご存じなら、この付録Aで何か大きなこと、びっくりするような新知識が得られるということはない。しかし、あなたが私（というか、過去の私）と似ているなら、あなたが考えているものと実際のお金がいかに違うかに驚き、もう二度とお金が同じものには見えなくなるだろう。

お金とは何か

では、様々な疑問のなかでも基礎のなかの基礎の部分（しかし、もっとも重要な部分）から始めよう。あなたの手のなかにある1ドル紙幣は、マクドナルドで99セントで売っているチーズバーガーよりも大きな意味を持つ。このように、お金が本当に表しているのは、有用性である。

通貨ができる前は、人々はほしいものを手に入れるために物々交換をしていた。たとえば、私は2頭の牝牛を持っており、あなたの所有する5匹の山羊と交換できる。あるいは、私は小麦を手に入れたいが、その場合は、小麦を入れる皮革も間違いなく必要になる。こうした交換の問題点は、条件が揃わなければ取引ができないこと、つまり、あなたがほしいものを持っていて、なおかつ、あなたの持っているものを必要としている人がいなければならないことだ。このような組み合わせを見つけるのは難しい場合がある。特に、あなたの持っているものが特殊なものだと大変だろう。

すべての人にとって価値のある媒介物があれば、取引ははるかに簡単になる。そうすれば、だれとでも取引できるようになるし、ほしいものとその代わりに差し出すものが正確に一致しているかどうかを心配する必要がなくなる。お金とは、基本的にそのような媒介物だ。お金は、将来の何らかの有用性、または価値を表している。ドル札自体には何の価値もないが、ドル札があればチーズバーガーと交換できるという事実により、ドル札には価値が生まれるのである。

お金の種類

お金が価値を持つためには、限定された分量だけ供給する必要がある。初期の通貨は、商品を基礎としたものだった。つまり、価値があって限られた「何か」を基礎としていた。この場合、交換のための道具としての用途から

離れても、お金自体に価値があるということになる。金や銀などのそれ自体で価値があり希少なものからお金を作ることにより、お金自体が貴重で価値のあるものになっていた。

このコンセプトの理解を深めるためには、囚人たちが通貨として紙巻たばこを使う牢獄の話を頭に思い浮かべるといい。これは、商品を基礎とする通貨制度の見事な例だ。たばこにはそれ自体の価値があるが、閉じたシステムのなかで取引のための交換可能なツールとしても使えるわけだ。

商品貨幣の問題点は、スケーラビリティがあまり高くないことだ。流通する貨幣を増やすためには、その商品の量を増やせなければならず、困難であった。具体例を示そう。アメリカの通貨制度は、かつては商品貨幣を基礎としていた。当時は、ドル札には金の裏付けがあった。ドル札は一定量の金を代表していたが、金と同じように機能していたので、代表貨幣と呼ばれる。代表貨幣と呼ばれるのは、ドル札が一定量の金を表現しており、金と同じように機能していたからだ。ドル札を持っているということは、ドル札が表現する量の金を持っているのと同じことだった。そのため、ドル札を印刷して増やすためには、そのドル札を裏付ける金を掘り出すなどして金を調達する必要があった。

しかし、米国は最終的に金本位制から離脱し、代表貨幣からいわゆる法定不換紙幣に移行した。法定不換紙幣は、特定の商品との直接的な関係を持たず、政府が発行しているというだけの貨幣である。商品貨幣とは異なり、法定不換紙幣自体には価値がない、ただの紙きれだ（材料は何でもかまわないが）。法定不換紙幣に価値があるように見えるのは、人々が特定の大きさの価値を持つと信じているからに過ぎない。法定不換紙幣の価値の大きさは、どれだけの量の貨幣が流通しているかと、貨幣を発行し、保証している政府が、どれだけうまく経済を運営しているかのふたつを基礎としている。

インフレとデフレ

法定不換紙幣はかなり気難しい存在だと感じたかもしれない。価値は見方によって簡単に変わり得る上に、特定の実体的な商品に結び付いていないので、価値を大きく操作することも可能なのだ。

法定不換紙幣は、特にインフレとデフレに弱いことがわかっている。インフレとは、お金の価値がお金で買えるものと比べて下がっているときのこと

付録 A　コードを書けるなら金融は理解できる　　**423**

である。インフレが激しいときには、開発者の給料は、数字の上では同じに見えても、ほかのものの値段が平均的に高くなっているので、実際の価値は下がっている。

デフレはその逆である。デフレが起きると、お金が強くなり、同じ額で多くのものを買えるようになる。デフレは、価格低下から感じることができる。デフレ期には、物の価値が下がるのではなく、お金がもっと多くのものを買える力を持っているということだ。

インフレとデフレが担保（抵当）に影響を与えるのはご存知だろうか。これは事実であり、借金の額は、インフレとデフレの影響を大きく受ける。このことについては第52章でも説明したが、ここでは簡単な例を使ってインフレが借金にどのような影響を与えるかを考えてみよう。

10万ドルの担保付き融資を受けているものとしよう。そして激しいインフレがやってきたとする。そのインフレが終わる頃、融資に返済をしているかどうかにかかわらず、借金は大きく減っている。確かに、融資額は10万ドルのままだが、ドルの力が弱くなっているので、借りたときよりも10万ドルの借金は小さくなっている。

わかりにくいだろうか。心配しなくていい。チーズバーガーを再登場させれば意味がわかる。初めて借金をしたときのチーズバーガーの値段が1ドルだったとする。あなたは10万個のチーズバーガーを借りたことになる。激しいインフレ期を経て、ドルは弱くなり、物価が上がった結果、チーズバーガーは1個2ドルになっている。チーズバーガーの価値が変わったように見えるかもしれないが、チーズバーガーはチーズバーガーだ。カロリーも味も借金したときと同じである。

しかし、あなたが返済しなければならないものがどうなったかを見てみよう。10万個のチーズバーガーを返済するはずだったのに、今返済しなければならないチーズバーガーは5万個だけになっている。あなたの借金は、インフレによって実質的に下がったのだ。

しかし、これは逆向きにも作用する。今度は激しいデフレが起きたとしよう。あなたはおいしいチーズバーガーが1ドルではなく、わずか50セントで買えるようになって大喜びかもしれないが、その喜びも、今度は返済しなければならないチーズバーガーが20万個に増えていることに気づいたら吹っ飛ぶだろう。デフレはあなたの借金の負担を重くするのである。

この単純な例が教えているのはどういうことだろうか。今すぐ使える実用

424

的な知識だ。借金を抱えている場合、インフレなら借金が減り、デフレなら借金が増える。銀行にお金を預けていたり、誰かがあなたに借金をしているときには、インフレによってあなたのお金と未来のお金の価値は下がるが、デフレなら価値は上がる。インフレが激しいときには、お金を投資したり、ある程度の借金を抱える方が得だ。インフレが進むにつれて、銀行に預けてあるお金の価値は下がるが、借金は減っていく。それに対し、デフレのときには逆になる。借金をできる限り減らし、銀行にお金を貯め込む方がいい。あなたが何もしなくても、お金の価値は上がっていく。

中央銀行の役割

　今までの説明から、大きなインフレ、デフレは、通貨制度にとってよくないことだということはわかるだろう。変動が激しいと、人々の行動は極端になり、過剰な借金や過剰な抱え込みといった、経済にとって好ましくない動きが生まれる。

　法定不換紙幣制度のもとでは、インフレとデフレを防ぐために、あるいは少なくともそれらが激しくなり過ぎないようにするために、特別なケアと対策を必要とする。ここで中央銀行が力を発揮する。

　アメリカには、FRB（米連邦準備理事会）という中央銀行がある。FRBには、アメリカの通貨制度を維持するという使命が与えられている。FRBは、インフレやデフレを抑制し、経済を刺激したり引き締めたりするために使える様々な手段を持っている。

　FRBなどの各国の中央銀行が通貨と経済を操作するために使っている手段のなかには、あなたが耳にしたことのあるものもあるだろう。もっとも基本的なところで、ほとんどの中央銀行は通貨の発行を増やすことができる。紙幣を印刷するのである。紙幣を印刷すると、あなたが想像されている通りの効果を生む。インフレが起きるのである。流通しているお金が増えると、そのお金全体の価値は下がる。

　紙幣を印刷し過ぎて大混乱に陥った経済がいくつかある。頭に思い浮かぶのはメキシコと日本だが、お金をもっと印刷して問題を解決しようとしたために苦労している通貨は今までにたくさんある。この方法には一時的な効果しかない。

　中央銀行は、国債を売ることによって通貨の流通量を抑えることもできる。

付録A　コードを書けるなら金融は理解できる　**425**

国債はお金と引き替えで売られるので、そのお金は市場流通から回収される。こうするとデフレが起きるのではないかと思ったなら、それで正解である。

しかし、中央銀行の力はこのようなところで留まるものではない。中央銀行は、支払準備制度と呼ばれるものも支配している。支払準備制度とは、その国の銀行が預金全体のどれだけの割合をすぐに返済できるように準備しておかなければならないかを決める規則である。支払準備率を上げると、銀行はあまり融資にお金を使えなくなる。下げると、どんどん融資できるようになる。銀行が貸し出すお金が増えると、お金の価値は下がる。つまりインフレが起きる。逆ならデフレが起きる。

FRB などの中央銀行が基準貸付利率を下げるというようなニュースも聞いたことがあるのではないだろうか。この基準貸付利率は、融資の利率に直接影響を与えるわけではないが、銀行が借金するために払う利率を決めるものである。これは、お金を実質的に安くしたり高くしたりしてお金の流通量に影響を及ぼす。

「普通の」銀行の役割

あなたを驚かせたいわけではないが、経済では実際に存在するよりもはるかに多くのお金が回っている。あなたも私も、そして、ほかの人々もみな銀行に行って預金を全額下ろそうとすると、経済システム全体が壊れてしまう。銀行には、預金されているすべてのお金を全利用者に返済するだけのお金はない。そのため、私たちが一度に預金を引き出そうとしないのはよいことだ。

銀行は、預金を受け取り、その預金を基礎としてお金を貸し付けることによって営業している。銀行が準備しておかなければならないお金について、中央銀行が政策を決めているということを話したが、この支払準備率は銀行がどれだけのお金を貸し出すかを決めるための主要要素である。しかし、一般に、あなたが銀行に 100 ドルを預けると、銀行はそのうちの 90% 程度を貸し出してしまう。

銀行システムは、すべての人が一度に自分のお金にアクセスする必要はないということを当てにしている。銀行は、私たちのお金を預かり、私たちに支払う利子よりも高い利率でほかの個人や企業にお金を貸すことによって利益を出している。

あなたも想像されたかもしれないが、大勢の預金者が殺到して大きな額の

払い戻しを求めるときがいつくるかを正確に予測することはできないので、これはかなりリスキーなビジネスである。そのため、銀行は銀行間ネットワークを築いており、必要なときに互いにお金を貸せるようにしている。銀行は政府からお金を借りることもできるが、そのためには一般に高い利子を払わなければならない。

クレジットカードで使ったお金をあなたが支払っている相手が実際にはマスターカードや Visa ではないことはご存知だろうか。そう、銀行なのである。銀行は、担保付き融資からカーローン、クレジットカードに至るまで、あらゆる種類の貸付に関わっている。

私がいつも銀行のことでよくわからないと思っていたことがひとつある。手持ちの資金をすべて貸し出してしまったとき、銀行はどうするのだろうか。従業員を集めて融資からお金が返ってくる 30 年後まで待つようにと言うのだろうか。実は、少なくともアメリカでは、銀行は、自らが契約した担保付き融資をファニーメイ（連邦住宅抵当公社）とフレディマック（連邦住宅貸付抵当公社）というふたつの会社に売却してしまう。この二社は、それぞれが設定した基準を満たす限り、すべての融資を保証する（担保付き融資を申し込んだときに、多くの障害を一気に飛び越さなければならないのはそのためだ）。

銀行は、融資を始めた上で、その融資を二社のどちらかに売り、資金をすぐに取り戻し、さらに融資に課された利息の一定割合の払い戻しを受けることができる。銀行が新しい融資を生み出し続け、手持ちの現金に縛られずにお金を貸し付けられるのは、この仕組みのおかげなのだ。

金融の基礎

これで経済とお金の仕組みの基礎知識がわかった。この基礎の上に構築されたほかのすべてのもの、そしてそれよりも重要なことだが、それらがあなたに与える影響を理解するための準備は整っている。金融問題のほとんどすべては、リスク、利益、流動性の三つを基礎としている。ある投資がどれくらい危険か、あなたの資金からどれくらいのお金、または利息が稼げそうか、お金を別の形に変えるのがどれくらい簡単かである。

これらの要素を基礎として様々な種類の市場や経済が成り立っている。ローリスク・ローリターンで流動性の高い債券投資でお金を稼いでいる人もい

れば、ハイリスク・ハイリターンでかつ流動性も高い株式に投資している人もいる。私は、ローリスク・ハイリターンでほかの何よりも突出して流動性の低い不動産投資が気に入っている。

やってみよう

□ お金がどのように機能し、インフレによってどのような影響を受けるかをより深く理解するために、次の練習問題に答えてみよう。

・10年前の食パンの価格を調べ、現在の年俸でどれくらいの食パンが買えるかを計算しよう。

・次に、今の食パンの価格を調べて、同じ年俸でどれくらいの食パンが買えるかを計算しよう。

・10年たっても食パンの価値は変わらないものとして、10年前と比べてあなたの給料の価値は上がっているか下がっているか。同じ給料で買える食パンの数は増えているだろうか、それとも、減っているだろうか。

付 録 B

株式市場の仕組み

　たぶん、あなたはこのパートにくるまでに投資は必要だと思っただろう。非常に質素にして長い時間待つ気があるのでもない限り、節約だけでは不十分だ。お金を増やすために、お金に仕事をさせなければならない。

　株式市場は、投資のもっとも一般的な方法のひとつだ。私は不動産投資が気に入っているが、多くの人々にとっては株式市場の方が投資しやすい。株式、債券、投資信託、オプション、先物契約といった投資は、不動産よりも流動性がはるかに高いのだ。

　しかし、何に投資するかにかかわらず、株式市場の仕組みを理解していることは大切なことである。株式市場は数学とコンピューターを基礎としているので（特に最近では）、ソフトウェア開発者なら、株式市場の仕組みの複雑な部分はほかの人たちよりも理解しやすいはずだ。また、ソフトウェア開発者は、複雑なデータの解析に関しては平均以上の能力を持っているはずであり、取引に組み込まれているアルゴリズムも理解できるので、投資や取引では有利な位置にいると言えるだろう。

　この付録Bでは、株式市場の基礎を説明する。今までに株式を売買したことがあれば、ここで説明するようなことはおそらくよくご存知だろう。しかし、私は少し深いところまで進んで、株式市場が実際にどのように機能しているかを説明するつもりだ。各銘柄に売り呼び値と買い呼び値があるのはなぜか、株式を取引するときに目に見えないところで実際に起きていることは何かといったことである。

この本に株式市場についての付録が含まれているのはなぜか

　あなたは、この本に株式市場についての付録が含まれているのはなぜなのだろうと思われたかもしれない。そう思うのは当然のことだ。確かに、株式市場とその仕組みについての情報はほかでも得られるし、そこから情報を得てもらってまったく

付録B　株式市場の仕組み　429

かまわない。しかし、本当にそんなことをするだろうか。そもそも、この複雑な金融システムの仕組みを知ることがいかに重要かをわかっていただけるだろうか。悪く思わないでいただきたい。あなたが株式市場の仕組みの基礎をご存知ではないだろうと思っているわけではない。ただ、私が見たところ、目に見えないところで行われていることを正確に知っている人はほとんどいないようなのだ。そして、私が重要だと思っているのは、その部分である。その面白い部分、つまり、あなたのプログラマーとしての頭脳を活用して一般の人々よりも有利になれる部分に入り込めるようになりたいなら、ここで説明する基礎を理解する必要がある。

株式市場の目的

　株式市場を本当に理解したいなら、その目的を理解する必要がある。株式市場というものがあるのは、投資家たちが株式を売買しやすくするためだが、そもそも株式とは正確なところ何なのだろうか。

　株式とは、会社の所有権の一部である。会社を株式市場で公開取引できるようにするためには、まず会社に法人格を取得する必要がある。法人化すると、会社は独立した法的主体となる。具体的には、人の属性の多くを獲得する。会社は、不動産その他の財産を取得でき、法的契約関係に入ることができ、信用を獲得し、法廷で訴えたり訴えられたりすることができる。法的主体としての会社については、各国、各地域で様々な法律が作られている。

　では、事業主体が会社になって、そのシェアを株式市場で売ろうとするのはなぜだろうか。最大の理由は、資本の調達である。会社が初めてそのシェアを株式市場で売る（取引とも言う）ときのことを新規株式公開（IPO）と呼ぶ。会社は、IPO のときに自社の一定の割合を売って、資金を調達することができる。ある会社が自分自身を 100 万のシェアに分割して個々のシェアを 10 ドルで売り出すなら、その会社は IPO のときに 1 千万ドルを調達できる。

　その資金は、従業員を雇ったり、設備投資をしたり、ほかの会社を買ったりして、事業をさらに成長させるために使うことができる。そして何よりもいいのは、そのお金は払い戻す必要がないことだ。会社は株主のものとなり、株主は投票によって会社についての重要な決定を行う。会社を支配しようと思って、株式の過半数を抑えれば、個人やほかの会社がその会社を支配することができる。

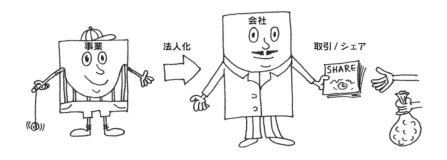

事業主体は株式のシェアを販売して資本を獲得する

　ここでやっと株式市場に戻ってくる。株式を取引するための開かれた市場がなければ、シェアを売買するのは難しい。株式市場がなければ、シェアの価格を決めるのも難しいだろう。株式市場は、株式を取引しやすくすることにより、シェアの流動性を高める。これと対照的なのは不動産取引で、不動産の売買にはこれよりもはるかに多くのことをしなければならない。

株式取引をすると何が起きるか

　株式市場で株式を取引したことがあれば、株式市場の基本はよくご存知だろう。個々の銘柄には、時間とともに変動する価格がついている。株式は、時価で売買することができる。しかし、実際の株式市場は、これよりも少し複雑にできている。

　まず、個々の株には、ひとつの価格がついているわけではない。実際、株式市場で値付けされる株には、呼び値というものがある。売り呼び値は、この値段なら株を売れるという価格で、これはほかの人々がその価格で株を売りたいと言っている値段である。買い呼び値は、この値段なら株を買えるという価格のことで、基本的にほかの人々がその価格で株を買いたいと言っている値段である。

　売り呼び値と買い呼び値には差が生まれる。この差額のことをスプレッドと呼ぶ。スプレッドの大きさには様々な要因が影響を与えるが、大きな要因のひとつとして、その株の流動性がある。流動性の高い銘柄はスプレッドが小さくなり、流動性の低い銘柄はスプレッドが高くなる。銘柄の流動性は、主として取引量によって決まる。その銘柄を取引する人が多ければ多いほど、そ

の銘柄の流動性は高くなるのが普通である。

　株の売り呼び値と買い呼び値の差を知ることがあなたにとって利益になる仕組みについては、すぐあとで説明する。株を買ってすぐに売ると、ほとんど必ず損をする。あなたが株を買った途端、スプレッドの額だけ損をしているのである。20ドルである株式を買い、スプレッドが1ドルだったとすると、あなたがその時点でその株を売れる値段の最高額は19ドルになる。これは、株式市場への投資が難しい理由のひとつになっている。最初の時点で損をしているのである。

　売り呼び値や買い呼び値はどのようにして設定されるのだろうか、また株式の流動性はどのようにして決まるのだろうか。この疑問の答えは、マーケットメーカーである。マーケットメーカーは、特定の銘柄をいつでも売り買いすることによって、株式市場の流動性を作り出している証券業者である。ほとんどの証券取引所には、個々の銘柄に対して特定のマーケットメーカーがある。これらのマーケットメーカーが銘柄の売り呼び値と買い呼び値を決め、差額を作ることによって利益を得ている。

　私が売り呼び値19ドルで株式を売ったのと同時にあなたがそのシェアを買い呼び値20ドルで買ったら、マーケットメーカーには1ドルの差額が入る。株式市場では、ほかのトレーダーと直接株式を取引しない。すべての人が売り呼び値と買い呼び値を決めるマーケットメーカーを通じて取引する。[*1]

　マーケットメーカーがいなければ、株式市場の流動性は損なわれていただろう。みなが特定の銘柄を売ろうとしてその銘柄を買おうとする人がいなければ、株式を売るのは難しくなってしまう。買い手を獲得するためには、シェアの価格を大幅に割り引くか、買い手が現れるのを非常に長い間待つしかなくなる。今日の市場では、マーケットメーカーのおかげでほとんどの取引が瞬間的に成立する。[*2]

株式市場で儲ける方法

　株式市場で実際に金儲けをするにはどうしたらよいのだろうか。安く買って、高く売るのである。基本的なレベルでは単純なことだが、実際にははるかに複雑になり得る。

　株式市場の取引の大半は、投機に基づくものである。投資家たちは、株価が上がるか下がるかを予測する。ある銘柄を買い、その株価が上がったら、

再び株価が下落する前にその株を売れば儲かるのはごく当たり前のことだ。しかし、空売りと呼ばれる方法を使えば、株価が下がっているときに儲けることもできる。

株の空売りとは、その株の株券を借りて、それを売ることだ。するとあなたはショートポジションと呼ばれる状態になる。この状態になったら、最終的に借りた分の株券を買い戻して、ショートポジションを解消しなければならない。借りた株券を売ったときよりも低い価格で買い戻せば、利益が出る。

これは次のように考えることができるだろう。私がiPadを借りて、その借りたiPadを500ドルで売ったとする（私はなんていい友だちなんだろう）。数日後、あなたが貸したiPadを返してくれと言ってきたので、私は外に出かけて代わりのiPadを買ってくるが、それは450ドルで買えた。この取引で私は50ドルの利益を得た。株の空売りも同じようなことだ。

株券を持っているだけでもお金になる。一部の株券は、持っているだけで配当というものが支払われる。配当とは、その会社が上げた利益のうち、会社に再投資される部分ではなく、株主に分配する部分のことである。大企業は一般に配当を支払っている。

株の空売り

配当は、株式で儲ける方法としてはきわめて安全だが、あなたもきっと想像されるように、通常はそれほど高い額にはならない。リスクが低ければ低いほど、見込まれる儲けも低くなる。

インデックス、投資信託、ETF

株式の取引はそれ自体では非常に単純だが、株式市場への投資は、ただひとつの銘柄の取引よりもはるかに深い。まず、株式市場全体がどちらの方に

向かっているかを理解するために、全体としての株式市場のパフォーマンス
を計測する手段が必要になる。

インデックスは、そのような全体のパフォーマンスを計測するために、株
式市場から一部の銘柄を選んだものである。アメリカの株式市場でもっとも
有名なインデックスはダウ・ジョーンズ工業株価平均である。ダウ（あるい
はダウ平均と略して言われることも多い）は、アメリカの公開会社のなかの
大手30社の全体的な株価を示すものだ。ダウを見ているだけで、株式市場
が上昇しようとしているのか下落していこうとしているのか、おおよそのこ
とがわかる。

インデックスには、ほかにも S&P 500 など市場全体の動向について多く
のことを教えてくれるものが多数ある。特定の産業だけを対象としたインデ
ックスもある。たとえば、市場のテクノロジーセクターのインデックスなど
があり、市場のそのセクターの温度を測る上で役立っている。

メジャーなインデックスに含まれる銘柄を均等に買うのは、株式投資の一
般的な戦略として優れている。なぜなら、ほとんどの主要インデックスは、
平均で1年あたり約10%の儲けとなるからだ。しかし、単純にインデック
スを買うことはできない。投資信託やETFといったものの出番がやってく
るのがここだ。

投資信託とは、プロのトレーダーが投資家の提供した資金で市場全体の様々
な株式を買って運営する特別な投資商品のことだ。投資信託は、一般に様々
な投資戦略を採っているが、多くの投資信託は全体的なリスクを軽減するた
めに、主要インデックスに含まれる銘柄の購入にかなりの資金を投入してい
る。

個人投資家は、投資信託を利用することによって、わずかな資金で分散さ
れた株式ポートフォリオを持てるようになる。株式市場の平均に近い利益を
得ようとして様々な株を買って、特定の銘柄の価格変動に振り回されないよ
うにしようとすると、かなりのコストがかかってしまうが、投資信託を使え
ば、ほかの多くの投資家とともに資金をプールできるので、分散ポートフォ
リオが可能になるのである。

少なくともアメリカでは1993年まで、資金をプールしてS&P 500やダウ
などのインデックスに含まれる銘柄を買うためのオプションは投資信託だけ
だったが、現在は、個人投資家でも、ETF（上場投資信託）によって投資
信託に投資したのと同じメリットの一部が得られるようになった。ETFは、

株式を売買できるインデックスのようなものである。ETF は株式市場のほかの株式と同じように取引され、基本的に、株式その他の投資資産を保持して特定のインデックスをできる限り忠実に反映する投資ファンドになっている。金の価格と連動する ETF さえあるので、実際には金を持たずに株式市場で実質的に金取引をすることもできる。

やってみよう

☐ ネットで興味のある銘柄の価格を調べてみよう。売り呼び値と買い呼び値に注目すること。スプレッドの大きさを計算しよう。様々な会社規模でいくつかの銘柄を比較してみよう。何かトレンドを見つけることができるだろうか。

※1　日本では、一般に証券会社を通じて取引をするが、売り手と買い手の直取引（相対売買）もある。

※2　日本では、取引が成立しない場合もある。たとえば買い注文ばかりで売り注文がない場合である。

※3　日本の場合、有名なのは TOPIX（東証株価指数）や日経平均株価（日経 225）などである。

付　録　C

食事と栄養の基礎
：ガラクタを入れればガラクタが出てくる

　健康になるためにできることは、多彩なエクササイズなど、これから始められるものを含めて非常にたくさんある。しかし、何を食べるかということ以上に健康に大きな影響を与えるものはない。

　体重を落とすこと、筋肉をつけること、もっと健康な状態になるよう身体に微修正を加えることなど、何を目標にするのであっても、食事と栄養はもっとも効果的なツールになる。食事と栄養はコードを書くようなものだと考えるといい。あらゆるツール、あらゆる方法論を使うことができるが、いいコードを書くことに集中しなければ、どんなアプリケーションだって完成しない。

　この付録Cでは、食事と栄養の基礎を説明する。食品の基本栄養素について簡単に紹介してから、人間の身体が食べた食品をどのように処理するのかについて簡潔に説明する。

食品の基本栄養素

　健康な食事と栄養の細部に深入りするためには、まず食品の基本栄養素とは何かを理解する必要がある。

　あなたが食べるものはすべて炭水化物、脂肪、タンパク質の三つのカテゴリーに分類できる。人間の身体はこれらの基本栄養素を様々な形で使うが、身体の主要なエネルギー源は炭水化物だ。人間の脳、その他の身体機能は、燃料としてブドウ糖という単糖類を使っている。

　人間の身体は、食品を分解して身体が使えるブドウ糖にするということでは、非常に効率よくできている。食事を摂ると、消化システムは食品を分解してブドウ糖を作り、それは胃と小腸で消化され、血流内に送られる。

　すると、膵臓からインスリンと呼ばれるホルモンが放出される。身体は、インスリンの働きにより、血流内のブドウ糖を利用、貯蔵する。細胞は、血流内のインスリンの力により、ブドウ糖を吸収し、すぐに使うか、あとで使

うために貯蔵する。

　糖尿病は、インスリンの生成か受け入れ能力に問題が起きている状態である。1型糖尿病は、自分でインスリンを作れなくなり、人工的なインスリン注射が必要になる病気だ。それに対し、2型糖尿病は、身体がインスリンを受け入れる能力が弱まっていることで、同じ仕事をするために余分にインスリンが必要になる。

　インスリンがなくなると、血糖値が非常に高くなり、ついには死んでしまうことになる。膵臓による血糖値レベルの監視が重要なのはそのためだ。

　さて、身体はまず第1にブドウ糖を必要とし、ブドウ糖は主として炭水化物から摂取されるが、だからといって身体がタンパク質や脂肪を必要としないわけではない。

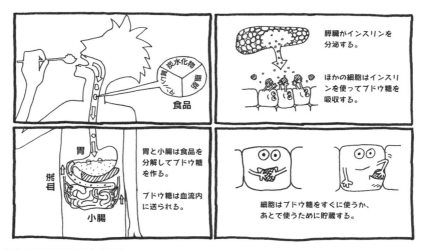

身体が食品を分解する仕組み

　人間の身体は、ある化学反応の触媒としてタンパク質を使って筋肉を作り、修復するほか、エネルギーを含むほかの様々な機能のために必要に応じてタンパク質を使う。しかし、炭水化物と同様に、タンパク質もそこからさらに分解することが必要だ。

　身体が消化したタンパク質は、アミノ酸に分解される。アミノ酸は、生命と身体内の様々な化学反応の基本要素である。しかし、タンパク質は、グルコネオジェネシスと呼ばれるプロセスを通じてブドウ糖に変換することもで

きる。しかし、このプロセスはあまり効率がよくなく、身体が燃料としてタンパク質を使わなければならないときは、その仕事のために余分にカロリーを必要とするため、体重を落としたいときには大きな意味がある。

脂肪も身体によって脂肪酸に分解される。脂肪酸は、細胞が将来使うために、トリグリセリドと呼ばれる形態に直接パッケージ化され、細胞内に蓄えられる。脂肪は、ブドウ糖に変換できるグリセリンに分解されたときには、直接燃料にもなる。

脂肪は、エネルギーをもっとも凝縮した形である。タンパク質と炭水化物は、1グラムあたり4カロリー分のエネルギーになるが、脂肪は9カロリーになる。

脂肪は、身体が基本脂肪酸と呼ばれるものを作るためにも必要である。オメガ3、オメガ6脂肪酸という言葉を耳にしたことがあるかもしれない。これらは身体が必要とするものだが、身体は直接これらを作ることができない。これらの脂肪酸は、食品から摂取しなければならない。

身体が必要とするその他のもの

人が食べるほとんどの食品の主要な構成要素は炭水化物、タンパク質、脂肪だが、身体が機能するためには、これら以外の要素も必要だ。

身体が必要とするその他の栄養素の大半は、一般にビタミンに分類される。ビタミンは、特定の化学反応を引き起こすために身体が必要とする小さな分子である。身体が自分では作れないものの必要とするビタミンは、約13種類ある。これらは、様々な食料源から摂取しなければならない。

多種多様な食品を食べている限り、ほとんどの場合、必要なビタミンはすべてそれらの食品から摂取できる。毎日同じ食品ばかり食べているわけにはいかない理由のひとつはこれだ。

壊血病というものを聞いたことがあるだろう。これは、ビタミンC不足によって起きる病気である。ビタミンCは、コラーゲンを作るために必要になる。コラーゲンは、身体の様々な機能で必要とされる。船員たちは、果物や野菜を使い切ると、食事が塩漬けの肉と乾燥穀物だけから構成されることが多いので壊血病になりやすい。

身体は、ビタミンのほか、消化プロセスを助けるために繊維質も必要とする。繊維質とは、基本的に植物性の食品のうち身体が消化吸収できない部分

のことである。水溶性の繊維質は、水に溶け、血中のコレステロールやブドウ糖の割合を引き下げるために役立つ。不溶性の繊維質は、適切な消化のためにきわめて重要な役割を果たす。

そして、ミネラルを忘れるわけにはいかない。身体が正しく機能するためには、様々なミネラルが必要になる。たとえば、食塩は、身体の細胞の浸透圧を適切に維持するために必要だ。身体が正しく機能するためには、カルシウム、鉄など、その他のミネラルも必要になる。

最後になったが決して軽視できないのは、身体が生命維持のためにおそらくもっとも必要とする要素である水だ。水は、身体の約60%を構成する。水は身体の様々な機能で必要不可欠とされており、長期に渡って水が得られなければ人は死んでしまう。おそらく3日から5日なければ死ぬと思うが、試してみようとは思わない方がいい。

すべては食事から始まる

健康のためにどのような目標を立てたとしても、もっとも重要なのはおそらく食事だろう。脂肪の燃焼、筋肉の獲得、その他の身体的活動は、すべて身体に与える燃料に依存しているが、ほとんどの人々は、栄養よりもエクササイズに重点を置く傾向がある。

たとえ目標達成のためにハードなエクササイズをしても、適切な食事と栄養を摂らなければ、そのハードワークは無駄になってしまう。私は、本来ならマラソンを走れるはずなのに、健康とフィットネスで食事がいかに重要かがわかっていないばかりに、まだ体重過多になっている人をたくさん見てきている。

ジムでウェイトトレーニングをしたり何kmという距離を走ったりしても、食事が適切でなければ、求めている結果は決して出てこない。何を食べるかがいかに身体のパフォーマンスと燃料吸収のあり方に影響を与えるかを理解することが重要だ。

全体としては、肉体強化でもっとも重要な要素はカロリーである。燃やす以上にカロリーを摂取すれば、体重は増える。燃やすよりも摂取するカロリーの方が少なければ、体重は減る。

そして、タイプ別のカロリーの割合が2番目に重要な要素になる。脂肪、炭水化物、タンパク質の割合が身体に様々な影響を及ぼす。十分なタンパク

付録C　食事と栄養の基礎：ガラクタを入れればガラクタが出てくる　**439**

質を摂らなければ、身体は既存のタンパク質（筋肉）を分解して必要なアミノ酸を手に入れる。炭水化物（特に単糖類）を摂り過ぎると、血糖値を下げるために必要なだけのインスリンを作るために、身体は特別に苦労しなければならない。

　最後に、食料源は計測値に差が出るほど身体に影響を及ぼす。何を食べるかだけではなく、食べている食品がどこから来たものかが大切だ。高度な処理を受けた食品は、食品の栄養品質を下げる単糖類と保存料が大量に含まれていることが多く、そのために満足感を得られずにたくさん食べたくなることがある。すべての炭水化物が同じように作られているわけではない。同じ炭水化物を摂るのでも、スイートポテトを食べるのと、精製白糖の塊を食べるのとでは大きな違いがある（この違いについては付録Dで詳しく説明する）。

やってみよう

☐ 1日に食べる食品のカロリー数を調べてみよう。また、食事のなかのタンパク質、炭水化物、脂肪の割合も調べよう。日によって大きくことなるかもしれないが、数日分をトラッキングしてイメージをつかもう。

付 録 D

健康な食事の方法：
ピザは食品群ではない

フィットネスの目標が何であれ、その達成には、基本に忠実で健康的な食事が役に立つ。残念ながら、健康的な食事の定義は、あなたが思うほど簡単ではない。健康的な食事とは何かについては様々な意見がある。

脂肪や食事性コレステロールはよくないと言われていたのは、それほど遠い昔のことではない。毎日朝食に卵を食べるのは不健康だと考えられていたのである。しかし、今日では、それは間違いだということがわかっている。かえって、以前に高炭水化物低脂肪の食事が推奨されていたのは間違いだということになっている。私たちが不健康だと思っていた多くのことが実際には問題なしだということがわかっている（もちろん、適度ならということだが）。

ここでは、健康な食事に関する憶測や細かい議論によって読者を混乱に陥れたりしないように、健康的に食べる方法についての誰もが頷けるアドバイスを示し、不健康だと思われている食品があるなかで特定の食品が健康的だと思われている理由を明らかにしたい。

ほとんどの場合、大差はない

私たちは、特定の食品が健康的かどうかということを少々強調し過ぎてきたことが明らかになっている。ほとんどの場合、必要とされている栄養が含まれている限り、炭水化物、タンパク質、脂肪をどこから摂取しても、身体は特に気にかけない。

ある食品がほかの食品よりも専門的に言って身体に「いい」ということはないとまで言うつもりはない。ほとんどの人々が、特定のものを食べることを意識しすぎているが、それはあまり意味がないと言いたいのである。この食品とあの食品とでどちらが健康的かを考えてもしょうがない。それよりも、主要栄養素の割合とカロリー数のことを考えるようにすべきだ。

主要栄養素とは、基本的に炭水化物、脂肪、タンパク質のことであり、カ

付録D　健康な食事の方法：ピザは食品群ではない　　**441**

ロリー数については第58章でかなり詳しく説明した。主要栄養素とカロリーがどこから手に入ったものかは、摂取量と比べればまったく重要ではない。

あなたは、首をひねっているかもしれない。話が単純過ぎると感じるのだろう。しかし、栄養学者のマーク・ホーブ教授は、スポンジケーキのトゥインキー（Twinkie）を使った面白い実験をしている（http://edition.cnn.com/2010/HEALTH/11/08/twinkie.diet.professor/）。マークは、通常の食事を食べず、3時間毎に1個のトゥインキーを食べる実験をした。彼は、ホテトチップ、スナックケーキ、クッキー（具体的にはオレオ）などの「ジャンクフード」も食べた。

ポイントは、マークが1日1,800カロリーに食事を制限したことだ。食べていたのは「ジャンク」だが、彼は綿密にカロリー数をコントロールしていた。彼の体重維持カロリーは1日約2,600カロリーだったので、毎日800カロリーほど足りない状態にしていたのである。

2か月後、彼の体重は12kgほど減った。彼は体重を減らしただけでなく、悪玉コレステロールが20%減り、善玉コレステロールが20%増えた。

公正を期すために言っておくと、彼は毎日プロテインシェイクを飲み、野菜を少し食べた。しかし、彼の食事の2/3はジャンクフードだった。当然ながら、ジャンクフードをたくさん食べるのは健康的ではないと考えられているが、健康な食事でもっとも重要な要素は量である。そして、身体を作り変えるためには、つまり筋肉をつけたり、筋肉を落とさずに脂肪を減らしたりするためには、どのような主要栄養素を摂るかも非常に重要になってくる。

おや、少し矛盾しているのではないだろうか。さっきはカロリーがもっとも重要だと言っていたのではないだろうか。確かに、体重を単純に減らしたり増やしたりするためにはそうだが、筋肉をつけたり主として脂肪を落としたりしたい場合には、どれだけ食べるかだけでなく、何を食べるかを考える必要がある。

ジャンクフードを食べていていいのか

おそらく、あなたはマークの例にならって主にジャンクフードを食べるべきなのかと考えているだろう。それはお勧めできないが、理由はジャンクフードが不健康だからではない。お勧めしない主な理由は、おそらくとてもお腹が空いてしまうからである。

ポイントは、食品によってカロリーの密度が異なることだ。一般に、私たちが「ジャンクフード」と考える高脂肪、高糖度の食品がよくないのは、単純にカロリー密度が高いからである。チーズケーキなら、それほど食べなくても大量のカロリーを取り込める。それに対し、ブロッコリーをとてもいっぱい食べたとしても、ほとんどカロリーは摂取されない。

　ある食品が人間にとって健康的かどうかは、食べる食品の量と比べれば大した意味はない。不健康な食品を食べると、味がよく、カロリー密度が高いというだけの理由でカロリーを多く摂取する可能性が高くなるのである。食べるものが何かよりも体重過多の方が健康全体にとって大きな意味があるので、どの食品が健康かにあまり捉われず、どんな方法でもいいので、体重を落とすことに集中した方がずっと意味がある。

　つまり、基本的にあなた次第だということだ。マークのように、体重を落とそうとして、1日1,800カロリーを試したいなら、毎日健康な食品を3食食べても、アウトバックステーキハウスのオージーチーズフライをひとつ（2,140カロリー）食べてもいい。私なら、いつも腹が減っているのは嫌なので、主として健康な食事を食べる方がいい。

では、「健康的な」食品とはいったい何なのか

　カロリー密度が高くなく、カロリー以外の栄養価がある食品を知りたい？では、喜んでお答えしよう。

　私が先ほど言ったように、これは主観的な問題で、どの食品が健康的でどの食品がそうではないということを、100%の自信を持って言うことはできない。そこで、カロリー密度主体で考え、それ以外のことに関してはそこそこでいいということにしておこう。

　このような前提で考えると、もっとも健康的な食品、または少なくともカロリー密度がそれほど高くないのは、果物と野菜である。ほとんどの果物と野菜は、繊維質が多く、水もたくさん含んでいる。繊維質のカロリーは計算に入れないことを覚えておこう。繊維質に含まれるカロリーは、実際には消化されないのだ。

　野菜のなかには、自然な形で食べると、消化するためにかなりの量のカロリーを消費するものがある。これを産生熱量という。実際には、産生熱量が大きいのはタンパク質で、消化するだけのために含まれているカロリーの

20～30％を必要とする。そこで、健康的な食品の次のカテゴリーは、タンパク質になる。

タンパク質が多い食品は、一般にあまりカロリー密度が高くない。ただし、そのような食品はかなりの量の脂肪も含んでいる。一般に、ほとんどが筋肉の鶏胸肉の方が、おいしいもののカロリー密度がかなり高いサイコロステーキよりも健康的だと考えられる。また、カロリーということでは、すべてのタンパク質は、実際のカロリー密度にかかわらず、身体が消化してカロリーとして使える状態にするためにかなりのエネルギーを必要とする。

タンパク質は、筋肉を作って維持するためにどうしても必要なものだ。人間の身体は、筋肉細胞を作ったり修理したりするために、一定量のアミノ酸を必要とすることを覚えておこう。そこで、体重を落とすとともに、身体から筋肉が失われないようにしたいときには、食事のなかに大量のタンパク質を含ませるようにするといい。同じことが筋肉をつけるためにも言える。あなたの目標が筋肉をつけることなら、タンパク質の比重が高い食事をすると、成功する確率が高い。

では、どの食品にタンパク質が含まれているのだろうか。普通は肉、卵、牛乳などだが、豆、レンティル、豆腐、豆乳などの植物性のタンパク質源もある。ダイエットのためにもっともいいタンパク質源は、カロリーの少ない低カロリータンパク質源だ。鶏胸肉、七面鳥、魚、卵の白身は、優れた低カロリータンパク質源である。

その次に挙げられるのは、多糖類と考えられる炭水化物源だ。これは、身体にとって分解するのが少し難しいタイプの炭水化物である。このような炭水化物源には、一般に繊維質が含まれており、産生熱量が高い。スイートポテト、玄米、オートミールなどがいい例だ。それに対し、精製された砂糖が含まれる食品はあまりよくない。単糖類は、血流に直接簡単に入り込めるのである。この種の食品は、カロリー密度が高いものが多い。

身体は脂肪も必要とするが、脂肪のなかには健康的だと考えられるものとそうでないものがある。この話題は新しい話ではない。長い間、飽和脂肪は悪いものだと言われてきた。しかし、2010年に35万人以上の人々を巻き込んで行われ、『アメリカ臨床栄養学雑誌』（American Journal of Clinical Nutrition）で発表された大規模な研究によれば、飽和脂肪酸を心疾患や脳卒中と結び付ける決定的な証拠はない（http://ajcn.nutrition.org/content/early/2010/01/13/ajcn.2009.27725.abstract）。

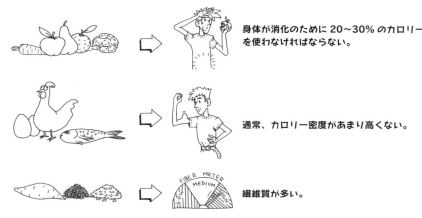

食品によってカロリー密度は異なる

　飽和脂肪はそれほど悪くないかもしれないが、非飽和脂肪なら、悪玉コレステロールのレベルとトリグリセリドのレベルを下げるのに役立つことがわかっている。非飽和脂肪が含まれている食品は、脂がのった魚やナッツなどである。

　全体として「健康的な」食品は何だろうか。一般に、もっとも健康的な食品は処理されていないものだ。チキン、野菜、果物、スイートポテト、玄米、卵、オートミール、ナッツ、魚などの自然食品である。繰り返しになるが、これらの食品は必ずしもほかのタイプよりも大きく健康的なわけではないが、一般に、これらの食品はカロリー密度が低く、必要とされる基本的な栄養を与えてくれる。

やってみよう

- □ ブロッコリーのような緑黄色野菜とファストフードレストランで見かける処理済みの食品や貯蔵庫にあるパッケージ化された食品とで一人前あたりのカロリー量を比較しよう。実際に計測し、健康的な食品とそうでない食品とで量の違いを物理的に比較しよう。同じカロリー摂取量でお腹いっぱいになりそうなのはどちらか。
- □ 次に食品を選ばなければならなくなったときに、味がいいものを少し食べるのと、それほど味がはっきりしていないものをたくさん食べるのとで、どちらを食べたいかを考えてみよう。

付録 D　健康な食事の方法：ピザは食品群ではない　445

謝辞

> 私が他人よりも遠くを見たとすれば、それは巨人の肩に立ったからだ。
>
> —アイザック・ニュートン

　多くの人の助けを借りずに書かれる本はまずない。そして、非常に多くの人の助けを借りずに出版、流通される本は絶対にない。この本も例に漏れずそうだ。そこで、少し時間をいただいて、私の人生における「巨人」たちに感謝の気持ちを捧げたい。

　まず、私の人生にプラスの影響を与え、私が今の自分になるのを助けてくれたすべての人々、そして私にはまだ長い道のりが残されていることを教えてくれた人々に感謝したい。

　また、キャリア全体で、私に課題を与え、私のメンターとなり、私に身を支えるためのロープを投げ、何か本当に悪いことが起きる前にロープを切断するのを助けてくれたすべての同僚、上司に感謝したい。あまりにも多くの人がいるので名前を挙げられないが、該当する方は自分のことだとわかっていただけるだろう。

　私が読んだ多くの本の著者にも感謝している。彼らは、私がより良い人間になるのを助け、人生に対する新しい視点を与えてくれた。ここに該当する方も多すぎて全員のお名前を挙げることはできないが、特に強い影響を受けた人々の名前を一部上げると、ロバート・C・マーティン（アンクル・ボブ）、スティーブン・プレスフィールド、デール・カーネギーなどの名前が頭に浮かぶ。

　ロバート・C・マーティン氏が、私がお願いするのが遅れてしまったにもかかわらず、忙しいスケジュールのなかから時間を作って本書の序文を書いてくださったことには特に感謝し、名誉なことだと思っている。また、スコット・ハンセルマン氏が、やはり最後のぎりぎりのタイミングで第2の序文を執筆し、そのなかでソフトウェア開発者に必要なソフトスキルについて、私と多くの思いを共有してくれたことにも非常に感激している。お二人が私の本を推薦してくださったことに心からの感謝を捧げたい。

　私の家族、特に私の気分の波、仕事のし過ぎ、本の執筆全般にまつわる騒ぎをうまくあしらってくれた妻のヘザーと娘のソフィアには、特別な感謝の

気持ちを持っている。妻は、すべての章を読んで編集者に原稿を送る前に修正してくれた査読者でもある。私を実際よりもはるかに賢く見せてくれたことにも感謝している。

ハードワークの価値を教えてくれた父のサヒンにも感謝している。それがなければ、本書は最初から書かれなかったはずであり、いずれにしても書くべきことがなかっただろう。

そして、母のローラを忘れるわけにはいかない。彼女は、他人が何と言っても自分を信じることを教えてくれた。これは企業家にとってなくてはならない資質である。

毎週会うマスターマインドグループのメンバーで、本書の執筆中のあらゆる段階で、私を励まし、後押しし、ヒントを与え、異議を唱えてくれたデリック・ベイリー、ジョシュ・アール、チャールズ・マックス・ウッドの各氏（彼らはアントレプログラマーズ：http://entreprogrammers.com としても知られている）にも感謝したい。

もちろん、マニング・パブリケーションズのすべての人々にも感謝しなければならない。彼らがいなければ、この本は出版されなかっただろうし、出版されたとしても今ある姿とはまったく似ても似つかぬ姿になっていただろう。

まず第1に、マニングの発行人であるマージャン・ベイス氏は、ソフトウェア開発者はまさにこの種の本を必要としていると理解してくださった。

次に、私の担当編集者であるロビン・デ・ヨング氏は、私をマニングに招き入れ、ソフトスキルの概念にたどり着くのを助け、執筆中にはサポートし、叱咤激励してくれた。

原稿の最初期のバージョンを読み、私が意気消沈せず、逆に書き続ける意欲が湧くように貴重なフィードバックとアドバイスを与えてくれたデベロップメントエディターのシンシア・ケーン氏にも感謝したい。

本書のマーケティングですばらしい仕事をするとともに、私が将来使えるようなマーケティングのコツを教えてくれたキャンディス・ギルフリー氏にも感謝している。

本書を完成させるまでのあらゆることをコーディネートする難しい仕事を

してくれたジョディ・アレンとメリー・ピエジーズの両氏にもとても感謝している。ジョディには、草稿全体の整理をしてくれたことにも感謝している。

本書のMEAP（マニング・アーリー・アクセス・プログラム）リリースをコーディネートしてくれたレベッカ・ラインハート氏にも大変感謝している。彼女は、私のカバーに対するこだわりにも付き合ってくれた。結局、本書を予約注文してくれた読者にマニングが調査をして最終的なカバーを選んでもらうことになり、マニングの多くの本と同じように、歴史的な絵画のひとつを使うことになった。

私がこの本に載せたかったイメージを完璧に形にしてくれたグラフィックアーティストのヴィチェスラフ・ラドヴィッチ氏にも感謝している。そして、本書を実現してくれたまだ名前の挙がっていないマニングのほかのスタッフ全員にもありがとうと言いたい。

初期の草稿を読んで、本書をより良いものにするためのコメントを残してくれた査読者のヘザー・キャンベル、イオネル・コンドル、ルーク・グリーンリーフ、ロバート・ハンソン、レベッカ・ジョーンズ、アニタ・ラゴマー、マシュー・マーゴリス、ジャヴィエ・ムノス・メリド、エドワード・G・プレンティス、アルヴィン・スカッダー、クレイグ・スミス、デビッド・スタネック、ルーレンス・ステイン、ジェリー・タンの各氏にも感謝している。

最後に、シンプルプログラマーを聞いてくださっている皆さんに感謝したい。多くの方々が質問し、フィードバックを送り、私がするあらゆることについて私を励まし応援して支えてくれた。

訳者あとがき

　タイトルとは裏腹に、本書には「ソフトウェア」の話題はほとんど出てきません。しかし、ソフトウェア開発者にとって、「ソフトウェア」と「開発者」のどちらが大切かといえば、著者も言うように、「開発者」つまり自分のことでしょう。今までソフトウェア開発者のために書かれた本には「ソフトウェア」のことしか書かれていませんでしたが、ソフトウェア開発者の生活にはそれ以外の様々なものが含まれています。本書は初めてそれに目を付けたわけです。うまいニッチ（第20章）を見つけたものではないでしょうか。

　しかし、ソフトウェア開発者からソフトウェアを取ったら、ただの人が残るだけなんじゃないかという考えもあるでしょう。実際、人の生き方について書かれた本はたくさんありますし、この本自身がそういった本（デール・カーネギー『人を動かす』など）を盛んに引用しています。だったら、そっちを買えばいいじゃないかと思われるかもしれません。実際、『人を動かす』などは何年もベストセラーであり続けているわけですから、買って損はないでしょう。

　でも、ソフトウェア開発者が本書を読めば、生き方全般の本からは得られないものがきっと得られるはずです。本書には、ソフトウェア開発者としてこの仕事の酸いも甘いも噛み分けてきた人でなければ書けない生きた知恵と読者に対する熱い思いが詰まっています。

　このような本の常として、書かれていることをすべて受け入れるというようなものではないでしょう。読んでいて、あれあれおかしなことを言っているぞ、と思うところはきっとあるはずですし、私も訳していてそう思ったところはありました。しかし、大切なのは、ぜひ最後まで読もうと思う決定的なポイントがあるかどうかではないでしょうか。

　私の場合、そういうポイントは確かにありました。それは、第10章の「プロが絶対に越えない一線」のところです。この本は、あちこちで「うまくやる方法」を説明していますが、ここを読んでそれだけではないことをはっきりと感じました。背骨がしっかりと通っているのです。そして、全体を読み通して感じたのは、人の弱さを十分に意識して書かれていること、率直であること、上からではなく同じ高さから話しかけてくることでした。こういった筋肉があって、背骨をしっかりと支えているのです。

私としてはあとひとつ、本書には大きな恩があるということをどうしても言っておかなければなりません。それは第38章のポモドーロテクニックのことです。最近どうも仕事が進まないなあと思っていたところで、この章を読み、早速試してみると、その日からはっきりと効果が出ました。5割増しくらいのペースで仕事が進むのです。この本が今出版できるのも、ポモドーロのおかげかもしれません。あとから振り返ると、この第38章が注意点やコツをうまくまとめてくれていたことを感じます。この本で始めたからこそ効果が出たのではないでしょうか。

　校正のために読み返してみると、株や栄養や腹筋のことなど、「何かで読んだんだけどさあ」という枕で出てくるような話の多くを本書で覚えたことに気づきました。無意識のうちにいろいろな影響を受けているようです。この本、ただものではないですよ。

長尾 高弘

解 説

まつもと ゆきひろ（Matz）

「技術者は技術さえあれば」というのはよく聞く言葉ではあります。技術に対して強い関心を持つ技術者としては、あまり関心のないことに邪魔されずに好きなことに集中したいという気持ちは当然のことでしょう。私自身も技術者の端くれと自認していますから、その気持ちはよくわかります。たとえ技術者でなくても、「好きなこと」のある人は、邪魔されずそれに集中したいという気持ちは大なり小なりあることでしょう。YouTube の CM で「好きなことで、生きていく」というのもありましたね。

しかし、それだけではダメなのです。「好きなこととして生きていく」ことを望む気持ちは痛いほどわかりますが、人が生きていくためには「好きなことだけして生きていく」わけには行かないのです。「好きなこと」以外にもなさねばならないことはたくさんありますし、それになにより、いくつかの理由から人は本当に好きなことだけをして生きていくことはできないのです。

最初の理由は、人はカスミを食べて生きるわけにはいかないことです。ご飯を食べないとお腹が空きますし、それ以外にもなんだかんだで生活にはお金がかかります。親なりスポンサーなりに頼って「好きなことだけして」生きていく生活は、安定性と持続性に欠けます。

もうひとつの理由は、ほとんどの技術は技術単体では存在価値がないことです。技術について学ぶだけでは意味がなく、それをアウトプットしてはじめて価値が生まれますが、そのアウトプットが文章であれば作文能力、ソフトウェアであれば問題分析能力など、技術だけでない能力が必要です。また、技術を新たに創りだすためには、それがどんな問題を解決するために役立つかを見極めるパターン認識能力や、想像力が重要になります。それらを伸ばすのは好きな技術だけにひたっていてはできないことです。

さて、本書です。本書はソフトウェア技術者向けの書籍ではありますが、いわゆるテクノロジーのことはほとんど書いてありません。しかし、「成功者」になるために必要なそれ以外の多くのことが書いてあります。特に、普段は率直に語られることのあまりない自己アピール（履歴書を含む）やお金の問題について真正面から解説してあります。成功者がその成功過程について正直に語ることはめったにありませんから、その点においても本書は貴重だと思います。

　お金は大切です。しかし、「嫌儲」という言葉があるくらいに成功やお金について率直に語ることはめったにありません。しかし、本書を読んでいると、それは大きな間違いであるということがわかります。日本の私たちも、もっと成功に貪欲になってもよいのではないでしょうか。

　気をつけるべき点としては、本書はあくまでもアメリカのソフトウェア産業においての成功方法への解説であるという点です。そのままでは日本では実践しづらい点も多々あります。しかし、そこで諦めてしまうのはあまりにもったいないと私は思います。日本の社会にはびこる文化や偏見、思い込みのせいで技術者が成功できないのであれば、日本の社会の方が間違っているのです。日本を飛び出してもよいですし、日本の社会を変えてしまってもよいでしょう。私たちにはそれだけの可能性があると思いますし、今こそ私たちがもっと成功に貪欲になれるチャンスなのではないでしょうか。

著者

John Z. Sonmez（ジョン・ソンメズ）

ソフトウェア開発者や IT プロフェッショナルに向けたサイト「シンプルプログラマー」（http://simpleprogrammer.com）の設立者で、複雑な問題を単純なソリューションに変換するという自らのビジョンを飽くことなく追求している。オンラインの開発者トレーニングサイトである「プルーラルサイト」（https://www.pluralsight.com/）のために、iOS、Android、.NET、Java、ゲーム開発などのテーマで 50 種類の講座を製作している。また、プログラマーのためのフィットネスを扱う「Get Up and CODE」ポッドキャスト（http://getupandcode.com）、ほかの 3 人の開発者 / 起業家とともにそれぞれのオンラインビジネスを構築したときの実話をシェアしている「アントレプログラマーズ」ポッドキャスト（http://entreprogrammers.com）も主催している。

ソフトウェア開発者の生き方のコーチでもあり、ソフトウェアエンジニア、プログラマー、その他の技術プロフェッショナルがそれぞれのキャリアを伸ばし、より充実した人生を送れるように支援している。

訳者

長尾 高弘（ながお・たかひろ）

1960 年千葉県生まれ、東京大学教育学部卒、（株）ロングテール社長、訳書は 100 冊以上。最近のものでは、『アルゴリズムの基本』『世界でもっとも強力な 99 のアルゴリズム』『AI は「心」を持てるのか』『The DevOps 逆転だ！』（日経 BP 社）など（詳しくは longtail.co.jp/tlist.html 参照）。その他、窓の杜に PCK（Win 用ユーティリティ）、詩集『縁起でもない』『頭の名前』（書肆山田）など。

著者関連のオンラインリソース

- シンプルプログラマーのブログ：http://simpleprogrammer.com
  ここには、本書の様々なテーマと関連するブログポストがたくさん集められている。著者と連絡を取るための最良の手段でもあり、著者が毎週無料でポストしている価値ある情報も含まれている（著者のメールリストにサインアップすると、無料リソースなどの情報を盛り込んだメールが送られてくるようになる）。

- 著者の YouTube チャンネル：http://youtube.com/jsonmez
  ここには、本書で話題になっている多くのテーマについてのビデオがポストされており、すべて無料で見られる。本書で扱っているテーマについて学びたいときには、この YouTube チャンネルでサーチしてみていただきたい。

- ソフトウェア開発者が自分をマーケティングするには講座：
  http://devcareerboost.com/m
  本書の第 2 部「自分を売り込め！」に特に興味のある読者は、このサイトに行き、個人ブランドを確立してソフトウェア開発業界で有名人になるための手法の詳細を説明する講座全体を購入するといいだろう。この講座は、著者が今までに製作したもののなかではもっとも人気のある講座だ。あなたは本書を買ってくれたので、特別に値引きもさせていただく。SOFTSKILLS というコードを使えば、パッケージ全体で 100 ドルの値引きになる。

- 何でも速習できる 10 ステップ講座：
  http://simpleprogrammer.com/ss-10steps
  これも、本書の第 3 部「学ぶことを学ぼう」で説明することを深く細かく掘り下げていく講座である。第 3 部が気に入り、このテーマをもう少し深く知りたいと思った読者は、この講座を買うといいだろう。

- アントレプログラマーズ：http://entreprogrammers.com
  起業家になったり、自分の事業を起こしたりしたいと思う読者は、毎週放送されるこの無料のポッドキャストを聞くといいだろう。著者もほかの 3 人のデベロッパー／アントレプレナーたちとともに放送に参加している。

- Get Up and CODE：http://getupandcode.com
  最後に、第 6 部「やっぱり、体が大事」が気に入った読者は、著者が製作していた（訳注：2015 年 9 月がジョンの最終ポストで 10 月からは別の人がポストしている）ソフトウェア開発者や IT プロフェッショナルのためのフィットネスについてのこのポッドキャストもたぶん気に入るだろう。

SOFT SKILLS
ソフトウェア開発者の人生マニュアル

2016年5月24日　第1版第1刷発行
2017年2月3日　第1版第3刷発行

著　者	ジョン・ソンメズ
訳　者	長尾 高弘
解　説	まつもと ゆきひろ
発行者	村上 広樹
発　行	日経BP社
発　売	日経BPマーケティング

〒108-8646
東京都港区白金1-17-3　NBFプラチナタワー
電話　03-6811-8650（編集）
電話　03-6811-8200（営業）
http://ec.nikkeibp.co.jp/

装　幀	小口 翔平＋岩永 香穂（tobufune）
制　作	相羽 裕太＋芹川 千博（明昌堂）
印刷・製本	図書印刷株式会社

本書の無断複写・複製（コピー等）は著作権法上の例外を除き、禁じられています。
購入者以外の第三者による電子データ化および電子書籍化は、私的使用を含め
一切認められておりません。

ISBN 978-4-8222-5155-0
Printed in Japan